RAU'S REISEBÜCHER

W0228848

MOBIL REISEN

SCHWEDEN
MIT INSELN ÖLAND UND GOTLAND

Die Grand Tour
für individuelles Wohnmobil-Cruising,
Caravaning, Auto- & Motorrad-Touring

Mit vor Ort erfassten GPS-Koordinaten

WERNER RAU VERLAG STUTTGART

Idee, Layout, Text, Karten, Stadtpläne und Fotos (falls nicht anders gekennzeichnet): Werner Rau
Titelgestaltung: HitzArtworks, 72667 Schlaitdorf

Titelfoto: Schloss Gripsholm, Mariefred

9. Auflage 2012/2013

Herstellung: Druckerei & Verlag Steinmeier, 86738 Deiningen
Printed in Germany

ISBN   978-3-926145-48-2

Geo Nr. 663 10149

INHALT

EIN KURZPORTRÄT SCHWEDENS

Schweden (schwedisch: *Konungariket Sverige*, oder in der feierlich-literarischen Form *Svea Rike* – Reich der Svear) nimmt den östlichen Teil der skandinavischen Halbinsel ein, die von einer von Norden nach Süden verlaufenden, bis 2.500 m (in Schweden über 2.100 m) hohen Gebirgskette durchzogen wird. Schweden grenzt im Norden an Finnland, im Westen an Norwegen, im Südwesten an den Kattegatt und im Osten an die Ostsee und den Bottnischen Meerbusen.

Größe des Lande

Flächenmäßig ist Schweden nach Russland, Frankreich und Spanien das viertgrößte Land Europas. Insgesamt umfasst das schwedische Territorium eine Gesamtfläche von 449.964 qkm, davon entfallen 410.934 qkm auf Land-, der Rest auf Wasser-, sprich Seeflächen.

Die größte Ausdehnung des Landes beträgt in Nord-Süd-Richtung 1.575 km, in Ost-West-Richtung 499 km.

Mit allen Buchten und Einschnitten misst **Schwedens Küste** nicht weniger als 7.624 km!

Staatsform

Schweden ist eine konstitutionelle Monarchie mit parlamentarisch-demokratischer Regierungsform. Staatsoberhaupt ist der König, seit 1973 **König Carl XVI. Gustaf** aus dem Hause Bernadotte. Thronfolgerin ist Prinzessin Victoria, geboren 1977. Laut Verfassung hat der König der lutherischen Kirche anzugehören. Ihm stehen seit der Verfassungsreform von 1974 nur noch zeremonielle Aufgaben und Funktionen zu.

Die wichtigste staatstragende Institution ist der regierungsbildende **Reichstag** (seit 1969 Ein-Kammer-Parlament). Dem Reichstag steht der Reichstagspräsident vor. Er schlägt, z. B. bei einem Regierungsrücktritt, den Ministerpräsidenten vor, der dann vom Reichstag bestätigt werden muss. Der Reichstag verabschiedet Gesetze oder den Staatshaushalt, beschließt Steuern und er kann Regierungen und einzelne Minister durch Misstrauensvotum zum Rücktritt zwingen. Der Reichstag hat sich nur und ausschließlich am Grundgesetz zu orientieren.

Zur Zeit hat der Reichstag 349 Sitze, von denen 178 Sitze von den Sozialdemokraten und 171 Sitze von anderen Parteien eingenommen werden.

Die im Reichstag vertretenen Parteien sind die *Socialdemokratiska arbetarepartiet* (Sozialdemokratische Arbeiterpartei, 1889 gegründet, Vorsitzender Ingvar Carlsson), die *Vänsterpartiet kommunisterna* (Linkspartei Kommunisten, gegründet 1921, Vorsitzender Lars Werner), die bürgerliche *Moderata samlingspartiet* (Moderate Sammlungspartei, früher Rechtspartei, gegründet 1904, Vorsitzender Carl Bildt), die *Folkpartiet* (Liberale Partei, gegründet 1902, Vorsitzender Bengt Westerberg), die *Centerpartiet* (Zentrumspartei, früher Bauernbund, gegründet 1913, Vorsitzender Olof Johansson) und schließlich die *Miljöpartiet De Gröna* (die Grünen in Schweden, gegründet 1981, jährlich wechselnde Parteileitung).

Wahlberechtigt sind alle schwedischen Bürger über 18 Jahre. Auch für die Wählbarkeit liegt das Mindestalter bei 18 Jahren. Gleichzeitig mit den Reichstagswahlen finden Gemeinderats- und Landtagswahlen statt. Hier sind auch Ausländer wahlberechtigt und wählbar, die seit mindestens drei Jahren im Lande ansässig sind.

Verwaltungstechnisch ist das Land in 21 Provinzen aufgeteilt, deren Regierungspräsidenten von der Zentralregierung in Stockholm ernannt werden.

Bevölkerung

Schweden hat rund 8,9 Millionen Einwohner. Gemessen an der Größe des Landes zählt Schweden mit durchschnittlich 20 Einwohnern pro Quadratkilometer zu den dünnbesiedelten Ländern Europas.

Rund 83% der Bevölkerung leben in den Ballungszentren in den südlichen Landesteilen mit entsprechend höherer Bevölkerungsdichte (rund 140 Einw. pro qkm).

Im Norden des Landes (durchschnittliche Bevölkerungsdichte 1,2 Einw. pro qkm) leben rund 15.000 Schweden, die sich der Volksgruppe der Sami (Lappen) zurechnen.

Über eine Million schwedische Bürger sind Einwanderer, oder stammen von Einwanderern ab. Bis in die Nachkriegszeit kamen die meisten Einwanderer aus Finnland. Seit Mitte der 60er Jahre aber suchen vor allem Jugoslawen, Türken, Äthiopier, Iraner, Lateinamerikaner u.a. in Schweden eine neue Heimat.

Hauptstadt
Stockholm, mit rund 1,6 Mio. Einwohnern im Raum Groß-Stockholm und ca. 751.500 Einwohner im engeren Stadtgebiet.

Religion
Rund 85% der Bevölkerung bekennen sich zur evangelisch-lutherischen Kirche, Schwedens Staatskirche. Außerdem Katholiken, Orthodoxe, Juden und Moslems.

Landesnatur
Schwedens Topographie wurde maßgeblich in der letzten Eiszeit geprägt, als gewaltige Eismassen das ganze Land bedeckten. Als das letzte Eis vor rund 10.000 Jahren abschmolz, hatte die nach Osten und Südosten abwandernde Decke des Inlandeises Täler und Höhenzüge geformt. Die Niederungen füllten sich mit Wasser und bildeten unzählige Seen.

Das Land lässt sich in drei große Landschaftsregionen gliedern – die sich nach Südosten neigenden, überaus wald- und flussreichen Ausläufer des *westskandinavischen Gebirgsrückens*, die *mittelschwedische Senke* mit den größten Seen des Landes und schließlich das fruchtbare *südschwedische Hügelland* bis zur Halbinsel Schonen. Grob stimmt diese Gliederung auch mit den alten schwedischen Regionen **Norrland**, **Svealand** und **Götaland** überein.

Bei genauerer Betrachtung lassen sich folgende Kulturlandschaften definieren:
Schonen (Skåne) ist Schwedens südlichste Landschaftsregion. Dank seiner überaus günstigen Bodenverhältnisse und seines schon mitteleuropäischen Klimas ist Schonen wesentlich fruchtbarer als die übrigen Landesteile. Die abwechslungsreiche Landschaft der „Kornkammer Schwedens" wird geprägt von ausgedehnten Agrarflächen, großen Gehöften, weiten Laubwäldern und sehr schönen Küstenabschnitten mit Fels- und Sandstränden.

Durch eine seit Jahrhunderten übliche Erbteilung waren die Fluren des fruchtbaren Südschwedens bis in die Mitte des 18. Jh. stark zerstückelt, eine rentable Bewirtschaftung wurde immer schwieriger. Bereits 1757 wurde durch eine Bodenreform die Zusammenlegung von Streubesitz gesetzlich geregelt (Storskifte). Die bebaubaren Flurflächen erreichten wieder sinnvolle Größen, der Fortbestand wirtschaftlicher Höfe

war ermöglicht. Allerdings wurde auch Schweden in der jüngeren Vergangenheit vom sog. „Farmsterben" nicht verschont. Viele der Kleinbauern mit Nutzflächen unter 5 ha mussten aufgeben. Der durchschnittliche Hof ist heute rund 10 ha groß. Landwirtschaftliche Großbetriebe mit mehr als 50 ha Agrarland bewirtschaften mehr als 20% der nutzbaren Flächen.

Die Handels- und Industriestadt Malmö, der bedeutende Fährhafen Helsingborg, die alte Bischofsstadt Lund mit ihrer Universität und das einst wehrhafte Landskrona sind die wirtschaftlich und kulturgeschichtlich bedeutendsten Städte dieser Region.

Südwestschweden mit den Provinzen **Halland** und **Bohuslän** wird geprägt von fruchtbaren Küstenebenen, die von Felsriegeln durchsetzt sind. Der Küste sind zahllose Felsinseln vorgelagert. Einzelne felsgesäumte Meeresarme reichen kilometerweit ins Land. Hier liegt Göteborg, Schwedens wichtigste Hafenstadt und ein Zentrum der Schwerindustrie, des Schiffs-, Maschinen- und Automobilbaus. Der Götaelv, westliche Fortsetzung des berühmten Götakanals, bildet noch heute einen vielbenutzten Wasserweg ins Landesinnere und zum Vänersee.

Als **südschwedisches Hochland** bezeichnet man das Gebiet um Jönköping am Vättersee und südlich davon, inklusive der Smäländischen Seenplatte. Das Gebiet umfasst Teile **Smålands** und **Väster-Götlands** und liegt durchschnittlich 350 m hoch. Höchster Punkt ist der 378 m hohe *Tomtabacken*.

Südostschweden mit der Küste am Kalmarsund unterscheidet sich stark von der Westküste. Aufgrund seiner geologischen Vorgeschichte ist es als sog. Tafelland ausgebildet. Die karstigen Ebenen setzen sich auf den Inseln Öland *(alvar)* und Gotland *(hällmark)* fort.

Das **Seentiefland Mittelschwedens** umfasst das Gebiet um die großen Seen Vänern, Vättern, Hjälmaren und Mälaren mit den Provinzen **Öster-Gotland**, Teile **Väster-Gotlands**, **Dalsland**, **Närke** und **Södermanland** und reicht bis hinauf nach **Uppland** (Uppsala) und **Västmanland**. Es ist das Kulturland und die historische Wiege Schwedens schlechthin. Hier findet man Schwedens Hauptstadt Stockholm, die alte Bischofs- und Universitätsstadt Uppsala, die

SCHWEDEN – DIE PROVINZEN

Industriestädte Norrköping und Linköping ebenso wie prächtige Schlösser wie Tullgarn, Läckö, Gripsholm oder Skokloster, um nur einige zu nennen. Die Region mit ihren sanften Landschaften wird von der historischen Wasserstraße des **Götakanals** durchzogen, der heute eine der größten Attraktionen für Freizeitskipper ist.

Das **mittelschwedische Bergland** bildet geographisch den Übergang von der mittelschwedischen Seensenke zum Norrland.

Große Teile umfassen die alte, historische und kulturell eng mit den weiter südlich gelegenen Landschaften verbundene Provinz **Dalarna** und Teile **Värmlands**. Erz- und Kupferbergbau (Grängesberg, Falun) bilden den Reichtum der Region. Die fluss-, seen- und waldreiche Landschaft mit ihrem herben, anziehenden Charakter ist im Sommer wie im Winter Ziel vieler Besucher.

Värmland ist die Heimat von *Selma Lagerlöf*, der Schöpferin des „Nils Holgersson" Und aus Dalarna stammten viele der Männer, mit denen Gustav Wasa im 16. Jh. die Unabhängigkeit von Dänemark erkämpfte.

Norrland, Schwedens nördliche Landeshälfte mit einer Nord-Süd-Ausdehnung von annähernd 1.000 km, umfasst die Bezirke **Hälsingland, Härjeland, Medelpad, Jämtland, Ångermanland, Västerbotten, Norrbotten, Südliches** und **Nördliches Lappland**. Die weite Ausdehnung nach Norden bedingt starke klimatische Unterschiede zwischen den südlichen und nördlichen Gebieten Norrlands.

Charakteristisch ist die stufenartige Absenkung des Gebietes von den Gebirgszügen an der Westgrenze hin zum Bottnischen Meerbusen im Osten. Das Terrain ist kaum besiedelt und überaus waldreich. Zahlreiche, wasserreiche Flüsse bilden ungezählte größere (der Storsjön bei Östersund ist fast 450 qkm gross) und kleinere Seen und entwässern das Norrland nach Südosten hin. Die Flüsse bilden Stromschnellen und Wasserfälle und sind nur im Küstenbereich schiffbar.

Es waren aber die Flusstäler, über die versucht wurde, dieses rauhe, eintönige und weite Land von der Küste her zu erkunden und zu besiedeln. Die immer nur zögerlich voranschreitende Besiedelung des Hinterlandes des Norrlands ist längst wieder rückläufig. Vor allem junge Norrländer suchen heute ihr Glück in den Wirtschaftszentren im Süden Schwedens. Alle größeren Städte mit Ausnahme von Östersund, Hauptstadt Jämtlands und wichtiger Verkehrsknotenpunkt, und der Erzstadt Kiruna, liegen an der Küste des Bottnischen Meerbusens. Zu ihnen zählen die Stadt der Holzindustrie Sundsvall, die Universitätsstadt Umeå, Skellefteå oder die Stahlstadt Luleå mit ihrem wichtigen Erzexporthafen.

Der wirtschaftliche Wert des nördlichen Teils Norrlands ist kaum abschätzbar. Alleine die Vorkommen an hochwertigem, überdurchschnittlich reinem Eisenerz in Lappland werden auf weit über 1.000 Millionen Tonnen geschätzt!

Die **Nationalflagge** ist ein querliegendes gelbes Kreuz auf blauem Grund.

Schwedens **höchster Berg**, der 2.114 m hohe **Kebnekaise**, liegt in Nordschweden rund 75 km westlich von Kiruna.

Größter See ist der **Vänersee** mit einer Fläche von rund 5.585 qkm.

Längster Fluss ist der annähernd 570 km lange **Troneälven**.

Wirtschaftliche Schwerpunkte

Bedingt durch die klimatischen Gegebenheiten konzentriert sich die Landwirtschaft auf den Süden des Landes. Schwerpunkte der Agrarproduktion sind Kartoffel- und Getreideanbau, Rinder- und Schweinezucht.

Fischerei wird – mit schwindender Bedeutung für die Volkswirtschaft – vornehmlich an der Süd- und Westküste betrieben. Mitte des 18. Jh. lebten noch mehr als 90% der Bevölkerung von der Landwirtschaft und der Fischerei. Obwohl die schwedische Agrarwirtschaft sehr fortschrittlich und effizient ist, ist Schweden längst kein Agrarstaat mehr. Weit über zwei Drittel der Beschäftigten des Landes sind heute in den Bereichen Industrie und Handel tätig.

Die reichen Waldbestände im Norden werden intensiv genutzt. Rund 56% der Landfläche sind von Wald bedeckt. Entsprechend groß ist Schwedens Bedeutung weltweit in Bezug auf Holz-, Zellstoff- und Papierindustrie. Nach einem hemmungslosen Holzeinschlag im 18. Jh. ohne nachfolgende Wiederaufforstung drohte den unermesslich scheinenden schwedischen Wäldern eine folgenschwere Dezimierung. Der Missstand wurde aber rechtzeitig erkannt und heute ist die Waldwirtschaft längst unter – meist staatlicher – Kontrolle. Der jährliche Holzzuwachs ist immer noch etwas größer als der Bedarf der Holzindustrie.

Aufgrund der weitreichenden Nutzbarmachung seiner reichen Wasserkraftreserven zur Stromerzeugung, ist Schweden in der Lage, den Bedarf an Elektrizität des Landes weitgehend selbst zu decken. Der Anteil des durch Kernkraftwerke erzeugten Stroms, derzeit rund 40%, soll zurückgedrängt werden. Laut Volksabstimmung von 1980 und Regierungsbeschluss ist vorgesehen, bis zum Jahr 2010 alle 12 Kernkraftreaktoren stillzulegen.

Dank des reichen Vorkommens hochwertiger Eisenerze im Norden des Landes wurde Schweden zum größten Eisenexporteur der Welt. Gleichzeitig konnte sich eine hochqualifizierte Eisen-, Stahl- und Maschinenbauindustrie entwickeln. Die Verarbeitung der Rohstoffe zu hochwertigen Endprodukten wird durch die reichen

Energiereserven aus Wasserkraft unterstützt. In Sachen Schiffbau z.B. nimmt Schweden eine führende Rolle auf dem Weltmarkt ein. Schwedens größter Industriekonzern ist Volvo.

Starken Einfluss üben staatliche Organe auf wichtige Wirtschaftszweige aus, so auf die Energieindustrie (75 % der Elektrizitätsversorgungsunternehmen werden vom Staat kontrolliert) oder auf die Montan- und Forstindustrie.

Besonders nach dem 2. Weltkrieg formte sich Schweden unter dem Einfluss seiner sozialdemokratischen Regierungen zum vielbewunderten *Wohlfahrtsstaat*. Der Lebensstandard der schwedischen Bevölkerung ist der höchste in Europa und die sozialen Einrichtungen und Leistungen müssen auf fastallen Gebieten als vorbildlich bezeichnet werden. Einige Beispiele aus dem Bereich Familie seien erwähnt. Die Säuglingssterblichkeit liegt übrigens bei nur 0,6 Promille. Der Elternurlaub (bei uns Mutterschutzurlaub) beträgt ein ganzes Jahr, kann aber in Schweden zwischen den beiden Elternteilen aufgeteilt werden. Berufstätige Eltern (nicht nur Mütter, auch Väter) können zur Pflege ihrer kranken Kinder pro Jahr bis zu 120 Tage bei Anrechnung des vollen Krankengeldes zu Hause bleiben. Kaum verwunderlich, dass die Ausgaben des Ministeriums für Gesundheit und Soziale Angelegenheiten mit annähernd 100 Mrd. Skr den bei weitem größten Posten im schwedischen Staatshaushalt ausmachen.

Natürlich haben so fortschrittliche Sozialeinrichtungen und deren Verwaltungsaufwand auch ihren Preis. So stammen 56 Prozent des schwedischen Sozialprodukts aus Steuern (EG rund 40 Prozent). 35 Prozent der Arbeitnehmer sind im öffentlichen Dienst in der Verwaltung etc. tätig (EG rund 20 Prozent)! Und der Mehrwertsteuersatz (Moms) hat derzeit stolze 25% erreicht.

GESCHICHTE – IN STICHWORTEN

Um 3000 v. Chr. – Nach dem Zurückweichen des Inlandeises kamen erste Siedler, Jäger und Fischer von Süden und Osten in den skandinavischen Raum.

Um 500 n. Chr. – Die germanischen Stämme der *Svear*, die zunächst am Mälarsee siedelten und der *Gauten* (Goten) aus Götaland gründeten ein Reich, dessen Metropole *Uppsala* war. Aus jener frühen Zeit sind Felsritzungen erhalten.

9. – 11. Jh. – Zwischen dem 9. und 11. Jh. eroberten Waräger, einerseits handels- und geschäftüchtige, andererseits kriegslüsterne Wikinger aus Schweden, Teile des Baltikums und segelten bis Byzanz. Wikinger aus Dänemark und Norwegen dagegen richteten sich mehr nach Westen (England, Island, Grönland, Amerika) und nach Süden (Frankreich, westliches Mittelmeer).

Viele Runen- und Bildsteine (z.B. auch auf Gotland) erinnern an die Kriegs- und Beutezüge und deren Heerführer aus der Wikingerzeit.

Im 9. Jh. beginnt mit dem norddeutschen Bischof Ansgar (801 – 865), dem „Apostel des Norden", die Christianisierung Schwedens. Die mit vielen Kriegen und Auseinandersetzungen verbundene Missionierung ist im 11. Jh. abgeschlossen.

12. Jh. – Uppsala, die alte Königsresidenz, wird 1164 erster Sitz eines Erzbischofs.

Der Handelsbund der norddeutschen Hanse erlangt Macht und Einfluss im südlichen Schweden, u.a. in Stockholm und auf Gotland.

1252 – *Birger Jarl* legt den Grundstein zur Stadt Stockholm. Er festigt die Herrschaft Schwedens über Finnland und gründet die Königsdynastie der *Folkunger*, die zwischen 1250 und 1363 über das Land herrscht.

Es bilden sich mehrere zerstrittene Fraktionen des Adelsstandes, der sich uneins ist über die Wahl zukünftiger Könige.

1397 – Die *Kalmarer Union* wird auf Betreiben und unter Vorsitz der dänischen *Königin Margareta* unterschrieben. Beabsichtigt ist, Schweden, Dänemark und Norwegen unter einem dänischen Unionskönig zu vereinigen. Bald aber versucht Schweden, sich der dänischen Vorherrschaft zu entziehen. Es gibt Aufstände, die der Bauernführer Engelbrekt nutzt und sich zum Reichsvorsteher Schwedens ernennen lässt. Es entsteht ein Reichstag, zu dem Adel, Geistlichkeit, Bürgertum und Bauern ihre Vertreter entsenden.

1477 – In Uppsala wird die erste skandinavische Universität gegründet.

1520 – *König Christian II.* von Dänemark (1481 – 1559) versucht mit Angriffen auf Stockholm Schweden in die Union zurückzuzwingen. Am 8. November 1520 lässt er alle seine Gegner hinrichten („Blutbad von Stockholm"). Das Massaker aber schwächt die Position des Monarchen, der 1523 Dänemark sogar verlassen muss.

1521 – *Gustav Eriksson Vasa* ruft die Männer von Dalarna zum Aufstand gegen den Dänenkönig auf.

1523 – Gustav Vasa wird zum schwedischen *König Gustav I.* gewählt. Er tritt aus der Kalmarer Union aus und stellt Schwedens Unabhängigkeit wieder her. Gesamtschweden hatte damals weniger als eine Million Einwohner.

1527 – König Gustav I. fördert die lutherische Reform in Schweden und verhilft ihr zum Durchbruch. Die gewaltigen Latifundien der katholischen Kirche werden konfisziert und dem Staat einverleibt.

1560 – 1568 – *König Erich XIV.* wird Nachfolger Gustavs I. Unter seiner Herrschaft fällt 1561 Estland an Schweden.

1568 – 1592 – *König Johan III.* regiert.

1592 – 1604 – *König Sigismund* regiert.

1604 – 1611 – *König Karl IX.* regiert.

1611 – 1632 – *König Gustav II. Adolf* regiert. Unter seiner Herrschaft wird Schweden die dominierende Macht im Ostseeraum und zur Großmacht in Europa. Er führt Krieg mit Russland (1614 – 1617) und gewinnt Karelien und Ingermanland und erbeutet im Krieg mit Polen (1621 – 1629) Livland. Durch siegreiche Schlachten beeinflusst Gustav II. Adolf den Verlauf des Dreißigjährigen Krieges (1618 – 1648). Der König fällt 1632 in der Schlacht gegen den kaiserlichen Feldherrn Wallenstein bei Lützen.

1632 – 1654 – *Christine*, Tochter Gustav II. Adolf, ist Schwedens letzte Königin aus dem Hause Vasa. Sie regiert mit Hilfe des Kanzlers *Axel Oxenstjärna*, der schon Berater ihres Vaters war. 1634 arbeitet Oxenstjärna eine neue Verfassung aus.

1645 – Schweden übt auf Dänemark solange Druck aus, bis die Dänen Gotland und die norwegischen Provinzen Jämtland und Halland an Schweden abtreten.

1648 – Mit dem *Westfälischen Frieden* am 24. Oktober in Münster und Osnabrück beenden das Kaiserreich, Frankreich und Schweden und deren Verbündete den Dreißigjährigen Krieg. Schweden erhält Vorpommern und Stettin, die Insel Rügen, Usedom, Wollin, Wismar, Bremen und Verden.

1654 – 1660 – 1654 tritt Königin Christine zugunsten ihres Vetters, *König Karl X. Gustav* aus dem Hause Pfalz-Zweibrücken, ab. Christine konvertiert zum katholischen Glauben und lässt sich in Rom nieder. Karl X. Gustav führt Kriege mit Polen und Dänemark und erringt 1658 Blekinge, Schonen und Bohuslän. Schweden ist auf dem Höhepunkt seiner territorialen Ausdehnung und politischen Macht in Europa.

1660 – 1697 – *König Karl XI.*, Sohn von Karl X. Gustav, regiert. Schweden ist als Verbündeter Frankreichs in Kriege verstrickt.

1697 – 1718 – *König Karl XII.* regiert. Dem König gelingt es nicht, Schweden von den Auseinandersetzungen im Nordischen Krieg (1700 – 1721) zwischen Polen, Russland, Preußen und Hannover zu distanzieren. Die Folgen sind empfindliche Gebietsverluste (u. a. Livland, Estland, Karelien, Bremen, Verden, Stettin). Schweden verliert seine Stellung als europäische Großmacht. Russland ist der große Gewinner und nimmt nun die Rolle einer Großmacht ein.

1718 – 1720 – *Königin Ulrike Eleonore* regiert. Mit ihr sterben die schwedischen Regenten aus dem Hause Pfalz-Zweibrücken aus.

1719 – Eine neue Verfassung soll durch Erweiterung der Machtkompetenzen der Volksvertretung die fast uneingeschränkte Regierungsgewalt des Königs einschränken. Zwei Parteien tun sich hervor, die konservativen *Hüte*, die vor allem von der Kaufmannschaft unterstützt wurden und die eher liberalen *Mützen*.

1720 – 1751 – *Friedrich I.* aus dem Hause Hessen-Kassel ist König von Schweden.

1751 – 1818 – Könige aus dem Hause Holstein-Gottorf regieren in Schweden (*Adolf Friedrich* 1751 – 1771, *Gustav III.* 1771 – 1792, *Gustav IV. Adolf* 1792 – 1809, *Karl XIII.* 1809 – 1818). Karl XIII. bleibt kinderlos. Er ernennt 1810 den französischen Marschall *Jean Baptiste Bernadotte* (1763 – 1844) zum Kronprinzen.

1792 – Während eines Komplotts des Adels wird König Gustav III. ermordet.

1814 – Norwegen wird durch Personalunion an Schweden gebunden. Dafür erkennt Schweden Norwegens erste Verfassung an.

1818 – 1844 – Marschall Bernadotte, Begründer der heutigen Dynastie, besteigt als *König Karl XIV. Johan* den schwedischen Thron.

1844 – 1859 – *Oskar I.*, Sohn König Karls XIV. Johan und dessen Gemahlin Désirée

Clary, ist schwedischer König. Er beginnt mit der Liberalisierung der Regierung.

1859 – 1872 – *König Karl XV.* Während seiner Regierungszeit wird der Reichstag der Stände durch ein damals neuzeitliches Zweikammersystem ersetzt.

1860 – Bis etwa 1914 zwingen soziale und wirtschaftliche Umstände über eine Million Schweden zur Auswanderung vor allem nach Nordamerika.

1872 – 1907 – *König Oskar II.*

1905 – Norwegen löst sich von Schweden. In einer Volksabstimmung am 13. August distanzieren sich die Norweger mit überwältigender Mehrheit von der Union mit Schweden. Schweden beginnt sich zum Industriestaat zu wandeln.

1907 – 1950 – *König Gustav V.* Unter König Gustav V. finden 1909 und 1921 Wahlrechtsreformen statt. Die Sozialdemokratische Partei wird unter Per Albin Hansson stärkste Partei in Schweden und stellt bis in jüngste Zeit in fast ununterbrochener Folge die Ministerpräsidenten (*P. A. Hansson* 1932 – 1946, *Tage Erlander* 1946 – 1969, *Olof Palme* 1969 – 1986). In den beiden Weltkriegen bleibt Schweden neutral.

1912 – Stockholm ist Austragungsort der Sommerspiele der 5. Olympiade.

1946 – Schweden wird Mitglied der Vereinten Nationen.

1950 – 1973 – *König Gustav VI. Adolf.*

1952 – Der Nordische Rat wird gegründet. Ihm gehören alle fünf Nordischen Länder Dänemark, Norwegen, Schweden, Island und Finnland an. Es beginnt eine enge Kooperation und Annäherung der Gesetzgebung der Nordischen Länder (Sozialabkommen, Arbeitsrecht, Passrecht, Entwicklungs- und Handelspolitik u.a.).

1953 – 1961 – *Dag Hammarskjöld* ist Generalsekretär der Vereinten Nationen (UN).

Seit 1973 – *König Karl XVI. Gustav.* SM Karl XVI. Gustav wurde 1946 als einziger Sohn von Prinz Gustav Adolf und Prinzessin Sibylla von Sachsen-Coburg-Gotha geboren. Ein Jahr später kommt sein Vater bei einem Flugzeugabsturz ums Leben. Karl Gustav wird Kronprinz. 1973 folgt er seinem Großvater Gustav VI. Adolf auf dem schwedischen Königsthron nach.

1976 – Nach jahrzehntelanger sicherer Position im Regierungslager verlieren die Sozialdemokraten die Reichstagswahlen. Eine Koalition mit Konservativen und Liberalen unter Ministerpräsident Thorbjörn Fälldin von der Zentrumspartei wird gebildet.

Hochzeit König Karl XVI. Gustav mit Silvia Sommerlath in Stockholms Kathedrale Storkyrkan. *Königin Silvia* wurde 1943 als Tochter eines Heidelberger Geschäftsmanns und dessen brasilianischer Ehefrau geboren. 1969 Dolmetscherdiplom in Spanisch. 1971 Chefhostess im Organisationskomitee der Olympischen Sommerspiele in München 1972. Während der Olympiade lernt Sie den schwedischen Thronerben kennen. Unter dem Einfluss der in Schweden sehr populären Monarchin wird 1980 die Verfassung dahingehend geändert, dass künftig in Schweden auch die weibliche Thronfolge möglich ist. Durch diesen Schritt wurde ihrer 1977 geborenen Tochter Prinzessin Victoria Ingrid Alice Désirée das Thronerbe ermöglicht.

1982 – Die Sozialdemokratische Partei gewinnt die Reichstagswahlen. Olof Palme wird erneut Ministerpräsident.

1986 – Am 1. März wird Olof Palme, damaliger Ministerpräsident der sozialdemokratischen Regierung, in Stockholm auf offener Straße erschossen. Die Mordtat, die die Welt erschütterte, ist bis heute nicht eindeutig aufgeklärt. Tat und Aufklärungsprozess werden von einer Reihe von Ungereimtheiten überschattet. Palmes Nachfolger im Amt des Ministerpräsidenten wird *Ingvar Carlsson*.

1991 – Am 1. Juli 1991 stellte Ministerpräsident Carlsson in Den Haag beim turnusmäßig amtierenden EG-Ratsvorsitzenden den Antrag zur Aufnahme Schwedens in die EG.

1992 – Schweden gibt mit Parlamentsbeschluss vom 26. Mai 1992 seine uneingeschränkte Neutralität teilweise auf.

1994 – In einer Volksabstimmung spricht sich eine knappe Mehrheit der schwedischen Bevölkerung für die Europäische Union aus.

1995 – Am 1. Januar 1995 wird Schweden Mitglied der Europäischen Union.

1998 – Bei den Parlamentswahlen am 20. September 1998 verlieren die Sozialdemokraten mit Premierminister *Göran Persson* drastisch und fallen in der Wählergunst von 45,3% auf 36,3%. Die Zentrumspartei erreicht 22,6%.

2002 – Am 28. Januar 2002 stirbt Schwedens berühmte Autorin Astrid Lindgren im

Das schwedische Königspaar, König Carl XVI. Gustaf und Königin Silvia.
Foto: Richard Ryan, www.imagebank.sweden.se

Alter von 94 Jahren in ihrer Wohnung am Stockholmer Vasapark.

2003 – Am 11. September 2003 wird die schwedische Außenministerin *Anna Lindh* bei einem Messerattentat getötet. Die Tat erschüttert Politiker und Bevölkerung gleichermaßen.

2006 – Am 3. August 2006 wird das Atomkraftwerk Forsmark bei Oskarshamn in letzter Sekunde abgeschaltet. Durch einen Stromausfall in der Station war die Kühlung beeinträchtigt und es kam fast zu einem GAU.

Bei den Parlamentswahlen im Oktober siegt eine „Allianz" aus vier bürgerlichen Parteien. Wahlsieger ist Fredrik Reinfeldt, der eine neue Mitte-Rechts-Regierung anführt und damit die Ära sozialdemokratischer Regierungen beendet. Erste Aktion der neuen Regierung: Einführung der Citymaut in Stockholm.

2007 – *Ingmar Bergman*, der große schwedische Filmregisseur, stirbt am 30. Juli im Alter von 89 Jahren.

2010 – Nach langem Widerstand ihres Vaters König Carl Gustav gegen die Heirat gab es für Kronprinzessin Victoria am 19. Juni endlich ein Happy-End. Sie durfte ihren ehemaligen Fitnesstrainer, den bürgerlichen Daniel Westling, im Dom zu Stockholm heiraten.

Im September konnte der konservative Ministerpräsident Fredrik Reinfeldt die Parlamentswahlen erneut für sich gewinnen. Allerdings gelang es der rechtspopulistischen Partei „Schwedendemokraten" mit 5,7 Prozent in den Reichstag zu kommen. Sie setzten sich für umfangreiche Einschränkungen bei Zuwanderungen ein. Fredrik Reinfeldt verlor die absolute Mehrheit und muss nun in einer Minderheitsregierung mit der bisherigen Vier-Parteien-Koalition regieren.

2011 – Dem 80jährigen Tomas Tranströmer wurde am 6. Oktober der Literaturnobelpreis für seine Gedichtsammlung zugesprochen.

POPULÄRE SCHWEDEN, GROSSE NAMEN

Carl Jonas Love Almqvist (28. 11. 1793 – 26. 9. 1866), Schriftsteller, Essays und romantische Gedichte.

Svante Arrhenius (19. 2. 1859 – 2. 10. 1927), Chemiker, Astro-Physiker und Naturwissenschaftler, 1903 Nobelpreis für Chemie über die elektrolytische Dissoziation (Zerfall von Molekülen in bestimmte Bestandteile).

Carl Michael Bellman (1740 – 1795), Lyriker, schrieb viele Volksweisen. Bekannt und immer noch beliebt in Schweden sind seine sinnenfrohen, heiteren Trink- und Vagantenlieder.

Hjalmar Bergman (19. 9. 1883 – 1. 1. 1931), Schriftsteller, schrieb Lustspiele und Romane.

Ingmar Bergman (14. 7. 1918 – 30. 7. 2007), Bühnen- und Filmregisseur und Drehbuchautor. Machte mehr als 40 Kinofilme und über 70 Bühnenstücke. Filme wie *„Das siebente Siegel"* (1956), *„Wilde Erdbeeren"* (1957) oder *„Das Schweigen"* (1962) erregten auch in Deutschland bei einem breiten Publikum Aufsehen. Fernsehspiele u. a. *„Szenen einer Ehe"* (1973). Ehrendoktorwürde, dreifacher Oscar-Preisträger. Bergman starb am 30. Juli 2007.

Ingrid Bergman (1915 – 1982), eine der populärsten Schauspielerinnen Schwedens und Weltstar zugleich. Eine ihrer ersten Rollen spielte sie in dem Film *„Wem die Stunde schlägt"*. In *„Lieben Sie Brahms"* spielte sie eine weitere ihrer großen Rollen. Unsterblich allerdings wurde der Star mit seiner warmen, etwas melancholischen Ausstrahlung, durch ihre unvergessliche Rolle („Spiel's noch einmal Sam") in dem zum absoluten Kultfilm avancierten, 1942 gedrehten Streifen „Casablanca" in dem sie zusammen mit Humphrey Bogart („Ich schau dir in die Augen, Kleines") auftrat. Ingrid Bergman war dreifache Oscar-Preisträgerin.

Greta Garbo (1905 – 1990), hieß mit bürgerlichem Namen eigentlich Greta Gustafsson. Mit ihrem damaligen Freund, dem Regisseur Mauritz Stiller (1883 – 1928), ging sie Mitte der zwanziger Jahre nach Amerika und wurde dort in der Traumfabrik Hollywood in kürzester Zeit zu dem Megastar der Filmgeschichte schlechthin. Einer ihrer Filme, mit dem sie den Durchbruch schaffte, war „Ninotschka". 1954 erhielt sie einen Oscar. Die immer kühl und unnahbar wirkende Greta Garbo, „die Göttliche", wurde schließlich zum unerreichten Filmmythos.

Dag Hammarskjöld (1905 – 1961), Politiker und Sohn Hjalmar Hammarskjölds, der von 1914 bis 1917 schwedischer Ministerpräsident war. Dag Hammarskjöld bekleidete zwischen 1941 und 1948 das Amt des Präsidenten der Staatsbank und war von 1953 bis zu seinem tödlichen Flugzeugabsturz 1961 Generalsekretär der Vereinten Nationen. Friedensnobelpreisträger 1961.

Sven Anders Hedin (19. 2. 1865 – 26. 11. 1952), Forschungsreisender, der – teils auf den Spuren Marco Polos – vor allem Tibet, das Himalajagebiet China und Persien bereiste. Schrieb interessante Reiseberichte, u. a. *„Durch Asiens Wüsten", „Transhimalaja"* etc.

Verner von Heidenstam (6. 7. 1859 – 20. 5. 1940), Dichter und Schriftsteller, u. a. „Hans Alienu" (Roman, deutsch 1904), 1916 Literaturnobelpreis.

Erik Axel Karlfeldt (20. 7. 1864 – 8. 4. 1931), Schriftsteller und Lyriker, machte oft Land und Leute aus Dalarna zum Thema seiner Werke, 1931 Literaturnobelpreis, dessen Verleihung er allerdings nicht mehr erlebte.

Pär Lagerkvist (23. 5. 1891 – 11. 7. 1974), Dichter, Dramatiker, Romanschriftsteller („Der Henker", 1933, u. a.), 1951 Literaturnobelpreis für den Roman „Barabas".

Selma Lagerlöf (1858 – 1940), Schriftstellerin, 1909 Literaturnobelpreis, Erstlingswerk „Gösta Berling" (1891), „Nils Holgerssons wunderbare Reise" (1906).

Selma Lagerlöf wurde am 28. November 1858 in Mårbacka in Värmland geboren. Mit 15 Jahren schreibt sie, die in ihren Jugendjahren eine Kinderlähmung zu überstehen hatte, „Ich bin jetzt 15 Jahre alt und ich habe alle Dichter gelesen, die wir zu Hause haben: Tegner, Runeberg, Frau Lengren, Stagnelius, Vitalis, Bellman, Dahlgren. Aber nie zuvor ist es mir eingefallen, dass ich verse schreiben könnte". Erste schriftstellerische Schritte sind erfolglos. Selma Lagerlöf wird Lehrerin und tritt 1885 in Landskrona in den Schuldienst ein. In jener Zeit beginnt sie Geschichten und Begebenheiten der Junker und Kavaliere von den Gutshöfen Värmlands aufzuschreiben. Daraus entsteht ihr Erstlingswerk *„Gösta Berling"*, das Sie zunächst nur in Ausschnitten zaghaft in einem Wettbewerb vorstellt, den eine Frauenzeitschrift ausgeschrieben hatte. *„Gösta Berling"*, 1891 veröffentlicht (deutsch 1896), wird ein großer Erfolg, der Selma Lagerlöf zum Durchbruch auf der schwedischen Literaturszene verhilft. Später sagte sie: "Im Grunde wollen die Menschen von jedem Verfasser nur ein einziges Buch. Bei mir war es der 'Gösta Berling'". Es folgen weitere Werke, teils mit sozialkritischem, teils mit tief religiösem Hintergrund, wie *„Königin in Kungahälla"* (1899), *„Herrenhofsaga"* (1899) oder *„Jerusalem"* (1901/1902). 1906 dann erschien ihr vielleicht populärstes Werk *„Nils Holgerssons wunderbare Reise"*. Am 10. Dezember 1909 wird Selma Lagerlöf der Nobelpreis für Literatur verliehen und 1914 wird sie als erste Frau in die ehrenwerte Schwedische Akademie aufgenommen. Eines ihrer letzten Werke ist *„Charlotte Löwensköld"* (1925). Selma Lagerlöf starb am 16. März 1940 in Mårbacka.

Astrid Lindgren (14.11.1907 –28.01.2002), Schriftstellerin, vornehmlich Jugendbücher, u. a. „Pippi Langstrumpf" (1945), 1978 Friedenspreis des Deutschen Buchhandels. Insgesamt verfasste die große schwedische Kinderbuchautorin 115 Bücher und 44 Bilderbücher. Astrid Lindgrens Werke wurden in 76 Sprachen übersetzt. 2001 wurde sie zur „Schwedin des Jahrhunderts" gewählt.

Carl von Linné (1707 – 1778), Naturforscher und Botaniker, bekannt sind seine Aufzeichnungen über eine „Lappländische Reise", die vor allem im 18. Jh. einen überaus starken Einfluss auf die Naturforschung nahmen.

Carl von Linné wurde am 23. Mai 1707 in Rådjult in Småland geboren, studierte und lebte später in Uppsala und war dort Mitglied der Königlichen Sozietät der Wissenschaften. Von Uppsala aus startete er am 12. Mai 1732 – „es war ein Freitag, 11 Uhr vormittags, bis zu meinem 25. Jahre fehlte mir nur noch ein halber Tag" (Insel Taschenbuch Nr. 102, Insel Verlag Frankfurt/M) – zu seiner Lapplandreise auf. Linné starb am 10. Januar 1778 in Uppsala.

Carl Milles (23. 6. 1875 – 19. 9. 1955), bekannter Bildhauer. Mehr unter Stockholm, Millesgården.

Alfred Nobel (1833 – 1896), ging als Erfinder des Dynamits und als Stifter des *Nobelpreises* in die Geschichte ein. Mehr unter „Nobelpreis".

Sven Olof Palme (30. 1. 1927 – 1. 3. 1986), schwedischer Politiker der Sozialdemokratischen Partei, seit 1963 Minister diverser Ressorts, zwischen 1969 und 1979 und von 1982 bis 1986 Ministerpräsident. In der Nacht zum 1. März 1986 fällt Olof Palme in Stockholm auf offener Straße einem Attentat zum Opfer.

Karl Wilhelm Scheele (1742 – 1786), Chemiker, Entdecker des Sauerstoffs, verschiedener Säuren und des Glyzerins.

August Strindberg (22. 1. 1849 – 14. 5. 1912), Schriftsteller, Bühnendramen und Romane. Mittelpunkt vieler seiner Werke sind der Mensch und zwischenmenschliche Beziehungen, deren Ambiente oft mystisch, gespenstisch und surrealistisch wirkt. Einer seiner frühen Romane war 1879 *„Das rote Zimmer"*, es folgte 1887 *„Inselbauern"*. Im gleichen Jahr erschien das Bühnenwerk *„Der Vater"*. Andere Werke sind u. a. *„Fräulein Julie"* (1888), *„Totentanz"* (1901), *„Ein Traumspiel"* (1902) oder *„Gespenstersonate"* (1907). Seinem Roman *„Sohn einer Magd"* weisen Literaturwissenschaftler selbstbiographische Züge zu.

Emanuel von Swedenborg (1668 – 1772), Naturwissenschaftler und sehr religiös, nach den „göttlichen Dingen und Weisheiten" strebend. Hatte vor allem in Nordamerika zahlreiche Anhänger (Swedenborgsekte).

Max von Sydow (geb. 1929), schwedischer Schauspieler, verkörpert in seinen Rollen oft starke Charaktere. Max von Sydow arbeitete u. a. mit Ingmar Bergmann am Stadttheater in Malmö und in elf Bergman-Filmen. Großen Erfolg hatte von Sydow zum Beispiel mit seiner Hauptrolle in dem Film von Jan Troell „Die Auswanderer". Eine seiner vielen Ehrungen erhielt der Schauspieler 1988. Mit der Verleihung des Europäischen Filmpreises wurde er für seine meisterliche Darstellungskunst in „Pelle, der Eroberer" einer Geschichte über einen armen Landarbeiter und dessen Sohn Pelle, ausgezeichnet. Erstmals Regie führte von Sydow 1988 in dem Film „Katinka".

WIE KOMMT MAN HIN?

Mit dem Auto

Die Wahl des Anreiseweges mit dem Auto wird sich nach dem Fährhafen richten, von dem aus nach Skandinavien übergesetzt werden soll. Da die Möglichkeiten vielfältig sind (siehe unter „Fährverbindungen nach Schweden" weiter unten) kann eine Abwägung zwischen Kosten und Aufwand evtl. weiterhelfen.

Da Fähren für den Auto-, Wohnwagen- oder Reisemobilurlauber wegen der relativ hohen Frachtraten für Fahrzeuge stark zu Buche schlagen, wird man u. U. eine längere Anfahrt und dafür geringere Fährkosten in Kauf nehmen.

Hier bietet sich vor allem die Strecke über die **Vogelfluglinie** und weiter von Helsingør nach Helsingborg an. Andererseits kann eine Nachtfahrt auf einer längeren Seepassage Zeit sparen und dank des Komforts und Unterhaltungsangebots auf vielen der Fähren den Urlaub schon dort beginnen lassen. Ein intensiver Preisvergleich ist zu empfehlen.

Die Entfernung z. B. von München über Helsingør nach Stockholm beträgt rund 1.700 km.

Nach Eröffnung der großen **Tunnel-Brücken-Verbindung über den Øresund** zwischen Kopenhagen und Malmö im Jahre 2000, hat sich die Anreise mit dem Auto nach Schweden zwar nicht verbilligt, aber sie ist wohl um einiges schneller geworden, da das Ein- und Ausschiffen sowie Wartezeiten in den Häfen entfallen.

Die rund 16 km lange Straßenverbindung gilt als gigantische Ingenieurleistung, die bislang ihresgleichen sucht. Ihre Realisierung hat nach heutiger Rechnung fast drei Milliarden Euro verschlungen.

Die Trasse führt von **Kastrup**, einem südlichen Vorort von Kopenhagen, nach **Lernacken bei Malmö**. Sie besteht aus einem etwas über vier Kilometer langen **Tunnel**, dann der eigens für den Brückenbau künstlich aufgeschwemmten Insel „Peberholm" und schließlich einer 7.845 m langen **Schrägseil-Hängebrücke**. Es stehen eine vierspurige Autotrasse und eine zweigleisige Bahntrasse zur Verfügung.

Die Mautgebühren für die Passage der Brücken-Tunnel-Strecke mit einem Pkw bis 6 m Länge betrugen zuletzt EUR 34,- und für ein Wohnwagengespann oder ein Wohnmobil EUR 68,-. So stattlich das Bauwerk, so stattlich die Preise. Die Zahlstellen liegen auf schwedischer Seite. Web: www.oresundsbron.com.

Fährverbindungen nach Schweden

Bei Reisen während der Ferienzeit empfehlen sich Platzreservierungen fürs Auto und ggf. für eine Kabine.

DEUTSCHLAND – DÄNEMARK

„Vogelfluglinie" Puttgarden – Rødbyhavn (Lolland)

Scandlines – Ganzjähriger Verkehr, im Sommer bis zu 42 Abfahrten täglich. Fahrtdauer ca. 45 Minuten.

Achten Sie darauf: Scandlines bietet günstige **Kombinationstarife** für die Strecken Puttgarden – Rødby und Helsingør – Helsingborg! www.scandlines.de; Tel. 01805-116688.

Rostock – Gedser (Falster)

Scandlines – Ganzjährig 6 Abfahrten täglich. Fahrtdauer 1 Stunde 45 Min. Weiterreise über Helsingør – Helsingborg bzw. über die Öresundbrücke.

Sassnitz/Mukran(Rügen)–Trelleborg

Scandlines – Ganzjährig 5 Abfahrten täglich. Fahrtdauer 4 Stunden.

Sassnitz/Mukran (Rügen) – Rønne

Scandlines/Bornholm Faergen – Ganzjährig, im Sommer bis zu 2 Abfahrten. Fahrtdauer 3 Std. 30 Min.

Weiterreise von Rønne nach Ystad in Schweden, Fahrtdauer 1 Stunden 15 Minuten. www.bornholmerfaergen.dk.

DEUTSCHLAND – SCHWEDEN

Kiel – Göteborg

Stena Line – Ganzjährig, tägliche Abfahrt. Fahrtdauer 13,5 Stunden. www.stenaline.de; Tel. 01805/916666.

Rostock – Trelleborg

Scandlines – Ganzjährig 5 Abfahrten täglich. Fahrtdauer 5 Std. 45 Min., Nachtfahrt 7,5 Std.

TT-Line – Bis 4 Abfahrten täglich. Fahrtdauer 6 Std., Nachtfahrt 7 Std. www.ttline.com; Tel. 04502-801-81.

Sassnitz/Mukran (Rügen) – Trelleborg

Scandlines – Ganzjährig 5 Abfahrten täglich. Fahrtdauer 4 Stunden.

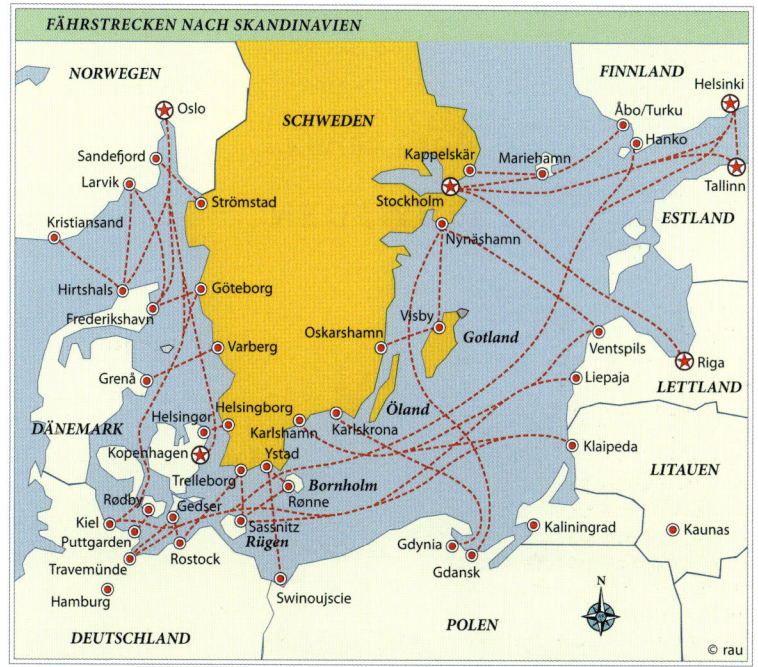

FÄHRSTRECKEN NACH SKANDINAVIEN

Travemünde – Trelleborg

TT-Line – Ganzjährig, bis zu 2 Abfahrten täglich. Fahrtdauer ca. 8 Stunden.

DÄNEMARK – SCHWEDEN

Helsingør – Helsingborg

Scandlines – Ganzjährig laufende Abfahrten alle 20 Minuten rund um die Uhr. Fahrtdauer 20 Minuten.

Achten Sie darauf: Scandlines bietet günstige **Kombinationstarife** für die Strecken Puttgarden – Rødby und Helsingør – Helsingborg! www.scandlines.de; Tel. 01805-116688.

Grenå – Varberg

Stena Line – Ganzjährig, 2 Abfahrten, Fahrtdauer ca. 4 Stunden. Achtung: Auch in der Hochsaison Sondertarife für Camper. www.stenaline.de; Tel. 01805-916666.

Frederikshavn – Göteborg

Stena Line – Ganzjährig, im Sommer bis zu 3 Abfahrten täglich. Fahrtdauer 3 Stunden 30 Minuten.

Stena Express – Ganzjährig, schnelle Katamaran-Fähre, zusätzlich 3 Abfahrten täglich, Fahrtdauer 2 Stunden.

Rønne (Bornholm) – Ystad

Bornholm Faergen – Im Sommer bis zu 8 Abfahrten täglich, Fahrtdauer ca. 2 Stunden 30 Min.. www.bornholmerfaergen.dk.

POLEN – SCHWEDEN

Swinoujscie/Swinemünde – Ystad

Polferries und *Unity Line* – Im Sommer je eine Abfahrt täglich, Fahrtdauer 8 bis 9 Stunden.

Gdansk/Danzig – Nynäshamn

Polferries - Ganzjährig täglich 1 Abfahrt, Fahrtdauer 19 Stunden. www.polferries.pl.

Gdynia – Karlskrona

Stena Line – Im Sommer bis zu 2 Abfahrten täglich. Fahrtdauer ca. 11 Stunden.

GOTLAND (SCHWEDEN)

Nynäshamn – Visby

Destination Gotland - Ganzjährig, bis zu 2 Abfahrten täglich, Fahrtdauer ca. 3 Stunden.

Oskarshamn – Visby

Destination Gotland - Ganzjährig, bis zu 2 Abfahrt täglich, Fahrtdauer ca. 3 Stunden. www.destinationgotland.se; Tel. +46-(0)771-22 33 00.

MOBIL REISEN

SCHWEDEN

SCHWEDENS WESTKÜSTE UND SCHÄREN

HELSINGBORG – GÖTEBORG

Länge der Tour: Rund 290 km, ohne Abstecher.

Strecke: Über die Straße 111 bis **Höganäs** – Straße 112 und Straße E6/20 bis **Ängelholm** – Straßen E6/E20 über **Halmstad, Falkenberg, Varberg** bis **Göteborg**.

Empfohlene Reisedauer: Mindestens ein Tag.

Reisehöhepunkte auf dieser Tour: Blick vom **Festungsturm Kärnan *** über Helsingborg – das **Schloss Sofiero**.

Helsingborg (Provinz Skåne) taucht als Hafenname schon im 10. Jh. in der Nial-Saga auf und wird 1085 erstmals urkundlich erwähnt. König Waldemar I. ließ im 12. Jh. Schloss Helsingborg errichten, von dessen später abgeänderten Form der 36 Meter hohe Burgturm „Kärnan" noch erhalten ist. Bis zu den Zeiten Eriks von Pommern war Schloss Helsingborg Residenz der dänischen Könige.

Heute ist Helsingborg mit seinen rund 100.000 Einwohnern Schwedens viertgrößte Hafenstadt und eines der wichtigsten Industriezentren des Landes. Gemessen an seinem stark frequentierten Fährhafen ist Helsingborg sogar die zweitwichtigste Stadt Schwedens. Außerdem nimmt Helsingborg für sich in Anspruch, Schwedens erste Stadt zu sein, die in ihrem Zentrum eine Fußgängerzone einrichtete.

Die wichtigsten **Sehenswürdigkeiten** Helsingborgs findet man fast alle in der Nähe des zentralen **Stortorget (2)** am Fährhafen (Parkplätze).

Stadtspaziergang

Am einfachsten beginnt man den kleinen **Stadtrundgang** an der **Färjestationen (3) [N 56° 02' 23.8" E 12° 41' 47.4"]** am **Hamntorget** (Hafenmarkt), gegenüber dem markanten Rathaus (1). Auf dem Platz des Hafenmarktes erkennt man einen Gedenkstein an die Landung des französischen Marschalls in Napoleons Diensten, Jean Baptiste Bernadotte im Jahre 1810,

Tour 1
HELSINGBORG – GÖTEBORG

dem späteren König Karl XIV. Johan von Schweden und Begründer der heutigen Königsdynastie. Außerdem erhebt sich am Hafen eine Säule mit einer bronzenen Frauengestalt, die Schwedens großer Bildhauer Carl Milles schuf, Helsingborgs „Seefahrtmonument".

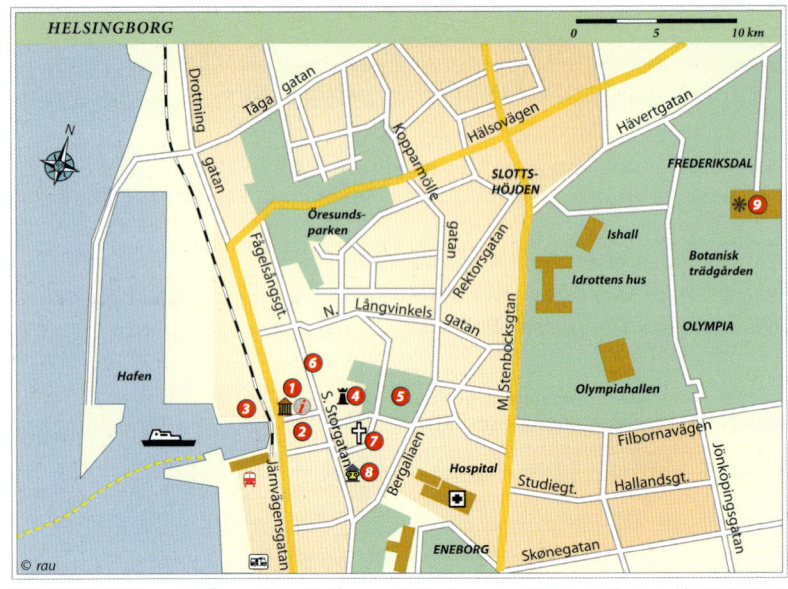

HELSINGBORG – **1** Information, Rathaus – **2** Stortorget – **3** Färjestationen, Hamntorget – **4** Kärnan – **5** Slottshagen Park – **6** Gamelgård – **7** Mariakyrkan – **8** Stadtmuseum – **9** Freilichtmuseum

Schräg gegenüber fällt der rote Backsteinbau des **Rathauses (1)** mit seinem zentralen Uhrturm (Glockenspiel), den runden Ecktürmen und den teils gotischen Fensterbögen ins Auge. 1897 wurde der Bau nach Plänen des Architekten A. Hellerström er-

Der Festungsturm „Kärnan" in Helsingborg

richtet. Einige Fenster weisen Glasmalereien von Gustav Cederström auf.

Rechts vom Rathaus erstreckt sich der Platz **Stortorget (2)** [N 56° 02' 46.4" E 12° 41' 34.6"], Großmarkt. Ihn ziert ein Reiterstandbild von John Börjesson. Dargestellt ist der schwedische Heerführer Stenbock in der Schlacht von 1710, in der Dänemark und Schweden um Helsingborg kämpften.

Stadteinwärts wird der Platz abgeschlossen durch die von zwei mächtigen Rundtürmen flankierten „Terrassen-Teil" der früheren Stadtbefestigung. Dahinter erkennt man den dominierenden **Kärnan (4)**, den Rest der alten Stadtfestung von Helsingborg.

Ursprünglich, d.h. Mitte des 12. Jh., stand an der heutigen Stelle des Kärnan ein runder Sandsteinturm von annähernd 14 m Durchmesser. Er war umgeben vom Burghof, einer Ringmauer und einem Graben, die zusammen die Festung Helsingborg ergaben, um die wiederum sich im Laufe der Zeit die Stadt entwickelte.

1360 eroberte König Waldemar Atterdag das schwedische Schonen für Dänemark. In diesen kriegerischen Zeiten war die alte Burg von Helsingborg verfallen. König

Waldemar Attertag gab den Auftrag, den alten Festungsturm durch einen starken Ziegelturm zu ersetzen. Es entstand der viereckige Turmbau, den wir heute besichtigen können. Insgesamt erreicht der Turm, der an der Basis eine Seitenlänge von fast 15 m hat, eine Höhe von 34,5 m. Der Treppenturm ist nochmals 4 m höher.

Die einzelnen Stockwerke sind nur über den angebauten fünfeckigen Treppenturm zu erreichen. In den überaus starken, bis zu 4,5 m dicken Mauern, die die Zentralräume umgeben, sind kleine Nebenräume eingebaut.

Etwa ab der Mitte des 15. Jh., als der Turm mit der Einführung des Pulvers an strategischer Bedeutung verlor, wurden die vier obersten Stockwerke in zwei hohe Geschosse zusammengefasst.

Das zweite (zusammen mit dem früheren dritten) Obergeschoss beherbergt die Burg-kapelle mit hohem Kreuzgewölbe. Darüber befindet sich ein hoher Raum mit Tonnengewölbe, der ehemals als Arsenal diente.

Abgeschlossen wird der Turm mit der **Aussichtsplattform** (bis ins 17. Jh. Geschützbastion), die aber erst in den letzten Jahren des 19. Jh. ihr heutiges Aussehen erhielt. Die Aussicht von dort oben ist prächtig und reicht von der Stadt über den Öresund bis weit hinüber nach Dänemark.

Nördlich vom Turm Kärnan erstreckt sich die kleine **Parkanlage Slottshagen (5)** und der angrenzende Rosengarten.

Wir gehen zurück zum Stortorget und wenden uns gleich rechts in die Norra Storgatan. Dort finden sich einige der ältesten Häuser der Stadt: Haus Nr. 9 ist der sog. **Gamelgård (6)**, eines der vornehmsten Bürgerhäuser des 18. Jh. in Helsingborg. König Gustav III. Adolf z. B. zählte zu den erlauchten Gästen des Hauses, in dem später im Jahre 1805 Königin Frederika, Gemahlin König Gustav IV. Adolfs, zeitweise ihren Wohnsitz hatte. Haus Nr. 12 ist der alte **Henckelska Gården**. Er stammt aus dem 17. Jh. Ein weiteres historisches Gebäude in der Norra Storgatan ist Haus Nr. 21, das **Jacob Hansens Hus**, das als ältestes Fachwerkhaus Helsingborgs aus dem Jahre 1641 bezeichnet wird. Der Brunnen nebenan erinnert an einen berühmten Sohn der Stadt, den Astronomen Tycho Brahe (1546 – 1601).

In entgegengesetzter Richtung verläuft ab dem Postamt die Södra Storgatan. Sehenswert dort ist die **Mariakyrkan (7)**. Im 15. Jh. wurde auf den Mauern eines älteren romanischen Gotteshauses aus dem frühen 12. Jh. die heutige, dreischiffige Marienkirche im gotischen Stil errichtet. Im Kircheninneren verdienen der **Flügelaltar** aus der Mitte des 15. Jh., die **Barockkanzel** aus dem frühen 17. Jh. sowie die **Glasfenster** und Skulpturen Beachtung.

Bei längerem Aufenthalt ist ein Besuch im **Stadtmuseum (8)** in der Södre Storgatan Nr. 31 interessant. Zu sehen sind eine ständige Ausstellungen zur Stadtgeschichte und wechselnde Ausstellungen unterschiedlicher Themen wie z. B. Kunsthandwerk fremder Länder.

Im östlichen Stadtbereich von Helsingborg findet man das **Frederiksdals Friluftmuseum (9)**. In diesem Freilichtmuseum sind Gehöfte, Stadt- und Herrenhäuser aus Schonen aus dem 18. Jh. zu sehen. Angeschlossen ist ein Botanischer Garten und ein Freilichttheater und ein Museum für Grafik.

ROUTE: *Wir verlassen Helsingborg auf der Straße 111 in nordwestlicher Richtung nach* **Höganäs**. *Nach wenigen Kilometern bietet sich Gelegenheit zum* **Schloss Sofiero** *abzuzweigen.*

Schloss Sofiero [N 56° 05' 05.3" E 12° 39' 49.1"] *(Park geöffnet Mai - 15. Sept. tgl. 10 - 18 Uhr; Eintritt)* – Im Jahre 1864 erstand Prinz Oscar den ehemals hier auf der Hochfläche über dem Öresund gelegenen Gutshof Skabelycke und baute ihn zu seiner Sommerresidenz um. 1905 erhielten Prinz Gustav Adolf und seine Gemahlin, Prinzessin Margareta, Schloss Sofiero als Hochzeitsgeschenk.

Vor allem während der Regierungszeit Gustav VI. Adolfs diente das Schloss als Residenz für Staatsbesuche. Die Großen unserer Welt von Nehru, über Kossygin bis Eisenhower, McMillan oder L. B. Johnson u. a. trugen sich in das Gästebuch ein.

Nach dem Tode König Gustav VI. Adolfs kam der königliche Besitz an die Stadt Helsingborg.

Das Sehenswerte an Sofiero ist weniger das Schlossgebäude, das heute ein **Restaurant** und **Terrassen-Café** beherbergt, als vielmehr die ausgedehnte, herrliche, großenteils naturbelassene **Parklandschaft um das Schloss**, mit den berühmten **Rhododenronpflanzungen**, den Schluchten, Bächen und Teichen und dem 1988 nach starken Frostschäden neu aufgebauten Rosengarten.

Auf der Weiterfahrt über die Straße 111 passiert man **Schloss Kulla-Gumerstorp** (nicht zugänglich) und erreicht nach einer ansprechenden Küstenfahrt über **Viken [N 56° 09' 10.7" E 12° 34' 09.5"]** mit seinen hübschen Fachwerkhäusern, dem Sporthafen und den Sandstränden die Stadt **Höganäs**, Hauptort der nach Nordwesten vorspringenden Halbinsel Kullen.

Höganäs [N 56° 11' 53.1" E 12° 33' 48.8"] (Touristeninformation, Hotels), heute eine von Industrieanlagen dominierte Stadt, ist seit jeher ein Zentrum der Keramikfabrikation und hatte in der Vergangenheit einen florierenden Kohlebergbau. Das Stadtmuseum nimmt in erster Linie Bezug auf diese beiden Industriezweige.

Wenige Kilometer weiter nordwestlich liegt das hübsche **Schloss Krapperup** unmittelbar an der Straße 111. Der rote Ziegelbau aus dem 13. und 16. Jh. mit seinem Zentraltrakt und den vorspringenden Seitenflügeln wird heute als Ausstellungs- und Musikzentrum genutzt. **Schöner Schlosspark**.

Reizend liegt der kleine Fischerhafen **Mölle [N 56° 17' 01.7" E 12° 29' 41.6"]** an der Küste des Kattegatt. Vor allem in der Zeit der Sommerferien wird das Städtchen von Badegästen stark frequentiert. Über dem Hafen erheben sich die bewaldeten, felsigen Höhen des 188 m hohen **Kullabergs**, der einerseits dem Ort sein besonderes Gepräge verleiht, andererseits Wandermöglichkeiten (Naturschutzgebiet, Eintritt!) auf markierten Wegen bis hinaus zum Leuchtturm und zwischen den Klippen schöne Badeplätze bietet. Auf dem Kullaberg finden Golffreunde eines der schönsten 18-Loch-Grüns in Schweden.

ROUTE: Der weitere Verlauf unserer Route führt über die Straße 112 Richtung Jonstorp ostwärts und über **Brunnby** bis zur E6/E20, der wir nach Norden folgen. Bei ausreichend zur Verfügung stehender Zeit wird man lieber die parallel zur meist autobahn-ähnlich ausgebauten E6/E20 verlaufenden Landstraßen nehmen und hat dann bessere Möglichkeiten, zu den Küstenorten und Badestränden abzuzweigen.

Man passiert den fast 200 Jahre alten **Gutshof Himmelstorp** und das Kirchdorf **Brunnby** (Kirche aus dem 12. Jh. mit Fresken).

Bekannte Badeorte sind **Ängelholm [N 56° 14′ 34.6″ E 12° 51′ 40.5″]** (*Turistbyrå* im Rathaus am Stortorget. Jugendherberge. *Råbocka Familjecamping ****, Ende Apr. – Ende Aug., 400 Stpl.), **Vejbystrand**

und **Torekov**. Von Torekov werden Bootsausflüge zur vorgelagerten Insel Hallands Väderö angeboten.

Båstad [N 56° 25′ 58.8″ E 12° 50′ 08.6″], ein hübscher Küstenort mit fast malerisch zu nennendem Ortskern und ein renommiertes Seebad, lohnt einen Abstecher und einen Bummel durch die Gassen. Es gibt ein **Marinemuseum**, eine **Kirche** aus dem 16. Jh. und einen schönen **Höhenweg** über dem Meer, den „Italienskaväg".

Weiter nordwestlich von Båstad, in der Nähe des 154 m hohen *Hovs hallar*, liegen an der Küste die **Norrvikens Gärten**, Parkanlagen, die teils nach englischer, teils nach japanischer Manier angelegt sind (*geöffnet Apr. - Sept. 10 - 17 Uhr, Juli - Aug. 10 - 20 Uhr. Eintritt. www.norrviken.nu*).

Von **Östra Karup [N 56° 25′ 25.7″ E 12° 56′ 53.5″]** an der E6, mit einer der ältesten Kirchen das Landes, sollte man einen kurzen Abstecher auf der Straße 115 Richtung Våxtorp zum südlich der Straße im Ort Hasslöv gelegenen **Lugnarohögen** (*geöffnet 15.*

HOTEL – MÖLLE

Mölle Turisthotell, 14 Zi. ****, Kullabergsvägen 32, Tel. 0 42 34 70 84, Fax 0 42 34 77 84.

CAMPING – MÖLLE

First Camp Mölle **** [56° 16′ 15″ E 12° 31′ 47″], Möllehässle, Tel. 0 42 34 73 84; www.firstcamp.se; 1. Jan. – 31. Dez.; Zufahrt an der Straßengabelung der 111, ca. 2 km südöstl. Mölle; ebenes Wiesengelände am Waldrand und in einer Mulde; ca. 5 ha - 300 Stpl.; Komfortausstattung; Restaurant, Imbiss, Laden, Fahrradverleih, Tauchschule, WLAN, 43 Miethütten. **V & E für Wohnmobile**.

Mölle

Juni - 15. Aug. Do - So 14 - 17 Uhr; 15. Mai - 14. Juni + 16. Aug. - 15. Sept. Sa + So 14 - 17 Uhr) machen, einem frühgeschichtlichen Grabhügel, der zu den bedeutendsten seiner Art in ganz Südschweden zählt.

ROUTE: Im weiteren Verlauf führt die E6/E20 an der Laholmsbukten mit **Badestränden** *und Campingplätzen entlang. Man passiert die Zufahrt zum* **Schloss Skottorp** *östlich der Straße. Wenig später kommt man an* **Laholm [N 56° 30′ 47.3″ E 13° 02′ 37.3″]** *vorbei, eine der ältesten Städte Westschwedens mit sehenswerter, ja malerischer Altstadt* **Gamleby** *um den großen Marktbrunnen von John Lundquist und erreicht knapp 20 km weiter* **Halmstad** *an der Nissan-Mündung.*

Halmstad [N 56° 40′ 20.4″ E 12° 51′ 31.7″] mit annähernd 75.000 Einwohnern ist Hauptort und Verwaltungszentrum der **Region Halland**, einer Region, die in der Zeit der Machtkämpfe zwischen Dänen, Schweden und Norwegern oft umkämpft war und gelegentlich zu Norwegen gehörte, wie zu Zeiten König Håkons IV. im 13. Jh. etwa, oder dann wieder zu Dänemark. Die Schlacht bei Halmstad von 1676 war die letzte in der Region. Sie brachte den Schweden den endgültigen Sieg.

Größere Bedeutung erlangte die Stadt im frühen 13. Jh., als Franziskaner hier ein Kloster errichteten und mit dem Bau der **St. Nikolai-Kirche** begannen. Sie wurde im Laufe der Jahrhunderte zwar mehrfach umgebaut, ist aber noch heute wegen ihrer gotischen Gewölbe sehenswert.

Der dänische König Christian IV. baute den alten **Königshof Halmstadsgård** zum königlichen Lustschloss aus, dem sich ein herrlicher Park anschloss. Heute beherbergt das **Stadtschloss**, das im 17. Jh. Residenz der glücklosen Königin Christine war, die Landesverwaltung von Halland.

Trotz eines verheerenden Brandes zu Beginn des 17. Jh. blieben im alten Stadtkern einige sehr schöne **Fachwerkhäuser** erhalten.

Eine Sehenswürdigkeit aus unseren Tagen stellt der **Europabrunnen** auf dem Marktplatz Stortorget dar. Eine Plastik von Carl Milles zeigt „Europa mit dem Stier".

Zu den Sehenswürdigkeiten der Stadt zählt – neben dem **Freilichtmuseum** *(geöffnet Sommer tgl. 10 - 19 Uhr, sonst 10 - 16 Uhr)* im ehemaligen Hallandsgården auf dem mittelalterlichen Galgenberg im

---

PRAKTISCHE HINWEISE – TOREKOV, BÅSTAD

Torekov – Telefonvorwahl: 04 31
Torekovs Turist- & Badförening, Hamnplanen 2, 260 93 Torekov, Tel. 36 31 80.
Båstad – Telefonvorwahl: 04 31
Båstads Turistbyrå, Torget Köpmansgatan 1, 269 21 Båstad, Tel. 7 50 45.

HOTELS – BÅSTAD

Skansen i Båstad, 52 Zi., Kyrkogatan 2, Tel. 7 20 50, Fax 7 00 85. – U. a.

CAMPING

Torekov
First Camp Torekov ** [N 56° 25′ 52″ E 12° 38′ 26″],** Flymossavägen 5, Tel. 36 45 25, www.firstcamp.se; Mitte Apr. – Ende Sept.; ca. 1 km nördl. Torekov; sandiges Grasgelände mit teils dichtem Baumbestand, am Kattegatt; ca. 12 ha – 400 Stpl. + Dau.; Komfortausstattung; Restaurant, Imbiss, Laden, Fahrradverleih, Sauna, Bootsslipanlage, WLAN, 22 Miethütten. **V & E für Wohnmobile.**

Båstad
Norrvikens Camping* [N 56° 27′ 11″ E 12° 47′ 8″],** Kattviksvägen 347, Tel. 36 91 70, www.caravanclub.se; Ende März – Ende Sept.; ca. 2 km westlich von Båstad zwischen Meer und einem bewaldeten Hang gelegen, durch die Straße vom Kies- und Felsstrand getrennt; ca. 3 ha – 100 Stpl. + Dau.; Standardausstattung; Laden, Imbiss. **V & E für Wohnmobile.**

nördlichen Stadt-
bereich – das
**Landesmuse-
um von Halland**
in der Tollsga-
tan, das u. a.
Kunsthandwerk
aus Südschwe-
den, kulturhisto-
rische Exponate
aus Halland und
eine Kunstsamm-
lung der 1929
g e g r ü n d e t e n
Künstlervereini-
gung „Halmstad-
gruppe" zeigt.

Halmstad

Südwestlich der Stadt liegt **„Miniland"**, ein Freizeit- und Vergnügungspark mit einer Miniaturstadt.

Noch etwas weiter südwestlich liegt das Seebad **Tylösand**, das in ganz Schweden vor allem für seinen herrlichen Sandstrand und bei Kennern für seinen Golfplatz bekannt ist.

Falkenberg [N 56° 54' 19.8" E 12° 29' 26.0"] an der Mündung des berühmten Lachs-Flusses Ätran entstand um eine Festung herum, die einst den Flussübergang

---

PRAKTISCHE HINWEISE – HALMSTAD

Telefonvorwahl: 0 35
Halmstads Turistbyrå [N 56° 40' 20.4" E 12° 51' 31.7"], Halmstads slott, 301 02 Halmstad, Tel. 13 23 20; www.halmstad.se/turist, www.hallandsturist.se.

HOTELS

Continental, 34 Zi. ****, Kungsgatan 5, Tel. 17 63 00, Fax 12 86 04, Sauna, Parkplatz. www.continental-halmstad.se. – U. a.

CAMPING

Hagöns Camping ** [N 56° 38' 9" E 12° 54' 0"],** Östra Stranden, Tel. 12 53 63, www.hagonscamping.se; 1. Mai – 1. Sept.; ca. 6 km südöstl. Halmstadt; zwischen E6 und Laholmsbukten; Wiesengelände; ca. 10 ha – 380 Stpl. + 140 Dau.; Standardausstattung; Imbiss, Laden, 10 Miethütten; Strandbad. **V & E für Wohnmobile.**
First Camp Tylösand ** [N 56° 39' 41" E 12° 44' 25"],** Kungsvägen 3, Tel. 3 05 10, www.firstcamp.se; Ende Apr. – Ende Aug.; ca. 1,5 km nördl. von Tylösand; Wiesen- und Waldgelände in Meeresnähe; ca. 8 ha – 450 Stpl. + 100 Dau.; Komfortausstattung; Imbiss, Laden, Sauna, Minigolf, Fahrradverleih, WLAN; 31 Miethütten. **V & E für Wohnmobile.**
Rastplatz
Rastplatz ‚Eurostop' am südlichen Ortsrand von Halmstad an der E6, Riesenparkplatz bei Einkaufszentrum mit Tankstelle, Hotel, McDonalds Restaurant. Der Parkplatz wird von Durchreisenden gerne als Übernachtungsplatz genutzt. Toilette. Gebührenfrei.

Wohnmobil-Stellplatz Steininge
Wohnmobil-Stellplatz: Steningegården bei Steninge, Tel. 52 030. **Geöffnet:** Ganzjährig; 10 Plätze auf Grasfläche; **Gebühr** + Gebühr für Strom. **Ausstattung:** Dusche, Toilette, Entsorgung für Grauwasser, Frischwasser. Grillplatz.

über die steinerne Bogenbrücke *Tollbrun* aus der Mitte das 18. Jh. bewachte.

Bei ausreichend zur Verfügung stehender Zeit lohnt ein Abstecher ins alte Zentrum der Stadt mit der sehenswerten **Laurentius-Kirche** und hübschen Straßenzügen. Die lange Tradition der Keramikproduktion in Falkenberg kann man heute noch in der Törngren Töpferei verfolgen.

Umweg über das Ätran-Tal

Wer es nicht sonderlich eilig hat, sollte in Falkenberg die E6/E20 verlassen und sich nordostwärts auf der Straße 154 Richtung Ullared begeben. Über Ätrafors geht der Weg über Askorne nach Gällared.

Man durchquert das waldreiche, hügelige Hinterland von Falkenberg und folgt dem romantischen Tal des Ätran-Flüsschens über **Askorne** und **Gällared** nach **Gunnarp** (sehenswerte Kirche). Über die Straße 153 und den Ort Ullared geht es wieder westwärts nach Varberg.

HAUPTROUTE

Über **Varberg [N 57° 06' 15.8" E 12° 14' 48.2"]**, mit einer **Festung** (im Sommer Führungen) aus dem 13. Jh., in der heute die Jugendherberge, ein kleines Fahrzeugmuseum und das **Halland Provinzmuseum** *(geöffnet Mitte Juni - Mitte Aug. tgl. 10*

- 17 Uhr, sonst 10 - 16 Uhr) mit einer sehenswerten Ausstellung zur Bauernkultur und Volkskunst aus Halland und mittelalterlichen Moorfunden (Bocksten-Mann) untergebracht sind, erreicht man **Kungsbacka**.

Ca. 15 km südlich von Kungsbacka liegt das sehenswerte **Schloss Tjolöholm [N 57° 24' 05.3" E 12° 06' 07.2"].** Dieses elegante, sehr schön gelegene Schloss wurde 1898-1904 im elisabethanischen Stil erbaut. Die Bauherren, das Ehepaar James Fredrik und Blanche Dicksons, wollten sich mit dem Anwesen ihre britischen Anknüpfungen vertiefen. Heute gehört Schloss Tjolöholm einer Stiftung der Gemeinde Kungsbacka. Im Sommer ist das Schloss zu besichtigen. *(geöffnet 1. Apr. - 30. Sept. Sa + So 11 - 16 Uhr, 15. Juni - 31. Aug. tgl. 11 - 16 Uhr. Im Oktober nur sonntags).*

Recht malerisch ist **Äskhult** südöstlich von Kungsbacka und einige Kilometer östlich der E6/E20 gelegen, ein Dorf aus dem 18. Jh., das mehr und mehr als Freilichtmuseum dient.

Wer sich für frühgeschichtliche Kulturen interessiert, sollte südlich von Kungsbacka ostwärts nach **Fjärås** abzweigen. Dort findet man eines der größten **eisenzeitlichen Gräberfelder** der Gegend an den Ufern des Lygnern-Sees.

Bekannte und gern besuchte **Seebäder** in der Nähe von Kungsbacka sind u. a. **Åsa** [N 57° 20' 52.6" E 12° 07 36.6"], **Gottskär** auf der Halbinsel Onsala und vor allem das renommierte **Särö**, das zu einem beliebten Naherholungsgebiet der Göteborger geworden ist.

PRAKTISCHE HINWEISE – VARBERG, KUNGSBACKA

Telefonvorwahl: Varberg 03 40. Kungsbacka 03 00
Varbergs Turistbyrå, Box 150, Brunnsparken, 432 24 Varberg, Tel. 8 87 70.
Kungsbacka Turistbyrå [N 57° 29' 24.6" E 12° 04' 44.1"], Storgatan 41, 434 32 Kungsbacka, Tel. 3 45 95; www.hallandsturist.se.

HOTEL

Kungsbacka
Hotel Halland, 62 Zi., ***, Storgatan 35, Tel. 7 75 30, Fax 1 62 25, www.hotel-halland.se; Sauna, Bar, Restaurant, Parkplatz.

CAMPING

Tvååker
Björkängs Camping ** [N 57° 0' 34" E 12° 21' 2"],** Havsbadsvägen, Tel. 4 21 34, www.bjorkangscamping.se; Mitte Apr. – Ende Sept.; rund 13 km südl. von Varberg; Gras- und Sandgelände zwischen Küstenstraße und Meer; ca. 6 ha – 200 Stpl. + 200 Dau; Komfortausstattung; Restaurant, Laden, Minigolf, Sauna, Segelschule, WLAN. **V & E für Wohnmobile.**

Varberg
Apelvikens Camping ** [N 57° 5' 17" E 12° 14' 51"],** Sanatorievägen 4, Tel. 64 13 00, www.apelviken.se; Jan. - Dez.; südl. der Stadt, ca. 2 km meerwärts, gut beschildert. Komfortabler Ferienplatz mit umfangreichen, zeitgemäßen Einrichtungen, ebenes, schattenloses Wiesengelände bis an eine Sandbucht reichend; ca. 7 ha – 300 Stpl. + 100 Dau; Komfortausstattung; Laden, beheiztes Schwimmbad, Restaurant, Bar, Imbiss, Supermarkt, Minigolf, Sauna, Fahrrad- und Bootsverleih, Segelschule, WLAN. Fremdenzimmer und zahlreiche Mietbungalows; Musikveranstaltungen. **V & E für Wohnmobile** am gelben Sanitärhaus.
Getteröns Camping ** [N 57° 6' 59" E 12° 12' 51"],** Tel. 1 68 85, www.getteronscamping.se; Ende Apr. – Mitte Sept.; ca. 4,5 km nordwestl. Varberg; Wiesengelände, durch Hecken unterteilt, in Meeresnähe; ca. 8 ha – 250 Stpl. + 200 Dau; Komfortausstattung; Restaurant, Laden, Fahrradverleih, Sauna, WLAN. 25 Miethütten. **V & E für Wohnmobile. Quick Stop.**

Åsa station
Åsa Camping **,** Tel. 65 17 74; Ende Apr. – Ende Aug.; Abfahrt Frillesås von der E6/E20 und rund 4 km nach Nordwesten zur Küste; von Felsen begrenztes Wiesengelände am Meer; ca. 4 ha – 100 Stpl. + 100 Dau; Standardausstattung. **V & E für Wohnmobile.**

Rastplätze
Rastplatz Torpasjön [N 57° 23' 21.1" E 12° 11' 24.8"], an der E06 ca. 8 km südlich von Kungsbacka Rastplatz für Wohnmobile mit Chemikalausguss, Frischwasser, Toiletten, Abfalleimer, im Sommer Kiosk, Infotafel. Hinweis auf Diebstahlgefahr mit dem Hinweis: Übernachten möglichst auf Campingplätzen. Einfahrt bis max. 3,5 Tonnen. Picknicktische, beengte Verhältnisse. Kostenfrei. Jederzeit zugänglich.
Rastplatz Sandsjöbacka, an der E06 ca. 10 km nördlich von Kungsbacka bei Shell-Tankstelle. Rastplatz für Wohmobile mit Chemikalausguss, Frischwasser, Toiletten, Abfalleimer, Picknicktische, Restaurant nahebei. Kostenfrei. Jederzeit zugänglich.

GÖTEBORG

Empfohlene Reisedauer: Mindestens ein halber Tag.

Höhepunkte in Göteborg: Das **Ostindien-Haus *** und seine Museen – das **Kronhuset *** – das **Göteborgs Maritim Zentrum **** – das **Seefahrtmuseum **** und **Aquarium** – das **Röhsska Kunstgewerbemuseum **** und das **Kunstmuseum **** – die **Fotoausstellung *** im Hasselblad Center – eine **Bootsfahrt** durch die Kanäle Göteborgs – der Freizeit- und Vergnügungspark **Liseberg.**

Göteborg, mit annähernd 450.000 Einwohnern zweitgrößte Stadt des Landes, ist nun wirklich alles andere als eine Touristenstadt. Aber Göteborg hat Ecken und Sehenswürdigkeiten, die einen Besuch durchaus lohnen.

Die Stadt wird geprägt von ihren Häfen, Werft- und Industrieanlagen. Über die Docks und Güterschuppen wird rund ein Drittel des gesamten Exports des Landes und der größte Teil des schwedischen Hochseefischfangs abgewickelt. In Göteborg haben Konzerne wie der Kugellagergigant SKF und der Automobilhersteller Volvo ihre Hauptverwaltungen und – Fotobegeisterte werden es wissen, in Göteborg werden die ebenso legendären wie teuren Hasselblad-Kameras gebaut.

Göteborgs Einwohner hörten es nicht ungern, wenn ihre Stadt früher gelegentlich als „Klein London" bezeichnet wurde, wussten sie doch, dass damit nicht nur auf die große Kolonie von Engländern in der Stadt im 18. und 19. Jh., sondern auch auf die Banken, Handelshäuser, die breiten Geschäftsstraßen und auch auf das Nachtleben der Hafenstadt hingewiesen werden sollte.

Göteborg ist eine relativ „junge" Stadt. Erst 1621 wurde sie offiziell gegründet, als Gustav II. Adolf ihr Stadtrechte verlieh. Etwas umständlich heißt es in der Gründungsurkunde: *„Sir Gustaff Adolff von Gottes Gnaden, der Schweden, Gothen und Wenden Königk, Großfürst in Finlandt, Hertzog zu Ehesten und Carelen, Herr zu Ingermanlandt Thun hiemitt allen und jeden so dieses unser Privilegium gezeiget oder sonsten es zu lesen ... Unserem Reiche Schweden, auch zu besonderen Nutz Zierden und Lust deroselben eine Newe Statt in Unserem Königk Reiche benahe der Westsee an dem Einfluß der*

Elbe gelegen zu fundieren und auffzubawen, Dieselbige Gothenburgk genennet und bereits mitt allerseits Gebewden und Einwohnern besetzt und populieret worden ...".

Der Ursprung der Stadt allerdings reicht zurück bis ins 14. Jh., als am Göta älv, der lange die Grenze zu Norwegen bildete, eine Siedlung namens *Lödöse* existierte. Lödöse wurde zerstört, weiter flussabwärts aber – und nun beiderseits des Göta älv – wieder aufgebaut und erhielt von König Gustav II. Adolf den Namen Göteborg. Der König war es auch, der holländische Städtebauer nach Schweden rief, um das Marschland, auf dem Göteborg entstand, durch Kanäle zu entwässern und Straßen und Plätze anzulegen.

Bald spielte Göteborg nicht nur eine Rolle in der Handelspolitik. Karl X. rief 1659 das Parlament nach Göteborg, das im Kronhuset, dem heute ältesten Gebäude der Stadt, tagte. Man konnte den Eindruck gewinnen, dass Göteborg sich anschickte, Stockholm den Rang abzulaufen. Als gar Karl XI. im Kronhuset gekrönt wurde, stieg das Ansehen der Stadt noch weiter. Und eine gewisse, wenn auch nicht sehr ernst gemeinte Rivalität besteht zwischen den Städten noch heute. Ganz Gehässige sagen ja auch, das schönste an Stockholm ist der Zug nach Göteborg.

Großen Profit zog die Stadt durch ihren Hafen auch zu Beginn des 19. Jh. während der Blockade (Kontinentalsperre) Napoleons gegen die Engländer, die ihren Handel mit Nordeuropa nun über Göteborg abwickelten. Weiteren Aufschwung versprach die Anbindung der Stadt ans Hinterland durch den 1832 eröffneten Götakanal. So expandierend die Entwicklung Göteborgs im vergangenen Jahrhundert auch anmu-

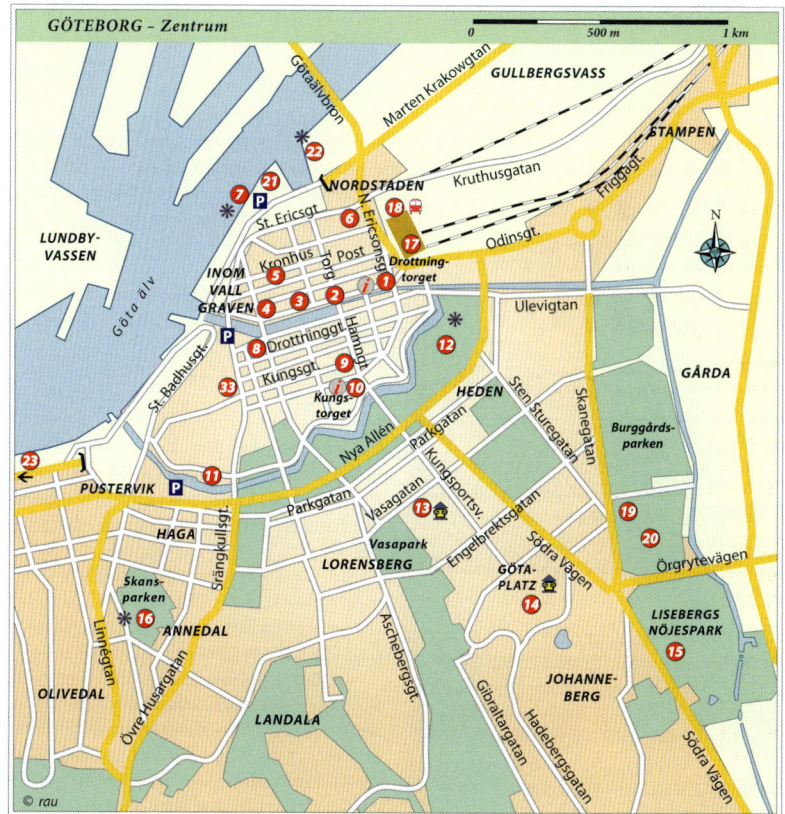

GÖTEBORG – **1** Touristeninformation – **2** Gustav Adolfs Torg – **3** St. Kristine Kyrka – **4** Ostindien-Haus – **5** Kronhuset – **6** Medizin. Museum – **7** Maritiman Schiffs-Freilichtmuseum – **8** Antikhallarna – **9** Dom – **10** Drottning Kristinas Jagdschloss – **11** Feskekörkan – **12** Palmenhaus – **13** Kunstzentrum – **14** Götaplatz und Kunstmuseum – **15** Liseberg – **16** Skansen kronan – **17** Zentralbahnhof – **18** Busterminal – **19** Scandinavium – **20** Messegelände – **21** Opernhaus – **22** Skanska Hochhaus – **23** zum Seefahrtmuseum

tet, die allgemeine wirtschaftliche Situation in Schweden spiegelt sie nicht wieder.

Göteborg war vor allem Mitte des 19. Jh. der größte Auswanderungshafen des Landes, über den zigtausende von Schweden nach Amerika auswanderten, um der allgemeinen Not im eigenen Lande zu entgehen.

Heute ist Göteborg Verwaltungshauptort der Regionen Göteborg und Bohuslän und nicht nur Schwedens sondern ganz Skandinaviens größter Seehafen.

Sehenswertes im alten Stadtkern

Mittelpunkt des alten Stadtkerns von Göteborg, der einerseits von Kaianlagen, andererseits von einem Kanal eingefasst

wird, ist der **Gustav Adolfs Torg (2)** [N 57° 42′ 24.0″ E 11° 57′ 58.5″], auf dem sich ein Denkmal des Stadtgründers mit typischem Hut und Federbusch erhebt.

Umgeben wird der Platz von öffentlichen Gebäuden wie dem **Rathaus**, Stadtverwaltung, alter **Börse** etc.

Unweit östlich des Platzes findet man am Nordstadstorget eine der beiden **Touristeninformationen (1)** [N 57° 42′ 14.4″ E 11° 58′ 11.7″]. Das andere Touristenbüro liegt weiter südlich am Kungsportplatsen. Einige der bedeutendsten Sehenswürdigkeiten befinden sich hier im alten Stadtviertel.

Geht man vom Gustav Adolfs Torg über die Norre Hamngatan am Kanal entlang

Das Ostindiska huset

nach Westen, gelangt man – vorbei an der **St. Kristine kyrka (3) [N 57° 42' 24.0" E 11° 57' 56.8"]**, auch Deutsche Kirche genannt, die 1648 kurz nach der Stadtgründung entstand und nach dem Großbrand von 1748 wiederaufgebaut wurde – zum **Ostindiska huset (4) [N 57° 42' 22.5" E 11° 57' 47.2"]**, dem Ostindien-Haus, Norra Hamngatan 12. Heute ist in dem ehemaligen Handelskontor, das einen ganzen Häuserblock einnimmt, das **Göteborgs Stadtmuseum** untergebracht *(geöffnet Mai - Aug. tgl. 10 - 17 Uhr, Sept. - Apr. Di - So 10 - 17 Uhr; Eintritt)*, www.stadsmuseum.goteborg. se. Straßenbahnhaltestelle Brunnsparken, fast alle Linien.

Das Haus selbst stammt aus der Mitte des 18. Jh., als Göteborg Sitz der Svenska Ostindiska Kompaniet (Schwedischen Ostindischen Kompagnie), einer wohlhabenden Reederei und Handelsgesellschaft war. Das Gebäude, nach Entwürfen des Göteborger Stadtarchitekten Bengt Wilhelm Carberg und des Oberintendanten Carl Hårleman errichtet, diente bis zu Beginn des 19. Jh. als Speicher, Kontor und Auktionshaus. Nach Auflösung der Handelsgesellschaft wurde das Haus 1861 Museumszwecken zugeführt.

Die Schwerpunkte des Museums:

Die *Abteilung für Geschichte* zeigt neben einer umfangreichen Sammlung zur westindischen Kulturgeschichte und zur Geschichte der Ostindischen Kompagnie vor allem mittelalterliche Kirchenkunst aus Schweden, Ausstellungen zur Stadtgeschichte Göteborgs.

Die *Abteilung für Archäologie* besitzt eine interessante Sammlung von prähistorischen Funden aus Westschweden, aus Europa und Nordafrika und gibt Einblick in die Geschichte von der Eiszeit bis zur Zeit der Wikinger.

Die Ausstellungsräume des Museums sind über Treppen von einem Innenhof aus zu erreichen.

In der ersten Etage findet man im Südflügel zur Norra Hamngatan hin die Einrichtung einer Ein-Zimmerwohnung mit Küche aus der Zeit um 1900 und gelangt durch diesen Wohnraum in den Ostflügel, der eine Abteilung des Ethnographischen Museums mit Masken und Skulpturen aus Afrika beherbergt.

Im Westflügel der ersten Etage zeigt eine Abteilung des historischen Museums Gegenstände aus dem Leben der Bauern- und Fischerbevölkerung in Schweden.

In der zweiten Etage findet man im Südflügel eine Ausstellung über die Ostindische Kompagnie, dann Historisches über Schweden aus dem 19. Jh., im Ostflügel eine Ausstellung über die Kultur nordamerikanischer Indianer und Archäologisches aus Lateinamerika.

Geht man weiter gegen den Uhrzeigersinn, betritt man die Abteilungen des **Archäologischen Museums im Nordflügel**. Die Ausstellungen geben Einblick in die Zeit der Wikinger, die Kultur des Volkes von Midgard, in die Eisen-, Bronze- und Steinzeit.

Schließlich gelangt man in den **Ostflügel**, der Sammlungen über die Archäologie des Mittelalters, die Zeit der Vasa-Könige und über Schweden im 18. Jh. zeigt.

In der **Abteilung für Stadtgeschichte** endlich erfährt man anhand von Dokumenten, alten Stichen, Karten, Ausgrabungsfunden etwas über die Entwicklung Göteborgs von seiner Entstehung bis heute. Umgruppierung der Ausstellungen möglich!

Man kann nun von der Norra Hamngatan rechts um das Ostindien-Haus in die Smedjegatan gehen, dieser zwei Straßenzüge weit folgen und sich dann rechts in die Kronhusgatan wenden. Dort findet man rechterhand das **Kronhuset (5) [N 57° 42' 26.7" E 11° 57' 46.3"]**, den ältesten Profanbau der Stadt. Dieses alte Zeughaus und Artilleriemagazin wurde zwischen 1642 und 1654 errichtet. 1660 diente es den Bürgerständen als Versammlungsort des Reichstags in Göteborg. Damals wurde hier – nach dem überraschenden Tode Karls X. Gustav – der junge Karl XI. zum König von Schweden proklamiert.

Zwischen 1680 und 1883 diente das Kronhuset als Gotteshaus.

In der Postgatan, gleich hinter dem Kronhuset, findet man die sog. **„Kronhusbodarna"**, eine Ansammlung alter Werkstätten aus dem 18. Jh. (Goldschmiede, Uhrmacher, Glasbläser, Schokoladenfabrikation etc.), kleinen Krämerlädchen und Gaststätten wie das traditionsreiche, einladende **Kronhus Café.**

Geht man über die Kronhusgatan weiter ostwärts (stadteinwärts), gelangt man schließlich zur Östra Hamngatan.

Wenige Schritte links findet man das **Medicinhistoriska Museet (6) [N 57° 42′ 32.1″ E 11° 58′ 00.1″]**, Östra Hamngatan 11 (geöffnet Di - Fr 11 - 16, Do bis 20 Uhr) www.sahlgrenska.se/museum. Straßenbahnhaltestelle Brunnsparken, fast alle Linien.

Das Medizinhistorische Museum ist im ehemaligen Sahlgrenska-Krankenhaus aus dem 19. Jh. untergebracht. Es befasst sich mit der Geschichte der akademischen Medizin, mit dem Gesundheitswesen und der Chirurgie, der Volksheilkunde sowie der Entwicklungen der ärztlichen Versorgung in Göteborg seit dem 18. Jh.

Man sollte der Östra Hamngatan weiter nach Norden folgen und kommt dann zum Gästehafen am Lilla Bommens Torg (Straßenbahnen 5 + 10, Haltestelle Lilla Bommen).

Zu besichtigen ist hier am Pakhuskajen an der Nordseite des Hafenbeckens des Lilla Bommens Hamn das sehenswerte **Schifffahrtsmuseum Maritiman [N 57° 42′ 37.2″ E 11° 57′ 42.0″]** (7 – geöffnet 1. März - 31. Okt. tgl. ab 10 Uhr. Nov. Fr - So ab 10 Uhr; Eintritt) mit diversen historischen Schiffstypen, darunter das Kriegsschiff „Jagaran Småland", ein U-Boot, ein Feuerschiff, Fähren, ein Feuerlöschboot, Schlepper u. a. Dieses schwimmende Schiffsmuseum zählt zu den größten seiner Art weltweit. Restaurant. Cafeteria. www.maritiman.se.

In der Nähe sieht man die Masten des stolzen **Viermasters „Viking"** aufragen. Der

1906 in Dänemark gebaute Windjammer segelte auf allen Weltmeeren. Heute dient das umgebaute Schiff als Restaurant und Hotel (Tel. 63 58 00) und ist ausschließlich für Restaurant- bzw. Hotel-Gäste zugänglich.

Mein Tipp! Von dem markanten, rotweißen **Skanska-Hochhaus (22) [N 57° 42′ 41.8″ E 11° 57′ 57.7″]** am Hafen haben Sie von der Aussichtsetage **Götheborgs Utkiken** (geöffnet tgl. von Mai bis Aug., sonst nur Sa u. So) in 86 m Höhe einen phantastischen Blick auf den Hafen und die Stadt. Es gibt eine Cafeteria.

Weiter nördlich führt die 933 m lange und 45 m hohe Hängebrücke **Älvsborgsbron** über den Göta älv. Weite Aussicht auf den Hafen.

An der Südseite des Hafenbeckens des Lilla Bommens Hamn liegt der Glaspalast der neuen **Oper von Göteborg (21) [N 57° 42′ 38.6″ E 11° 57′ 52.0″]**.

Auf dem Weg zurück in die Stadt kann man einen kleinen Umweg über **Nordstaden** machen, ein Stadtviertel östlich vom Zentralbahnhof und dem Drottning Torget. Nordstaden gilt als eines der modernsten und größten überdachten **Einkaufszentren** in Schweden. Neben rund 150 Geschäften aller Art findet man hier auch eine ganze Reihe von Restaurants.

Göteborgs traditionsreiche **Saluhallen**, eine Mischung aus **Einkaufszentrum und Markthalle**, findet man am zentralen Kungstorget. Seit dem 1. Februar 1889 kann man hier vor allem Lebensmittel bester Qualität erstehen. 36 Spezialitätengeschäfte, Restaurants und eine bunte Käuferschar machen die Saluhallen zu einem anziehenden Ort.

Weitere Sehenswürdigkeiten

Antikhallarna (8) [N 57° 42′ 18.8″ E 11° 57′ 48.0″], Västre Hamngatan 6, am Lilla Torget, der vielleicht größte **Antiquitätenmarkt** in ganz Skandinavien (geöffnet Mo - Fr 10 - 18, im Sommer bis 17 Uhr; Sa 10 - 14 Uhr, im Sommer Sa geschlossen), www.antikhallarna.se. Sammler und Liebhaber alter Stücke finden hier alles von antiken Möbeln, über Münzen, Waffen, Bücher bis hin zu altem Gold- oder Silberschmuck.

Domkyrkan (9) [N 57° 42′ 16.2″ E 11° 57′ 54.2″], in der Kyrkogatan, unweit südlich des Lilla Torget. Göteborgs Dom wurde zwischen 1815 und 1825 auf den Mauern

Blick von der Neuen Oper zum Skanska-Hochhaus und zur Viermastbark „Viking"

früherer Kirchenbauten, die allerdings Opfer von Stadtbränden wurden, nach Plänen des Architekten C. W. Carlberg erbaut. 1985 erfuhr der Bau umfassende Renovierungsarbeiten.

Drottning Kristinas Jaktslott (10) [N 57° 42' 12.9" E 11° 57' 31.6"], Otterhällegatan 16. Das ehemalige Jagdschlösschen Königin Kristinas stammt aus dem 18. Jh. und wirkt heute in der Schlucht der umliegenden Hochhäuser etwas deplatziert und verloren. Tatsächlich entging das historische Häuschen, eines der ältesten Gebäude der Stadt immerhin, 1971 nur knapp der Abrissbirne.

Feskekörkan (11) [N 57° 42' 03.7" E 11° 57' 26.9"], die „Fischkirche" am Kanal in der Rosenlundsgaten, ist Göteborgs Fischhalle. Hier ist alles frisch zu haben, was das Meer an Fisch und Schalentieren bietet. **Fischlokal** *„Gabriels"* auf der Galerie. Das Gebäude entstand 1874 und mutet durch seine hohen, dem gotischen Stil nachempfundenen Fensterbögen außen tatsächlich eher wie eine Kapelle an. Dienstag bis Freitag 9 bis 17, Samstag 9 bis 13 Uhr. Im Sommer auch montags.

Das **Palmenhaus (12) [N 57° 42' 14.9" E 11° 58' 31.0"]** im Park des Gartenbauvereins *Trädgårds Föreningen* unweit des Kungsportsplats, lohnt bei längerem Aufenthalt einen Besuch (Eintritt). Das riesige Glashaus in der Manier eines Wintergar-

tens aus dem vergangenen Jahrhundert liegt inmitten wunderschöner Park- und Gartenanlagen.

Berühmt ist der Park auch für sein **Rosarium**, in dem angeblich mehr als 3.500 verschiedene Rosenarten gezüchtet werden.

Sehenswertes außerhalb des alten Stadtkerns

Hasselblad Center, Götaplatsen, im Foyer des **Kunstmuseums [N 57° 41' 49.3" E 11° 58' 47.5"]**. 1989 von der Erna und Victor Hasselblad Stiftung eingerichtetes Fotografiezentrum mit Ausstellungen zur Geschichte der Fotografie, mit umfangreicher Fachbibliothek und große Fotografieausstellung. Wechselnde Ausstellungen bekannter schwedischer und internationaler Fotografen. www.hasselbladcenter.se

Röhsska Museum (13) [N 57° 41' 59.6" E 11° 58' 22.9"], Vasagatan 37 – 39 *(geöffnet Di 12 - 20, Mi - Fr 12 - 17, Sa + So 11 - 17 Uhr)*, www.designmuseum.se.

Dieses interessante Museum für Kunst, Kunsthandwerk und Industriedesign ist einmalig in Schweden. Neben Designmöbeln, Textilien, Keramik, Glas- und Silberarbeiten sieht man Kunstsammlungen aus Japan, Vorderasien und antike Exponate aus Griechenland.

Über die elegante Kungsportsavenyen, die flankiert wird von noblen Geschäften, Restaurants und Kaufhäusern kann man bis zum **Götaplatsen (14)** am Ende der Avenue gehen. Der Platz, in dessen Mitte sich der **Neptunsbrunnen** von Carl Milles erhebt, ist einer der repräsentativsten Stadtplätze Göteborgs.

In seiner Umgebung liegen das **Stadttheater,** das **Theaterhistorische Museum**, das **Konzerthaus** und an der Südostseite das besuchenswerte **Kunstmuseum** *(geöffnet Di + Do 11 - 18, Mi 11 - 21, Fr - So 11 - 17 Uhr),* www.konstmuseum.goteborg.se. Busse 40, 45 58, Haltestelle Götaplatsen.

Zu sehen sind u. a. Gemälde und Skulpturen von den alten Meistern des 15. Jh. bis zur Neuzeit. Zu den Kostbarkeiten des Museums zählen u. a. „Der Ritter mit dem Falken" von Rembrandt von Rijn, Arbeiten von Rubens und van Gogh, Werke flämischer Maler, französischer Impressionisten oder moderner Künstler u. a. Picasso, weiter Skulpturen von Henry Moore (1898 – 1986) wie „Die Familie" und natürlich Arbeiten von Carl Milles.

Aus der Reihe der skandinavischen Künstler sind u. a. Arbeiten von Carl Larsson, Anders Zorn, P. S. Kröer, Edvard Munch oder Zeitgenossen der Skagener Schule zu sehen.

Übrigens, von der Freitreppe, die hinauf zum Kunstmuseum führt, hat man einen schönen Blick auf den Platz und die Kungsportavenyen.

Liseberg (15) [N 57° 41′ 49.3″ E 11° 59′ 25.4″] ist Göteborgs großer **Freizeit- und Vergnügungspark**, der mit seinen Attraktionen und Fahrgeschäften turbulente Abwechslung für Groß und Klein bietet. Restaurants, Openair Bühnen mit Sommertheater oder Konzerten u. a.

Falls Sie sich länger in Göteborg aufhalten können und an einem vielleicht nicht ganz so schönen Tag Ihren Kindern eine Abwechslung bieten wollen, dann könnte ein Besuch im **Varldkulturmuseet Museum für Weltkultur,** Södra vägen, www.varldskulturmuseet.se, Straßenbahnhaltestelle Korsvägen, *(geöffnet Di, Sa + So 12 - 17 Uhr, Mi - Fr 12 - 21 Uhr, Eintritt frei)* genau das Richtige sein. Die Ausstellungen bringen den Besuchern die Kulturen der Welt näher und sollen das „Verständnis für eine gemeinsame globale Zukunft in der Welt" fördern.

Skansen Kronan (16) [N 57° 41′ 44.7″ E 11° 57′ 18.1″], die Kronenschanze im Südosten der Stadt, ist Teil der Festungsanlage aus dem Ende des 17. Jh. Von den Bastionen hat man einen sehr schönen Blick auf Stadt und Hafen. Im Festungsturm ist heute ein **Militärmuseum** eingerichtet *(geöffnet nur Sa + So 12 - 15 Uhr; Eintritt).*

Naturhistorisches Museum *(geöffnet Mai - Aug. tgl. 11 - 17 Uhr, sonst Di - Fr 9 - 16, Sa + So 11 - 17 Uhr),* www.gnm.se. Straßenbahn 1 + 6 bis Linnéplatsen.

Das Museum am Nordrand des **Slottsskogen**, Göteborgs größtem Park, zeigt eine umfangreiche Sammlung zur Fauna und Flora der Erde. Spektakulär sind die Schaustücke aus dem Lebensraum der Wale oder der Elefanten.

Eine spezielle Abteilung befasst sich mit den Themen „Mensch und Umwelt, Ökologie".

Seefahrtmuseum [N 57° 42′ 02.8″ E 11° 56′ 46.2″], Karl Johansgatan 1 – 3 *(geöffnet Mai - Aug. tgl. 10 - 17 Uhr; übrige Zeit Di, Do - Fr 9 - 16, Mi 9 - 20, Sa + So 11 - 17, Uhr; Eintritt).* Info: www.sjofartsmuseum.goteborg.se. Straßenbahnen 3, 9 + 11 bis Stigbergstorget.

Das 1917 gegründete Museum liegt auf dem Gelände der „Gamla Varvet" der Alten

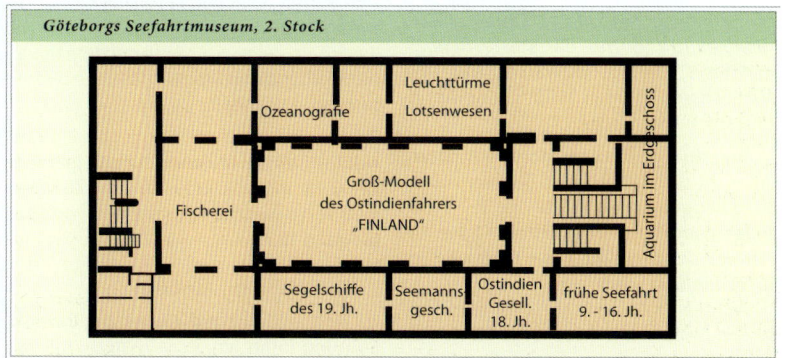

Göteborgs Seefahrtmuseum, 2. Stock

Leuchttürme
Lotsenwesen

Ozeanografie

Fischerei

Groß-Modell
des Ostindienfahrers
„FINLAND"

Aquarium im Erdgeschoss

Segelschiffe
des 19. Jh.

Seemanns
gesch.

Ostindien
Gesell.
18. Jh.

frühe Seefahrt
9. - 16. Jh.

Werft von Göteborg, in der bis Ende des 19. Jh. die schnellsten schwedischen Segler auf Kiel gelegt wurden. Das letzte hier gebaute Schiff, die „Sigyn" lief 1887 von Stapel.

Übrigens: In Göteborg wurde vor noch nicht allzu langer Zeit eine originalgetreue Kopie des historischen Ostindienseglers „Götheborg" gebaut. Das Schiff machte sich dann tatsächlich auf den Weg nach Fernost und kehrte nach einer langen Reise auf den legendären Handelsrouten der Svenska Ostindiska Kompaniet 2007 aus China zurück.

Markant und schon von weitem sichtbar ist der Turm des **Seefahrerdenkmals** beim Museum. Gekrönt wird der Turm von der „Kvina vid havet" („Frau am Meer), einer Skulptur von Ivar Johansson. Vom Turm hat man einen schönen Blick auf Stadt und Hafen.

Das Museum befasst sich mit der langen Seefahrttradition in Göteborg und in Schweden. Anhand von wunderschönen **Schiffsmodellen** von den frühen Drachenbooten der Wikinger bis zu den schnellen Ostindienfahrern, über Gemälde und Bilder, bis hin zu Navigationsgeräten, der Geschichte der Küstenbefeuerung und der Hochseefischerei, seemännischen Gerätschaften, Seekarten und einer sehr interessanten Sammlung von Galionsfiguren u. v. a. erlangt der Besucher einen sehr anschaulichen Überblick über die schwedische Seefahrt. Sehr beeindruckend z. B. ist das rund fünf Meter lange Großmodell (Maßstab 1:12) des Ostindien-Seglers „Finland" in der Zentralhalle der zweiten Etage oder das erste Auswandererschiff, das die ersten Schweden nach „New Sverige" am Delaware an der amerikanischen Ostküste brachte.

Im Erdgeschoss des Museums findet man ein besuchenswertes **Seeaquarium** (geöffnet 10 - 16 Uhr), das Meerestiere aller Art aus Süß- und Salzwasser-, Kalt- und Warmwasserregionen zeigt. Große Abteilung tropischer Fische.

Masthugg's Kyrkan, Storebacksgatan. Die nicht weit östlich vom Seefahrtmuseum gelegene Kirche wurde erst 1914 vollendet. Durch ihre etwas erhöhte Lage hat man von der Kirche aus einen schönen Blick auf Hafen und Stadt.

An den Kaianlagen westlich vom Seefahrtmuseum liegt Göteborgs **Fischerei-**

hafen. Wen's interessiert, kann hier an Werktagen morgens um 7 Uhr der Fischauktion zusehen.

Ein gutes Stück nordöstlich vom Götaplatsen liegt hinter der gigantischen Mehrzweckhalle **„Scandinavium" (19)** [N 57° 41' 57.4" E 11° 59' 16.0"] mit 14.000 Sitzplätzen **Göteborgs Remfabrik**, Åvägen 15, ein Gewerbe- und Arbeitermuseum, das aber nur auf Führungen nach Voranmeldung besichtigt werden kann – Tel. 031-83 15 35, www.remfabriken.org.

Interessant für Hobbyfunker und Radiobastler ist ein Besuch im **Radiomuseet**, Anders Carlssons gata 2, www.radiomuseet.se (geöffnet Mo - Fr 10 - 15, Sa + So 12 - 15 Uhr). Die Ausstellungen befassen sich in erster Linie mit Rundfunk, Seefunk, Amateurfunk und neuerdings auch mit Mobilfunk. Bus 16, Haltestelle Regnbågsgatan.

Wer sich für die Welt der Fliegerei, für Flugveteranen, für Flugtechnik u. ä. interessiert, sollte sich die Zeit für einen Besuch im **Aeroseum** in **Säve** (Holmvägen 100) nehmen. Auf dem Gelände einer einstmals streng geheimen, zwischenzeitlich ausgedienten Militärbasis sind in einem großen Hangar und in Felsbunkern aus der Zeit des „Kalten Krieges" Flugzeuge, Jets und moderne Jagdflugzeuge sowie Oldtimer aus den Anfängen der Fliegerei zu sehen. Ein Teil des Museums wird mit EU-Mitteln finanziert. Da sich Museum und Ausstellungen noch im Aufbau befinden, sind Änderungen u. U. also nicht auszuschließen.

Das Gelände ist nur auf Führungen zu besichtigen. Leider ist das Museum bislang nur Dienstag, Donnerstag und Sonntag geöffnet. Und Führungen wurden bisher lediglich zweimal am Tage angeboten (13 und 18 Uhr). Es empfiehlt sich dringend, sich vorher nach den aktuellen Öffnungszeiten zu erkundigen – Tel. 031-69 28 13, www.aeroseum.se. Anreise mit dem Bus Linie 35 ab Hjalmar Brantingsplatsen bis Haltestelle in Granhäll.

Autofans wird der Weg u. U. nach **Arendal** ins **Volvo Museum** führen (geöffnet Di - Fr 12 - 17, Sa + So 11 - 16 Uhr). Zu sehen sind Volvo-Karossen aus der Zeit von 1927 bis nach 1990.

Rundfahrten, Ausflüge

Neben **Stadtrundfahrten per Bus** inkl. Führung (Start am Stora Teatern, tgl. von

„Paddan"-Rundfahrtboot auf dem Hamnkanalen, im Hintergrund die St. Kristine o. Tyska kyrka

Juni bis August, www.borjessons.com), bieten **Bootsrundfahrten** mit den offenen **„Paddan"-Booten** durch die Kanäle Göteborgs und zum Hafen eine gute Möglichkeit, sich einen ersten Eindruck von der Stadt zu verschaffen. Die Boote verkehren von April bis September täglich zwischen 10 und 17 Uhr (Juni und Juli bis 18 Uhr) ab Anlegestelle Nähe Kungsportsbron, Dauer knapp eine Stunde.

Schiffsausflug durch den Hafen zur **Festungsinsel Nya Elfsborg**. Die historische Festung aus der Mitte des 17. Jh. liegt auf einer Insel in der Mündung des Göta älv und hatte einst die Hafeneinfahrt zu kontrollieren. Führungen durch die Festungsanlagen. Museum. Cafeteria. Seit einiger Zeit ist die Insel Basis einer archäologischen Grabungsexpedition, die in den Sommermonaten versucht, die Reste des 1745 vor der Hafeneinfahrt gesunkenen Ostindienfahrers „Göteborg" zu heben, der voll beladen war mit Seide und Porzellan. Die Boote verkehren von Mitte Mai bis Anfang September ab Lilla Bommen zwischen 9.30 und 16 Uhr etwa alle Stunde.

Ebenfalls ab Lilla Bommen verkehren im Sommer Ausflugsschiffe durch den Hafen von Göteborg und den Schärengürtel hinaus zur **Insel Vinga**. Auf der Insel gibt es einen Leuchtturm und ein kleines Museum über den Dichter und Komponisten Evert Taube.

Außerdem werden diverse Schiffsausflüge, auch abendliche Dinner-Kreuzfahrten, durch die Inselwelt der Schären und mit den typischen Kanalbooten auf dem Götakanal nach Trollhättan angeboten.

PRAKTISCHE HINWEISE – GÖTEBORG

Telefonvorwahl: 0 31
Göteborgs Turistbyrå [N 57° 42' 14.4" E 11° 58' 11.7"], Kungsportsplatsen 2, 411 10 Göteborg, Tel. 61 25 00, Fax 61 25 01. www.goteborg.com, www.vastsverige.com.
Turistbyrå Nordstaden, Nordstadstorget, 411 05 Göteborg, Tel. 61 25 00, Fax 61 25 01. www.goteborg.com.
Mit dem **Göteborgspasset** wird dem Besucher von Göteborg Gelegenheit geboten, Stadtrundfahrten per Bus oder Boot, die öffentlichen Verkehrsmittel (Straßenbahn, Busse, Boote) sowie mehrere Schärenboote wie z. B. das Ausflugsboot zur Festung Elfsborg kostenlos zu benutzen. Der Eintritt in viele Museen und in den Liseberg-Vergnügungspark ist mit der Göteborgs-

kortet frei. Außerdem können Autofahrer auf den städtischen Parkplätzen, die entsprechend gekennzeichnet sind, umsonst parken.

Der Göteborgspasset kann man in den Touristeninformationsbüros oder an den Rezeptionen der Hotels, Jugendherbergen oder Campingplätzen kaufen.

RESTAURANTS

„Bräutigams", bekanntes Café nach Wiener Art, Östra Hamngatan 50, Tel. 13 60 46.

„Fiskekrogen", ausgezeichnetes Fischlokal, teuer, Lille Torget 1, Tel. 10 10 05.

„Gabriel" bekanntes Fischlokal auf der Galerie in der **Fischhalle „Feske-körka",** Tel. 13 90 51.

„Sjömagasinet", gutes Fischlokal mit für schwedische Verhältnisse mittlerer Preislage, Klippans Kulturreservat, Tel. 24 65 10, sonntags geschlossen.

„Solrosen", vegetarisches Lokal, Ecke Haga Östergata/Kaponjärgatan, Tel. 11 24 96.

„Portside", vom Hamburger bis zu à la Carte-Gerichte werden serviert auf einem Restaurantschiff, mittlere Preisklasse, Kungsportsplatsen 1, Tel. 20 31 31. – Und viele andere Restaurants.

HOTELS

Nahezu alle genannten Hotels bieten Nichtraucherzimmer an.

Liseberg Heden, 90 Zi. *****, Sten Sture Gatan, Tel. 750 69 00, Fax 750 69 30, gute Mittelklasse, Nähe Liseberg, Restaurant, Sauna, Parkplatz.

Lorensberg, 120 Zi. *****, Berzeliigatan 15, Tel. 81 06 00, Fax 20 50 73, Nähe Scandinavium. Parkplatz, Sauna.

Quality Panorama, 340 Zi., Eklandagatan 51 – 53; Tel. 767 70 00, Fax 767 70 70, zentral gelegenes Haus der Oberklasse, Parkmöglichkeit, Restaurant.

Royal, 86 Zi. ****, Drottningsgatan 67, Tel. 80 61 00, Fax 15 62 46, sehr zentral und relativ preiswert. – Und viele andere Hotels.

STF Vandrarhem Stigbergsliden, Stigbergsliden 10, Tel. 24 16 20, zentral gelegen, ganzjährig geöffnet.

Göteborgs Vandrarhem i Centrum, SVIF, Mölndalsvägen 23, Tel. 40 10 50, zentral, ganzjährig geöffnet. – Und zahlreiche weitere Jugendherbergen.

CAMPING

Lisebergs Camping Kärralund **** [N 57° 42' 17" E 12° 1' 48"], Ols-bergs-gatan 1, Tel. 84 02 00, www.liseberg.se; Jan. – Dez.; ca. 5 km östl. des Stadt-zentrums von Göteborg; Nähe Valhalla-Bad und Liseberg-Park; Wald- und Wiesengelände; ca. 5 ha – 250 Stpl.; Standardausstattung; Laden, Sauna, WLAN; 91 Miethütten. Ins Stadtzentrum Straßenbahn Nr. 5. **V & E** **für Wohn-mobile.**

Lisebergs Camping Askim Strand **** [N 57° 38' 07.2" E 11° 55' 54.8"], Marholmsvägen, Tel. 28 62 61; Ende Apr. – Anf. Sept.; ca. 10 km südl. Göteborg und ca. 2 km westl. der Hauptstraße 158; ebene Wiesen an einer schönen Meeresbucht, umgeben von Wald, Felsriegeln und Sommerhäusern; ca. 5 ha – 250 Stpl.; Standardausstattung; Laden, Imbiss. **V & E** **für Wohnmobile.**

Mölndal

Krono Camping Åby * ** [N 57° 38' 48.5" E 11° 59' 53.2"], Idrottsvä-gen, Tel. 87 88 84, www.kronocamping.nu; Jan. - Dez.; Zufahrt über E6 nach Mölndal; gegenüber Ibis Hotel; ebenes, parzelliertes Wiesengelände, von der Trabrennbahn Åby umschlossen, Industrieanlagen in Sichtweite; ca. 15 ha – 500 Stpl.; gute Standardausstattung; Supermarkt, Tennis, Fahrradver-leih; 45 Miethütten, Hallen- und Freibad in unmittelbarer Nähe. **V & E** **für Wohnmobile. Quick Stop.**

GÖTEBORG – SMÖGEN

Länge der Tour: Rund 200 km, ohne Abstecher.

Strecke: Über die Straße E6 und über **Kungälv** bis **Stenungsund** – Straßen 160/161 über die **Insel Orust** bis **Lysekil** – evtl. Abstecher nach **Uddevalla** – Straßen 162/171 über **Kungshamn** bis **Smögen**.

Empfohlene Reisedauer: Mindestens ein Tag.

Reisehöhepunkte auf dieser Tour: Die **Schärenküste bei Smögen ****.

Diese relativ kurze Route führt in die westschwedische Schärenwelt der **Provinz Bohuslän** mit ihren tief ins Land schneidenden felsgesäumten Fjorden. Der Umweg über die Schäreninseln lohnt!

Abkürzende Routenalternativen

Will man darauf verzichten, kann man die Reise beschleunigen, wenn man auf der schnellen, autobahnähnlichen E6 direkt bis Tanum fährt und dort in die nächste Tour 4 (Smögen – Trollhättan) einsteigt oder gar ab Göteborg direkt nach Trollhättan fährt und dort über die Tour 5 (Trollhättan – Sjötorp) weiterreist.

ROUTE: Wir verlassen Göteborg über die E6 in nördlicher Richtung [N 57° 47' 58.7" E 12° 00' 27.1"]. Nach 20 km passiert man **Kungälv**.

Kungälv ist eine alte Grenz- und Handelsstadt an der schwedischen Westküste, die schon vor 1.000 Jahren in den Landeschroniken erwähnt wird und vielleicht sogar die älteste Stadt an der Bohusländer Küste ist. Kungälv, das früher norwegische *Kunghälla*, liegt am Nordufer des alten Grenzflusses Göta älv. Die mittelalterliche **Bohus-Festung**, die noch heute das Stadtbild beherrscht, wurde zu Beginn des 14. Jh. von den Norwegern errichtet, um den Zugang zum damals norwegischen Bohuslän zu kontrollieren. Hübsche Altstadt.

Über die Straße 168 gelangt man zur Insel **Marstrand [N 57° 53' 18.0" E 11° 35' 46.6"]**, einer beliebten Ferieninsel an der Westküste. Die Straße 168 endet nach 26 km an der Fährstation hinüber zur Inselbesucher geparkt werden, denn die Insel

ist autofrei. Das befestigte Marstrand (Festung Carlsten) war bis ins 19. Jh. Gefängnisinsel und wurde erst durch Oskar II. um die Jahrhundertwende zum renommierten Seebad.

ROUTE: Weiterfahrt zunächst 13 km zurück auf der 168 und weiter nordwärts über Solberga zur Straße 160 nach **Stenungsund [N 57° 53' 46.2" E 11° 48' 19.7"]**.

PRAKTISCHE HINWEISE – KUNGÄLV UND MARSTRAND

Kungälv Telefonvorwahl: 03 03
Kungälv-Marstrand Turistbyrå, Fästningsholmen, 442 81 Kungälv, Tel. 992 00.

HOTEL – MARSTRAND

Grand Hotell Marstrand, 30 Zi. *****, Rådhusgatan 2, Tel. 6 03 22, Fax 6 00 53, Restaurant „Tenan". – Und andere Hotels.

CAMPING

Kungälv
Kungälvs Vandrarhem & Camping * [N 57° 51' 43.67" E 11° 59' 46.02"]**, Färjevägen 2, Tel. 1 89 00, www.camping.se/037; Mitte Apr. – Ende Sept.; Nähe Festung; ca. 1 ha – 60 Stpl.; Standardausstattung.

Marstrand
Marstrands Familje Camping ** [N 57° 53' 37.3" E 11° 36' 17.8"], Tel. 60 584; 15. Apr. – 25.Sept.; im Ortszentrum beschilderter Abzweig und noch 400 m; Wiesen nahe der Felsküste; Standardausstattung. Miethütten.

Stenungsund ist eine nicht sonderlich einladende Industriestadt mit viel Petrochemie an der Schärenküste. Über die Tjörnbron geht es hinüber auf die **Insel Tjörn**. Beliebte Seebäder mit Stränden sind **Rönnäng** und **Skärhamn**.

Landschaftlich sehr reizvoll ist die Weiterfahrt über die Straße 160 nordwärts durch hübsche Schärenlandschaft mit netten kleinen Bootshäfen. Über eine Sundbrücke gelangt man auf die **Insel Orust**, eine weitere vielbesuchte Ferieninsel, und folgt der Straße 160 über Henån nordwärts. Nach der Einmündung in die Straße 161 wählt man den Weg westwärts nach **Lysekil [N 58° 20' 33.2" E 11° 41' 33.5"]**.

Ein **Abstecher** lohnt zum wenige Kilometer östlich liegenden **Uddevalla**, eine der bedeutendsten Städte von Bohuslän. Die Stadt mit annähernd 50.000 Einwohnern ist heute ein wichtiger Industriestandort für Textilien, Papier, Holzverarbeitung und Schiffsbau. Besondere Sehenswürdigkeiten bietet die Stadt nicht, außer vielleicht

Smögen an Schwedens westlicher Schärenküste

（TOUR 3: GÖTEBORG – SMÖGEN）

den **Kungstorget** mit einem Denkmal Karls X. und das **Bohusläns Museum** am Hafen.

In den Schärenklippen bei Kungshamn

Auf dem Wege (Straße 161) nach Lysekil überquert man auf einer laufend verkehrenden, kostenfreien Fähre den **Gullmarn-Fjord** [N 58° 17′ 59.2″ E 11° 32′ 08.6″], Fahrtdauer 10 Minuten.

Lysekil [N 58° 16′ 24.7″ E 11° 26′ 19.3″] mit seiner markanten Kirche ist ein hübscher kleiner Fischerort am Ende der Halbinsel Stängenäset, der heute aber längst von Sommerferiengästen und Seglern erobert worden ist. Bootsausflüge z. B. hinüber ins hübsche **Fiskebäckskil**, Wassersport oder Hochseeangeln sind die beliebtesten Freizeitbeschäftigungen hier.

Zu den Besucherattraktionen zählt das Meerwasseraquarium **Havets Hus** in den Strandvägen 9. www.havetshus.lysekil.se

Der weitere Verlauf unserer Route führt nun nordwärts über die Straße 162 und über Brastad Richtung Munkedal. Bei der ersten sich bietenden Möglichkeit wenden wir uns aber nach Westen und erreichen wenig später über die Straße 171 **Kungshamn** und über die hohe Smögenbrücke das gegenüberliegende, sehr malerische Hafenstädtchen **Smögen** mitten in den Schären am Ende der Halbinsel Sotenäset.

Unter Kennern und Liebhabern von fangfrischem Fisch wird die Fischauktionshalle der Fischer von Smögen geschätzt. Wie man hört, bietet sich dort die Möglichkeit, frischen und relativ preiswerten Fisch zu erstehen.

PRAKTISCHE HINWEISE – UDDEVALLA

Telefonvorwahl: 05 22
Uddevalla Turistbyrå, Kampenhof, 451 81 Uddevalla, Tel. 51 17 87.
Bohus Turist, Box 182, 451 16 Uddevalla, Tel. 140 55, 51 17 96.
Internet: www.bohuslan.com

HOTELS

Viking, 20 Zi., Strömstadsvägen 25, Tel. 1 45 50, Fax 1 45 53, garni, zentral, Bahnhofsnähe, Parkmöglichkeit. – Und andere Hotels.

CAMPING

Unda Camping ****, Tel. 8 63 47; ganzjährig; ca. 6 km westl. Uddevalla; ausgedehntes Wiesengelände mit Baumbestand, teils gestuft am Byfjorden; ca. 15 ha – 400 Stpl. + Dau.; Standardausstattung; Laden, Restaurant, Freizeiteinrichtungen, Sand- und Felsstrand. **V & E für Wohnmobile. Quick Stop**.
Hafsten Resort **** [N 58° 18′ 53″ E 11° 43′ 25″], Hafsten 120, Tel. 64 41 17, www.hafsten.se; ganzjährig; 15 km westlich von Uddevalla Richtung Fiskebäckskil, 2 km Straße 160 Richtung Orust; ca. 4 ha – 120 Stpl. + 150 Dau.; gute Standardausstattung. Restaurant, Imbiss, Laden, Bootsverleih, Tennis, Sauna, WLAN. Platzeigener Reitstall 1 km entfernt. **V & E für Wohnmobile. Quick Stop**.

PRAKTISCHE HINWEISE – LYSEKIL

Telefonvorwahl: 05 23
Lysekils Turistbyrå, Södra Hamngatan 6, 453 23 Lysekil, Tel. 1 30 50.

HOTELS

Lysekil Havshotell, 15 Zi. ***, kleines, einfaches, aber relativ preiswertes Haus, garni, zentrumsnah am Meer, Parkplatz.
Hotel Lysekil, 35 Zi. ***, Rosvikstorg 1, Tel. 66 55 30, 1 55 20, am Sportboothafen, Restaurant, Parkplatz.

CAMPING

Siviks Camping **** [N 58° 17′ 50.3″ E 11° 26′ 55.3″], PL 170, Tel. 61 15 28; 1. Mai – 30. Sept.; ca. 3 km nordwestl. Lysekil; ausgedehntes Wiesengelände in Meeresnähe; ca. 15 ha – 250 Stpl. + 100 Dau.; Standardausstattung; Felsküste mit Sandstrand. **V & E für Wohnmobile. Quick Stop.**

Wohnmobil-Stellplatz

Wohnmobil-Stellplatz Lysekil: Nahe des Hafens gelegene Schotterfläche beim Caravanabstellplatz der Gemeinde Lysekil. **Geöffnet:** Ganzjährig. **Gebühr** + Gebühr für Strom. **Ausstattung:** Toiletten, Frischwasser.

PRAKTISCHE HINWEISE – SMÖGEN/KUNGSHAMN

Telefonvorwahl: 05 23
Sotenäs Turistbyrå, Hamngatan 6, 456 22 Kungshamn, Tel. 66 55 50.
Smögen Turistinformation, Sillgatan, 450 43 Smögen, Tel. 3 75 44.
www.sotenasturism.se.

HOTELS

Kungshamn, 61 Zi. ****, Hotellgatan 6, in Kungshamn, Tel. 3 09 10, Fax 7 03 87; Restaurant, Sauna.
Smögens Havsbad, 25 Zi. ****, Hotellgatan 26, in Smögen, Tel. 3 10 35, Fax 7 01 74, Restaurant, Bar. – Und andere Hotels.

CAMPING

Johannesvik Camping **** [N 58° 21′ 54.6″ E 11° 17′ 01.7″], Hovenäset, Tel. 3 23 87, www.johannesvik.se; Jan. - Dez.; Zufahrt am östl. Ortsrand von Kungshamn von der Straße 171 Richtung Hovenäset; langgestreckte Wiese zwischen Felsriegeln in Meeresnähe hinter einem Bauernhof, kurze steile Auffahrt, 300 m von Camping Wiggersvik entfernt; ca. 10 ha – 300 Stpl. + 120 Dau.; gute Standardausstattung; Restaurant, Laden, Imbiss, Sauna, Bootsverleih, Reitstall, Internetecke. **V & E für Wohnmobile.**
Wiggersviks Familjecamping **** [N 58° 21′ 48.5″ E 11° 16′ 50.8″], Tel. 3 26 35; Mitte Apr. – Anf. Okt.; am östl. Ortsrand von Kungshamn; Wiesengelände zwischen Felsriegeln; ca. 6 ha – 250 Stpl.; Standardausstattung; Laden, Imbiss, naher Strand. **V & E für Wohnmobile. Quick Stop.**
Solvik Camping **** [N 58° 23′ 28.0″ E 11° 15′ 45.8″], Kungshamn, Tel. 188 90; www.solvikscamping.se; Ende Apr. – Anf. Sept.; Zufahrt von der Straße 174 etwa 3 km nördl. von Kungshamn und der Smögenbrücke; langgestrecktes, fast ebenes Wiesengelände, bis an die Felsbucht reichend, eingerahmt von hohen Felsriegeln, teils Blick auf die Smögenbrücke; ca. 7 ha – 250 Stpl; Komfortausstattung; Laden, Minigolf, Sauna, Internetecke; Miethütten und angrenzende Sommerhaussiedlung. **V & E für Wohnmobile.**

SMÖGEN – TROLLHÄTTAN

Länge der Tour: Rund 270, ohne Abstecher.

Strecke: Über die Straße 174 bis **Fjällbacka** – Straße 163 über **Grebbestad** und **Tanumshede** bis **Bullarby** – Straße 164 über **Ed** bis **Dals Långed** – Landstraßen über **Håverud** bis **Mellerud** – Straße 45 bis **Trollhättan**.

Empfohlene Reisedauer: Mindestens ein Tag.

Reisehöhepunkte auf dieser Tour: Die sehr schöne Fahrt entlang der **Schärenküste** ** – die frühgeschichtlichen **Felszeichnungen bei Tanumshede** * – der **Dalsland Schiffsviadukt** * – die **Schleusenanlage von Trollhättan** *.

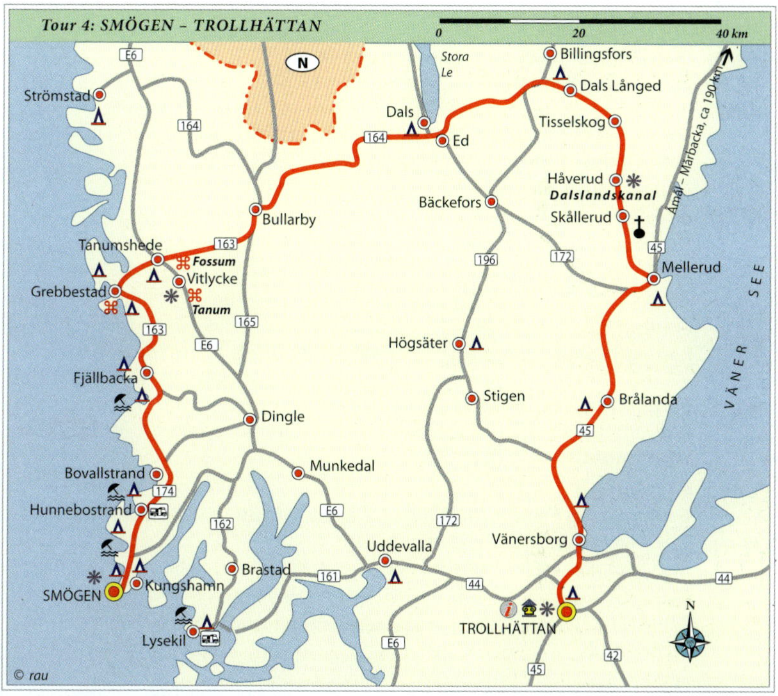

Tour 4: SMÖGEN – TROLLHÄTTAN

© rau

ROUTE: Von Smögen über die Straße 174 und über **Hunnebostrand** [N 58° 25' 16.9" E 11° 17' 29.6"] und **Bovallstrand** – *zwei weitere bekannte Badeorte mit Stränden, Hotels und Campingplätzen – nordwärts, zunächst Richtung* **Dingle.** *Ab Bovallstrand weiter entlang der Küste und über* **Hamburgsund** *nach* **Grebbestad**. *Die Küstenfahrt ist beschildert mit* ‚**Kustväg Bohuslän**‘ *(Symbol*

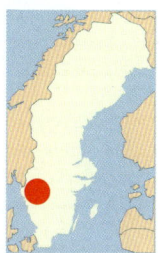

weiße Margerite) und sehr zu empfehlen, da sie durch wunderschöne Schärenlandschaft führt.

In **Grebbestad** einem hübschen Hafenort, findet man rechts der Straße eine große Anzahl frühgeschichtlicher **Grabhügel**.

Das **Greby Gravfält**, das Gräberfeld von Grebbestad, besteht aus ca. 200 Grabhügeln und Hinkelsteinen. Funde von Graburnen, Reste von Feuerstellen, Kämmen aus Knochen oder Glasperlen sprechen für die An-

TOUR 4: SMÖGEN – TROLLHÄTTAN

nahme, dass das Gräberfeld aus der Zeit der Völkerwanderung (3. – 6. Jh. n. Chr.) stammt. Die Funde sind heute im *Staatlichen Historischen Museum* von Stockholm ausgestellt.

Wenige Kilometer weiter östlich von Grebbestad liegt an der E6 **Tanumshede [N 58° 42' 59.5" E 11° 19' 56.0"]**. In der Umgebung des Ortes findet man eine ganze Reihe sehr gut erhaltener **Felszeichnungen** (Hällristningar) aus der Bronzezeit. Seit 2003 stehen sie auf der Liste des Weltkulturerbes der UNESCO.

Eine der größten Anvon Felszeichnungen findet man bei **Vitlycke** auf einem bequem zugänglichen Felsen rechts (westlich) der Straße, etwa zwei Kilometer südlich vom Kirchdorf Tanumshede mit seiner weißen Kirche von 1826.

Der Weg ist ab Tanumshede mit **„Vitlycke-Museum" [N 58° 42' 02.0" E 11° 20' 25.9"]** beschildert. Man sieht dort zahlreiche Schiffe, Menschen mit Äxten und Lanzen, eine Schlange, ein Liebespaar u. a.

In der Nähe der Felszeichnungen, auf der anderen Straßenseite, gibt es Parkplät-

CAMPING

Wohnmobil-Stellplatz Hunnebostrand
Wohnmobil-Stellplatz: Asphalt- und Kiesfläche neben dem südlichen Bootshafen von Hunnebostrand mit Platz für 10-15 Fahrzeuge. **Geöffnet:** in der Sommersaison. **Gebühr. Ausstattung:** Toilette, Frischwasser, Chemikalausguss, Grillplatz. Restaurant 500 m entfernt. Tel. 33 895.

Hamburgsund
Rörviks Familjecamping *** [N 58° 32' 25.3" E 11° 16' 58.9"], Tel. 3 35 73, www.camping.se/o56; 1. Mai – 1. Okt.; südl. des Ortes; Wiesengelände an felsumrahmter Bucht; ca. 3 ha – 120 Stpl. + 30 Dau.; einfache Standardausstattung.

Fjällbacka
Långsjö Familjecamping *** [N 58° 37' 52.7" E 11° 16' 46.5"], Langsjö Vikarna, Tel. 1 21 16, www.langsjocamping.se; 1. Mai – 15. Sept.; ca. 4 km nördl. Fjällbacka; Wiesengelände an der Felsküste; ca. 6 ha – 150 Stpl. + 100 Dau.; Standardausstattung. Laden, Imbiss, Fahrradverleih, WLAN. **V & E für Wohnmobile**.

Grebbestad
Grebbestads Familjecamping **** [N 58° 40' 59.9" E 11° 15' 48.8"], Tel. 6 12 11, www.grebbestadcamping.com; 1. Jan. – 31. Dez.; knapp 1 km südl. des Ortes; ausgedehntes Wiesengelände, teils von Felsen begrenzt, am Meer; ca. 9 ha – 220 Stpl. + 250 Dau.; Komfortausstattung; Laden, Imbiss.

Zahlreiche weitere Campinganlagen findet man weiter nördlich bei **Strömstad**.

PRAKTISCHE HINWEISE – TANUMSHEDE

Telefonvorwahl: 05 25
Tanum Turist, Stora Oppen 5, 457 91 Tanumshede, Tel. 2 04 00.

HOTELS

Tanums Gestgiveri, 29 Zi. *****, Apoteksvägen 7, Tel. 2 90 10, Fax 2 95 71, altes, traditionsreiches Haus, Gasthaus seit 1663, gut und teuer.
Turistgården, 11 Zi. ****, Riksvägen 76, Tel. 2 00 74, Fax 2 02 17, Restaurant.

CAMPING

Tanums Camping ***, Vitlycke 4, Tel. 2 00 02; 1. Juni – 31. Aug.; ca. 1 km südlich Tanumshede hübsch gelegen nahe des Vitlycke-Museums; ca. 2 ha – 60 Stpl.; Standardausstattung; 19 Miethütten. **V & E für Wohnmobile.**

Nachrichten aus der Steinzeit

Felszeichnungen entstanden vor rund 3.000 Jahren zwischen 1000 und 500 vor Christus. Man findet sie im skandinavischen Raum in aller Regel auf vom Eis blankgeschliffenen Felsrücken in waldreicher Landschaft, die in jener Zeit sehr wahrscheinlich an einem See- oder Flussufer lagen.

Die in den Fels geritzten Abbildungen stellen die einbildlichen Darstellungen aus der jüngeren Bronzezeit dar. Völlig enträtselt sind die Bilder und Figuren noch keineswegs. Und wie so oft in solchen Fällen werden die Darstellungen in den Bereich religiöser Kulte verwiesen. Welcher Art die Kulte aber waren, ist auch noch nicht einwandfrei nachgewiesen. Sonnenkult, Totenkult und Fruchtbarkeitskult werden diskutiert. Letzteres wäre naheliegend, denn viele der männlichen Gestalten sind oft mit ausgeprägten Geschlechtsmerkmalen dargestellt.

prähistorische Steinritzungen bei Tanumshede

Die häufigsten Motive sind vor allem Schiffe, Drachenboote mit Menschen, Tiere wie Kühe, Hirsche, Rentiere, Hunde und der Mensch in allen denkbaren Situationen, auf der Jagd mit Pfeil und Bogen, beim Pflügen, u. a. In aller Regel sind die Figuren als Einzelmotive dargestellt und nur ganz selten haben sie eine szenische Verbindung zueinander.

In unseren Tagen wurden die hier in Südschweden entdeckten Darstellungen von Fachkundigen mit rotbrauner Farbe ausgemalt – so wie sie es vor 3.000 Jahren sehr wahrscheinlich auch waren – da man sonst die nur millimetertiefen, sehr flach aus dem Fels geschlagenen Zeichnungen nicht erkennen würde.

ze, ein Informationsbüro mit **Museum** *(geöffnet Mai - 15. Sept. 10 - 17 Uhr; 1. Juli - 14. Aug. bis 20 Uhr; Eintritt; www.vitlyckemuseum.se)*, sowie ein Café.

Hinter dem Museum ist ein interessantes **bronzezeitliches Dorf** aufgebaut worden.

Weitere **Felszeichnungen** (beschildert) findet man bei **Aspeberget**, rund einen halben Kilometer weiter südlich links der Straße auf dem Weg nach **Litsleby**.

ROUTE: *Der weitere Verlauf unserer Route führt zunächst zurück bis zur markanten Tanumskirche. In Tanumshede nehmen wir die Straße 163 ostwärts bis **Bullarby** und folgen dann der Straße 154 und 164 bis **Ed (Dals-Ed)** [N 58° 46' 09.1" E 11° 33' 23.2"].*

Schon nach rund 4 km hinter Tanumshede liegen links der Straße weitere frühgeschichtliche **Felsgravuren [N 58° 43' 23.9"**

CAMPING – ED

Telefonvorwahl: 05 34

Camping Gröne Backe **** [N 58° 53' 58" E 11° 56' 6"], Södra Moränvägen 64, Tel. 1 01 44; www.gronebackecamping.se; Jan. – Dez.; Zufahrt über Straße 164, am westlichen Ortsrand; Wiesen- und Waldgelände über dem südlichen Ufer des Sees Lilla Le; ca. 4 ha – 180 Stpl.; gute Standardausstattung; 10 Miethütten. In der Nähe Restaurant und Laden. Baden und Wassersport im nahen See Lilla Le.

Dalsland Schiffsviadukt

E 11° 22' 58.6"] (Parkplatz gegenüber), die zu **Fossum** gehören.

Die Fahrt auf der Straße 163 führt durch Wälder und durch eine sehr schöne bäuerliche Landschaft nach **Ed** (Touristeninformation, Hotels) in der **Provinz Dalsland**, die sich zwischen Vänersee und der Grenze zu Norwegen erstreckt. Ed liegt am Südende des rund 70 km langen und mit einem Seitenarm bis nach Norwegen reichenden Sees Stora Le. Die Region gilt als eines der großen westschwedischen Eldorados für Kanuwanderungen. Kanuverleihs findet man z. B. in Ed.

ROUTE: Weiterfahrt zunächst Richtung **Billingsfors**, *aber noch vor dem Ort rechts ab Richtung* **Dals Långed** [N 58° 57' 20.5" E 12° 13' 45.7"](*Laxsjöns Camping och Friluftsgård *** [N 58° 57' 01.1" E 12° 15' 01.4"], Tel. 05 31-3 00 10; 1. Jan. – 31. Dez.; 3 km nordwestl. Dals-Låged; von Wald umgebenes Wiesengelände am Laxsjön; ca. 6 ha – 350 Stpl. + Dau.; Standardausstattung; 16 Miethütten, Zimmer), weiter an einem See entlang und über* **Tisselskog** *(Felsgravuren im Dorf Högsby) durch einsame Waldlandschaft und auf kurvenreicher Straße nach* **Håverud** *und weiter bis* **Mellerud***.*

Ca. 2 km südlich von Dals Långed kann man nach **Högsbyn** und zu weiteren **Felsgravuren [N 58° 53' 49.4" E 12° 23' 08.9"]** abzweigen. Man kommt zu einem überaus idyllisch an einem See gelegenen, mit ,Hällristningar' beschilderten Platz. Auf verstreut am Ufer liegenden Felsbrocken sind die Felsgravuren zu erkennen. Am Parkplatz findet man Toiletten (allerdings nur im Sommer geöffnet) und Picknicktische. Im nebenan gelegenen Bauernhof werden im Sommer eine Campingmöglichkeit und Miethütten angeboten.

Die große Sehenswürdigkeit bei **Håverud** ist der **Dalsland Schiffsaquädukt [N 58° 49' 22.4" E 12° 24' 48.1"].** Mittels einer Wasserbrücke und vier Schleusen wird hier eine für Schiffe eigentlich unpassierbare Stromschnelle überwunden und eine schiffbare Verbindung zwischen zwei Seen mit unterschiedlichem Niveau hergestellt. Recht gut von oben sichtbar ist die Anlage vom 1987 erbauten Straßenviadukt *Håverudbron* aus. Unterhalb des Aquädukts lohnt ein Besuch im **Dalsland Center** mit kleinem **Kanalmuseum,** Cafeteria und Souvenirshop.

Der Dalsland Schiffsviadukt ist Teil des **Dalslandkanals**, der bei Köpmannebro am Vänern beginnt und mit 27 Schleusen über 250 km weit in das Gebiet der schmalen und langgestreckten Seen im Norden von Dalsland führt. Aus dem Norden der Provinz Dalsland wurde früher auf dem Wasserweg Erz und später Holz zum Vänersee gebracht, um von dort aus weiterverschifft zu werden.

Heute ist der Dalslandkanal eine beliebte Route für Ausflugsschiffe.

ROUTE: Weiterfahrt Richtung Mellerud bis zum Abzweig nach **Skållerud***.*

Sehenswert ist die **Kirche von Skållerud [N 58° 47' 36.4" E 12° 25' 23.9"]** aus dem 18. Jh. Beachtung verdienen vor allem die **Barockkanzel** mit den 12 Aposteln, der **Barockaltar** und die schöne Bemalung an den Holzbalken. An der Empore sieht man nochmals die 12 Apostel und über der Orgel die vier Evangelisten Matthäus, Markus, Lukas und Johannes.

Mellerud [N 58° 41' 49.1" E 12° 26' 49.0"] ist ein wichtiger Verkehrsknotenpunkt für Bahn und Straße.

PRAKTISCHE HINWEISE – MELLERUD

Telefonvorwahl: 05 30
Melleruds Turistbyrå, Storgatan 26, 464 01 Mellerud, Tel. 1 83 08, ganzjährig geöffnet.

CAMPING

Mellerud Vita Sandars Camping **** [N 58° 43' 16.0"   E 12° 27' 21.1"], Tel. 1 22 60, www.vitasandarscamping.se; Jan. – Dez.; ca. 1,5 km nördl. Mellerud; Wiesengelände im Wald am See, separater Platzteil für Wohnmobile; ca. 14 ha – 200 Stpl. + 50 Dau.; Komfortausstattung; Restaurant, Laden, Imbiss, Schwimmbad, Fahrrad- und Bootsverleih, Sauna, Minigolf, Tennis, WLAN. Schöner Strand. 38 Miethütten. **V & E für Wohnmobile. Quick Stop**.

Abstecher zu Selma Lagerlöfs Geburtshaus Mårbacka

Wer sich sehr für Leben und Werk der schwedischen Schriftstellerin und Nobelpreisträgerin **Selma Lagerlöf** interessierte, kann ab **Mellerud** einen weiten Umweg über **Åmål** (*Örnäs Camping ****, Tel. 05 32-1 70 97, 1. Jan. – 31. Dez., ca. 1,5 km südöstl. Åmål, hügeliges Wiesengelände am Vänersee, ca. 1,5 ha – 80 Stpl., Standardausstattung, 12 Miethütten. Quick Stop. *STF Vandrarheim*, Gerdinsgatan 7, ganzjährig), **Säffle** (*Camping Duse Udde *****, Ende Apr. – 15. Sept.) und **Karlstad** (*Skutbergets Camping ***, Tel. 054/53 51 20, 1. Jan. – 31. Dez.) am Nordufer des Vänersees in der **Provinz Värmland** machen und ab Karlstadt einen Abstecher nordwärts nach **Mårbacka** unternehmen. Die Wegstrecke von Mellerud bis Mårbacka beläuft sich auf rund 190 km.

Auf dem **Gut Mårbacka** wurde Selma Lagerlöf am 20. November 1858 geboren. Später wurde das Gut veräußert und die Schriftstellerin konnte es mit den Mitteln des Nobelpreises zurückerwerben (siehe auch unter „Populäre Schweden, große Namen"). Selma Lagerlöf starb hier am 16. März 1940. Sie ist auf dem Friedhof von Östra Ämtervik weiter südwestlich beigesetzt. www.marbacka.s.se.

Von Mårbacka kann man zurückfahren bis **Karlstad** und **Kristinehamn** (*Camping Kvarndammen***, Tel. 0550/88 195; 15. Mai – 15. Aug.) und südlich davon, in **Sjötorp**, wieder in die weiter hinten beschriebene Tour 6 (Sjötorp – Linköping) einsteigen.

HAUPTROUTE

ROUTE: *Der weitere Verlauf unserer* **Hauptroute** *führt über die Straße 45 und* über **Brålanda** *und* **Vänersborg** *schließlich nach* **Trollhättan** *am Göta älv.*

Der Vänersee ist mit einer Wasserfläche von 5.650 qkm Schwedens größter und Europas drittgrößter Binnensee. Im See (Uferlänge 4.880 km!) finden sich nicht weniger als 22.000 Inseln und Klippen. Und auf dem Grund des Sees sollen ungefähr 1.000 Schiffswracks liegen.

Vor allem die Gewässer vor Vänersborg bargen lange Zeit wegen ihrer Untiefen und zahlreichen verhängnisvollen Klippen für die Segelschifffahrt hohe Risiken.

Vänersborg liegt recht ansprechend am Südende des Vänersees. 1644 entstand die Stadt als ein Bollwerk gegen Dänen und Norweger. Die historische Residenz der Regionalregierung von Västra Gotland seit 1679 wartet mit einer hübschen Innenstadt auf.

Parken mit Parkscheibe ist im Innenstadtbereich vier Stunden lang kostenlos.

Neben den Parkanlagen an der sehr einladenden **Uferpromenade am Skrācklepark** am Vänern, bietet die Stadt sehenswerte Museen. Das hübsche Denkmal der **Fridastatue** im Park, einer sitzenden jungen Frau, die verträumt auf den See hinausblickt, erinnert an eine romantische Figur in einem Volkslied von Birger Sjöberg.

Vänersborgs Museum, Kungsgatan, (geöffnet Juni - Aug. Di, Mi, Do, Sa + So 12 - 16 Uhr; Sept. - Mai Di, Do, Sa + So 12 - 16 Uhr), www.alvlanmus.se. Eines der ältesten Museen im Lande zeigt u. a. eine weit über die Stadt hinaus bekannte Sammlung afrikanischer Vögel. Die Sammlung wurde einstmals von Axel W. Eriksson, einem Sohn der Stadt, zusammengetragen. Eriksson war zusammen mit Charles John Andersson an der Gründung Namibias beteiligt. Weiter sind

Vögel aus Schweden, Porzellan, Mineralien, Exponate aus dem ägyptischen Kulturkreis, Kunstobjekte u. a. zu sehen. Eine besondere Abteilung widmet sich Birger Sjöberg, einem berühmten romantischen Dichter und Liedermacher früherer Tage.

Medizinhistorisches Museum, Vänerparken, *(geöffnet Juni - Aug. Di - Do + So 13 - 16 Uhr)*. Das Museum widmet sich der medizinischen Entwicklung im Lande, der Gesundheitsfürsorge, der Geschichte des Kurwesens, der Veterinärmedizin u. ä. Zudem gibt es einen Garten mit Heilkräutern und ein Kuriositätenkabinett.

Puppenmuseum, Residensgatan 2, *(geöffnet 15. Juni - 15. Aug. Di - Fr 10 - 13, 14 - 18 Uhr, Sa 10 - 14 Uhr, übrige Zeit Di - Fr 14.30 - 18 Uhr, Sa 10 - 13 Uhr)*. Das Museum ist im ältesten Haus von Vänersborg untergebracht und zeigt eine schöne Sammlung historischer Puppen seit der Zeit um 1840.

Museum für Sportgeschichte, Huvudnässkolan, *(geöffnet Di 16 - 19 Uhr)*. Trophäen, Pokale, Fotos, Urkunden u. ä. geben Einblick in die Geschichte des lokalen Sportgeschehens.

Und wenn Sie mehr Zeit mitbringen und sich Vänersborg näher ansehen möchten, können Sie sich in den Monaten Juli und August einem **geführten Stadtspaziergang** anschließen, auf dem Sie alles über Geschichte und Architektur der Stadt erfahren. Infos über Stadtwanderungen gibt es im Turist Center, s. u.

Unweit südöstlich von Vänersborg findet man die **Brinkebergskullen-Schleuse**, die am höchsten gelegene Schleuse am Götakanal zwischen Vänersee und Nordsee.

Trollhättan in Väster-Götland mit annähernd 50.000 Einwohnern ist Schwedens größte Industriestadt nach Göteborg. Wichtigste Produktionszweige sind Automobilbau, die Produktion von Automotoren und Flugzeugtriebwerken, sowie der Turbinen-, Eisenbahnwaggon- und Lokomotivbau.

Mit dem Bau des Oliden-Kraftwerks 1906, einer der vier großen Kraftwerkstationen am Göta älv, die im Jahr rund 18 Milliarden Kilowattstunden produzieren, siedelten sich auch energieintensive Industrien wie elektrochemische und elektrothermische Industrie an.

Erwähnt wird Trollhättan erstmals im Steuerbuch Erichs von Pommern. Dort wird unter einem Eintrag des Jahres 1431 die königliche Getreidemühle „Trollhetta Qvarn" genannt. Ausgangs des 17 Jh. dann wurden bereits 31 Mühlen und Sägewerke aufgeführt, die sich die Wasserkraft an den Fällen des Göta älv zunutze machten.

Woher der Name „Trollhättan" stammt, ist nicht genau überliefert. Es gibt viele Varianten. Eine nette geht davon aus, dass der Ortsname von einer Erzählung stammt, in der Flussschiffer eines schönen Tages Trolle auf einer Klippe hoch über dem Fluss tanzen sahen. Und „Hättan" bedeutet angeb-

---

PRAKTISCHE HINWEISE – VÄNERSBORG

 Vänersborg Turist (Tourist Center), Box 147, Järnvägsstationen, 462 22 Vänersborg, Tel. 0521-27 14 00. E-Mail: turist@vänersborg.se. Web: www.vanersborg.se/turist

CAMPING
Ursands Camping **** [N 58° 24' 52.3" E 12° 19' 24.0"], Gunntorp, Tel. 05 21 - 18 666, www.ursandscamping.se; Ende Apr. – Mitte Sept.; 3 km nördlich von Vänersborg gelegen; zum See leicht geneigtes Waldgelände beiderseits des Zufahrtsweges zum Strand am See; 5 ha – 150 Stpl.; Standardausstattung. Restaurant, Laden, Fahrradverleih, Minigolf, Bootsslipanlage. WLAN teilweise auf Gelände. 33 Miethütten. **Für Wohnmobile Wassertankstelle** mit langem Schlauch und **Entsorgungsstelle** im Eingangsbereich. Rezeption in Nebensaison nur 8 - 12 Uhr besetzt, dadurch Kauf von Duschmarken bei Ankunft am Nachmittag nicht möglich.

Picknickplatz
Rastplatz Botered [N 58° 22' 03.7" E 12° 16' 09.2"] an der Straße 45 zwischen Vänersborg und Trollhätten mit Toiletten, Chemikalausguss, Imbiss (Saison), Infotafeln und Picknicktische ausgestattet. Jederzeit zugänglich. Gebührenfrei.

lich soviel wie Klippe oder Hinderniss. Und als ein verwunschenes Hinderniss muss den frühen Schiffern der unpassierbare Wasserfall immer erschienen sein, wenn sie ihre Kähne entladen, die Fracht und die Boote um die Stromschnellen mühsam herumtragen mussten, um sie weiter oben wieder zu beladen und weiter zu fahren.

Zu den großen **Sehenswürdigkeiten** der Stadt zählen heute die **Schleusentreppen** sowie das **Museums und-Ausstellungsareal Innovatum**.

Übrigens: Das Parken in der Innenstadt ist mit Parkscheibe 30 Minuten lang kostenlos.

Die riesigen **Schleusenanlagen [N 58° 16′ 02.8″ E 12° 15′ 52.5″]** von Trollhättan, die Teil des Götakanal-Systems sind, sind eine touristische Attraktion und wirklich sehenswert. Man findet die Schleusen recht einfach, indem man ab Zentrum einfach der Beschilderung **Slussarna** folgt.

Auf dem Wege zu den Schleusen liegen übrigens auch die meisten Sehenswürdigkeiten der Stadt. So kommt man z. B. an der rechterhand gelegenen **Strömkarlsbron** vorbei, die durch den Kopf des Wassergeistes „Nix", einer monumentalen Steinplastik von Carl Eldh, auffällt.

Ein Stück weiter südlich passiert man die **Brücke Oscarsbron [N 58° 16′ 47.1″ E 12° 16′ 44.7″]**. Jenseits der Brücke liegt die **Kungsgrottan**, mit den in Stein gemei-

ßelten Namenszügen von Mitgliedern der schwedischen Königsfamilien seit 1754.

Und dort unterhalb der Oskarsbrücke liegen auch die berühmten **Wasserfälle von Trollhättan**. Das überaus beeindruckende Schauspiel der entfesselten Urgewalten des Wasserfalls, die seit dem Bau des Wasserkraftwerks allerdings gebändigt sind, können nur noch an gewissen Tagen erlebt werden, so am **„Tag des Wasserfalls"** Mitte Juli (großes Stadtfest, beginnt immer am dritten Freitag im Juli), dann im Juni samstags um 15 Uhr und im Juli und bis 20. August montags, mittwochs, donnerstags, samstags und sonntags jeweils um 15 Uhr. Besonders eindrucksvoll ist das Schauspiel abends, wenn die tosenden Wassermassen effektvoll beleuchtet sind (im Juli und bis 20. August dienstags und freitags um 23 Uhr).

Mein Tipp: Den besten Blick auf den tobenden Wasserfall, wenn 300.000 Liter Wasser pro Sekunde über die Felsen donnern, hat man übrigens von der Oscarsbron aus.

Etwas weiter liegt diesseits der Brücke Oscarsbron die neugotische **Trollhättan Kirche** aus dem Jahre 1862.

Weiter südlich passiert man das Kraftwerk **Olidanstationen** des Stromgiganten Vattenfall sowie ‚**Insikten**', ein Betriebsgebäude des Olidankraftwerks mit Ausstellungen zum Thema Energie und anderen

Dalsland, eine von der Landwirtschaft geprägte Region Schwedens

Trollhättan – Ein Schleusenparcours

Die wilden Wasserfälle von Trollhättan waren es, die den Handel vom südschwedischen Hinterland über die Wasserstraße des Göta älv zu den Seehäfen lange Zeit erheblich behinderten.

Zwar hatte man schon im Jahre 1607 bei Lilla Edet ein Hebewerk gebaut, das den Göta älv immerhin von Göteborg bis vor Trollhättan durchgehend schiffbar machte. Aber die Wasserfälle zwangen zu einem zeitraubenden Umladen der Waren.

150 Jahre später konnte die Schleuse Brinkebergskulle bei Vänersborg eingeweiht werden. Nun war auch die Einfahrt von Trollhättan in den Vänersee möglich. Der gewaltige Höhenunterschied von über 30 m bei Trollhättan war aber immer noch nicht überwunden. Nach wie vor mussten die Waren auf dem Landweg um die Wasserfälle verfrachtet werden.

Wohl hatte schon König Gustav Vasa das Verkehrsproblem von Trollhättan erkannt. Einer Lösung konnte es aber erst unter Karl XII. zugeführt werden, der den Architekten *Christopher Polhem* damit beauftragte, einen Kanal und drei Schleusen zu bauen. Realisiert wurden diese Pläne allerdings nur teilweise.

Im Jahre 1800 endlich war es dann soweit. Eine Schleusentreppe mit acht Hebewerken konnte in Betrieb genommen werden. Eine enorme technische Leistung in jener Zeit. Der Wasserweg vom Vänersee bis ans Kattegatt war nun durchgehend befahrbar. Wenn man zu den Schleusen geht, sieht man rechts

eine der mächtigen Schleusen des Götakanals bei Trollhättan

noch die schmale Felsschlucht, durch die dieser erste Schleusenweg führte.

Bald war diese Schleusenanlage zu klein. Der Eisenbahnunternehmer *Nils Ericson* initiierte 1844 einen größeren Schleusenkanal, der aber ebenfalls für das anfallenden Frachtaufkommen bald wieder zu klein war.

1916 schließlich wurde – gleichzeitig mit der Verleihung der Stadtrechte an Trollhättan übrigens – die noch heute benutzte Anlage mit vier großen Schleusenkammern eingeweiht, die einen Niveauunterschied von 32 m überbrücken.

Nun war die Passage auch Schiffen bis zu einem Tiefgang von 5,3 m, einer Länge von 88 m und einer Breite von 31,1 m möglich. Schiffe bis 3.500 BRT können die vier Schleusen heute in 45 Minuten passieren. Die riesigen Schleusenkammern lassen sich innerhalb von nur 7 Minuten fluten und wieder entleeren. Eine Schleusenfüllung fasst 12.000 Kubikmeter Wasser.

wechselnden Ausstellungen. Vom Panoramafenster im Insikten kann man von 15. Juni bis 15. August einen Blick in die imposante, schluchtartige Felsklamm des Göta älv werfen.

Hier am Insikten beginnen auch die **Führungen** durch die Gebäude und Maschinen- und Turbinenhäuser des **Wasserkraftwerks Olidanstationen**. Alleine der

Kraftwerksbau, der ganz aus rotem Granit errichtet wurde, ist eine Sehenswürdigkeit und eines der schönsten Industriedenkmäler Schwedens. Führungen werden von Mitte Juni bis Ende August täglich um 11.30, 13.30 und 15.30 Uhr angeboten, Dauer 30 Minuten.

Darüber hinaus findet man am Insikten die „Talstation" der **Linbana**, einer 400 m langen **Kabinen-Schwebeseilbahn,** die über den Götakanal hinüber zum Museums- und Ausstellungsgelände **Innovatum** führt. Die Bahn verkehrt im Sommer (außer Mittsommerwochenende) tgl. zwischen 10 und 18 Uhr. Auf der kurzen Fahrt genießt man einen schönen Blick über die Gewässer des Göta älv, auf die imposanten Gebäude des Wasserkraftwerks Olidan und auf die Stadt.

Um mit dem Auto zum Innovatum zu gelangen ist es nötig, durch die Innenstadt und über die Österlånggatan zu fahren, siehe weiter unten.

Zunächst aber fahren wir vom Insikten weiter südwärts und kommen schließlich am Ende des offiziellen Fahrweges zum **Parkplatz** (Café im Sommer) ganz in der Nähe der Schleusenanlagen. Dort findet man das **Kanalmuseum**, Åkersbergsvägen, www.sjofartsverket.se *(15. Juni - Ende Aug. tgl. 11 - 19 Uhr; Eintritt)*, das über die lange Baugeschichte der Schleusen und des Kanals Auskunft gibt. Zu sehen sind außerdem Bootsmodelle. Es werden Filme auch in deutscher Sprache gezeigt.

Näheres über die Geschichte der Schleusen von Trollhättan lesen Sie bitte in nebenstehendem Infokasten „Trollhättan – Ein Schleusenparcours".

Besuchern, die noch mehr über die Schleusen am Götakanal erfahren wollen, sei die Teilnahme an einer Führung empfohlen. *Führungen finden von Mitte Juni bis Mitte August täglich um 12.30 Uhr statt.*

Hier an der obersten Schleuse starten auch die Ausflugsschiffe zu **Rundfahrten auf dem Götakanal**, bei schönem Wetter eine geruhsame Abwechslung.

Von Mitte Juni bis Mitte August verkehrt die „M/S Strömkarlen" um 10 Uhr und um 13.30 Uhr. Man kann auch im Stadthafen hinter dem Scandia Swania Hotel zusteigen (10.30 und 12.30 Uhr). Die Ausflüge auf dem Götakanal inkl. einer Schleusenpassage dauern knapp drei Stunden. Die Schiffe sind bewirtschaftet. Info: www.stromkarlen.se.

Entlang des Kanals, der alten und neuen Schleusenanlangen und am Göta älv entlang kann man herrliche Spaziergänge unternehmen. Sehr schön und darüberhinaus auch noch recht interessant ist z. B. der **Nils Ericsons Spazierweg**. Man geht ihn in ca. 45 Minuten und kommt in reizvoller, parkähnlicher Flusslandschaft an allen drei „Schleusengenerationen" vorbei.

Nicht verzichten sollte man auf einen Besuch im Innovatum. Um mit dem Auto dorthin zu gelangen ist es nötig, durch die Innenstadt und über die Österlånggatan südwärts und am Götakanal entlang bis zum Museumsgelände am Åkerssjövägen Nr. 10 zu fahren. Es gibt dort einige Parkplätze.

Trollhättan

Das Innovatum Kunskapens Hus [N 58° 16' 20.8" E 12° 16' 31.5"], kurz Innovatum, www.innovatum.se *(geöffnet 15. Juni - 20. Aug. tgl. außer Mittsommer 10 - 18 Uhr, übrige Zeit tgl. a. Mo 11 - 16 Uhr; Eintritt)* ist ein Ausstellungs- und Museumsgelände, das in den restaurierten Gebäuden einer ehemaligen Industrieanlage eingerichtet wurde. Früher wurden hier Lokomotiven gebaut. Eines der Exemplare ist am Zugang zum Museumsgelände zu sehen.

Auch ein Büro der **Städtischen Touristeninformation „Visit Trollhättan"**, das mit überaus vielfältigem Informationsmarerial, das vielfach auch in deutscher Sprache zu Verfügung steht, aufwartet, ist hier eingerichtet. Näheres siehe unter „Praktische Hinweise" weiter hinten.

Es gibt ein Restaurant und eine Cafeteria.

Zudem findet man im Innovatum, dem „Haus der Wissenschaft", neben einem **Saab-Automobilmuseum** (Museumsführungen in neun Sprachen, Anmeldungen zu Werksführungen möglich) und einer **Kunstausstellung**, ein **Industriekulturmuseum**, mit überaus interessanten Ausstellungen zu den Themen Technik, Naturwissenschaft, Energie, Medien, Zukunftsprojekten u. a. Hier ist Anfassen und Experimentieren erlaubt!

Wie weiter oben schon erwähnt, kann man vom Innovatum mit der **Kabinenseilbahn Linbana** hinüber zum Insikten fahren.

Unweit neben dem Innovatum findet man das **Performance GoKart-Center,** Länge der Bahn 280 m, Höchstgeschwindigkeit 55 km/h, www.gokartcenter.nu.

Wer hätte es gedacht, in Trollhättan liegen – gleich neben dem Museums- und Ausstellungsgelände Innovatum – die **größten Filmstudios Schwedens „Film i Västs Filmproduktionen"**, Åkerssjövägen 4, www.filmivast.se. Jedes Jahr werden hier etwa 20 Filme gedreht. Und mit einem Augenzwinkern nennt man die Filmstudios gerne auch „Trollywood!"

Nicht genug damit! Nach dem großen Vorbild der amerikanischen Traumfabrik Hollywood gibt es in Trollhättan natürlich auch einen **„Walk of Fame"**. Hier sind die Namen großer Stars, die in Trollywood-Produktionen mitwirkten, in im Gehsteig eingelassenen Sternen verewigt. Den „Weg der Berühmten" finden Sie im Zentrum von Trollhättans Innenstadt als südliche Weiterführung der Storgatan ganz in der Nähe des Gästehafens.

PRAKTISCHE HINWEISE – TROLLHÄTTAN

 Telefonvorwahl: 05 20
Trollhättans Turistbyrå, Åkerssjövägen 10, 461 29 Trollhättan, Tel. 48 84 72.

 HOTELS
Kung Oscar, 55 Zi. ***, Drottningsgatan 17, Tel. 48 02 80, Fax 1 31 16, zentral, Garni, Schwimmbad, Sauna, Parkmöglichkeit.
Trollhättan, 50 Zi. ***, Polhemsgatan 6, Tel. 1 25 65, Fax 1 54 71, Sauna, Bar, Parkplatz. – Und andere Hotels.

 CAMPING
Stenröset Camping *,** Tel. 7 07 10, www.camping.se/p25; 1. Jan. 31. Dez.; 5 km südlich von Trollhättan an der Straße 45; kleiner Platz mit ca. 50 Stpl.; Standardausstattung; Miethütten.
Trollhättans Camping Hjulkvarnelunds * [N 58° 17' 29.9" E 12° 17' 56.5"],** Kungportsvägen 7, Tel. 3 06 13, www.trollhattancamping.se; 1. Juni - 31. Aug.; ca. 1 km nördl. des Stadtzentrums, gut beschildert; lichtes Waldgelände mit größeren Felshöckern, in der städtischen Park- und Freizeitanlage; ca. 2 ha – 100 Stpl.; Standardausstattung. In der Nachbarschaft Schwimmbad und Tennisplatz. **V & E für Wohnmobile**.

GÖTAKANAL, DIE GROSSEN SEEN UND MITTELSCHWEDEN

TROLLHÄTTAN – SJÖTORP

Länge der Tour: Rund 280 km, ohne Abstecher.

Strecke: Über die Straße 44 über **Grästorp** (alternativ über ufernahe Landstraßen) bis **Lidköping** – über Landstraßen bis **Läckö** und zurück bis **Lidköping** – Straße 184 bis **Skara** – Straße 49 bis **Skövde** – Straße 48 bis **Mariestad** – Straße 64 bis **Sjötorp** oder Umweg über **Töreboda** und am **Götakanal** entlang nach Sjötorp.

Empfohlene Reisedauer: Mindestens ein Tag.

Reisehöhepunkte auf dieser Tour: Die **Schloss Läckö **** in schöner Lage am See – **Wandern am Kinnekulle *** – der sehenswerte **Dom in Skara *** – der **Götakanal **,** Schwedens „Blaues Band".

ROUTE: *Auf der Weiterreise von Trollhättan nach Nordosten lohnt ein kleiner Umweg über* **Vargön**.

Die Landstraße 47 von **Vargön [N 58° 21' 07.4" E 12° 23' 33.2"]** (schöner **Domarring**, Dolmen- oder Grabring, einst von König Friedrich und Königin Luise wieder restauriert, links der Straße) nach **Grästorp** führt zwischen den Höhenzügen **Halleberg** (155 m) im Norden und **Hunneberg** (154) im Süden hindurch. Die Wälder auf den Höhen sind berühmt für ihre Elchbestände. Nicht umsonst liegt hier eines der königlichen Jagdreviere.

Alle zwei Jahre wird hier zur historischen Königlichen Elchjagd geblasen. Die Jagd hat Tradition. 1885 nämlich sah sich König Oskar II veranlasst, die Jagd auf die gewaltig

Schloss Läckö am Vänersee, bei Lidköping

großen Tiere mit ihren markanten Geweihschaufeln zu befehlen, nachdem die Tiere in den Wäldern des schon von König Magnus Eriksson 1351 eingerichteten Königsparks Halle-Hunneberg so überhand genommen hatten, dass die Waldbestände durch Wildverbiss einzugehen drohten.

Heute können sich natürlich längst auch Normalsterbliche im unter Naturschutz stehenden **Ökopark Halle- und Hunneberg** bewegen und auf den vielen markierten Wegen stundenlange Spaziergänge und Wanderungen unternehmen.

Südöstlich von Vargön liegt unweit des Vänersees das **Besucherzentrum Bergegården.** Hier findet der Besucher Parkplätze, eine Informationsstelle, das **Café-Restaurant Spiskupan** (Spezialität Elchwurst mit hausgemachtem Brot), sowie das **Königliche Jagdmuseum Älgens Berg [N 58° 20′ 38.9″   E 12° 25′ 52.9″]** (www.algensberg.com).

Am Besucherzentrum beginnen zahlreiche Wanderwege.

Rund 3 km westlich des Jagdmuseums liegt die **Jugendherberge Vargön.** Dort gibt es einige **Stellplätze für Wohnmobile und Caravans** (Näheres in der Jugendherberge).

Im Juli und August werden – ausgehend von Vänersborg – abendliche **Elchsafaris** per Bus veranstaltet (gewöhnlich Montag und Donnerstag von 18.30 bis 22 Uhr).

ROUTE: Weiterreise ostwärts Richtung **Grästorp** *in die historische* **Provinz Västergötland** *und weiter über die Straße 44 bis* **Lidköping**.

Auf diesem Weg kann man nach Westen und über **Örslösa** zur bewaldeten Landzunge von **Svalnäs (Hinden)** abzweigen, die rund 5 km in den See hinausragt und kilometerlange Sandstrände aufweist. In der Nähe findet man beim Weiler Skalunda **Skalunda Hög**, einen der größten frühgeschichtlichen Grabhügel aus der Bronzezeit.

Am Ende der Straße, die nordwärts auf die **Halbinsel Kållandsö** führt, liegt wunderschön am Seeufer des Vänern das sehr sehenswerte Schloss Läckö.

WOHNMOBIL-STELLPLATZ

Wohnmobil-Stellplatz Järpås. Der Platz liegt zwischen Grästorp und Lidköping in ländlicher Umgebung bei einem Bauernhof. Zu erreichen über die Straße 187. Gras- und Kiesfläche mit Platz für ca. 7 Fahrzeuge. **Geöffnet:** Ganzjährig. **Gebühr** + Gebühr für Strom. **Ausstattung:** Frischwasser, Ausguss für Grauwasser, Grillplatz. Tel. 0510/91 555.

Schloss Läckö [N 58° 40' 23.6" E 13° 12' 50.2"] *(geöffnet 1. Mai - 30. Sept. tgl. 11 - 17 Uhr; Eintritt; Führungen jeweils zur vollen Stunde; www.lackoslott.se)* wurde schon im 13. Jh. von den Bischöfen von Skara unter Federführung von Bischof *Brynolf Algotsson* gegründet. In unsicheren Zeiten war es ihre Fluchtburg. Außerdem kontrollierte und schützte die Festung den alten Weg der Pilger zum Grab des Heiligen Olav in Nidaros, dem heutigen Trondheim in Norwegen.

Diese Burg brannte Mitte des 15 Jh. ab. Sie wurde zwischen 1478 und 1505 von Bischof *Brynolf Gerlachsson* durch eine größere Anlage ersetzt. 1528 aber musste Gerlachsson die Burg mitsamt ihren umfangreichen Ländereien an König Gustav Vasa übergeben.

1615 erhielt der Feldherr *Jakob De la Gardie* das inzwischen zur Grafschaft erhobene riesige Anwesen von Läckö. Zusammen mit seiner Gemahlin *Edda Brahe* veranlasste er einen großzügigen Umbau mit Erweiterungen des Schlosses.

Nach dem Tode des ersten weltlichen Schlossherrn De la Gardie erbte sein Sohn *Magnus Gabriel* das Anwesen. Er verlieh Schloss Läckö sein heutiges Aussehen mit Stilelementen eines Barockschlosses. Magnus Gabriel muss allerdings eine wenig glückliche Hand mit seinen Latifundien gehabt haben, denn 1682 sah er sich gezwungen, Läckö an die Krone zurückzugeben. Magnus Gabriel fiel außerdem bei Hofe in Ungnade, so dass er sich gezwungen sah, sich zusammen mit seiner Gemahlin *Maria Eufrosyne*, Fürstin von Pfalz-Zweibrücken auf sein Schloss Kägleholm und später auf Venngarn bei Skara zurückzuziehen, nicht ohne große Teile der Einrichtung von Läckö mitzunehmen.

1810 endlich erhielt General *Karl Johan Adlercreutz* das Schloss am Vänern als Belohnung für treue Staatsdienste. Später wurde es bis 1914 an die Rundschölds verpachtet. Dann endete die wechselvolle Geschichte von Schloss Läckö bis auf weiteres im Schoße des Königlichen Bauamts.

Durch Auktionen im Jahre 1830 und spätere Plünderungen kamen sehr viele der Einrichtungs- und Kunstgegenstände abhanden, so dass die Ausstattung der Räume heute nur noch unvollkommen und teilweise spärlich ist.

Die wichtigsten sehenswerten Räume des Schlosses liegen im zweiten und dritten Geschoss, die man über einen mit Wandmalereien aus der Zeit Jacob De la Gardies reich verzierten **Treppenaufgang** erreicht. Auf dem Weg durch das Treppenhaus in den dritten Stock kann man sich ein Bild von den damaligen Toilettenräumen machen.

Man besichtigt den prächtigen **Ritter-** oder **Königsaal**, den Magnus Gabriel von den Architekten und Malern Johan Werner und Johan Hammer reich ausstatten ließ. An den Wänden Kopien von Schlachtengemälden mit Szenen aus dem Dreißigjährigen Krieg. Außerdem sieht man Porträts von 16 Generälen aus der Armee Gustav II. Adolfs.

Weiter geht der Rundgang durch den **Friedenssaal**, mit einem Deckengemälde von Johan Hammer, das Frieden und Recht darstellt. An den Wänden Porträts der Friedensunterhändler beim Westfälischen Frieden von 1648.

Der **Österreichische Saal** ist mit österreichischen Wappen der Gegner Schwedens im Dreißigjährigen Krieg ausgestattet. Unter den Porträts der Gegner sieht man an der Südwand General Graf von Tilly.

Anschließend geht man durch **Vorzimmer** und **Schlafzimmer der Fürstin**, mit einigen Original-Gemälden, Möbeln und einem Baldachinbett mit bemalten Bettpfosten aus dem 17. Jh.

Im **Speisesaal** ist die Decke mit einem Originalgemälde aus dem 17. Jh. versehen, das 1926 wieder freigelegt worden ist. Dargestellt ist die Erntegöttin Ceres mit Gefolge. An den Wänden ein Hochzeitsgemälde, das Magnus Gabriel und Fürstin Maria Eufrosyne von Pfalz-Zweibrücken zeigt, die bei ihrer Vermählung 24 Jahre alt war.

 WOHNMOBIL-STELLPLATZ – SCHLOSS LÄCKÖ

Der vordere, linke Teil des Parkplatzes am Schloss Läckö ist als **QuickStop-Parkplatz für Wohnmobile** ausgewiesen. Hier ist das Parken von 21 – 9 Uhr erlaubt. **Gebühr**. Anmeldung in der Rezeption am Pkw-Parkplatz und Schlosszugang (geöffnet 8.30 und 9.30 sowie 15 und 20 Uhr). Die Fläche bietet Platz für ca. 30 Wohnmobile. Keinerlei Einrichtungen.

Erwähnung verdienen die Deckengemälde im **Trojanischen Saal**, die Szenen
aus der legendären Belagerung von Troja
darstellen.

Schließlich kann noch die **Schlosskapelle** besichtigt werden, die nach Plänen
des Baumeisters Franz Siemer auf Geheiß
von Magnus Gabriel De la Gardie zwischen
1655 und 1668 errichtet wurde. Im Inneren
Wandgemälde von Johan Werner.

ROUTE: Weiterreise nach **Lidköping**
an der Bucht Kinneviken des Vänersees.

Lidköping, eine Stadt mit rund 35.000
Einwohnern wird durch das Flüsschen Lidan
in zwei Hälften geteilt, in eine Altstadt und
in eine Neustadt.

Die ältere Stadthälfte entstand während
des Mittelalters am Ostufer des Lidan als
Handelsplatz und erhielt 1446 Stadtrechte. In den siebziger Jahren des 17. Jh. dann
gründete Magnus Gabriel De la Gardie, Graf
von Läckö, am Westufer des Flüsschens die
Neustadt. Auffallend ist hier das konse-
quent rechtwinklige Straßenraster.

Sehenswert im alten Stadtteil sind die
Straßenzüge um den **Limtorget** und das
markante, schindelgedeckte **Rathaus** am
Neuen Stadtplatz, das ehemalige Jagdschloss der De la Gardies.

Besichtigen kann man das **Stadtmuseum**, das Bezug auf die lange Binnen-
schifffahrtstradition der Stadt nimmt und
Kunsthandwerk aus der Gegend zeigt. Sehenswert ist weiter das **Museum der Por-
zellanmanufaktur Rörstrand** *(geöffnet
Mo - Fr 10 - 18 Uhr, Sa 10 - 14 Uhr, So 12 - 16
Uhr), Fabriksgatan 4, www.rorstrandsmuse-
um.se.*

Nördlich von Lidköping liegen die geologisch interessanten Höhen des Tafelber-
ges **Kinnekulle** (316 m), die schon Carl von
Linné, Schwedens großer Naturwissenschaftler und Botaniker, auf seiner Reise
durch Västergötland 1746 überschwänglich
beschrieb. Es gibt dort **Wanderwege**, z. B.
hinauf zum **Aussichtsturm** (weite, herrliche
Aussicht), außerdem Schutzhütten, Restaurants und ein Infobüro. Auf manchen der
Spazierwege sieht man an den Bergflanken
die dünnen Ablagerungen von Sediment-
schichten, die sich im Laufe der Jahrmilli-
onen aus dem See hoben.

Auf dem Weg von Lidköping nach Kinnekulle kann man durch **Husaby** fahren.
Der Ort hat die älteste Kirche in Västergötland. Hier soll einer der frühen Könige der

Goten, Olof Skötkonung, um das Jahr 1000 getauft worden sein.

ROUTE: *Ab Lidköping folgt der weitere Verlauf unserer Route der Straße 184 süd-ostwärts nach* **Skara.**

Skara [N 58° 23′ 07.6″ E 13° 26′ 19.1″] (Touristen-Information, www.skara.se) zählt mit zu den ältesten Städten in Västergöt-land.

Die Landschaft von Västergötland, dem westlichen Gotenland, zwischen den gro-ßen Seen Vänern und Vättern ist uraltes Kul-turland. Es wird angenommen, dass sich hier nach dem Rückzug der Inlandeisdecke schon die ersten Siedler niederließen.

Skara war schon sehr früh um das Jahr 900 ein Zentrum des Christentums in Schweden. Außerdem war es ein wichti-ger Warenumschlagplatz an den Handels-straßen in Västergötland.

Im 12. und 13. Jh. erlebte die Stadt eine Blütezeit. Damals gab es in Skara bereits vier Kirchen und zwei Klöster. Im 13. Jh. ent-stand die Königspfalz von *Gälakvist*, was die damalige Bedeutung der Stadt deutlich macht. Bei seinem Besuch in Skara im Jah-re 1335 schaffte König Magnus Eriksson die „Knechtschaft" ab, was in den historischen Statuten von Skara verbrieft ist.

Hart trafen die Stadt die Folgen der Reformation. Die Entmachtung der ka-tholischen Kirche und der Einzug ihrer Ländereien schwächten und schmälerten natürlich den Einfluss und die Entwicklung der Stadt. Gustav Vasa begann mit dem Bau von Schloss Skaraborg, das 1612 aber von den Dänen völlig niedergebrannt wurde.

Durch die Gründung eines Gymnasiums Mitte des 17 Jh. und eines Veterinärmedizi-nischen Instituts erlebte Skara einen neuen Aufschwung, der sich mit dem Bau der Ei-senbahn Ende des 19. Jh. fortsetzte.

Heute ist Skara mit annähernd 20.000 Einwohnern wichtiger Verkehrsknoten-punkt an der E20 und ein Zentrum der landwirtschaftlichen Produktion dieser Region.

Im Lande bekannt wurde die Stadt auch durch **Skara Sommerland**, einem der größ-ten Freizeit- und Vergnügungsparks in ganz Skandinavien mit riesigem Wasserpark.

Sehenswert ist der **Dom von Skara.** Nach dem Dom zu Lund ist er der zweit-älteste in ganz Schweden. Der Kirchenbau

Der Dom in Skara

entstand im 13. Jh. im gotischen Stil auf den Resten eines früheren, romanischen Got-teshauses. Bei Restaurierungsarbeiten im Jahre 1940 entdeckte man unter dem Altar Fragmente einer frühen Krypta.

Beeindruckend sind die **Glasmalerei-en** im Chor, die um 1950 von Bo Seskow gefertigt wurden.

Zum Kirchenschatz zählt ein kostbarer Messkelch aus dem 11. Jh., der Bischof Adal-vard d. Ä. gehörte. Eine Kopie wird in der Krypta verwahrt.

Beachtung verdient auch das Grabdenk-mal aus schwarzem Marmor und Alabaster, das 1637 zu Ehren von *Erik Soop*, einem Ar-meeobersten im Dreißigjährigen Krieg, er-richtet wurde.

Auf einer Tafel sind alle Bischöfe von Skara vermerkt. Daraus geht hervor, dass Thurgot zwischen 1014 und 1030 der ers-te Bischof von Skara war.

Besichtigen kann man in der Stadt – rund 400 m vom Dom entfernt – außerdem das **Västergötlands Landesmuseum** *(ge-öffnet Mo - Fr 10 - 16, Sa + So 12 - 16 Uhr; Eintritt)* mit einer interessanten Sammlung bronzezeitlicher Funde aus Kålland. Eines der Glanzstücke des Museums ist allerdings eine wunderschöne, kunstvoll ausgefertig-te und reich verzierte **illuminierte Hand-schrift,** die sog. Skara Missal. Der Inhalt – 44

Originalseiten sind noch erhalten – sind liturgische Texte und Lieder. Entstanden ist das Ganze zwischen 1100 und 1150 und stellt somit das älteste Buch ganz Schwedens dar.

Neben dem Landesmuseum liegt das sehenswerte **Freilichtmuseum Fornbyn** (geöffnet Mai - Sept. 8 - 20 Uhr). 1914 wurde mit der Einrichtung des Freilichtmuseums begonnen, als hier drei typische Bauernhäuser aus Västergötland aufgestellt wurden. Zwischenzeitlich ist daraus eine umfangreiche Sammlung von 30 historischen ländlichen Bauwerken entstanden, darunter Bauernhäuser, wind- und wassergetriebene Sägemühlen, frühgeschichtliche Steinkistengräber, Grenz- und Meilensteine, Dorfläden und alte Postämter, freistehende Glockentürme, Ziehbrunnen, Speicherhäuser etc.

Wer sich dafür interessiert, wird sicher das **Tiermedizinische Museum** im ersten Institut für Veterinärwesen in Schweden (1775 gegründet) besichtigen.

Im Sommer kann man mit der alten dampfbetriebenen **Schmalspurbahn** (verkehrte erstmals am 5. März 1856) von Skara nach Lundsbrunn fahren. **Veteranenbahn-Museum** in den alten Lokomotivschuppen. Das Museum ist an den Verkehrstagen der Bahn geöffnet. Die Züge verkehren von Ende Juni bis Anfang September dienstags, und donnerstags, sowie sonntags.

Zu erwähnen ist schließlich noch das **Naturreservat** am seichten Hornborgasee mit seinen Sumpfgebieten südöstlich von Skara. Hier wird angestrebt, das ausgedehnte Feuchtbiotop zu erhalten und wieder zu einem der größten Vogelbrutplätze in Schweden zu machen. Hier nisten vor allem Kraniche und über 100 weitere Vogelarten.

Über Stege kann man bis zu einem großen Beobachtungs- und Aussichtsturm gehen, der mitten in der wasserreichen Marschlandschaft liegt.

ROUTE: Ab Skara geht es über die Straße 49 ostwärts über **Axvall** (Sommerland, Panzermuseum) Richtung **Skövde**. Nach rund 10 km kommt man nach **Varnhem**.

In **Varnhem** sollte man haltmachen und die **Klosterkirche von Varnhem [N 58° 23' 07.7" E 13° 39' 11.9"]** (geöffnet 1. Mai - 31. Aug. 9 - 19 Uhr; Eintritt) und die angrenzenden Grundmauerfragmente der ehemaligen Klosteranlage des Zisterzienserordens besichtigen.

Gegründet wurde die Klosterkirche Mitte des 12. Jh. Etwa hundert Jahre später, im Jahre 1234, wurde sie durch ein Feuer verwüstet und um 1260 neu aufgebaut.

Mit der Einführung der Reformation versiegte 1532 das monastische Leben, Kloster und Kirche verfielen und 1566 wurde die Abtei von dänischen Horden verwüstet und gebrandschatzt. Dass die Kirche nicht ganz zur Ruine wurde ist wahrscheinlich nur dem Umstand zu verdanken, dass Mitte des 17. Jh. der schwedische Reichskanzler Graf Magnus Gabriel De la Gardie die Kirche zu seiner Grabkirche erkor, sonst wäre sie vielleicht völlig dem Verfall preisgegeben worden. So aber wurde sie 1673 restauriert und erneut eingeweiht.

Von historischer Bedeutung ist das **Grab Birger Jarls**, des Gründers der Landeshauptstadt Stockholm, das bei Restaurierungsarbeiten um 1920 im mittleren Kirchenschiff vor dem Laienbrüderaltar wiederentdeckt wurde. Darüber steht man ein Denkmal mit den Gestalten Birger Jarls, seiner Gemahlin und königlichen Witwe Mechtilde von Dänemark und deren Sohn Herzog Erik.

Die **Grab- und Gedächtniskapellen der De la Gardies** findet man am rechten Ende des kurzen Querschiffs – rechts die Grabkapelle mit den prächtigen Sarkophagen für Magnus Gabriel De la Gardies und seine Gemahlin, in der Mitte die Gedächtniskapelle für Magnus Gabriel De la Gardie und dessen Gemahlin Fürstin Maria Euphrosyne aus Pfalz-Zweibrücken (Marmorbüsten) und linkerhand schließlich die Grabkapelle Gustav Adolfs De la Gardie und seiner Gemahlin Elisabeth Oxenstjärna.

Der **Altar** stammt aus dem Mittelalter. Das Altarbild aus späterer Zeit malte Johan Aureller im Jahre 1706 und das Rahmenwerk schnitzte George Baselaque. Das Altarkreuz aus Elfenbein und Ebenholz ist eine Arbeit aus Süddeutschland. Links vom Altar sieht man die Königsstühle, die für Karl XI. und seine Gemahlin hergestellt wurden.

Im Chorumgang links hinter dem Altar liegt die **Gedächtniskapelle der Könige**, von links Erik Eriksson, Erik Knutson, Knut Eriksson, Inge d. Ä. und Birger Jarl.

Beachtung verdient schließlich die **Kanzel** an der linken Seite des Kirchenschiffs.

Götakanal-Schleuse bei Sjötorp

Sie stammt aus dem 17. Jh. Die von George Baselaque geschnitzten Frauengestalten symbolisieren die Tugenden.

Oberhalb der übersichtlichen Reste der Klosteranlage findet man ein kleines Klostermuseum.

ROUTE: *Man kann über* **Skövde**, *die Stadt der Heiligen Elin oder Helana und heute eine wichtige Industrie- und Handelsstadt in Västergötland, weiterreisen und von dort entweder über die Straße 48 oder aber schon vor Skövde ab* **Varnhem** *über kleinere Landstraßen nordwärts nach* **Mariestad** *und von dort auf der Straße 26 nach* **Sjötorp** *gelangen.*

Gerade entlang der kleineren Nebenstraßen reihen sich kleine Dörfer und zahlreiche Kirchen, viele alt und historisch, was ein Hinweis darauf ist, dass dieses alte Siedlungsgebiet zwischen den großen Seen eines der Ursprungsgebiete des Christentums in Schweden war.

Mariestad, eine Stadt mit annähernd 20.000 Einwohner, liegt sehr schön an der Mündung des Flüsschens Tidan in den Vänersee.

Gegründet wurde Mariestad 1583 von König Karl IX., der veranlasste, dass die Neugründung nach seiner aus der Pfalz stammenden Gemahlin Maria benannt wurde.

Bei einer Besichtigung der Stadt sollte man sich die alte Innenstadt mit dem **Dom** aus dem 17. Jh. und das **Heimatmuseum** im **Schloss Marieholm** ansehen. Das Schloss ist heute Sitz der Regionalverwaltung von Skaraborgs Län.

Übrigens: Wer auf seiner Reise durch Schweden nicht auf Campingplätzen sondern in Hotels übernachtet, sollte sich schon in Mariestad nach einem Zimmer umsehen!

In **Sjötorp [N 58° 50' 16.7" E 13° 58' 47.0"]**, mit seinem großen Sport- und Freizeithafen, mündet der **Götakanal** in den Vänersee.

In einem Speicherhaus auf dem Werftgelände der Kanalgesellschaft in Sjötorp ist die **Touristeninformation** und das **Seefahrt- und Motorenmuseum** untergebracht. Zu besichtigen gibt es im Museum eine Ausstellung über die Kanalgeschichte, über die Binnenschifffahrt und eine Sammlung seltener Motoren.

Im Touristenbüro können Sie Fahrräder mieten!

Mein Tipp! Die alten Treidelpfade entlang des Kanals, auf denen früher die Schiffe mit Ochsen, Pferden oder von Hand geschleppt werden mussten, sind größtenteils noch intakt. Sie eignen sich ganz ausgezeichnet zu Wanderungen oder Radtouren!

Es gibt darüber eigene Spezialkarten (Göta Kanal Liber kartor, drei Blätter) im Buchhandel. Es werden auch Tourenpa-

kete für Radfahrer angeboten, inkl. Über-
nachtung und Mahlzeiten. Näheres im
Touristenbüro in Sjötorp oder im Turistbyrå, Hamnplan, S-542 30 Mariestad, Tel.
0501/1 00 01.

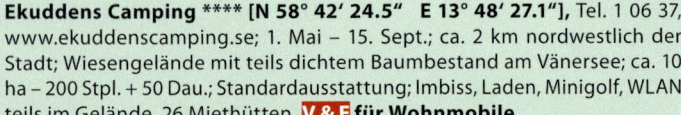

PRAKTISCHE HINWEISE – MARIESTAD

 Telefonvorwahl: 05 01
Mariestads Turistbyrå, Hamnplan, 542 30 Mariestad, Tel. 1 00 01.

HOTELS

 Nya Stadshotellet, 27 Zi. ****, Nygatan 10, Tel. 1 38 00, Restaurant, Parkmöglichkeit. – Und andere Hotels.

CAMPING

 Ekuddens Camping **** [N 58° 42′ 24.5″   E 13° 48′ 27.1″]**, Tel. 1 06 37,
www.ekuddenscamping.se; 1. Mai – 15. Sept.; ca. 2 km nordwestlich der
Stadt; Wiesengelände mit teils dichtem Baumbestand am Vänersee; ca. 10
ha – 200 Stpl. + 50 Dau.; Standardausstattung; Imbiss, Laden, Minigolf, WLAN
teils im Gelände. 26 Miethütten. **V & E für Wohnmobile**.

Picknickplatz
Rastplatz Sandbäcken: Parkplatz an der E20 am östlichen Ortsrand von
Mariestad. Ausstattung: Frischwasser, Ausguss für Grauwasser, Toilette, Grill-
platz, Restaurant, Tankstelle.

PRAKTISCHE HINWEISE – SJÖTORP

 Telefonvorwahl: 05 01
Turistbyrå Sjötorp, Götakanal, Tel. 5 434, 51 133 (geöffnet Mai - Sept.).

CAMPING

 Askeviksbadets Camping ** [N 58° 53′ 20.6″   E 14° 00′ 53.0″], Tel. 5 14
09; 1. Apr. – 15. Sept.; ca. 6 km nördlich Sjötorp zwischen Straße 26 und See;
Wiesengelände am Vänersee, zum See hin leicht geneigt, felsiges Seeufer;
ca. 2 ha – 50 Stpl. + 70 Dau.; Standardausstattung; Restaurant, Bootsverleih,
Bootsslipanlage, Tennis, Minigolf. 13 Miethütten. **V & E für Wohnmobile**.

Wohnmobil-Stellplatz
 **Wohnmobil-Stellplatz Sjötorp am Götakanal [N 58° 50′ 16.7″ E 13° 58′
47.0″]**, Tel. 0703/30 12 89. www.gotakanal.se. Ausgeschilderte Parkplatzfläche
für Wohnmobile und Caravans zum Übernachten direkt an der Götakanal-
Schleuse, gekiester Platz mit 14 Stellplätzen. Anmeldung beim Hafenmeister
im Turistbüro beim Kanalmuseum und der Anlegestelle des Ausflugsschif-
fes M/S Bellevue (verkehrt viermal wöchentlich zwischen Sjötorp und Tör-
reboda in der Zeit 15.6. – 15.8.). Nach Bezahlung der Gebühr (Extragebühr
für Strom) erhält man eine Codenummer für den Zugang zum Gebäude mit
Dusche, Toilette, Waschmaschine mit Trockner. **V & E**. ICA-Laden und Imbiss
in der Saison nebenan.

Urgemütlich - eine
Schiffsreise auf dem
Götakanal.
Im Sommer können
Sie von der Reling aus
Äpfel von den Bäumen
pflücken.

Schwedens Blaues Band – der Götakanal

Der **Götakanal** zwischen Karlsborg am Vättersee und Sjötorp am Vänersee ist des Herzstück des fast 400 km langen Binnenwasserweges. Der Kanal führt quer durch den Süden Schwedens von Söderköping an der Ostsee nach Göteborg am Kattegatt. Ein Drittel des Wasserweges wurde mittels Kanälen und Schleusen überwunden, für den Rest nutzte man geschickt Flüsse und Seen, wie Roxen-, Boren-, Vätter- und Vänersee und im Westen den Lauf des Göta älv.

Durch eine gigantische Ingenieurs- und Arbeitsleistung meisterte man mit nicht weniger als 64 Schleusen die beträchtlichen Höhenunterschiede die zwischen den Meeren lagen. Der höchste Punkt liegt bei Hajstorp und erreicht immerhin 91,5 m.

Die Idee, einen schiffbaren Wasserweg quer durch Südschweden zu schaffen ist alt. Schon im 16. Jh. wurde an Plänen gearbeitet. Aber erst 1810 verabschiedete der Reichstag die Genehmigung zum Bau des Kanalsystems und genehmigte einen Etat von 2,5 Mio. Kronen.

Mit der Ausführung wurde Admiral *Graf Baltzar von Platen* beauftragt. 58.000 Arbeiter waren 22 Jahre lang 12 Stunden am Tage im Einsatz, um die Kanäle auszuheben, Fahrrinnen zu sprengen, die Ufer zu befestigen und die Schleusen zu bauen. Acht Millionen Kubikmeter Erde und 200.000 Kubikmeter Fels wurden bewegt, um eine durchgehende Fahrrinne von 3 m Tiefe zu schaffen.

Natürlich war dieses Herkuleswerk begleitet von Rückschlägen und Schwierigkeiten nicht nur technischer, sondern auch politischer und finanzieller Art.

Und so mancher schwedische Bauer machte Schwierigkeiten, wollte sein Land nicht verkaufen. Die Kommissare der Kanalgesellschaft arbeiteten damals mit allen Mitteln, um von den Bauern die Rechte abzukaufen. Es heißt, dass in ganz hartnäckigen Fällen oft so argumentiert wurde: „Hast Du schon einmal Wasser bergauf laufen sehen?". Ein einleuchtendes Argument, angesichts der Topographie zwischen den Seen Vänern und Vättern. „Also" hieß es weiter, „wenn dieser Wahnsinnige von Platen gescheitert ist – denn wie will er diese Höhen überwinden – wird der Kanalbau eingestellt und ihr bekommt euer Land zurück". Selbst die Hartnäckigsten sollen dann unterschrieben haben. So unvorstellbar erschien es damals dem einfachen Mann, einen Kanal durch Schweden zu bauen.

Aber am 26. September 1832 war das Werk vollendet und wurde in Anwesenheit von König Karl XIV. Johan und seiner Familie feierlich und mit Pomp eingeweiht. Graf von Platen allerdings hat die Vollendung seines Lebenswerks nicht mehr erlebt. Er starb drei Jahre vor der Fertigstellung. Platens Grab liegt neben dem Kanal in Motala, dort erinnert auf dem „Store Torget" (Großer Platz) ein Denkmal an den Kanalbauer. www.gotakanal.se.

SJÖTORP – LINKÖPING

Länge der Tour: Rund 320 km, ohne Abstecher.

Strecke: Über die Straße 202 bis **Karlsborg** – Straße 49 bis **Askersund** – Straßen 50 über **Motala** und **Vadstena** bis **Omberg** – Straße E4 bis **Väderstad** – Landstraße bis **Skänninge** – Straße 211 bis **Borensberg** – Straße 36 bis **Linköping**.

Empfohlene Reisedauer: Mindestens zwei Tage und Stopp evtl. in Vadstena.

Reisehöhepunkte auf dieser Tour: Das **Industriemuseum *** in Forsvik – die **Festung Karlsborg *** – **Schloss Stjärnsund *** – ein **Spaziergang durch Vadstena **** mit Schloss und Klosterkirche – Skandinaviens bedeutendster **Runenstein **** – die **Schleusentreppe *** bei Berg am Götakanal – der **Dom zu Linköping *** – **Östergötlands Landesmuseum *** und das Freilichtmuseum **Gamla Linköping *.**

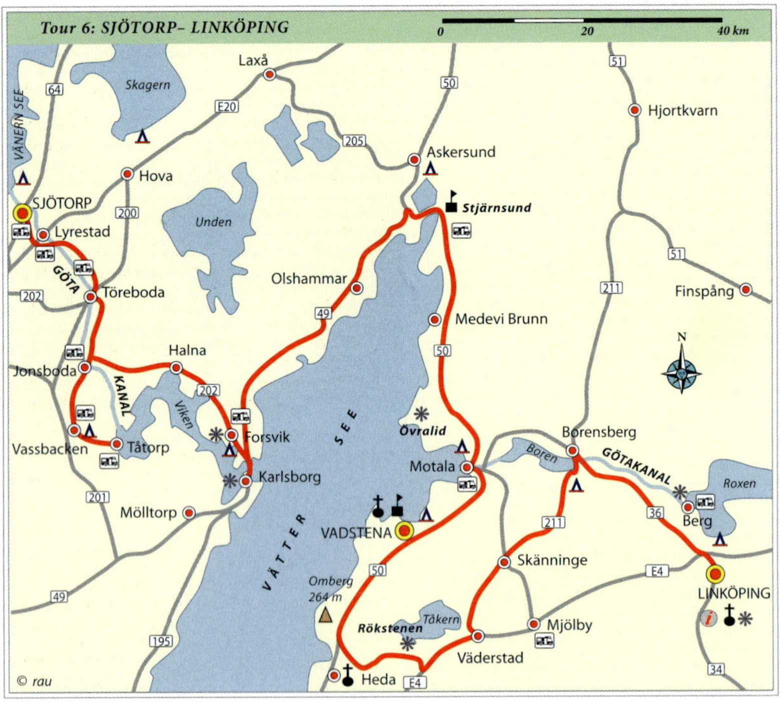

Tour 6: SJÖTORP– LINKÖPING

0   20   40 km

Laxå
Skagern
Skagern
E20
64
VÄNERN SEE
Hjortkvarn
51
50
205
Askersund
Hova
SJÖTORP
200
Lyrestad
Unden
■ *Stjärnsund*
GÖTA
202
Töreboda
Olshammar
49
51
Finspång
211
KANAL
Halna
Jonsboda
202
Viken
Medevi Brunn
50
N
Vassbacken   Tåtorp
✳ Forsvik
Övralid
Borensberg
Boren
GÖTAKANAL
Karlsborg
VÄTTER SEE
Motala
211
36
Roxen
Berg
Mölltorp
201
VADSTENA
211
E4
49
Omberg
264 m
50
Skänninge
LINKÖPING
Rökstenen
Täkern
Mjölby
195
Väderstad
34
© rau
✝ Heda   E4

ROUTE: Wir verlassen *Sjötorp auf der Landstraße 26 in südöstlicher Richtung über* **Lyrestad** [N 58° 48' 03.2" E 14° 03' 28.1"] *nach* **Töreboda**.

Der Teil des Götakanals zwischen Sjötorp und Karlsborg ist vor allem für Autotouristen der interessanteste Abschnitt. Und

der Vorzug des hier beschriebenen Reiseweges ist, dass man immer wieder Gelegenheit hat, direkt an den Kanal mit seinen Schleusen und Hebebrücken heranzufahren. Es gibt nur wenige Straßenabschnitte, die den Autofahrer so nah an den Kanal heranführen.

Vassbacken am Götakanal

Die Kleinstadt **Töreboda** z. B. liegt direkt am Götakanal **[N 58° 42' 36.9" E 14° 07' 47.9"]**, der hier die Verbindung zwischen Vänersee und Vättersee herstellt.

In vielen der Gästehäfen oder in der Nähe der Kanalschleusen sind **Stellplätze für Wohnmobile** eingerichtet. Und wie weiter vorne schon erwähnt, ist es vor al-

 WOHNMOBIL-STELLPLÄTZE AM GÖTAKANAL

Wohnmobil-Stellplatz in Lyrestad: Gekieste Fläche am Götakanal-Gästehafen am südl. Ortsrand von Lyrestad mit Platz für 10 Fahrzeuge. **Geöffnet:** Ganzjährig. **Gebühr. Ausstattung:** Frischwasser, Dusche, Toiletten, Chemikalausguss. Tel. 0501/51 201. www.gotakanal.se.

Wohnmobil-Stellplatz in Hajstorp [N 58° 45' 01.2" E 14° 06' 14.3"]: Kiesfläche am Hafen von Hajstorp am Götakanal nördlich von Töreboda mit Platz für 6 Fahrzeuge. **Geöffnet:** Ganzjährig. **Gebühr** + Gebühr für Strom. **Ausstattung:** Frischwasser, Dusche, Toiletten, Chemikalausguss, Grauwasserausguss, Grillplatz. Tel. 0506/13 050. www.gotakanal.se.

Wohnmobil-Stellplatz in Jonsboda [N 58° 39' 08.0" E 14° 06' 15.4"]: Grasfläche am Götakanal (Straße 200) beim **Café Jonsboda** mit Platz für 5 Wohnmobile und Caravans. **Geöffnet:** 1. Mai - 30. Sept. **Gebühr** + Gebühr für Strom. **Ausstattung:** Frischwasser, Dusche, Toiletten, Waschmaschine. Das Café und die Stellplatzeinrichtungen sind unter deutscher Leitung. Auf Bestellung werden im Café auch warme Speisen serviert. Tel. 0506/21 022. www.jonsboda.se.

Wohnmobil-Stellplatz in Tåtorp [N 58° 36' 34.3" E 14° 11' 30.2"]: Geschotterter Parkplatz (ca. 5 Plätze) in Tåtorp direkt an der Schleusenbrücke an der Mündung des Götakanals in den Viken, einem Teil des Vättersees. Übernachtparken 18 – 9 Uhr. **Geöffnet:** Ganzjährig. **Gebühr. Ausstattung:** Frischwasser, Dusche, Toiletten, Grillplatz. Tel. 0506/53 086. www.gotakanal.se.

 CAMPING

Vassbacken Café und Camping * [N 58° 37' 38.3" E 14° 07' 54.7"]**, Tel. 0551/52 056, www.camping.se/r26; Ende Apr. - Mitte Sept.; ca. 6 km südlich von Töreboda hübsch gelegene, ebene Wiese direkt am Gästehafen des Götakanals. Am Eingang kleines Postkontor aus dem 19. Jh.; ca. 2 ha - 50 Stpl.; einfache Standardausstattung. Fahrräderverleih. Miethütten. Jugendherberge gegenüber.

lem an einem sonnigen Sommertag eine gute Idee, entlang des Kanals mit seinen oft richtig romantischen Ufergestaden einen ausgedehnten Spaziergang zu unternehemen und den Bootsverkehr auf dem Kanal zu beobachten. Und an den Schleusen ist fast immer Betrieb.

Bei ausreichend zur Verfügung stehender Zeit kann man die Tour entlang des Götakanals noch weiter ausdehnen und ab **Töreboda** südwärts über **Jonsboda** und **Vassbacken** bis nach **Tåtorp** [] fahren. Dort mündet der Götakanal in den Viken-See. Die Straße endet hier. Gespannfahrern würde ich den letzten Teil des Weges von Vassbacken nach Tåtorp allerdings nicht empfehlen! Die Straße ist nur einspurig und bietet nur schlechte Ausweichmöglichkeiten.

ROUTE: Man fährt zurück bis Jonsboda und nimmt hier die Landstraße ostwärts nach **Halna** [N 58° 39' 20.5" E 14° 08' 11.8"]. *Dort trifft man auf die Straße 202, der wir über* **Undenäs** *und* **Forsvik** *bis* **Karlsborg** *folgen*

Forsvik lohnt einen Stopp. Hier findet man nicht nur **die älteste Schleuse am Götakanal,** sondern auch das überaus sehenswerte **Industriemuseum Forsvik Bruk [N 58° 34' 41.6" E 14° 26' 04.1"]** *(im Sommer tgl. geöffnet, Führungen ganzjährig, www.forsvik.com).* Forsvik ist ein über 600 Jahre alter Industriestandort. Aus den historischen Gebäuden einer ehemaligen Mühlenanlage entwickelte sich im Laufe der Jahrhunderte eine Fabrikanlage mit Sägewerk, Eisengießerei, Schmiede, einer Schiffswerft, sowie Werkstätten zur Holzverarbeitung. Energielieferant war immer die Wasserkraft des Göta älv. Heute stellt das Gebäudeensemble ein besuchenswertes Industriedenkmal dar.

In einer der Werkhallen wird an einem originalgetreuen Nachbau des hier im Jahre 1836 auf Kiel gelegten **Raddampfers „Eric Nordevall"** gearbeitet. Das Original versank 1838 in den Fluten des Vättersees.

Die „Eric Nordevall II" wird wie ihr Vorgänger auf 85 Eichenholzspanten gebaut, wird fast 29 m lang werden und bis zu 80 Pasagieren befördern können. Für den An-

WOHNMOBIL-STELLPLATZ FORSVIK

Wohnmobil-Stellplatz: Parkplatz am Götakanal unterhalb der Schleuse (Älteste Schleuse am Götakanal) und 10 Min. vom Forsvik-Industriemuseum entfernt. Platz für 10 Wohnmobile, falls Pkws es zulassen. **Geöffnet:** Ganzjährig. **Gebühr. Ausstattung:** Stromanschluss, Toiletten 300 m entfernt, Abfallbehälter. Tel. 0414/20 20 50. www.forsvik.com.

Forsvik Bruk

trieb werden wieder 2 Dampfmaschinen mit je 17 PS Leistung sorgen.

Auf einem benachbarten See können Sie im Sommer kurze Bootstouren mit einem kleinen Veteranendampfboot unternehmen.

Am Rande von Forsvik Bruk ist heute in einem Holzgebäude aus der Mitte des 19. Jh. das **STF Vandrarhem Forsvik**, eine Jugendherberge mit 45 Betten, untergebracht, Tel. 0505-18 840, www.hihostels.com.

Die **Garnisonsstadt Karlsborg [N 58° 31' 51.7" E 14° 31' 22.0"]** liegt auf einer relativ schmalen Halbinsel am West-ufer des Vättersees. Die Stadt, die während des Zweiten Weltkrieges auch als eine Art Fort Knox Schwedens fungierte (man bewahrte damals den Goldschatz des schwedischen Staates hier auf) wartet mit einer gigantischen Festungsanlage auf. Die riesigen Mauern und Wälle mit ihren Schanzen und Bastionen sind nicht weniger als fünf Kilometer lang! Die **Fästningen Kung Karls borg** (www.karlsborgsfastning.se) ist denn auch die große Sehenswürdigkeit in Karlsborg.

Besucher können (nur mit Pkw) durch das Stadttor **Götiska valvet**, das Gotische Gewölbe (Durchfahrtshöhe nur 2,50 m!), bis zum zentralen Platz **Fästningstorget** fahren. Wer mit seinem Fahrzeug nicht durch das Tor passt, findet **Parkplätze** u. a. auch beim Touristenbüro in der Norra Kanalgatan 2, unweit westlich der Festung.

Vom Fästningstorget aus können Sie zu Fuß durch die Festungsanlage spazieren, in der noch heute die Husaren des Leibregiments K3, ein Fallschirmjägerkorps sowie Ausbildungskompanien stationiert sind.

Unweit rechts des Platzes liegt das **Tyghuset**, das Zeughaus, und etwas weiter südlich sieht man die Garnisonskirche, die heute ein sehr sehenswertes **Museum** beherbergt.

Recht unterhaltsam und informativ ist die Teilnahme an einer **Führung** durch die Festungsanlage.

Der Ursprung der Festungsanlage geht zurück auf die Zeit des beginnenden 19. Jh., als russische Angriffe auf Finnland in Schweden einen Verteidigungsplan reifen ließen, der auch den Bau einer Festung in Karlsborg vorsah. Zu den Verfechtern des Plans zählte neben Staatsrat Baltzar von Platen, dem Planer und Erbauers des Götakanals, auch der französische Marschall Bernadotte, der 1818 als König Karl XIV. Johan den schwedischen Thron besteigen sollte. Im Juli 1819 wurde mit dem Bau der Festung begonnen. Als Arbeitskräfte wurden vor allem Gefangene aus der Besserungsanstalt in Vadstena herangezogen. Der Götakanal übrigens war ein ausschlaggebender Faktor dafür, die Festung gerade hier zu errichten. In Kriegszeiten, glaubte man, über den Kanal relativ ungestört kriegswichtige Güter transportieren zu können. Und man sah den Kanal auch als Fluchtweg für König und Regierung an.

ROUTE: *Der weitere Verlauf unserer Route führt von Karlsborg über die Straße 49 nordwärts und über* **Olshammar** *nach* **Askersund** *am äußersten Nordausläufer des Vättersees.*

In **Olshammar** am Westufer des Vättersees wurde am 6. Juli 1895 auf Gut **Olshammarsgården** der Schriftsteller, Lyriker und Literaturnobelpreisträger *Verner von Heidenstam* geboren. Der Gutshof soll einst der Familie der heiligen Brigitta (oder Birgitta, 1303 – 1373) gehört haben (siehe auch unter Vadstena).

Eines der Werke des 1940 verstorbenen von Heidenstam, „Die Pilgerfahrt der hl. Brigitta", befasst sich mit einigen Episoden aus dem Leben der Heiligen und Gründerin des Birgittenordens. Auch die **Kirche** von Olshammar wird im Zusammenhang mit der Heiligen erwähnt, die übrigens nicht zu verwechseln ist mit der gleichnamigen Schutzheiligen von Irland. Sehenswert in der Kirche sind die Glasfenster, sowie Altar und Kanzel.

Das hübsche Städtchen **Askersund** in der **Provinz Närke** kann auf eine lange Geschichte zurückblicken. Erstmals erwähnt wird der Ort in einem päpstlichen Schreiben aus dem Jahre 1314. Königin Kristina, die letzte Monarchin aus dem Hause Vasa, erteilte Askersund 1632 Stadtrechte und Mitte des 17. Jh. erhielt die Stadt anlässlich einer umfassenden Stadterneuerung ihr rechteckiges Straßenraster. In den Straßen der Innenstadt um den zentralen Torg (Stadtplatz) sind noch einige Häuser aus jener Zeit erhalten.

Zu den **Sehenswürdigkeiten** von Askersund zählt vor allem die **Landeskirche**. Sie wurde zwischen 1664 und 1670 nach Entwürfen des Baumeisters Jean de la Val-

lée, einem bekannten Hofarchitekten jener Zeit aus Stockholm, der dort das Riddarhuset erbaut hatte, errichtet. Beachtung verdienen in der Kirche vor allem der Altaraufsatz, die Kanzel und besonders der sog. Begräbnisgang, weswegen die Kirche auch schon als „Riddarholmskirche in Närke" bezeichnet wurde.

Weiter kann man das **Askersunds Heimatmuseum** besichtigen. In diesem Freilichtmuseum sind 15 verschiedene historische Gebäude zu sehen.

Askersund ist Anlegestelle des historischen Dampfers „Motala Express", mit dem sich im Sommer **schöne Bootsausflüge oder abendliche Kreuzfahrten** unternehmen lassen. Den neuesten Stand des wechselnden Angebots an Bootsausflügen erfährt man im Touristenbüro.

ROUTE: *Weiterfahrt auf der Straße 50 südwärts über* **Motala** *und* **Vadstena** *bis* **Omberg** *bei Hästholmen.*

Schon wenige Kilometer südlich von Askersund kann man links zum **Schloss Stjärnsund [N 58° 50′ 53.4″ E 14° 54′ 56.6″]** *(geöffnet Mitte Mai - Anf. Sept. tgl. Führungen; Eintritt)* abzweigen, das inmitten gepflegter Parkanlagen sehr schön und hoch über dem nördlichen Ausläufer des Vättersees liegt.

Die Geschichte des Schlosses reicht zurück ins 17. Jh., als die Oxenstjärnas – von denen auch der Schlossname Stjärnsund stammt – hier einen ihrer Herrensitze errichteten. Der Stadtherr Olof Burenstam baute das Anwesen zwischen 1789 und 1808 mit Hilfe des Architekten Carl Frederik Sundvall im klassizistischen Stil zu seiner heutigen Form um.

Zwischen 1823 und 1860 war Stjärnsund im Besitz der Familie Bernadotte. König Karl

Schloss Stjärnsund bei Askersund

XIV. Johan hielt sich damals häufig auf seinen Reisen nach Norwegen hier auf. Teile des Mobiliars in den Salons stammen aus jener Zeit.

Bekannter aber ist Schloss Stjärnsund als das „Dichterschloss des Sängerprinzen" Gustav, Karl Johans Enkel. Der Prinz ließ das Schloss zwischen 1848 und 1852 völlig neu einrichten, so dass die Salons und Zimmer heute einen umfangreichen Eindruck hochherrschaftlicher Wohnkultur im Schweden des 19. Jh. vermitteln. Der musische Prinz Gustav schrieb hier einige seiner Lieder über die Landschaft um Stjärnsund.

1860 kam Stjärnsund an die Familie Knut Cassel. 1951 vermachte Frau Augusta Cassel das gesamte Anwesen mit Inventar und Ländereien der Königlichen Akademie als Kultur- und Gedenkstätte.

Die Weiterfahrt entlang des Ostufers des Vättersees ist landschaftlich sehr reizvoll.

Nach gut 20 km erreicht man **Medevi brunn [N 58° 40' 38.5" E 14° 57' 51.2"]** (Hotel, Jugendherberge)**,** einen einstmals berühmten und über Jahrhunderte hinweg hochherrschaftlichen Kurort. Vor allem ausgangs des 17. Jh. erlebte Medevi eine Blütezeit. Könige und Fürsten und deren Damen von den Höfen Nord- und Osteuropas suchten die heilende Wirkung des stark mineralhaltigen und radioaktiven „Rotbrunnens" von Medevi. Das gesellschaftliche Leben am Rande der Trinkkuren in den Sommermonaten war damals mindestens genauso berühmt wie das Heilwasser des Brunnens selbst. Der kurze Abstecher von der Hauptstraße lohnt auch heute noch wegen des **idyllischen Ortsbildes** von Medevi mit den kleinen Holzhäusern und hübschen Parkanlagen.

Wieder ein paar Kilometer weiter südlich kann man westwärts nach **Övralid [N 58° 37' 43.2" E 14° 58' 34.9"]***(geöffnet Mitte Juni - Ende Aug. tgl. 10 - 16 Uhr, Juli bis 17.30 Uhr; Führungen; Eintritt)*, dem einstigen Altersruhesitz des Schriftstellers *Verner von Heidenstam* (siehe auch unter Olshammar weiter oben) abzweigen. Heidenstam, ein Zeitgenosse Selma Lagerlöfs, erwarb das Anwesen 1923 und ließ es nach eigenen Plänen zu seinem Wohnsitz ausbauen. Heidenstam ist in Övralid beigesetzt.

Das Haus mit dem Arbeitszimmer, der Bibliothek, dem Schlafzimmer, dem sog. „Prinz Eugen Zimmer" und dem Speisezimmer, in dem sich Heidenstam am Ehrentag immer sein Geburtstagsmenü – Vättersee-Saibling, Brathähnchen und Erdbeeren – servieren ließ, kann besichtigt werden. Von den Parkanlagen hat man einen schönen Blick auf den Vättersee.

Motala, am Austritt des Götakanals in den Vättersee gelegen, ist eine relativ junge Stadt. *Baltzar von Platen* selbst, der „Vater des Götakanals", hat die Anlage des Hafenstädtchens am Vättern während des Kanalbaus geplant. Und mit der Einrichtung einer Reparatur- und Konstruktionsbasis der Kanalgesellschaft machte er aus dem damals noch etwas verschlafenen Fischerdorf eine aufstrebende Industriestadt. Grundkonzept des alten Stadtkerns war ein fächerförmig zur Seebucht strebendes Straßenraster. Ein Denkmal für Platen steht auf dem Store Torget. Das Grab des Kanalbauers findet man am Ufer des Götakanals.

Zu den Sehenswürdigkeiten Motalas zählen vor allem die Museen der Stadt, allen voran das **Kanal- und Schifffahrtmuseum**, das sich mit dem Bau und der Geschichte des Götakanals, sowie mit der Schifffahrt dort befasst.

Aber auch das **Feuerwehrmuseum**, das **Radio- und Rundfunkmuseum** in der stärksten Sendeanlage Europas der 20er Jahre oder das **Stadtmuseum** im Schloss Charlottenborg mit der Abteilung *Sophia Isbergs Holzschnitzerei* lohnen für Interessierte einen Besuch.

Der **Vättersee**, dessen östlichem Ufer wir weiterhin folgen, ist 136 km lang und bis zu 31 km breit. Er ist der zweitgrößte See in Schweden, der fünftgrößte Binnensee in Europa und er ist viermal so groß wie der Bodensee. Das weit über 120 m tiefe Gewässer hat gewaltige unterirdische Zuflüsse. Bei stürmischem Wetter bilden sich gelegentlich gefährlich hohe Wellen.

Eine eigenartige Gezeitenerscheinung lässt den Wasserspiegel alle drei Stunden steigen bzw. sinken. Das große Phänomen des Vättersees aber sind die sog. „Wasser-schüsse". Gasblasen steigen dann an die Wasseroberfläche und entweichen von Zeit zu Zeit mit einem Knall in die Luft.

ROUTE: *Unser nächstes Ziel ist* **Vadstena** *an der Straße 50, ca. 16 km südwestlich von Motala gelegen.*

Vadstena – Der Ortsname Vadstena, was soviel wie „Steinhaus am Wasser" (Vats Sten) heißt, deutet an, dass sich hier schon sehr früh an den Ufern des Vättern ein befestigtes Steinhaus, ein königliches Gut befand. Tatsächlich wird aus dem Jahre 1268 von einem großen Anwesen berichtet, das damals Elav gehörte, einem Bruder Birger Jarls.

Das Geschlecht der Folkunger, aus dem ja Birger Jarl und andere schwedische Könige hervorgingen, hatte seinen Stammsitz auf **Bjälbo**, das weiter südlich von Vadstena und westlich der alten Stadt Skänninge lag. In der Nähe des Turms der Wehrkirche von Bjälbo erinnert ein Runenstein an Birger Jarl.

Die alte von Elav errichtete Festung – Elav war ein Spross der mächtigen Bjälbosippe, die noch bis weit in die Mitte des 14. Jh. in Vadstena ansässig war – lag auf dem Gelände des alten Nonnenklosters in Vadstena. Der nördliche Flügel des Klosters weist noch Mauerfragmente des alten Palastes auf.

König Magnus Eriksson und dessen Gemahlin Blanche de Namur, in Schweden als Königin Blanka bekannt, vermachte 1346 das Gut an Birgitta Birgersdotter, die hier

PRAKTISCHE HINWEISE – MOTALA

Telefonvorwahl: 01 41
Motala Turistbyrå, Folkets Hus Repslagaregatan 1, 591 23 Motala, Tel. 22 52 54.

HOTELS
Palace, 53 Zi. ****, Kungsgatan 1, Tel. 21 66 60, Fax 5 72 21, Restaurant, Parkmöglichkeit. – Und andere Hotels.

CAMPING
Z-Parkens-Camping **, Månvägen, Tel. 21 11 42, www.camping.se/e18; 1. Mai – 15. Sept.; ca. 2,5 km nördlich der Stadt an der Straße 50; Wiesengelände zwischen Straße und Vättersee; ca. 4 ha – 140 Stpl. + Dau.; Standardausstattung. Miethütten.

Wohnmobil-Stellplatz
Wohnmobil-Stellplatz Motala: Grasfläche am Götakanalhafen mit Platz für 4 Fahrzeuge. **Geöffnet:** Mai – August. **Gebühr. Ausstattung:** Frischwasser, Toilette, Chemikalausguss. Tel. 21 09 23. www.gotakanal.se.

Vadstena, das Schloss

ein **Kloster** für den von ihr gegründeten **Birgittenorden** einrichten wollte.

Fast 20 Jahre später, als Birgitta schon in Rom lebte, erteilte Papst Urban V. die Erlaubnis zur Erweiterung des Klosters. Nun konnte neben dem Nonnenkloster auch ein Mönchskloster errichtet werden. 1384 endlich wurde das Kloster eingeweiht. Erste Äbtissin wurde Birgittas Tochter Katharina.

Bald erlangte das Kloster zu Vadstena – nicht zuletzt durch die fürstlichen Zuwendungen, die das Haus, in dem viele Töchter der großen Familien Schwedens den Nonnenschleier trugen, erhielt – Bedeutung, Ansehen und Einfluss im Lande. Es wurde eines der wichtigsten geistlichen Zentren Schwedens. Alleine die kostbare Klosterbibliothek galt als die damals größte im ganzen nordeuropäischen Raum.

Die dänische Unionskönigin Margrethe I. verlieh Vadstena im Jahre 1400 Stadtrechte. Denkbar ist, dass ihr Gemahl, der norwegische König Håkon VI. (Sohn König Magnus Erikssons und Blanche de Namurs) seinen Einfluss geltend gemacht hat, um seiner Vaterstadt zu diesem Privileg zu verhelfen.

Mitte des 16. Jh. kündigten sich große Veränderungen im Stadt- und Kirchenleben Vadstenas an. Gustav Vasa begann 1545 mit dem Bau des prächtigen Wasserschlosses, das sein Sohn Johan III. im Renaissancestil vollendete. Gustav Vasa hatte ja der Reformation in Schweden zum Durchbruch ver-

holfen. Mit dem Schloss sollte eine Bastion weltlicher Macht in der Klosterstadt Vadstena errichtet werden.

Tatsächlich waren durch die Reformation alle katholischen Klöster im Lande geschlossen, teils zerstört und ihr Besitz vom Staat eingezogen worden. Das gleiche Los stand dem Birgittenkloster in Vadstena bevor. Nur dank der hochherrschaftlichen Herkunft der meisten Nonnen und Mönche, die aus den mächtigsten Familien des Landes kamen, wurde das Kloster erst 1595 als letztes in Schweden geschlossen. Allerdings schwand mit der Auflösung des Klosters auch die Bedeutung der Stadt.

Heute hat Vadstena ungefähr 8.000 Einwohner, besitzt Industrieansiedlungen und ein bedeutendes psychiatrisches Krankenhaus. Und ein neu gegründetes Birgittenkloster machte Vadstena wieder zu einem katholischen Zentrum im protestantischen Schweden.

Stadtspaziergang

Einen Stadtbummel zu den wichtigsten Sehenswürdigkeiten der Stadt kann man z. B. am **Schloss** beginnen. Dort finden sich auch **Parkplätze** und das **Touristenbüro**. Die **Schlossanlage [N 58° 26' 47.3" E 14° 53' 08.4"]** *(geöffnet 1. Juni - 31. Aug. tgl. 10 - 18 Uhr, im Juli bis 19 Uhr, übrige Zeit Mo. - Fr. 10 - 14 Uhr; Eintritt; Führungen auf Schwedisch und Englisch)* am Ufer des Vättersees wird von breiten Wassergräben und hohen Mauern umgeben.

Über eine Brücke an der Nordseite betritt man den breiten, dreigeschossigen Renaissance-Schlossflügel, der in der Mitte von einem viereckigen Turm überragt wird. An den Ecken wird das Gebäude von gedrungenen, kuppelgedeckten Rundtürmen flankiert, die sich an der Südseite des großen Schlosshofes wiederholen.

Wie schon erwähnt, begann Gustav Vasa 1545 mit dem Bau des Schlosses. 1552 feierte er hier Hochzeit, woraus zu schließen ist, dass größere Teile des Palastes damals bereits fertiggestellt gewesen sein müssen. Trotzdem dauerte es bis 1620 bis die Schlossanlage komplett war.

Im Schloss residierten die Herzöge von Östergötland. Später wurde Königin Hedwig Eleonora Schlossherrin. Zeitweise hatten die Mönche von Vadstena ihre kostbare Bibliothek in den sicheren Mauern des Schlosses untergebracht.

Gegen Ende des 17. Jh. allerdings begann das Anwesen schon wieder zu verfallen und diente von 1750 bis 1871 nur noch als Speicher- und Lagerhaus. Später wurde es vollkommen restauriert und ist seit 1899 Sitz des Landesarchivs.

Über die Järnvägsgatan geht man stadteinwärts, überquert die Slottsgatan und kommt wenig später auf den hübschen **Rådhustorget**. Links sieht man den mächtigen viereckigen Turm mit dem vergleichsweise bescheidenen Anbau des **alten Rathauses**. Im 15. Jh. wurde der Gebäudeteil mit dem Ratssaal errichtet. Somit ist das Rathaus von Vadstena Schwedens ältestes Rathaus. Hier tagten die Gerichte, der Rat der Stadt und die Kaufmannsgilden. Ausgangs des 15. Jh. wurde das Turmhaus angefügt. Hier richtete man sich nach Vorbildern in Danzig. Der schön möblierte historische Ratssaal wird heute noch bei offiziellen Anlässen, Empfängen und wichtigen Ausstellungen benutzt.

Am Rathausplatz kann die **Randelsche Spitzensammlung** *(geöffnet Mo - Fr 10 - 18, Sa 10 - 14 Uhr)* besichtigt werden.

An der Südostecke des Rathausplatzes, Ecke Storegatan, liegt das historische **Udd Jönssons Haus**, eines der ältesten Gebäude in der Stadt.

Weiter südlich tragen die Straßen noch mittelalterliche Namen, die auf die diversen Handwerkszünfte im damaligen Vadstena hinweisen. Da gibt es eine Knivsmedsgatan (Messerschmiedstraße), eine Stokmakersgatan (Flintenmacherstraße) oder die Hovslagaregatan (Hufschmiedstraße). Im Mittelalter endete die Stadt am Wall, dort wo heute die Rännevallsgatan verläuft.

Wir gehen am Udd Jönssons Haus rechts vorbei und die Storgatan stadteinwärts. Auch hier sind einige schöne alte Häuser erhalten, wie das **Helgeands huset** (Heilig-Geist-Haus), einem mittelalterlichen Pilgerhospiz an der Ecke zur Helgeandsgatan rechts, dann das 1677 erbaute Haus der **Gamla Konditoriet** oder das **Mårten-Ulfssons-Haus** gleich nach dem **Stora Torget** [N 58° 26′ 55.9″ E 14° 53′ 24.2″] links.

Vorbei am **Postamt** rechts – gehen wir noch bis zum Ende der Storgatan und wenden uns dann links in die Sånggatan. Rechts sieht man den **Rödtornet** (Roten Turm). Er ist der Rest der alten Gemeindekirche St. Per (St. Peter), die aber 1829 wegen Baufälligkeit eingerissen werden musste. Heute dient der Turm als Glockenturm für die Klosterkirche. An Stelle der Kirche wurde eine Schule errichtet.

Ein paar Häuser weiter die Strågatan südwärts, liegt das alte **Biskopshuset** (Bischofspalais), das der damalige Bischof zu Lidköping, Henrik Tidemansson, im Jahre 1470 als Gästehaus für die Geistlichkeit, die das Birgittenkloster besuchten, hatte errichten lassen.

Vom Rödtornet links bis zur Klostergatan, dort abermals links und kurz darauf rechts durch die Murgatan bis zur Lasarettsgatan. Dort sieht man rechterhand den hufeisenförmigen Bau des alten **Mönchsklosters**, das aber erst ausgangs des 18. Jh. seine heutige Form erhielt und damals bei den Umbauarbeiten stark verändert wurde und sein mittelalterliches Aussehen verlor.

Gleich nach dem Mönchskloster geht man rechts, dann links an der Klosterkirche vorbei und kommt auf einen hübschen Innenhof, an dessen Nordseite der alte **Bjälbopalast** liegt, aus dem dann – wie weiter oben schon erwähnt – Mitte des 14. Jh. das **Nonnenkloster** des Birgittenordens hervorging. Man sieht das schön mit Steinmetzarbeiten verzierte Hauptportal und im Obergeschoss eine Reihe von Fenstern. Dort liegt das vollständig restaurierte Dormitorium und ein mit Wandmalereien versehener Raum, der eigens dafür geschaffen wurde, um vorübergehend die aus Rom überführten Reliquien der Heiligen Birgitta aufzunehmen.

Im Westflügel der ehemaligen Klosteranlage wurde das **Vadstena Klosterhotel** eingerichtet.

Die gotische **Klosterkirche [N 58° 27′ 02.8″ E 14° 54′ 26.1″]** – neben dem Schloss die bedeutendste Sehenswürdigkeit in Vadstena – mit ihrem kleinen, spitzen Glockentürmchen betritt man durch die „Pforten der Sündenvergebung" an der Ostseite der Kirche. Schon beim Eintreten wird man den weiten Hallenkirchencharakter gewahr, der durch den fast quadratischen Grundriss der Kirche, dem ein Querschiff völlig fehlt und durch die drei hohen Längsschiffe hervorgerufen wird.

Beim Bau der Kirche, der ausgangs des 14. Jh. begann, wurden die Vorgaben der Heiligen Birgitta, die genaue Vorstellungen über das Aussehen ihrer Klosterkirche hatte, so weit wie möglich umgesetzt. Es sollte eine „einfache, demütige, aber starke" Kirche werden. So sollten die Wände schmucklos und die Fenster ohne Glasmalereien bleiben. Bei umfassenden Restaurierungsarbeiten im Jahre 1890 wurden dann aber doch bunte Glasfenster eingesetzt, die eigentlich gegen die Regeln der Kirchenstifterin Birgitta sind. Die Glasmalereien sind eine Arbeit von Calmander aus Göteborg.

Als die Kirche 1430 in Anwesenheit des Königs Erich von Pommern eingeweiht und unter den Schutz der Jungfrau Maria gestellt wurde, hatte sie zwei Altäre, einen Marienaltar an der Ostseite und – ungewöhnlich für katholische Gotteshäuser – einen Hauptaltar, der sich an der Westseite der Kirche befand. Üblicherweise waren katholische Kirchen in aller Regel so ausgerichtet, dass der Hochaltar nach Osten in Richtung des Heiligen Grabes weist.

Nonnen und Mönche hatten getrennte Zugänge, die von den Klöstern direkt in das Gotteshaus führten. Nonnen- und Mönchsteil der Kirche waren durch ein umlaufendes Eisengitter getrennt.

Heute ist in der Kirche nur noch der Hochaltar im Westen der Kirche erhalten. Anstelle des Marienaltars an der Ostseite, zu dem eine Treppe hinaufführte, ist heute eine Orgel angebracht.

In der Kirche findet man einige historische Grabmäler und bedeutende Schätze der Kirchenkunst. Links im Seitenschiff, unweit des Ostportals liegt das Grabmal des Reichsvogts *Bo Jonsson Grip* (gestorben 1386) und eine Gedenktafel an dessen Sohn, Ritter Knut und seiner Gattin Ermgard Bülow. Fast am Westende des linken Seitenschiffs findet man das Grabmal *Jösse Erikssons*. Der Provinzvogt von Västerås war ein großer Gönner des Klosters.

Ganz am Ende des linken, südlichen Seitenschiffs sieht man eine bemerkenswerte Madonna aus dem 16. Jh., die aus einer flandrischen Werkstatt stammt und daneben ein Bildnis der Hl. Katharina, der Tochter der Ordensgründerin Birgitta.

Über dem Hochaltar hängt ein bemerkenswertes **Triumphkreuz**, das schon um 1420 in der Werkstatt des Lübecker Holzschnitzers Johannes Junge entstand. Das ursprünglich bemalte Kreuz befindet sich seit der Einweihung 1430 in der Kirche. Es zählt neben dem St. Georg in der Stockholmer Storkyrkan zu den wertvollsten sakralen Kunstgegenständen in Schweden.

Der **Marienaltar** unter dem Kreuz wurde im 16. Jh. von dem flämischen Bildhauer Jan Borman gearbeitet. Die Bildmotive befassen sich mit dem Leben Mariäs. I

Die Altarflügel sind mit Szenen aus dem Leben Christi („Einzug in Jerusalem", „Vertreibung aus dem Tempel", „Gefangennahme Jesu" sowie „Pilatus wäscht seine Hände") und Märtyrerlegenden geschmückt.

In dem sich hinter dem Altar nach Westen erstreckenden ehemaligen Chor der Mönche findet man an der linken Seite den **Birgitta-Schrein**. Hier sind Reliquien verschiedener Heiliger beigesetzt, darunter auch die der Hl. Birgitta und deren Tochter, der Hl. Katharina.

Birgitta, Tochter des legendären Birger Jarl aus dem Königsgeschlecht der Folkunger, wurde 1303 wahrscheinlich auf dem Gut Finstgård bei Norrtälje geboren. Später lebte sie zeitweise in Olshammar (siehe weiter oben) und hatte schon in ihrer Kindheit mystische Visionen. Sie war verheiratet und hatte acht Kinder, darunter die später heilig gesprochene Katharina. Später ging Birgitta nach Rom, wo sie sich bis zu ihrem Tode im Jahre 1373 aufhielt. 1374 wurde sie mit großen Feierlichkeiten nach Vadstena überführt und 1391 von Papst Bonifatius IX. heiliggesprochen.

An der Westseite des Chors erhebt sich der **Birgitta-Altar**, der Mitte des 15. Jh. von den Lübecker Meistern Johannes Stenrat und Hans Hesse geschaffen wurde. Das Hauptmotiv in der Mitte zeigt die Heilige und zwei Kardinäle, denen sie ihre Visionen offenbart.

Wir gehen zurück in die Hauptkirche und dort links ins nördliche Seitenschiff. Gleich rechts sieht man eine Gruppe von Grabsteinen. Sie markieren die **Grabstätten** von *Königin Katharina*, der 1450 verstorbenen zweiten Gemahlin König Karl Knutsson und rechts davon das Grab von *Königin Philippa*, Gemahlin König Eriks, König von Schweden, Götaland, Dänemarks, Norwegens und Herzog von Pommern. Auf dem Grabstein erkennt man u. a. das Wappen des englischen Königshauses.

Die Grabinschrift gibt die Erklärung dafür. Philippa war die Tochter Heinrichs IV., König von England, Frankreich und Irland. Königin Philippa starb am 5. Januar 1430 im Kloster. Östlich davon liegen die Gräber von *Birgitta Turesdotter*, der 1436 verstorbenen ersten Gemahlin König Karl Knutssons, und deren Kinder Birger und Cecilia.

An der Nordwand des Seitenschiffs, gegenüber den Grabmälern, liegt das Grab der *Familie Gyllenstjärna*. Neben dem Grafen Joachim und dem Freiherrn Kasimir Gyllenstjärna sind hier der Reichsgraf Olofsson Stenbock und Brita Leijonhuvud, die Eltern von König Gustav Vasas Gemahlin, Katharina Stenbock, beigesetzt. Neben dem Grabmal die Wappen der Gyllenstjärnas und der Brahes.

Auf dem Weg zurück zum Ausgang kommt man an einer Pforte in der Nordwand vorbei, die früher direkt in den Hof des Nonnenklosters führte. Durch diese Pforte gingen die Novizinnen zur Weihe. Sie schloss sich hinter ihnen symbolisch für immer und wurde erst wieder geöffnet, um den Leichnam der Verstorbenen in die Kirche zur Beisetzung im Gemeinschaftsgrab unter dem ehemaligen Ostaltar zu bringen.

In der Nähe der letzten Säule verdienen verschiedene Holzskulpturen aus dem 15. Jh. Beachtung, darunter eine Birgitta-Statue, die die Heilige im Zustand visionärer Entrücktheit zeigt.

Über die Strandpromenaden am Vättersee und die Krabbegatan oder über die Torgatan kann man zurück zum Stora Torget und zum Ausgangspunkt des Rundgangs am Schloss gehen.

Umweg über die Halbinsel Nässja

Auf der Weiterfahrt nach Südwesten kann man einen Umweg hinaus auf die Halbinsel von **Nässja** (Strände) **[N 58° 25′ 51.7″ E 14° 51′ 23.2″]** machen. Dort findet man eine sehenswerte **Schiffsetzung,** ein Wikingergrab aus der jüngeren Steinzeit. Die Stelle wurde später auch als *Thingstätte* oder „Richterring" benutzt.

PRAKTISCHE HINWEISE – VADSTENA

Telefonvorwahl: 01 43
Vadstena Turistbyrå, Vadstena Slott, 592 80 Vadstena, Tel. 31 570; www.vadstena.com

HOTELS
Kungs Starby Wärdshus, 45 Zi. ***, Ödeshögsvägen, Tel. 1 14 20, Restaurant, Parkmöglichkeit.
Vadstena Klosterhotel, 29 Zi., Klosterområdet, Tel. 1 15 30, Restaurant, Parkmöglichkeit.

CAMPING
Vadstena (Vätterviksbadets) Camping *** **[N 58° 27′ 52.3″ E 14° 56′ 03.1″],** Tel. 1 27 30, www.vadstenacamping.se; Ende apr. – Mitte Sept.; Zufahrt 3 km nördl. Vadstena von der Straße 50; ausgedehntes, langgezogenes ebenes Wiesengelände und einigen Reihen hochstämmiger Birken und Kiefern zwischen Straße 50 und einer weiten Bucht des Vättersee; ca. 14 ha – 400 Stpl. + 100 Dau.; Komfortausstattung; Restaurant, Imbiss, Laden, Fahrrad- und Bootsverleih, Minigolf, Sauna. 41 Miethütten. **V & E für Wohnmobile** hinter dem hinteren Sanitärhaus, befahrbare Fläche mit Bodenauslasse für Grauwasser und Wasserhahn mit kurzem Schlauch. In der Mitte des Platzes Badestrand mit großer Wasserrutsche.

Die Ruinen des Klosters Alvastra

Über **Örberga** mit einer mittelalterlichen **Kirche** mit schön ausgemaltem Gewölbe, gelangt man zurück zur Hauptstraße 50.

HAUPTROUTE

Wenige Kilometer weiter südlich kommt vorbei an der **Kirche von Rogslösa [N 58° 22' 52.3" E 14° 44' 57.7"]** (schön geschmiedete Tür) und passiert den Abzweig nach **Borghamn** mit dem **Fischereimuseum**. Aus dem Kalksteinbruch bei Borghamn wurden die Steine für den Bau des Klosters und teilweise auch für das Schloss in Vadstena gebrochen.

Weiter südlich liegt der 264 m hohe **Omberg**, der „heilige" Berg der legendären Königin Omma von Östergötland.

Heute ist hier der **Ekopark Omberg** eingerichtet. Etwa 3 km abseits der Hauptstraße trifft man auf das **Ekoparkcenter Naturum [N 58° 18' 34.4" E 14° 38' 06.2"]**. Hier gibt es **Parkplätze** und im Haus Naturum Infos und Wissenswertes über das Naturreservat. Und hier starten ausgeschilderte **Rad- und Wanderwege** unterschiedlicher Länge. Wer sich die Mühe macht und auf den gut markierten Wegen zum Gipfelpunkt *Hjässan* hinaufwandert, wird mit einer schönen Aussicht belohnt. Und wer botanisch versiert ist, wird auf dem Wege Pflanzen finden, die sonst in Nordeuropa selten sind.

An der Südflanke des Omberg findet man die Reste des **Zisterzienserklosters Alvastra [N 58° 17' 48.0" E 14° 39' 38.1"]**,

das 1143 erste in Skandinavien gegründete Haus des Ordens. Einer der Mönche des mächtigen Klosters, dem einst 438 Höfe gehörten, war Pater Petrus Olaus, der Beichtvater der heiligen Birgitta. Während der Reformation wurde das Kloster geschleift und die Steine zum Bau des Schlosses in Vadstena verwandt. Am Vättersee liegt die Grabkapelle König Sverkers.

In der Nähe von Alvastra fand man 1908 etwa 2 km vom Ufer des Vättern entfernt Fragmente einer 5.000 Jahre alten Pfahlbausiedlung. Diese seltene Entdeckung setzte die Fachwelt damals in ziemliches Erstaunen, da man bis dahin ähnliche Siedlungen nur im Alpenraum vermutet hatte.

ROUTE: Der weitere Verlauf unserer Route führt ab Alvastra nach Osten, über **Heda** *zur Fernstraße E4 und weiter bis* **Väderstad**.

Die sehenswerten **Kirche von Heda** stammt spätestens aus dem 12. Jh. Sie ist bekannt für das mittelalterliche Madonnenbildnis der **„Himmelskönigin von Heda"**. Die Statue wurde durch die Verse Verner von Heidenstams im ganzen Land berühmt.

In einer Vitrine sind die Reste eines **Wandbehangs** ausgestellt, der vermutlich um 1500 in Köln hergestellt worden ist.

Die Figur auf dem uralten **Taufbecken** in einer Seitennische soll den sehr leger sitzenden König Karl Sverkersson darstellen.

Der Runenstein von Rök, einer der bedeutendsten seiner Art in Skandinavien

Achten Sie, wenn Sie sich auf der Weiterfahrt der E4 nähern, auf die Beschilderung zum **Rökstenen [N 58° 17' 39.8" E 14° 46' 27.8"]** in der Nähe der **Kirche von Rök**. Dieser Rökstenen ist einer der **größten und bedeutendsten Runensteine in Skandinavien** und eine Sehenswürdigkeit. Beim Runenstein wurden ein kleines Infobüro eingerichtet und eine Reihe sehr anschaulicher Informations- und Bildtafeln über den Runenstein aufgestellt.

Der über 4 Tonnen schwere und insgesamt fast 4 m hohe Granitblock ist über und über mit 800 Runenzeichen in horizontalen und vertikalen Linien bedeckt. Zusammen ergeben sie die längste zusammenhängende Runeninschrift Schwedens, ja vielleicht der Welt.

Nach der Übersetzung von Professor E. Wessén liest man da auf der Frontseite aus den vertikalen Linien z. B.: „Diese Runen gelten dem Gedenken an Vämod. Aber Varin schrieb sie, der Vater, nach seinem verstorbenen Sohn". Weiter heißt es in den horizontalen Zeilen unten: „Tjodrik der Kühne, Häuptling der Seekrieger, Herrscher über die Küsten der Reid See. Jetzt sitzt er gerüstet auf seinem gotischen Ross, mit seinem Schild umgehängt, der Mächtigste der Märingar ...", u. s. w.

ROUTE: *Bei knappem Zeitplan folgt man der E4 direkt bis* **Linköping**, *dem Etappenziel.*

Wer sich allerdings besonders für Kirchenkunst oder für den Götakanal und seine Schleusen interessiert, macht einen Umweg, der zunächst bis **Väderstad**, *dort über Landstraßen nach* **Skänninge** *und weiter über die Straße 211 nordwärts nach* **Borensberg** *führt.*

Skänninge, eine uralte Stadt in Östergötland, auf deren Gemarkung vor der Reformation zahlreiche Klöster lagen. Sehenswert ist die **Vårfrukyrkan** (Liebfrauenkirche) aus dem 14. Jh. mit vielen Grabdenkmälern, dann das **Stadtmuseum** im Rathaus und das **Freilichtmuseum Alt-Skeninge** mit historischen Land-, Bauern- und Stadthäusern.

Borensberg [N 58° 33' 34.5" E 15° 17' 00.8"] ist ein idyllisch am Ostende des Borensees und am Götakanal gelegenes Städtchen. Die Schleuse von Borensberg ist wie viele anderen auch noch von Hand betrieben. Besichtigen kann man im Sommer das in der alten Schleusenwärterswohnung eingerichtete **Spielzeugmuseum.**

ROUTE: *Weiter auf der Straße 36 südostwärts bis* **Linköping**.

Auf dem Wege nach Linköping kann man die **Kirche von Kaga** (geöffnet 8 -16 Uhr) mit ihrem spitzen Turm besichtigen. Sie wird zu den schönsten Kirchen in Schweden gezählt.

Und wer noch mehr Kanalschleusen sehen will, zweigt nach **Berg [N 58° 29' 08.2" E 15° 31' 46.8"]** ab. Dort gibt es eine **Schleusentreppe** (Bergs Slussar) mit nicht weniger als 16 Hebewerken, die auf einer Strecke von drei Kilometern einen Höhenunterschied von 37 m – vom Roxensee bis fast auf das Niveau des Borensees – überwinden.

Auf der Weiterfahrt von Berg nach Linköping passiert man Kirche und Ruine des ehemaligen **Klosters von Vreta**. Das Kloster war seit dem 12. Jh. ein Haus des Zisterzienserordens, das aber schon bald nach seiner Entstehung einem Feuer zum Opfer fiel und zu Beginn des 13. Jh. unter dem Patronat von Magnus Ladulås neu aufgebaut wurde. Ob die Klosterkirche im Mittelalter tatsächlich als königliche Begräbniskirche

WOHNMOBIL-STELLPLATZ

Wohnmobil-Stellplatz Bergs slussar [N 58° 29' 08.2" E 15° 31' 46.8"] an der Schleusentreppe. Nasse Wiese neben dem offiziellen Bus- und Pkw-Parkplatz. Jederzeit zugänglich. **Gebühr**, in der Jugendherberge zu entrichten. **Ausstattung:** Frischwasser, Toiletten und Chemikalausguss, der allerdings zum Zeitpunkt unseres Besuches nicht benutzbar war.

diente, ist nicht sicher. Vermutet wird unter dem Altar das Grab des Folkungers Inger.

Linköping [N 58° 24' 46.1" E 15° 36 53.4"], Hauptstadt Östergötlands mit rund 120.000 Einwohnern und Universitätsstadt, ist eine recht neuzeitlich wirkende Stadt mit wachsenden Industrieansiedlungen in den Außenbezirken, darunter Elektronik, Flugzeug- und Automobilbau. Die Geschichte der Stadt allerdings reicht weit zurück in die Frühzeit.

Um das Jahr 1000 herrschte das alte schwedische Königsgeschlecht der Folkunger über Linköping und schon Mitte des 12. Jh. wurde die Stadt Bischofsitz. Dessen ungeachtet folgte die Bevölkerung Mitte des 16. Jh. der Reformationsbewegung und unterstützte Gustav Vasa in seinen Bemühungen, dem Protestantismus im Lande Geltung zu verschaffen.

Obwohl die Stadt mehrfach und um 1700 fast vollständig abbrannte, ist das Stadtbild vor allem im Zentrum um den Dom geprägt von den historischen Bauten aus der Zeit vor der Reformation.

Der **Dom zu Linköping** entstand in seiner ursprünglichen Form schon im 12. Jh. auf dem Gelände einer frühchristlichen Begräbnisstätte. Mit der wachsenden Kirchengemeinde wurde die Kirche fast laufend umgebaut und erweitert. Mitte des 13. Jh. z. B. entstand das Querschiff, später folgten die Seitenschiffe. Im 14. Jh. schließlich wurde der Dom auf sein heutiges Ausmaß von 110 m verlängert und im 15. Jh. nach Plänen des Kölner Baumeisters Gierlac (Gerlach) mit einem Chorumgang versehen. 1516 endlich war der Dom in seiner heutigen Form vollendet. Allerdings wurde der 107 m hohe neugotische Turm Mitte des 18. Jh. nach Zeichnungen von Carl Hårleman neu errichtet, aber erst 1885 von Helgo Zetterwall vollendet.

Bei der Dombesichtigung wird der Blick bald auf das moderne **Altargemälde** gelenkt. Es stammt vom norwegischen Maler *Henrik Sörensen* aus dem Jahre 1934 und stellt „Christus den Offenbarer" dar,

wie er aus dem Dunkel der ungläubigen Welt und dem Beschauer mit geöffneten Armen entgegentritt. Die Seitengemälde, die das Christusbild flankieren, stammen vom gleichen Maler. Links sieht man u. a. David mit der Harfe, die Propheten Jeremia (in liegender Stellung), Hesekiel, Amos und Jesaja, den liegenden Apostel Paulus, weiter Laurentius, Ambrosius, Augustinus, Luther und Olaus Petri, dem ein Junge (symbolisch für die Kirchengemeinde) die Hände entgegenstreckt. Das Bild rechts zeigt Moses mit den Gesetzestafeln, Petrus mit den Schlüsseln, die Evangelisten Johannes, Lukas, Markus und Matthäus, den Märtyrer Stephan, die Heiligen Erik, Ansgar, Nikolaus Hermanni und die Heilige Birgitta mit einem Mädchen.

Auf der Rückseite des Altars sieht man große Gobelins, die von der Künstlerin Märta Afzelius geschaffen wurden. Dargestellt sind Motive aus der Schöpfungsgeschichte.

Ein bedeutendes Kunstwerk des Doms stellt das **Triumphkreuz** dar, das in einem Gewölbebogen der Vierung hängt. Es stammt aus dem 14. Jh.

Erwähnt werden muss auch die barocke **Kanzel** aus dem Jahre 1745, ein Werk Nicolaus Österboms, die sich mit ihrem reichen Zierrat von dem sonst sehr schlichten Kircheninneren abhebt.

Schräg gegenüber der Westfassade des Doms liegt das sog. **Schloss**, im Mittelalter Sitz der reichen und mächtigen Bischöfe von Linköping. Heute residiert hier die Landesregierung von Östergötland. Südlich vom Dom sieht man das Rathaus der Stadt.

Man kann vom Dom ein kurzes Stück nach Osten über die Fußgängerzone zum **Stora Torget**, dem zentralen Stadtplatz gehen. Die von Carl Milles geschaffenen **Brunnenfiguren** dort erinnern an die Folkunger, die große mittelalterliche Königsdynastie Schwedens. Die Szene zeigt Folke Filbyter, den Gründer der Dynastie, zu Pferde auf der vergeblichen Suche nach seinem in Linköping von Mönchen entführten Enkel. Der Legende nach suchte er bis an sein Lebensende unermüdlich, ohne den Enkel je wiederzufinden.

Carl Milles schuf das Reiterbild, das zu seinen großartigsten Arbeiten gezählt wird, im Jahre 1927. Inspiriert wurde er dazu durch eine Episode in Werner von Heidenstams Buch „Der Stamm der Folkunger" (Folkungaträdet). Die dargestellte Szene zeigt Filbyter bei der Durchquerung einer Furt, während das Pferd auf dem er reitet auf einem bemoosten Stein ausgleitet.

Ein gutes Stück weiter nördlich des Doms findet man am Vasavägen das **Östergötland Länsmuseum** (geöffnet Juni - Aug. Di 12 - 21, Mi - So 12 - 16 Uhr. Winter Di - Do 12 - 21, Fr - So 12 - 16 Uhr). Das Museum der Provinz Östergötland zeigt eine schöne Sammlung von Kunsthandwerk aus der Region, darunter Möbel, Wandteppiche aus dem 17. Jh., Glas, Silber und Porzellan, aber auch Waffen und eine Ausstellung archäologischer Funde aus Östergötland, sowie eine interessante Gemäldesammlung vornehmlich schwedischer Künstler.

Einen Besuch lohnt das **Freilichtmuseum Gamla Linköping,** Kryddbodtorget 1 (geöffnet Mo - Fr 10 - 17.30 Uhr, Sa + So 12 - 16 Uhr; www.linköping.se/gamlalinköping) am Westrand der Stadt, südlich der Straße nach Malmslätt.

Über 80 alte Gebäude und eine ganze Straßenzeile aus der „guten, alten Zeit"

sind zu sehen und vermitteln einen nostalgischen Eindruck, wie Linköping oder ähnliche schwedische Kleinstädte in früheren Jahrhunderten ausgesehen haben mögen. Interessant sind u. a. die vielen alten original eingerichteten **Läden** und **Werkstätten,** der **Lingen-Gutshof** aus dem 18. Jh., die **Nilson Villa,** das Elternhaus der Bildhauerin Carin Nilson aus dem 19. Jh, eine **Arbeiterwohnung,** ein **Schulmuseum** etc.

Vor allem an einem schönen Sommertag kann ein **Schiffsausflug** auf dem romantischen **Kindakanal,** an dem Linköping liegt, ein abwechslungsreiches Erlebnis sein. Der Kanal durchzieht auf einer Länge von insgesamt 80 Kilometern die schöne grüne Landschaft südlich von Linköping und führt dabei durch drei Seen. Der Kanal hat 15 Schleusen, davon soll eine die tiefste in Schweden sein. Ausflugsboote verkehren zwischen Mitte Mai und Ende August.

In **Malmslätt,** unweit westlich von Linköping, ist auf dem dortigen Flugfeld ein **Luftwaffenmuseum** (geöffnet 12 - 16 Uhr; Eintritt) eingerichtet, das 55 Flugmaschinen zeigt, vom historischen Doppeldecker der schwedischen Luftwaffe bis zu modernen Jets.

Rund 20 km südöstlich von Linköping liegt in einem Park am Stora Rängen See das **Schloss Bjärka-Säby,** das im Sommer besichtigt werden kann.

STOCKHOLM, SCHLÖSSER, SCHÄRENGARTEN

LINKÖPING – STOCKHOLM

Länge dieser Tour: Rund 290 km, ohne Abstecher.

Strecke: Über die Straße 35 bis **Vardsberg** – Landstraßen über **Örtomta** bis **Gistad** – Straße E4 über **Norrköping** bis **Ståvsjö bruk** – Landstraßen bis **Björkvik** – Straßen 216 und 52 bis **Katrineholm** – Straße 55/57 bis **Flen** – Straße 57 bis **Södertälje** – Straße E4 bis **Stockholm**.

Empfohlene Reisedauer: Mindestens ein Tag.

Reisehöhepunkte auf dieser Tour: Das Renaissanceschloss **Ekenäs** – **Stadt-, Kunst- und Arbeitsmuseen** in Norrköping – der Freizeit- und Tierpark **Kolmården** – die **Kirche von Floda**.

Tour 7: LINKÖPING – STOCKHOLM

ROUTE: *Von Linköping (die „Saab-Stadt") über die Straße 35 in südöstlicher Richtung. Bei* **Vardsberg** *ostwärts auf Landstraßen zum* **Schloss Ekenäs** [N 58° 23' 50.6" E 15° 46' 01.3"].

Schloss Ekenäs [N 58° 23' 50.9" E 15° 57' 10.1"] *(geöffnet Juli tgl. 11 - 17 Uhr, Mai, Juni, Aug. + Sept. So 11 - 17 Uhr; Eintritt)* mit seinen schindelgedeckten Türmchen gilt als eines der besterhaltenen Renaissanceschlösser Schwedens. Das erste Steingebäude, das hier am Seeufer schon im 16. Jh. errichtet wurde, hatte allerdings keinen Bestand. Nur Reste dieses Bauwerks sind im Erdgeschoss des heutigen Schlosses vorhanden, das im 17. Jh. entstand. Fragmente von Festungswälle und die Lage am Ufer des inzwischen allerdings ausgetrockneten

Sees Teden deuten an, dass das Schloss seinerzeit durchaus unter Verteidigungsgesichtspunkten angelegt wurde.

ROUTE: *Weiterfahrt nordwärts über* **Örtomta** *bis* **Gistad** *und hier nordostwärts auf der E4 über* **Norsholm** *nach* **Norrköping**.

Man kann in **Norsholm** (Wohnmobil-Stellplatz siehe weiter hinten) auf die Straße 215 und nach **Kimstad** (sehenswerte Kirche) abzweigen und auf der von Kimstad nach Norrköping weiterführenden Straße das auf einem Hügel gelegene **Schloss Lövstad** [N 58° 33' 07.2" E 16° 02' 31.5"] besichtigen. Das Schloss der Grafen Piper wurde im letzten Jahrhundert nach einem Großbrand völlig restauriert. Schöner Park.

Schloss Ekenäs

Norrköping [N 58° 35' 29.1" E 16° 11' 12.1"], Schwedens viertgrößte Stadt, ist eine moderne Stadt mit annähernd 125.000 Einwohnern, breiten Straßen, Hochhäusern, neuzeitlicher Architektur, einem der größten Ostseehäfen Schwedens und viel Industrie.

Trotz ihres modernen Gepräges heute ist Norrköping eine recht alte Stadt. Am Westrand der Stadt am Motala ström hat man im **Himmelstalundsparken** Jahrtausende alte Felsritzungen aus der Bronzezeit gefunden, was auf eine frühe Besiedelung des Gebietes hinweist.

Lange war Norrköping nicht mehr als ein Warenumschlagsplatz am Westende der tief ins Land greifenden Ostseebucht Bråviken und am Kreuzungspunkt von Handelsstraßen, die hier den für die Stadtentwicklung so wichtigen Fluss Motala ström überquerten. „Köping" bedeutet im Schwedischen ja soviel wie Markt-, Handels- oder Kaufplatz.

1384 erhielt Norrköping Stadtrechte. Einen wirklichen Aufschwung aber erlebte die Stadt erst im 17. Jh. als der Holländer Louis de Geer hier eine erste Textilfabrikation ins Leben rief. Textilindustrie war dann auch bald der größte Wirtschaftszweig der Stadt. Maschinenbau und Papierindustrie u. a. kamen später hinzu.

Im Mittelalter hatte Norrköping eine große deutsche Kolonie. Darauf weisen noch der Tyska Torget (Deutscher Markt) und die 1673 geweihte **Hedvigs Kyrkan** (nach Hedvig Eleonora, der Gattin König Karls X. Gustav) hin, die auch als Tyska Kyrkan bekannt ist.

Ganz ohne Sehenswürdigkeiten ist Norrköping aber keineswegs. So ist man z. B. in der Stadt stolz auf die hübsche, große *Kakteenpflanzung* im **Karl-Johan-Park** zwischen Bahnhof und Motala ström. Im Park sollen ca. 25.000 Kakteen angepflanzt sein.

Kunstliebhaber sollten das **Kunstmuseum** am Kristinaplatsen besuchen *(geöffnet Sommer Di - So 12 - 16, Winter Di - So 11 - 17 Uhr)*. Es ist bekannt für seine Sammlung moderner schwedischer Kunst und seinen Skulpturengarten.

Einen guten Überblick über die historische und wirtschaftliche Entwicklung Norrköpings vermittelt das **Städtische Museum** *(geöffnet Di - Fr 10 - 17, Sa + So 11 - 16 Uhr)* in der Västgötagatan 19 – 21 am Motala ström, mit Abteilungen über Handwerk, Kunstgeschichte und die für die Stadt so wichtige Textilindustrie.

Historisch ist die **Kirche St. Olaf**, die 1767 an der Stelle einer früheren, mittelalterlichen Kirche erbaut wurde. Der letzte Vasa-König, Gustav IV. Adolf, wurde hier im Jahre 1800 gekrönt.

Wer sich einen Überblick über die Stadt verschaffen will, kann den 68 m hohen **Rathausturm** besteigen. Dort befindet sich in 50 m Höhe eine Aussichtsplattform und ein Glockenspiel mit 48 Glocken, das gewöhnlich täglich um 12 Uhr ertönt. Besteigen kann man den Rathausturm gegen Eintritt von Mitte Juni bis Mitte August von Montag bis Freitag um 11 und um 15.30 Uhr und am Samstag um 15.30 Uhr.

Im Dezember 1991 wurde das **Museum für Arbeit,** Strykjärnet, eröffnet *(geöffnet tgl. 11 - 17 Uhr)*. Das Museumsgebäude liegt auf der kleinen Insel Laxholmen inmitten der alten Industrielandschaft. Es wurde Schwedens schönste Fabrik genannt und deshalb zum Baudenkmal erklärt. Der Architekt Folke Bensow hatte es 1916 entworfen und aus einem zu dieser Zeit neuen Material gebaut: Stahlbeton. Wegen der siebeneckigen Form des Gebäudes, die der natürlichen Gestalt der Insel folgt, nannte man es im Volksmund „Strykjärnet", Bügeleisen.

Das Museum der Arbeit versteht sich als Museum der Gegenwartsgeschichte, dessen wichtigste Aufgabe die Schilderung der Arbeit ist. Es umfasst aber auch das Umfeld der Arbeit und das auf sehr erfrischende und moderne Art, die das Publikum mit einbezieht. Restaurant. Referenzbibliothek, Museumsboutique.

Das Gelände, auf dem das Museum für Arbeit liegt, Norrköpings sog. **Industrielandschaft**, war einst das wirtschaftliche Herz der Stadt. Norrköping war ja lange Schwedens größte Industriestadt. Tausende von Menschen fanden in den Webereien, Spinnereien, Woll- und Baumwollindustrien Arbeit. Und im 19. Jh. wurde Norrköping gelegentlich sogar „Schwedens Manchester" genannt.

Nach einer Zeit des Niedergangs und des Verfalls entging die alte Bausubstanz in den siebziger Jahren nur ganz knapp der Abrissbirne. Norrköpings Kommune hatte

eine bessere Idee. Man rekonstruierte viele der architektonisch interessanten Gebäude und machte aus der ehemaligen Industrielandschaft ein neues Zentrum für Wirtschaft, Wissenschaft, Kunst und Bildung, ein Zentrum der für Kommunikation.

Neben dem Museum für Arbeit findet man hier noch das **Stadtmuseum,** das **Holmens Museum**, die Konzerthallte „Louis de Geer", das Science Centre in der alten „Värmekyrkan", der Wärmekirche, eine Außenstelle der Universität u. a.

Ein beliebtes Ausflugsziel ab Norrköping ist der große **Tier- und Freizeitpark Kolmårdens Djurpark**, ein gutes Stück nordöstlich der Stadt am Nordufer des Bråviken gelegen. Die Anlage nimmt für sich in Anspruch Skandinaviens größter Tier- und Naturpark zu sein. Zu den Attraktionen zählen Waldtiere wie Elche, Bären, Luchse und Wölfe, dann der Safaripark, das Delphinarium oder der Kinderbauernhof.

PRAKTISCHE HINWEISE – NORRKÖPING

 Telefonvorwahl: 0 11
Destination Norrköping Turistbyrån [N 58° 35' 29.1" E 16° 11' 12.1"], Dalsgatan 9, 601 81 Norrköping, Tel. 15 50 00. www.destination.norrkoping.se.

 HOTELS
Centric, 27 Zi. ***, Gamla Rådstugagatan 18 – 20, Tel. 12 90 30, Fax 18 07 28, zentral, Restaurant, Parkmöglichkeit.
First Express, 118 Zi., Skomakaregatan 8, Tel. 19 72 20, Fax 12 65 06, im südlichen Innenstadtbereich, Garni, Parkmöglichkeit. – Und andere Hotels.

 CAMPING
Himmelstalunds Camping ***, Campingvägen, Tel. 17 11 90, www.norrkopingscamping.com; 1. Apr. – 15. Okt.; Zufahrt von der E4 Ausfahrt Norrköping Süd, beschildert. Teils ebenes, teils zu einer Talsenke geneigtes Wiesengelände mit einzelnen Laubbäumen; ca. 5 ha – 300 Stpl.; einfache, wenig gepflegte Sanitäranlagen mit Sammelduschen; Cafeteria, Miethütten. In der Nähe Sportzentrum und Freibad.

First Camp Kolmården **** [N 58° 39' 37" E 16° 24' 2"], Norre Bråviken, Tel. 39 82 50, www.kolmardenscamping.se; Ende Apr. – Anf. Sept.; 22 km nordöstlich von Norrköping; ansprechend gelegenes, etwas hügeliges Wiesen- und Waldgelände am Nordufer des Bråviken; ca. 15 ha – 270 Stpl.; Standardausstattung; Laden, Imbiss, Sauna, WLAN; 91 Miethütten; Freizeiteinrichtungen, Badebucht am See. V & E **für Wohnmobile**.

Rastplatz – Norsholm/Götakanal
Rastplatz östlich vom Gästehafen und der Schleuse des Götakanals in Norsholm. **Geöffnet:** Ganzjährig. **Gebühr,** am P-Automat zu bezahlen. **Ausstattung:** Frischwasser, Toilette, Dusche, Stromanschluss, Chemikalausguss. Tel. 0414/20 20 50, www.gotakanal.se.

Abstecher zum Beginn des Götakanals bei Mem

In **Mem,** einem kleinen, ansprechend gelegenen Ort am Ende der Bucht Slätbaken beginnt der Götakanal. Eine Schleuse regelt den Niveauunterschied der Ostseebucht und des Kanals.

Hier fand 1832 in Anwesenheit von König Karl XI. Johan im alten Magazingebäude (heute Café und Jugendherberge) die feierliche Einweihung und Eröffnungszeremonie des Götakanals statt.

HAUPTROUTE

*ROUTE: Weiterreise ab Norrköping über die Straße 55, die durch wenig interessante Gegend führt, nordwärts nach **Katrineholm.** Wer Zeit hat, sollte den Umweg ostwärts vorbei am **Yngaren-See** wählen. Man verlässt dazu Norrköping über die Fernstraße E4, zweigt spätestens nach 40 km nordwärts auf die Straße 216 nach **Björkvik** ab. Von dort fährt man auf der Straße 216, später Straße 52 weiter nach **Katrineholm** [N 58° 45′ 18.6″ E 16° 36′ 21.0″].*

Einige Kilometer westlich der Straße 216 liegt **Virå** mit einem interessanten **Porzellanmuseum** *(geöffnet 1. Mai – 30. Sept. tgl. 9 – 16 Uhr).*

Nach weiteren gut 10 km kommt man nach **Björkvik** an einer schmalen Bucht des Yngaren-Sees. Besichtigen kann man die Reste der alten **Kirche von Björkvik,** die aus dem 12. Jh. stammt, in der Walpurgisnacht von 1869 aber völlig abbrannte. Erhalten sind allerdings der schön restaurierte, wehrhafte Turm und die Außenmauern der Kirche.

Später passiert man auf dem Wege nach Katrineholm die Ländereien von **Schloss Eriksberg** [N 58° 56′ 36.5″ E 16° 23′ 23.1″], das westlich der Straße liegt. Das prächtige Schloss wurde Mitte des 17. Jh. von den Gyllenstjärnas nach Plänen von Nicodemus Tessin d. Ä. erbaut. Heute ist das Anwesen im Besitz des Freiherrn Carl J. Bonde.

Nur der Park ist der Öffentlichkeit täglich zwischen 9 und 18 Uhr zugänglich.

Die intensiv land- und forstwirtschaftlich genutzte Landschaft um Katrineholm ließ riesige Landgüter entstehen. Eriksberg ist mit fast 16.000 Hektar das größte Gut im Kreis.

Katrineholm [N 58° 58′ 37.0″ E 16° 12′ 26.9″] in der Region **Södermanlands Län** liegt auf einer Halbinsel im Djulösjön. Die Stadt ging aus einer frühgeschichtlichen Siedlung hervor, wie Funde aus der Steinzeit, z. B. bei Vrå östlich Katrineholm, beweisen. Eine prosperierende Entwicklung setzte allerdings erst Mitte des 19. Jh. mit dem Bau der Eisenbahnlinie Stockholm – Göteborg ein. Wenig später wurde ein Abzweig nach Süden von Katrineholm nach Malmö angefügt.

Die günstige Verkehrsanbindung ließ die große Kreisstadt Katrineholm zu einem beliebten Industriestandort werden. Außerdem beherbergt die Stadt eine Anzahl von Schul- und Ausbildungsstätten für Industrie und Landwirtschaft.

Besichtigen kann man das **Puppenmuseum** (Docksamling) in der Djulögatan 51. Dort sind rund 700 Puppen in zeitgenössischen Kleidern aus dem 18. Jh. und später ausgestellt.

Darüber hinaus zählen das **Katrineholm Heimatmuseum** südlich der Stadt am Djulösjön, der **Freizeitpark Djulö,** sowie das Gut **Stora Djulö Herrgård** ca. 2 km südlich Katrineholm zu den Sehenswürdigkeiten der Stadt.

Abstecher nach Julita

Bei längerem Aufenthalt lohnt ein Abstecher ca. 25 km nach Nordwesten über die Straßen 56/214 nach **Julita** und zum dortigen **Landgut Julita** [N 59° 08′ 58.8″ E 16° 04′ 02.9″] am Öljarsee.

Julita, das früher nach den reichen Weideflächen hier *Julöt* (von Löten – Weideland) hieß, war lange königliche Domäne, die verdienten Familien als Lehngut überlassen wurde.

WOHNMOBIL-STELLPLATZ – MEM

Wohnmobil-Stellplatz am Götakanal am östlichen Beginn des Götakanals unterhalb der Schleuse, auf Wiesenboden mit Platz für 4 Wohnmobile; **Geöffnet:** Anf. Juni – Ende August; Anmeldung im Schleusenkontor beim Café. **Gebühr. Ausstattung:** Frischwasser, Dusche, Toiletten, Chemikalausguss. Tel. 0414/20 20 50, www.gotakanal.se

PRAKTISCHE HINWEISE – KATRINEHOLM

Telefonvorwahl: 01 50
Katrineholms Turistbyrå [N 58° 59′ 36.0″   E 16° 12′ 16.8″], Djulögatan 32, 641 29 Katrineholm, Tel. 5 72 41.

HOTELS

Focus, 30 Zi. ***, Domushuset Köpmangatan 19, Tel. 1 30 50, Garni, Parkmöglichkeit, in Bahnhofsnähe.
Katrineholms Stadshotell, 88 Zi. ****, Storgatan 20, Tel. 5 04 40, Fax 5 40 91, am Bahnhof, Sauna, Restaurant. – Und andere Hotels.

CAMPING

Djulöbadets Camping *[N 58° 58′ 11″ E 16° 12′ 37″],** Tel. 5 72 42; www. djulocamping.se; Jan. - Dez.; Zufahrt ca. 1 km südöstl. von Katrineholm von der Straße 55 zum See, beschildert, noch ca. 500 Meter.; Wiesen- und Waldgelände am Djulösjön, öffentliches Strandbad mit Café angrenzend; ca. 3 ha – 120 Stpl. + 40 Dau.; Standardausstattung. Imbiss, Laden, Fahrradverleih, WLAN. **V & E für Wohnmobile**.

König Knut Eriksson, Sohn Erichs des Heiligen, wird als erster Besitzer von Julita genannt. Ausgangs des 12. Jh. vermachte er das Anwesen dem Zisterzienserorden, der hier ein Kloster errichtete. Gustav Vasa führte den Besitz 1527 wieder der Krone und seiner ursprünglichen Bestimmung als Lehngut zu. Ende des 19. Jh. wurde Julita an die Familie Johann Bäckstrom verkauft. Der letzte private Besitzer, Arthur Bäckström, vermachte das Gut mit allen Gebäuden und Ländereien 1941 dem Nordischen Museum. Heute ist das ganze Anwesen ein großes Landwirtschaftsmuseum.

Der Besucher sieht ein prächtiges **Herrenhaus** inmitten eines gepflegten Parks, das Mitte des 18. Jh. an der Stelle des erwähnten Klosters entstand. Das Herrenhaus in seiner heutigen Form wurde nach einem Brand um 1750 im klassizistischen Stil errichtet und ist kostbar möbliert und eingerichtet. In dem ausgedehnten Parkgelände, das das Anwesen umgibt, sind u. a. Kräuter- und Rosengärten, Wirtschaftsgebäude, eine Kirche, ein Museumsgebäude, eine Ziegelei aus dem 18. Jh., eine Molkerei, ein Obstgarten und vieles mehr zu sehen.

Das Herrenhaus ist in den Sommermonaten für Besichtigungen geöffnet. Der Park ist das ganze Jahr über zugänglich.

HAUPTROUTE

ROUTE: Auf der Weiterreise von Katrineholm nach Stockholm empfiehlt es sich – je nach Interessenlage – einen kleinen Abstecher nordwärts nach **Floda** zu machen. Von Floda geht es dann über Landstraßen ostwärts und über **Flen** zur Hauptstraße 55/57. Über **Södertälje** und die Straße E4 erreicht man nach rund 110 km schließlich die Hauptstadt **Stockholm**.

Sehenswert in **Flodafors** ist die **Kirche von Floda [N 59° 03′ 59.7″   E 16° 22′ 01.7″],** deren Spitzbogengewölbe wunderschön ausgemalt sind. Die **Deckenmalereien** stammen aus dem späten 15. Jh. von Albertus Pictor. Bemerkenswert ist darüber hinaus die wunderbar geschnitzte **Kanzel** mit Apostelfiguren.

Flen [N 59° 03′ 22.3″ E 16° 35′ 21.4″] mit seinem **Freilichtmuseum** im Thulepark ist ein wichtiger Eisenbahnknotenpunkt.

Westlich des Ortes liegt an einem See **Schloss Stenhammar.** Die Residenz ist im Besitz der königlichen Familie und nicht zugänglich. Vom Weg aus aber kann man einen Blick auf das Schloss werfen.

STOCKHOLM

Empfohlene Reisedauer: Mindestens zwei Tage.

Höhepunkte in Stockholm: Stockholms Altstadt **Gamla Stan **** – der **Königliche Palast **** und die **Königlichen Gemächer ***** – das **Vasa-Museum ***** – das **Stadshuset **** – die **Riddarholmskirche *** – das Freilichtmuseum **Skansen **** – das **Nationalmuseum **** – ein Schiffsausflug zu den Schlössern **Drottningholm ***** oder **Gripsholm **.**

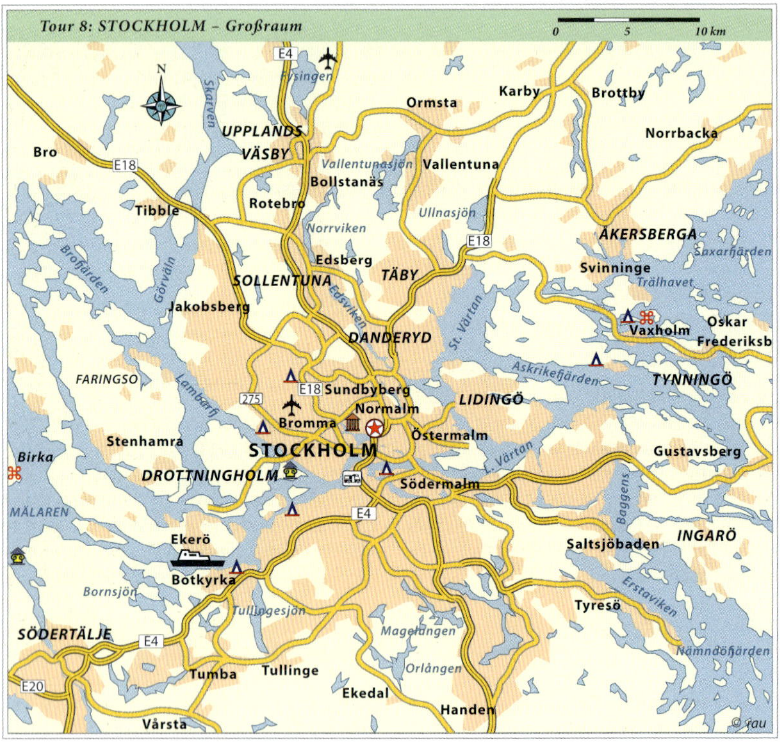

Tour 8: STOCKHOLM – Großraum

Schwedens Hauptstadt mit heute rund 782.000 Einwohnern (annähernd 1,7 Millionen Einwohner im Großraum mit Vororten), wurde offiziell im Jahre 1252 von *Birger Jarl* gegründet. Mit Sicherheit war die Insel, auf der heute die Altstadt Gamla Stan liegt, und die Ufer an der Mündung des Mälarsees in einen Meeresarm der Ostsee schon viel früher besiedelt. Viel zu wichtig war dieser Punkt, von dem aus der Zugang vom politisch und wirtschaftlich bedeutenden Siedlungsgebiet des alten *Svea-Reiches* rund um den Mälarsee hinaus in die Ostsee überwacht werden konnte. Und wahrscheinlich waren es genau diese Überlegungen, die Birger Jarl, den damaligen Reichsstatthalter, dazu bewegten, diese Siedlung zur Stadt und zu seiner Residenz zu erheben.

Stockholm, was übrigens soviel wie Baumstamm-Insel bedeutet (*stock* = Stamm, *holm* = Insel), hatte bei seiner Erhebung zur Stadt wohl kaum mehr als ein paar Hundert Einwohner. In einer der Legenden über die Entstehung der Stadt heißt es, dass Bürger aus der alten Hauptstadt Sigtuna, deren Stadt ausgangs des 12. Jh. von Seeräubern verwüstet worden war, einen Baumstamm ins Wasser warfen und ihn zur See treiben ließen. Dort wo er anlandete sollte ihre neue Stadt entstehen. Und genau an der kleinen Insel Helgeandsholmen (Heiliggeistinsel), auf der heute das Reichstagsgebäude jenseits des Schlosses steht, soll der Baumstamm gestrandet sein.

Stockholms Stadtgeschichte

Weniger nach Legende hört sich die Version an, dass der Name *Stock Holm* von den Holzstämmen (stock) abgeleitet wurde, die die Brücken von Gamla Stan über Helgeandsholmen zum Festland trugen.

Birger Jarl ließ auf dem höchsten Punkt der Stadsholmen (Stadtinsel) die Festung *„Tre Kronor"* errichten und die Ufer durch Wälle und Wehranlagen schützen. Bald wurde mit dem Bau der Storkyrkan begonnen, in der 1336 Magnus Eriksson zum König gekrönt wurde. Königsresidenz aber wurde Stockholm erst später.

Im 14. Jh. ließen sich viele deutsche Kaufleute und Schiffseigner in Stockholm nieder. Ihr Einfluss und damit der Einfluss der Hanse auf die Geschicke Stockholms in jenen Jahren war beträchtlich. Viele Handwerker und Künstler aus den deutschen Hansestädten waren in Stockholm tätig. Die Spuren aus jener Zeit sind in Kunstwerken in den Kirchen oder in Straßennamen heute noch nachvollziehbar. Zeitweise war der Einfluss der deutschen Kaufleute auf die Stadtpolitik so erheblich, dass sich der Rat der Stadt gezwungen sah per Gesetz festzulegen, dass höchstens die Hälfte der Ratssitze von Ausländern eingenommen werden durften. Mitte des 15. Jh. wurde der Stadtrat radikal von Ausländern „gesäubert". Eine restriktive Ausländerpolitik senkte den Anteil der deutschen Stadtbevölkerung deutlich.

Dennoch stieg die Einwohnerzahl dank eines blühenden Handels rasch auf annähernd 5.000 an. Das Stadtgebiet dehnte sich aus, zunächst auf die *Insel Riddarholmen*, dem bevorzugten Wohngebiet des Adels. Riddarholmen hieß nach den Franziskanern oder „Grauen Brüdern", die hier ihre Klosterkirche (heute Riddarholmskyrkan) hatten, lange *„Gråmunkeholmen"*. Bald wurden auch *Södermalm, Norrmalm, Kungsholmen* und *Skeppsholmen* besiedelt.

Ein schwarzer Tag für Stockholm war der 8. November des Jahres 1520. Nach einer verlorenen Schlacht des Schweden *Sten Sture* gegen die Dänen kapitulierten die Schweden. Entgegen aller Vereinbarungen ließ aber der dänische König Christian II. fast alle seine Widersacher – es sollen über einhundert gewesen sein, darunter Adelige und Herren des geistlichen Standes – auf dem Stortorget enthaupten. Genützt hat dieses Massaker, das als „Blutbad von Stock-

*Birger Jarl Denkmalsäule
am Birger Jarl Torg , Riddarholmen*

holm" in die Geschichtsbücher einging, der dänischen Sache allerdings kein Jota. Gustav Vasa gelang es vielmehr, die Empörung in Schweden zu nutzen, das Reich zu einen und die Autonomie des schwedischen Königreichs wieder herzustellen. Die Truppen Gustav Vasas zogen 1523 in Stockholm ein und machten die Stadt zum Sitz der Reichsadministration.

Während des Dreißigjährigen Krieges zwischen 1618 und 1648 erlangte Schweden eine Großmachtstellung in Europa. Entsprechend nahm die Bedeutung Stockholms zu. Die Einwohnerzahl stieg auf über 60.000. 1634 endlich wurde Stockholm offiziell zur Hauptstadt des Königreichs erhoben, was es de facto schon lange war. Im 17. Jh. entstanden viele der Residenzen

Ausflugsschiffe an Stockholms Strömbron

und Adelspaläste in der Stadt, vor allem auf Riddarholmen.

1697 fiel die von Birger Jarl gegründete Drei-Kronen-Festung einem Großfeuer zum Opfer. Der aus Stralsund stammende Architekt und königliche Stadtbaumeister *Nicodemus Tessin* und dessen Sohn wurden mit dem Neubau des Königspalastes beauftragt, der nach fast fünfzigjähriger Bauzeit 1754 vollendet wurde.

1710 dezimierte eine Pestepidemie die Einwohnerzahl Stockholms empfindlich.

Der Verlust der Vormachtstellung Schwedens in Europa im 18. Jh. hatte natürlich auch seine Auswirkungen auf die Entfaltung der Stadt. Die wirtschaftliche Weiterentwicklung Stockholms stagnierte. Mit dem Industriezeitalter kam Mitte des 19. Jh. – die heutige Hauptstraße Drottninggatan hatte damals noch nicht einmal Gehsteige und die heute schmucke Altstadt glich mehr einem Elendsviertel – die erste Eisenbahnlinie aus Södertälje nach Stockholm. Und 1877 ratterte die erste Straßenbahn durch die Stadt. Die nächsten 100 Jahre waren für Stockholm eine Zeit der „ruhigen Revolution". Die Stadt und ihre Bürger profitierten von den politischen Reformen. Stockholm entwickelte sich zu einer modernen, prosperierenden Großstadt.

1912 war Stockholm Austragungsort der Sommerspiele der 5. Olympiade.

Ein Phänomen, das dem Besucher auf den ersten Blick nicht auffällt, ist die Tatsache, dass Stockholm gleichzeitig an einem Binnengewässer und an einem Arm der Ostsee, am Süßwasser führenden Mälarsee und den salzigen Fluten der Ostsee liegt. Obendrein differiert das Niveau der Wasserspiegel von Ostsee und Mälarsee im Normalfall um rund 50 cm. Die unterschiedlichen Pegel zwischen dem Riddarfjärden (Mälarsee) und dem Saltsjön (Ostsee) werden durch Schleusen (Slussen) zwischen Gamla Stan und Södermalm überwunden.

Wasser, Inseln und Brücken sind es, die das Großbild der Stadt prägen. Über nicht weniger als 14 Inseln erstreckt sich Stockholm zwischenzeitlich. „Die Schöne am Wasser" oder „Venedig des Nordens" wurde Stockholm schon genannt. Aber bei allem Enthusiasmus, „staden mellan broarna", die Stadt zwischen den Brücken, trifft die Sache – zumindest in Bezug auf die Gamla Stan – wohl am ehesten.

Tipps zur Stadtbesichtigung

Zwei Tage sollten für einen Stockholm-Besuch mindestens vorgesehen werden.

Was besichtigt man?

Ein Rundgang durch die **Altstadt**, eine Besichtigung des **Königlichen Schlosses** (zumindest der Königlichen Gemächer und der Schatzkammer) und vor allem auch ein Besuch im **Vasa Museum (16)** sollten auf alle Fälle auf dem Besichtigungsprogramm stehen.

Einen weiteren Tag können Sie leicht mit Besuchen der **Riddarholmskirche (11),** des **Stadshuset (14),** des **Nordischen Museums (17)** und des **Nationalmuseums (27)** oder des **Moderna Museet** ausfüllen, die mit zu den bedeutenden Sehenswürdigkeiten der Stadt zählen.

Steht noch mehr Zeit zur Verfügung, lohnt ein Besuch im **Skansen Freilichtmuseums (15),** in dem man alleine einen ganzen Tag verbringen könnte, oder man geht in eines der anderen zahlreichen Museen der Stadt.

Und an einem schönen Sommertag ist ein **Ausflu**g mit den Nostalgiedampfern wie der „S/S Mariefred" nach **Drottningholm** oder **Gripsholm** ein sehr reizvolles Erlebnis. Eine detaillierte Beschreibung dieser beiden Schlösser finden Sie in der nächsten Route 9 (Stockholm – Mariefred).

Öffentliche Verkehrsmittel

Das System der öffentlichen Nahverkehrsmittel, sprich **Busse** und **U-Bahn** (Tunnelbana), ist ausgezeichnet organisiert, relativ preiswert und schnell. Ergänzt wird das Nahverkehrssystem durch Schiffsverbindungen. Die Empfehlung kann also nur lauten, Stadtbesichtigungen mit Bus und U-Bahn zu unternehmen, zumal mit der (allerdings auch nicht gerade preiswerten) Stockholmkarte die öffentlichen Verkehrsmittel umsonst benutzt werden können.

Seit einigen Jahren fährt die schön restaurierte alte **Nostalgie-Straßenbahn Linie 7** vom Platz Norrmalmstorg in der Innenstadt, ganz in der Nähe des Touristenbüros, bis zu den Museen und zum Freilichtmuseum Skansen auf der Djurgården-Halbinsel.

Mein Tipp! Nehmen Sie auf dem Weg nach Djurgården die Fähre ab Slussen und die Straßenbahn zurück in die Innenstadt, oder machen Sie es umgekehrt.

Einen ersten Eindruck von Stockholm vom Wasser aus kann man sich auf einer Fahrt mit den **Hop-on Hop-off Rundfahrtbooten** verschaffen, was vor allem an einem schönen Sommertag ein Erlebnis ist. Die offenen Boote verkehren von Anfang Juni bis Ende August von 10 Uhr bis 16 Uhr jede Stunde **ab Anleger am Schloss**, über **Nybroviken, Vasa Museum, Gröna Lund**

(Skansen), **Dock der Kreuzfahrtschiffe** und **Gamla stan** zurück zum Schloss. Die gesamte Tour dauert rund eine Stunde. Das schöne aber ist, man kann an jedem Haltepunkt aus- und wieder zusteigen, so oft man will. Die Fahrkarte ist 24 Stunden lang gültig. Tickets kauft man an den Anlegestellen (Info: Stockholms Sightseeing, Tel. 08-587 140 20, www.stockholmsightseeing.com)

Übrigens sind viele der U-Bahn-Stationen, z. B. T-Central (Zentralbahnhof), Rådhuset, Solna Center oder Fridhemsplan dank ihrer ausgefallenen Architektur und der künstlerischen Gestaltung schon eine Sehenswürdigkeit für sich.

Da Sie Ihr Handy vermutlich sowieso dabei haben, kann folgende Einrichtung für Sie vielleicht von Interesse sein – **Talk of the town**. „Talk of the town" ist eine technische Einrichtung, ein elektronischer Stadtführer (Audioguide), über den Sie mittels Ihres Handys Informationen in sechs Sprachen zu 42 Sehenswürdigkeiten in Stockholm abfragen können. Sie müssen eine spezielle Telefonnummer anrufen und einen Code für die jeweilige Sehenswürdigkeit eingeben und schon geht's los.

Sehr willkommen nach einem langen Stadtspaziergang - die Straßenbahn Nr. 7. Sie fährt vom Normalmtorg bis nach Djurgården.
Foto: M. Adolfson, imagebank.sweden

Die Ansagen dauern jeweils rund drei Minuten. Infos dazu im Touristenbüro, in den größeren Hotels oder in den Museen, www.talk-ofthetown.se.

Die **Stockholmkarte (Stockholmskortet)**, eine Art pauschale Fahr- und Eintrittskarte, bietet dem Besucher freien Eintritt zu immerhin 75 Sehenswürdigkeiten und Museen, gestattet die freie Benutzung der öffentlichen Verkehrsmittel (Busse, Stadtbahn und U-Bahn), kostenlose Touren mit Sightseeingbooten und andere Vergünstigungen. Die nicht gerade billige Stockholmkarte ist für eine Gültigkeitsdauern von 24, 48 oder 72 Stunden zu haben. Kaufen kann man die Stockholmkarte im Stockholm Tourist Centre, bei Hotelcentralen oder im Hauptbahnhof Central Station.

Mein Tipp! Wer mit dem Auto in Stockholm unterwegs ist, sollte tunlichst die Parkverbotsbeschilderung beachten. Strafmandate für falsches Parken sind teuer und kosten umgerechnet von rund EUR 30,- an aufwärts! Auch ein ausländisches Nummernschild stimmt die Ordnungshüter nicht milder.

Parkhäuser findet man vor allem im Stadtteil zwischen Hauptbahnhof und dem zentralen Sergels Torg.

Gebührenpflichtige Parkmöglichkeiten im Freien findet man auf der Alt-

Am Königlichen Schloss

stadtinsel an deren Ostseite unterhalb des **Schlosses (2)** an der **Skeppsbron [N 59° 19′ 32.4″ E 18° 04′ 33.5″]**, dann an der Südwestseite am **Kornhamnstorg**, sowie hinter der **Riddarholmskirche (11)**.

Außerdem gibt es Parkplätze **[N 59° 19′ 36.5″ E 18° 02′ 58.7″]** am **Stadshuset (14)** und westlich davon an der Uferstraße Norr Mällarstrand.

Im östlichen Stadtbereich schließlich gibt es gebührenpflichtige Straßenparkplätze entlang des Strandvägen, entlang des Boulevards Narvavägen, auf **Junibacken** kurz vor den Museen Nordisches Museum (17) und Vasawerft (16) oder südlich des Freilichtmuseums Skansen (15), um nur einige relativ zentrumsnahe Parkmöglichkeiten zu erwähnen. Änderungen im Zuge von Baumaßnahmen sind natürlich möglich!

Achten Sie beim Abstellen Ihres Autos über Nacht an Straßenparkplätzen auf die sog. „Säuberungsnächte". Stockholms Straßen werden zumindest einmal pro Woche nachts gereinigt. Der Wochentag wird an den Parkuhren, Parkschildern oder an den jeweiligen Straßenecken angegeben. Auf diesen Parkplätzen ist Parken nach Mitternacht des entsprechenden Tages nicht erlaubt.

Übrigens: Die **City-Maut** wurde mit Amtsantritt der neuen Mitte-Rechts-Regierung unter Frederik Reinfeldt im Oktober 2006 nun endgültig eingeführt. Wie es heißt, sind im Ausland zugelassene Fahrzeuge aber von der City-Maut ausgenommen!

Stockholms Altstadt Gamla Stan

Gamla Stan, das historische Herz der Stadt, mit seinen engen Gassen und repräsentativen Häuserfassaden, ist eine der größten Sehenswürdigkeiten der Stadt. Hier liegen das **Königliche Schloss (2)**, Stockholms Domkirche **Storkyrkan (4)**, der historische **Stortorget** (Großer Platz) die **Tysk Kyrkan** (Deutsche Kirche – 8 –) oder das **Nobelmuseum (5)**, die alle eine Besichtigung lohnen.

Ausgangspunkt unserer Stadtbesichtigung ist der **Slottsbacken**, Auffahrt und Vorplatz auf dem Schlossberg an der Südseite des **Königlichen Schlosses Kungliga Slottet**. Gebührenpflichtige Parkplätze findet man an der Uferstraße Skeppsbron.

Unmittelbar westlich des Schlosses erhebt sich die Großkirche St. Nikolai oder **Storkyrkan (4)** mit einem mächtigen Obe-

STOCKHOLM GAMLA STAN

STOCKHOLM - ALTSTADT GAMLA STAN – **1** *Gustav III. Denkmal* – **2** *Königliches Schloss* – **3** *Finska Kyrkan* – **4** *Storkyrkan* – **5** *Nobelmuseum, ehem. Börse* – **6** *Katarinahissen* – **7** *Stadtmuseum* – **8** *Tyska Kyrkan* – **9** *Postmuseum* – **10** *Riddarhuset* – **11** *Riddarholms-kyrkan* – **12** *Wrangelsches Palais* – **13** *„Mälardrottningen" Hotel-Restaurant-Schiff* – **14** *Reichstagsgebäude* – **15** *Mittelalter-Museum* – **16** *Königliches Münzkabinett*

lisken vor der Kirche, den König Gustav III. nach dem Krieg in Ostfinnland 1791 seinen Untertanen errichten ließ.

Nach Osten sieht man über das Gustav III.-Denkmal und die königliche Anlegestelle Logårdstrappen über den Norrströmen hinüber nach Blasiholmen mit Grand Hotel und Nationalmuseum (27).

Das Königliche Schloss

Das Kungliga Slottet, das **Königliche Schloss (2)** [N 59° 19' 35.76" E 18° 4' 26.21"], Slottsbacken, ein gewaltiger Renaissancebau, dessen Flügel sich um einen viereckigen, großen Innenhof gruppieren, entstand ausgangs des 17. Jh. auf den Mauern der alten Drei-Kronen-Festung *(geöffnet 15. Mai - 14. Sept. tgl. 10 - 16 Uhr, von*

Juni bis Aug. bis 17 Uhr. 15. Sept. - 14. Mai Di - So 12 - 15 Uhr; Eintritt; www.kungahuset. se, www.royalcourt.se). Bitte beachten Sie, dass die Königlichen Gemächer anlässlich öffentlicher Empfänge für Besichtigungen geschlossen sein können!

Unmittelbar nach der Stadtgründung Mitte des 13. Jh. hatte Birger Jarl den Grundstein zur Burg Tre Kronor gelegt. 1697 – König Karl I. war eben gestorben und lag aufgebahrt im Rittersaal – brannte die Burg bis auf die Grundmauern nieder. Nur die Nordfassade, die im Rahmen eines umfangreichen Umbauprogramms schon errichtet war, blieb erhalten. Das Feuer muss mit solcher Geschwindigkeit um sich gegriffen haben, dass die Schlossbesatzung Mühe hatte, den Leichnam des Königs zu bergen.

Unmittelbar nach der Brandkatastrophe wurde der Auftrag zum Bau eines neuen Schlosses erteilt. Mit der Ausführung beauftragte man den Stadtbaumeister Nicodemus Tessin den Älteren, der schon mit den Umbaumaßnahmen der Tre-Kronor-Burg befasst gewesen war. Nahezu 60 Jahre zogen sich die Bauarbeiten hin. Nicodemus Tessin der Jüngere, der Sohn des Stadtbaumeisters und Vertraute König Karls XII., führte das Werk fort. Später leitet der Architekt Karl Hårleman die letzten Arbeiten des Innenausbaus. Und 1754 endlich konnte der im Stil des italienisch-französischen Barock ausgestattete Palast seiner Bestimmung übergeben werden.

Über 600 Zimmer, Salons und Säle sollen sich in den weitläufigen Flügeln befinden. Einige der Palasträume werden heute noch von der königlichen Familie und von staatlichen Institutionen zu Repräsentationszwecken genutzt.

Ein Teil des Palastes steht der Öffentlichkeit zur Besichtigung offen. Während offizieller Anlässe wie Staatsbesuchen, königlichen Banketten oder Audienzen u. ä. können gewisse Teile des Palastes nicht besichtigt werden!

Man betritt die Palastanlage durch die säulengeschmückte Südfassade und gelangt über ein prächtiges Treppenhaus zu den Obergeschossen mit Festsälen, Bernadotteräumen und dem Reichssaal.

Die **Festsäle** sind die ältesten Räumlichkeiten des Schlosses, die schon ausgangs des 17. Jh. nach Plänen von Nicodemus Tessin d. J. entstanden sind. Komplett vollendet und ausgestattet wurden die Räume aber erst 1766, als König Gustav III. und seine Gemahlin, die dänische Prinzessin Sofia Magdalena, hier Residenz nahmen.

Saal des Staatsrates – Man betritt diesen Saal durch eine reich mit Schnitzwerk versehene Tür, die der französische Bildhauer Henrion ausgangs des 17. Jh. geschaffen hatte. Die Tür ist übrigens das einzige was aus der frühen Zeit erhalten blieb. Alle andere Dekorationen stammen aus späterer Zeit.

Besonders zu erwähnen sind die beiden prächtigen Gobelins, die um 1770 in Frankreich entstanden sind. Diese Bildteppiche an der Süd- und Ostwand zeigen Szenen aus der antiken Sage um Jason und Medea. Sechs Büsten stellen schwedische Könige aus dem Hause Bernadotte dar, beginnend mit dem Begründer der Dynastie, Karl XIV. Johan.

Aufmerksamkeit verdient auch die Tischuhr („Löwenuhr") aus vergoldeter Bronze. Sie entstand im frühen 17. Jh. in einer Augsburger Werkstatt.

Der **Audienzsaal,** ursprünglich für König Karl XI. als Schlafgemach gedacht, wurde unter Gustav III. zum Audienzsaal umfunktioniert. Aus dem späten 17. Jh., der Zeit Karls XI., stammt die Stuckdecke. In der Mitte ein Deckengemälde mit dem Motiv „Mars und Venus".

Viele der Ausstattungsgegenstände im Audienzsaal wurden von Königin Christine zu ihrer Krönung im Jahr 1650 bestellt, so die Wandtapeten mit Landschaftsmotiven aus Delft.

Beachtenswert sind weiter der Thronhimmel aus dem 16. Jh., hergestellt in Italien, dann der Kronleuchter aus dem frühen 18. Jh. aus Frankreich, die Porträts neben den Fenstern von Frans Hals aus der Zeit um 1640 oder die Büste Gustavs II. Adolf, die von Georg Petel stammt, einem deutschen Bildhauer des frühen 17. Jh.

Im **Prunkschlafzimmer Gustavs III**. stammt die Stuckdecke – wie schon die Decke im Audienzsaal – von den französischen Meistern des späten 17. Jh. Chauvreau und Fouquet. Die meisten Einrichtungsgegenstände stammen aus der zweiten Hälfte des 18. Jh. und sind im Louis XVI.-Stil gehalten. In der ehemaligen Bettnische hängen französische Gobelins. Dort sieht man auch Ebenholzschränke mit wunderschönen Einlegearbeiten.

Einer der prunkvollsten Salons ist die **Galerie Karls XI.** Die Dekorationen stammen fast alle noch aus der Zeit um 1690. In den Vitrinen sieht man Stücke seltenen Kunsthandwerks aus Glas oder Elfenbein und eine schöne Sammlung kostbaren Porzellans, u. a. aus China und Meißen. Der Saal ist heute noch Schauplatz königlicher Gesellschaften. An der langen Tafel können bis zu 150 Gäste Platz nehmen.

Durch das **weiße Kabinett**, das **Prunkschlafzimmer Sofia Magdalenas** mit einem Deckengemälde, das Swea und vier Erdteile darstellt, und den **Don Quijote-Salon** mit französischen Gobelins, die Motive aus dem Cervantes-Roman „Don Quijote" zeigen, gelangt man in den großen **Ballsaal Vita Havet** (Weißes Meer), der 1845 durch den Architekten Nyström seine heu-

Das Königliche Schloss in Stockholm, am Slottsbacken, im Hintergrund die Storkyrkan

tige Form und Ausstattung erhielt. Lediglich die Decke mit den Gemälden „Sweas Triumph" von Francia und „Belohnung des Siegers" von Taraval und Francia stammt aus früherer Zeit, als der Saal noch als Speisesaal Königin Sofia Magdalenas diente. In den Vitrinen sind Sammlungen von Silbergegenständen und Sèvres-Porzellan aus dem 18. Jh. zu sehen.

Weiter können die **Bernadotteräume** besichtigt werden. Die Zimmerflucht, die nach Plänen des Architekten Karl Hårleman im Stil des frühen 18. Jh. ausgestattet ist, war für König Frederik I. und seine Gemahlin Ulrika Eleonora geplant worden. Als erster bezog aber nicht Frederik, sondern König Adolf Frederik und dessen Gemahlin Lovisa Ulrika, die Schwester Friedrichs II. von Preußen, 1754 die königlichen Appartements. Als letzter Monarch residierte hier von 1872 bis 1907 König Oskar II. und dessen Gemahlin Königin Sofia.

Über den **Trabantensaal,** ehemals als Aufenthaltsraum der Leibwachen vorgesehen, später unter Gustav III. und Karl XV. als Speisesaal genutzt, in dem man das Krönungsgemälde König Karls XIV. in der Storkyrka und Büsten anderer schwedischer Monarchen sehen kann, gelangt man in die **Säulenhalle,** dem vielleicht schönsten Saal im Schloss. Das Deckengemälde zeigt Swea und die Vier Jahreszeiten. Schöne Marmorkamine, Spiegelwände, Statuen von Apollo und Venus von J. T. Sergel.

Der **Victoriasaal** erhielt seinen Namen von einer Statue der Siegesgöttin, die hier früher aufgestellt war. Möblierung und Ausstattung des heutigen Raumes wurde Mitte des 19. Jh. von König Karl XV. veranlasst. Unter den kostbaren Möbelstücken verdient ein Schrank an der Südwand besondere Beachtung, den König Karl XV. 1863 von Napoleon III. zu Geschenk erhalten hatte.

Man gelangt in das **Schreibkabinett Oskars II**. und schließlich in die **Bernadottegalerie**. Hier sind die Decke, die Fenster, die Türen und die Kamine noch mit der ursprünglichen Rokokodekoration versehen.

Unter den Familienporträts werden den Besucher vielleicht die an der Innenwand von Karl XIV. Johan, ehemals französischer Marschall in napoleonischen Diensten und dessen aus Marseille stammenden Gemahlin Desirée Clary besonders interessieren. Der Sohn des Königspaares, Oskar I. und dessen Gemahlin Königin Josefina, sind rechts des Portals zu sehen. Links davon sind die vier Söhne Oskars I. dargestellt.

Auf der anderen Seite der Galerie sieht man Porträts von Prinz Gustav Adolf und Prinzessin Sibylle, den Eltern des jetzt amtierenden Königs Karl XVI. Gustav.

In einer Vitrine bei den Fenstern werden Gegenstände Marschall Bernadottes (Marschallstab, Feldbesteck, Degen u. a.) ausgestellt.

Sehenswert sind die anschließenden **Gemächer Königin Lovisa Ulrikas,**

Die Reichsinsignien in der Königlichen Schatzkammer

Schwester Friedrichs des Großen und Mutter Gustavs III.

Wenn zugänglich, sollte man unbedingt auch den **„Rikssalen"** (Reichssaal) besichtigen, den **Thronsaal** der schwedischen Könige. Der prächtige Silberthron war 1650 ein Geschenk des Grafen Gabriel de la Gardie anlässlich der Krönung Königin Christines. Von diesem Thron aus eröffnet der König noch heute den Reichstag oder vereidigt Mitglieder einer neuen Regierung.

Gegenüber des Thronsaals liegt die barocke **Schlosskapelle**. Auch sie musste nach dem großen Schlossbrand neu aufgebaut werden, zunächst unter Tessin, später unter Hårleman, und konnte 1754 von König Adolf Friedrich eingeweiht werden.

Besonders beeindruckend in der von französischen Künstlern ausgestatteten Kirche sind neben den Deckengemälden von Guillaume Taraval der reichverzierte Hochaltar und die Kanzel.

In der **Königlichen Schatzkammer**, die in den Kellergewölben des Palastes untergebracht ist, können die **schwedischen Kronjuwelen** besichtigt werden.

Zu den ältesten historischen Stücken zählen Gustav Vasas Reichsschwerter (Raum 2, Vitrine IX) und die Reichskleinodien König Eriks XIV. (Raum 2, Vitrine VII), die anlässlich seiner Krönung zu Uppsala am 29. Juni 1561 angefertigt wurden. Sie bestehen aus Krone, Zepter, Reichsapfel und Reichsschlüssel sowie dem Krönungsmantel, der in der Rüstkammer zu sehen ist. Die ältesten Reichsinsignien, die schwedische Königinnen trugen, stammen aus dem frühen 17. Jh. und wurden für Königin Maria Ele-

onora gearbeitet. Sie bestehen aus einer Krone mit Gold, Diamanten und Rubinen, dem Zepter und dem Reichsapfel (Raum 2, Vitrine VII).

Die **Königliche Rüstkammer Livrustkammaren**, Slottsbacken 3, *(geöffnet Juni - Aug. tgl. 10 - 15 Uhr, Sept. - Mai Di - so 11 - 17 Uhr, Do bis 20 Uhr, zu den Sammlung Eintritt frei; www.livrustkammaren.se)* zeigt eine wunderschöne Sammlung von teils sehr prunkvollen Kutschen und Paradekaleschen, von Krönungsgewändern, Waffen und Jagdutensilien. Zu den besonderen Stücken zählen das Kostüm, das König Gustav III. auf dem Maskenball trug, auf dem er im März 1792 ermordet wurde, oder das ausgestopfte Lieblingspferd Gustavs II. Adolf „Streiff".

Schließlich ist noch das **Museum Tre Kronor** *(geöffnet 15. Mai - 15. Sept. tgl. 10 - 16 Uhr, Juni - Aug. bis 17 Uhr, übrige Zeit Di - So 12 - 15 Uhr)* an der Nordseite des Schlosses, zugänglich an der großen Löwentreppe Lejonbacken, zu besichtigen. Die Ausstellungen hier befassen sich in erster Linie mit der Entstehungs- und Architekturgeschichte des Palastbaus. U. a. sind hier noch die ältesten Grundmauern der alten Tre-Kronor-Festung zu sehen.

Ebenfalls von der Löwentreppe aus ist das **Antiquitätenmuseum Gustavs III.** zugänglich. Hier sind Sammlungen von Kunstwerken, vor allem Skulpturen (u. a. Apollo und die neun Musen, Minerva etc.) zu sehen, die der Kunstliebhaber König Gustav III. erwarb. Es wird berichtet, dass der König höchstselbst in Italien in Sachen Antiquitätenkauf unterwegs war.

Die **Wachablösung** der königlichen Palastgarde findet im halbrunden Kolonnadenhof an der Westseite des Schlosses statt *(im Sommer Juni - Aug. Mo - Sa 12.15 Uhr, So 13.15 Uhr; Apr. - Okt. Mi - Sa . 12.15, So 13.15 Uhr)*. Im Sommer zieht die Garde zuvor von Nybroplan über Hamngatan, Gustav Adolfs torg, Norrbro und Skeppsbron zum Palast.

1. Stadtspaziergang
Durch Stockholms Altstadt

Bevor man auf dem nun folgenden **Stadtspaziergang** die wenigen Schritte weiter bergan zur Storkyrkan geht, sollte man sich an der Südseite von Slottsbacken, gegenüber vom Königlichen Schloss, das **Stadtpalais** von Nicodemus Tessin ansehen. Seit 1997 ist hier die überaus reiche Sammlung des **Kungliga myntkabinettet, Königlichen Münzkabinetts (16),** Slottsbacken 6, untergebracht (*geöffnet tgl. 10 - 16 Uhr; Juli - Sept. 9 - 17 Uhr; Eintritt frei, www.myntkabinettet.se*).

Gleich rechts daneben liegt die **Finnische Kirche (3)**. Das Gebäude, das heute der finnischen Gemeinde als Gotteshaus dient, war bis ins 18. Jh. königliches Ballhaus.

Storkyrkan (4) [N 59° 19' 32.2" E 18° 04' 11.5"], Stockholms große Domkirche, ist eines der ältesten Bauwerke der Stadt. Schon kurz nach der Stadtgründung durch Birger Jarl wurde mit dem Bau – wahrscheinlich um 1260 – begonnen, der 1279 erstmals als „Dorfkirche" urkundlich erwähnt wird. Geweiht ist die Große Kirche dem Heiligen Nikolaus von Myra, dem Schutzpatron der Seeleute.

Nach einem Brand wurde die Kirche neu errichtet, später mehrfach erweitert. Bis 1470 war schließlich ein hoher, fünfschiffiger Kirchenraum im gotischen Stil entstanden. Viele der repräsentativen Teile im Inneren, wie der Hochaltar, die Königsstühle, die Kanzel und diverse Grabmale stammen aber aus der Barockzeit. Stockholms Hauptkirche ist der traditionelle Ort für königliche Taufen, Krönungen, Hochzeiten oder Begräbnisfeierlichkeiten. Es ist Tradition, dass im Dezember der Träger des Friedensnobelpreises während des Gottesdienstes eine Ansprache hält. Martin Luther King oder Bischof Desmond Tutu z. B. kamen dieser Tradition nach.

Zu den großen Sehenswürdigkeiten der Kirche zählt im Nordschiff die monumentale Holzplastik **„St. Georg und der Drache"**, die 1494 von dem aus Lübeck stammenden Bildhauer Bernt Notke geschaffen wurde. Den Auftrag für die Arbeit gab Sten Sture der Ältere, der 1471 die Dänen besiegt hatte. St. Georg mit dem Drachen sollte das Sinnbild des Kampfes der Schweden gegen die Dänen bleiben.

Der wunderbare **Altar** aus Silber und Ebenholz zählt zu den größten Kirchenschätzen, zu denen auch der 3,7 m hohe Bronzeleuchter im Querschiff zählt. Der Kandelaber ist ein Werk aus dem Jahre 1470.

Die **Königsstühle**, 1684 von König Karl XI. in Auftrag gegeben und nach Plänen von Tessin d. J. von Burghardt Precht gefertigt, sind die Plätze, von denen aus die schwedischen Monarchen offiziellen Zeremonien in der Kirche beiwohnen.

Burghardt Precht fertigte auch die Kanzel, unter der sich die Grabplatte für Olaus Petri befindet, einem Schüler Martin Luthers und großen Reformators in Schweden.

Den silbernen Kronleuchter stiftete Ebba Brahe aus Dankbarkeit über ihre Vermählung mit Jacob de la Gardie in 17. Jh. Der Taufstein und das Alabasterlamm darüber stammen aus dem Jahre 1514.

„Vädersolstavlan", das Gemälde an der Südseite des Kirchenraums, zeigt die älteste bekannte Stadtansicht Stockholms. Deutlich erkennbar ist die Insel der Gamla Stan mit der Storekyrkan, dem Turm der Festung Tre Kronor dahinter und weiter rechts die Tyska Kyrkan und Riddarholmen links. Im Himmel sieht man die Kreise von mehreren Gestirnen. Sie geben das Phänomen einer „Doppelsonne" wieder, so wie es am 20. April 1535 über Stockholm zu sehen ge-

Stockholms Gamla Stan mit Storkyrkan

Stockholms Altstadt am Stortorget

wesen sein soll. Das Bild stammt von Urban Målare.

Von der Storkyrkan gehen wir nach Süden und vorbei an der angrenzenden ehemaligen **Börse Börshuset (5)** zum großen alten Markt- und mittelalterlichen Richtplatz der Stadt, zum **Stortorget**.

Die alte Börse, ein prächtiger Rokokobau, entstand um 1770 an der Stelle des alten Rathauses. Das Gebäude beherbergt eine Abteilung für Literatur der Schwedischen Akademie. Gustav III. hatte die Akademie gegründet. Im Festsaal der Akademie im Obergeschoss wird alljährlich der Name des neuen Literaturnobelpreisträgers bekanntgegeben.

Heute ist im Börsengebäude das **Nobelmuseum** eingerichtet (geöffnet 16. Mai - 15. Sept. tgl. 10 - 17 Uhr, Di bis 20 Uhr; 16. Sept. - 15. Mai Di 11 - 20 Uhr, Mi - So 11 - 17 Uhr; *www.nobelmuseum.se*). Das Museum informiert auf moderne und interessante Weise über die Geschichte des Nobelpreises, seine Preisträger und ihre Entdeckungen bzw. Leistungen. Mehrere informative Kurzfilme. Siehe auch „Nobelpreis" weiter hinten!

Auf dem **Stortorget** ist man mitten in der **Gamla Staden**, dem bezaubernden Viertel Alt-Stockholms, das sich vom Schloss bis zum Kornhamnstorg zieht. Die engen Straßen und Gässchen in den Schluchten

alter Häuser, mit ihren Ladenfassaden aus Omas Zeit (oder noch früher?), die Brunnen auf den kleinen gepflasterten Plätzen und der malerische **Marktplatz** machen schnell vergessen, dass man sich in einer modernen Großstadt befindet.

Hier gibt es Antiquitäten, Mode, Trödel, einige kleine, aber sehr elegante Hotels wie das „Lord Nelson" oder das „Lady Hamilton" und es gibt Restaurants, Kneipen und Cafés.

Eines davon ist das Café *„Sundbergs Konditori"* am Järntorget. Es stammt aus dem Jahre 1785 und dürfte wohl das älteste Café in ganz Stockholm sein. Mitten in der Gaststube steht auf einem Tisch mit Tassen und den nötigen Kaffeetrinker-Utensilien ein großer Samowar mit duftendem, heißem Kaffee, an dem man sich bedienen kann, nachdem man sich am Büfett, das wohl schon so manchen Mittsommer erlebt hat, sein Gebäck ausgesucht hat. Ein gemütlicher Ort für eine Rast auf dem Stadtspaziergang.

Durch die Gassen der Gamla Stan zog einst auch *Carl Michael Bellman*, Schwedens bekannter Dichter und Liedermacher des 18. Jh., und gab – nicht selten in weinseliger Fröhlichkeit – in den Kneipen seine Trink- und Vagantenlieder zum Besten.

Vom Stortorget kann man durch die Köpmangatan nach Osten bis zur Österlånggatan gehen, der östlichen Hauptstraße der Altstadt. Am Ende der Köpmangatan sieht man die Bronzeskulptur „St. Georg mit dem Drachen", eine Kopie des Originales in der Storkyrkan.

Entlang der Österlånggatan verlief zu Zeiten Birger Jarls die durch Palisaden befestigte Stadtgrenze.

Wir folgen der Österlånggatan nach Süden bis zum Järntorget, dem alten Eisenmarkt.

Viele der Häuserfassaden an der Österlånggatan sind beachtenswert, manche stammen aus dem 17. Jh. Im Haus Nr. 51 ist eines der ältesten Restaurants Stockholms untergebracht, das renommierte *„Den Gyldene Freden"*, Tel. 824 97 60. Im Goldenen Frieden verkehrte schon Carl Michael Bellman. Heute gehört das Haus der Schwedischen Akademie, die es sich zur Aufgabe gemacht hat, Haus und Lokal im Stil des 18. Jh. zu erhalten.

Eines der ältesten Häuser am Järntorget ist das aus der Mitte des 17. Jh. stammende Gebäude der alten Schwedischen Reichsbank, die hier bis 1920 untergebracht war.

2. Rundgang

Von Slussen über Riddarholmskirche bis Stadshuset

Nur ein kurzes Stück weiter südlich des Järntorget endet die Altstadt Gamla Stan. Es schließt sich der Karl Johans Torg – besser bekannt als **Slussen** – an. Dieser wichtige Verkehrsknotenpunkt mit Brücken, Schleusen und mehreren Verkehrsebenen, der die Altstadt mit der südlich anschließenden Insel Södermalm verbindet, wurde in seiner heutigen Form 1935 angelegt und galt lange als verkehrstechnische und städtebauliche Musterlösung.

Auf dem Platz steht ein Reiterstandbild König Karls XIV. Johan, dem ersten Bernadotte auf dem schwedischen Thron. Errichtet wurde es zur Erinnerung an die schwedisch-norwegische Union von 1814 bis 1905.

Nach Süden sieht man hinüber zur **Insel Södermalm** mit ihrem felsigen und teils recht steil aufragenden Ufer.

Der Aussichtsturm **Katarinahissen (6)** etwas links, dessen Plattform mit dem Aufzug zu erreichen ist, bietet Gelegenheit zu einem **Panoramablick** über die Stadt. Dort findet man auch das *Aussichtsrestaurant „Gondolen".*

Ein gutes Stück weiter rechts liegt auf der Anhöhe das dominierende Turmhaus **Marieberget**, das aus den letzten Jahren des vergangenen Jahrhunderts stammt und die Stadtsilhouette von Södermalm bereichert. Viele schwedische Künstler lebten in Marieberget.

Nicht sehr weit von Slussen entfernt liegt auf Södermalm am Södermalmstorg das **Stadsmuseum (7)**, Ryssgården, Slussen *(geöffnet Di - So 11 - 17 Uhr, Do bis 20 Uhr; Eintritt frei; www.stadsmuseum.stockholm.se).* Das Museum gibt anhand von Dokumenten, Plänen, Bildern und Anschauungsmaterial einen Überblick über die Entwicklung der Stadt Stockholm von ihren Anfängen bis heute. Zu den großen Sehenswürdigkeiten zählen die Abteilung über das alte Stadtschloss Tre Kronor sowie Schwedens größter Silberschatz *Loheskatten*. Das Museum ist im alten Rathaus von 1670 untergebracht, einem von Tessin entworfenen Bau.

Wer auf den **Spuren der Popgruppe ABBA** durch Stockholm wandeln möchte, erhält hier im Stadtmuseum einen speziellen Stadtplan (Preis SEK 40,-), auf dem die einstigen ABBA-Örtlichkeiten vermerkt sind, bzw. man kann sich Tickets für eine Führung zum Preis von SEK 120,- (ca. € 14,-) kaufen oder über www.ticnet.se im voraus bestellen. Die zweistündigen Führungen finden jeden Freitag und Samstag um 16 Uhr in englischer Sprache statt. www.stadsmuseum.stockholm.se.

In der Urvädersgränd Nr. 3, hinter dem Stadtmuseum, lebte Mitte des 17. Jh. lange Zeit der lyrische Dichter Bellman.

Früher galt der noch etwas weiter südlich gelegene Platz **Mosebacke Torg** als berühmtester Aussichtspunkt auf die Altstadt von Stockholm. Die Bebauung hat aber zwischenzeitlich den Ausblick eingeschränkt.

Wir kehren zurück bis an die Südseite der **Gamla Stan**. Dort liegt etwas westlich des Slussplan (Karl Johan Torg) der **Kornhamnstorg,** der früher bis ins Eisenbahnzeitalter der lebhafteste Warenumschlagplatz der Stadt war. Es war der Handelsplatz Stockholms schlechthin, an dem alle Waren verzollt und umgeladen wurden, von den hochseetüchtigen Ostseeschiffen auf Binnenschiffe und umgekehrt.

Vom Kornhamnstorg aus gingen die Güter an die Küste des weitverzweigten Mälarsees. Und auf dem Rückweg hatten die Schiffe Waren aus dem Inland, vor allem Erze, geladen.

Das Denkmal mit dem sog. „Bogenspanner" auf dem Platz stammt vom Bildhauer Christian Eriksson aus dem Jahre 1917 und soll „die Kraft des schwedischen Volkes" darstellen.

Durch die schmale Funckens Gränd an der Ostseite des Platzes Kornhamnstorg kann man wieder stadteinwärts gehen und kommt kurz darauf zur Västerlånggatan, der westlichen Hauptstraße der Altstadt, heute die belebteste Geschäftsstraße in der Gamla Stan überhaupt. Man kann ihr links (nordwestwärts) folgen oder ein kurzes Stück nach rechts gehen und dann nach links in die sehr schmalen Gasse Mår-

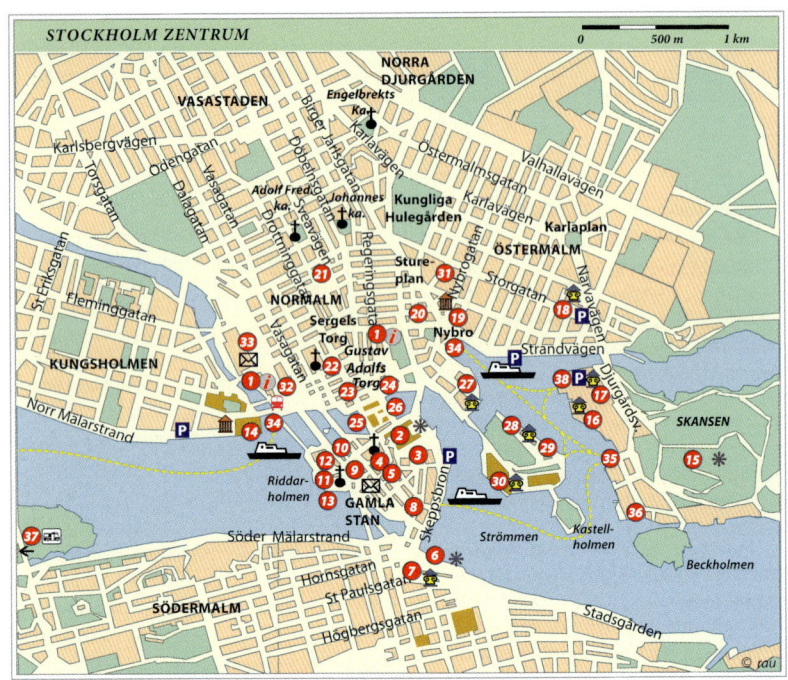

STOCKHOLM ZENTRUM – **1** Touristeninformation – **2** Königliches Schloss – **3** Königliches Münzkabinett und Finska Kyrkan – **4** Storkyrkan – **5** Nobelmuseum, ehem. Börse – **6** Katarinahissen – **7** Stadtmuseum – **8** Tyska Kyrkan – **9** Postmuseum – **10** Riddarhuset – (**11** – **13** s. u. Gamla Stan - Altstadt) – **14** Stadshuset – **15** Skansen – **16** Vasa Museum – **17** Nordisches Museum – **18** Historisches Museum – **19** Kungliga Dramatiska Teatern – **20** Hallwyl Museum – **21** Konzerthaus – **22** Klarakirche – **23** Mittelmeermuseum – **24** Opernhaus – **25** Reichstag – **26** Mittelalter Stockholm Museum – **27** Nationalmuseum – **28** Ostasiatisches Museum – **29** Museum für Moderne Kunst – **30** Architekturmuseum – **31** Armeemuseum – **32** Hauptbahnhof – **33** Hauptpost – **34** Bootsausflüge, Bootsanleger – **35** Aquaria Vattenmuseum – **36** Gröna Lunds Tivoli, Djurgården – **37** zum „Autocamper" Wohnmobil-Stellplatz – **38** Junibacken

ten Trotzigs Gränd einbiegen, die teils so schmal ist, dass man kaum einen Schirm aufspannen kann und ins ehemalige Deutsche Viertel führt.

Ein kurzes Stück stadteinwärts gelangt man zur St.-Gertrudskirche, eher bekannt als **„Tyska Kyrkan" (8)**, die Deutsche Kirche (geöffnet 12 - 16 Uhr). Sonntags deutschsprachiger Gottesdienst.

Straßennamen in der Umgebung der Kirche wie „Tyska Brinken" (Deutsche Anhöhe), „Tyska Skolgränd" (Deutsche Schulgasse) oder „Tyska Stallplan" (Deutscher Stallhof) weiter südöstlich der Kirche, weisen auf die frühe deutsche Kolonie in alten Stockholm hin.

Im weiteren Verlauf des Stadtrundgangs folgen wir der Västerlångsgatan und gehen durch eine der Gassen nach links bis zur Stora Nygatan und weiter bis zur Lilla Nygatan. An deren Nordwestende liegt **Munkbron** mit einigen sehenswerten Stadthäusern. Links der große Backsteinbau ist das **Petersénsche Haus**. Es stammt aus der Zeit um 1649 und wurde nach Plänen des Leipziger Architekten Christian Döteber im Stil des holländischen Barock erbaut. Besonders prächtig sind die beiden reich mit Steinmetzarbeiten verzierten Portale. Im Keller des Hauses Munkbron 11 findet man das exquisite und entsprechend teure **Restaurant „Aurora Källaren"**, Tel. 821 93 59.

Wer sich für Philatelie interessiert, für den ist ein Besuch im **Postmuseum (9)** in der Lilla Nygatan Nr. 6 ein Muss (geöffnet Di - So 11 - 16 Uhr, Mi bis 19 Uhr; Eintritt; www.

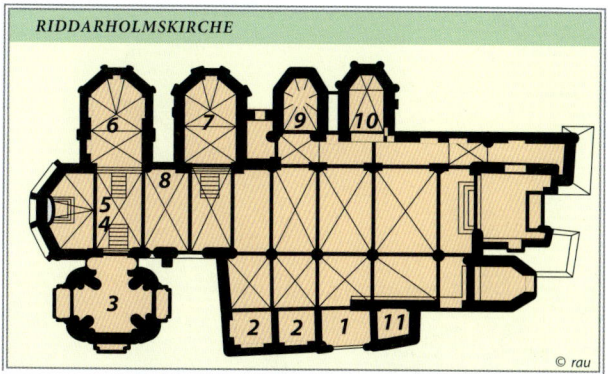

RIDDARHOLMSKIRCHE – *1* Waffenhaus, Eingang – *2* Lewenhaupt
Kapelle – *3* Karolinische Kapelle – *4* Magnus Ladulås Grabmal – *5* Karl
Knutsson Bonde Grabmal – *6* Gustavianische Grabkapelle – *7* Berna-
dottesche Grabkapelle – *8* Färlastein – *9* Wasaborg Grabkapelle – *10*
Banér Grabkapelle – *11* Torstensson Grabkapelle

kan (11) mit ih-
rem markanten,
durchbrochenen
Turm zu *(geöff-
net 15. - 31. Mai +
1. - 14. Sept. tgl. 10
- 16 Uhr; Juni, Juli
+ Aug. tgl. bis 17
Uhr; Eintritt)*.

Die Kirche
entstand schon
im 13. Jh. Damals
war sie als Abtei-
kirche eines Fran-
ziskanerklosters
geplant. Traditi-
onsgemäß ist sie
die Grabkirche
der Königlichen
Familie und des
Adels und Ge-
dächtniskirche des Seraphinenordens.

Der erste Monarch, der in der Kirche beigesetzt wurde, war König Magnus Ladulås,
der Kirchengründer (1270) und Gründer des
Franziskanerklosters.

Ursprünglich war die Kirche nur zwei-
schiffig. Erst Mitte des 15. Jh. wurde sie
erweitert und ein drittes Schiff angefügt.
Der einst gepflasterte Kirchenboden ist zwischenzeitlich übersät mit Grabplatten.

Durch das *Waffenhaus (1)* an der Nord-

postmuseum.posten.se). In dem über 100
Jahre alten Museum ist alles über die Geschichte der schwedischen Briefmarke seit
1865 zu finden. Außerdem Postschiffe, Post-
busse und herrliche Sammlungen.

Der weitere Weg unseres Stadtrundgangs führt nun am Riddarholmkanal entlang zum Riddarhustorget. Gegenüber des
verkehrsreichen Platzes erhebt sich das
Riddarhuset, Ritterhaus (10), das Haus
des schwedischen Hochadels. Im großen
Rittersaal werden 600 Wappenschilder
der ehemals 2.893 Adelsgeschlechter aufbewahrt.

Der Wahlspruch der Ritterschaft lautet „Arte et Marte", was frei mit „Kunst und
Kampf" umschrieben werden könnte. Auf
dieses Motto bezieht sich auch die lateinische Inschrift auf dem Fries an der Südfassade „Entschlossenheit und Weisheit, Mut
und siegreiche Waffen, nach dem leuch-
tenden Vorbild unserer Vorfahren". Einer der
letzten Schweden, die in den Adelsstand
erhoben wurden, war 1902 der Asienfor-
scher *Sven Hedin*.

Das Riddarhuset wurde zwischen 1641
und 1674 im Stil des niederländischen Barock errichtet. Das Denkmal vor dem Gebäude stellt König Gustav Vasa, den großen
Reichseiniger dar.

Eine breite Brücke führt hinüber zur **Insel
Riddarholmen [N 59° 19' 29.0" E 18° 03'
46.3"]**, dem ehemals bevorzugten Residenz-
gebiet des schwedischen Adels. Man geht
direkt auf die mächtige **Riddarholmskyr-**

Die Riddarholmskirche

Evert Taube Denkmal am Riddarholmen Ufer

seite, in dem in früheren Zeiten die Ritter ihre Waffen zu deponieren hatten, bevor sie zur Messe gingen, betritt man die Kirche. Im Inneren wenden wir uns links und gehen im linken Seitenschiff vorbei an den Grabkapellen der *Lewenhaupts (2)*. Beigesetzt sind hier die Generäle Gustav und Carl Mauritz Lewenhaupt und deren Familien und Nachkommen. Ein Grabdenkmal erinnert an Admiral Gyllenstjärna und an Johann Gabriel Oxenstjärna.

Weiter zum **Hochaltar**. Links vom Altar führen Stufen in die *Karolinische Grabkapelle (3)*. Die durch ihren Baustil vom übrigen Kirchenbau abweichende Kapelle entstand in langwierigen Bauabschnitten zwischen 1641 und 1743. Tessin der Älter zeichnete die ersten Pläne. Aber erst hundert Jahre später wurde die Kapelle unter der Federführung des Stockholmer Rokokoarchitekten Hårleman vollendet. Beigesetzt sind hier der 1718 gestorbene Karl XII. (schwarzer Marmorsarkophag), Frederik I. (gest. 1751), Ulrika Eleonora (gest. 1741) und in den Gewölben ruhen Karl X. Gustav und Karl. XI.

Die schön gearbeiteten **Grabmale** mit den gotischen Liegefiguren vor dem barocken Hochaltar – links für den 1290 gestorbenen *Magnus Ladulås (4)*, rechts daneben für *Karl Knutsson Bonde (5)*, der 1470 starb – wurden Ende des 16. Jh. von Johann III. gestiftet. Beigesetzt sind die beiden frühen schwedischen Könige unter dem Altar.

Rechts vom Altar gelangt man zur *Gustavianischen Grabkapelle (6)*, die Mitte es 17. Jh. errichtet wurde. In dem großen Sarkophag aus italienischem Marmor ruht Gustav II. Adolf. An den Wänden sieht man Erinnerungstücke an den Dreißigjährigen Krieg. In einem nicht zugänglichen Teil der Kapelle sind die Könige Adolf Frederik, Gustav III., Gustav IV. Adolf und Karl XIII. beigesetzt.

Das nächste große Mausoleum ist die *Bernadottesche Grabkapelle (7)*. Sie entstand erst Mitte des 19. Jh. Hier ist Karl XIV. Johan, der 1844 verstorbene Gründer der bernadotteschen Königsdynastie, in einem herrlichen Porphyrsarkophag beigesetzt. Seine Gemahlin, Königin Desirée (Desideria), die 1860 starb, ruht davor in einem Sarkophag aus grünem Kolmårds-Marmor. In den Sarkophagen an den Wänden sind weitere Mitglieder aus dem Hause Bernadotte beigesetzt.

König Gustav V., der 1950 verstarb, wurde als letzter Monarch in der Riddarholmskirche zu Grabe getragen.

Die späteren Könige und Königinnen, Gustav VI. Adolf, der 1973 starb, seine Gemahlin Kronprinzessin Margareta (gestorben 1920) und die 1965 verstorbene Königin Louise, sind auf dem Königlichen Friedhof in Haga im nördlichen Stadtbereich beigesetzt.

An der Wand zwischen der Gustavianischen und der Bernadotteschen Grabkapelle sieht man den sog. *Färlastein (– 8*

– Rutenstein mit gekreuzten Ruten), der das Grab Karl Nilsson Färla markiert. Es heißt, Färla sei 1381 von Reichsprobst Bo Jonson Grip, dem Gründer von Schloss Gripsholm, vor dem Altar erschlagen worden.

Im Weitergehen durch das südliche Seitenschiff der Riddarholmskyrka, kommt man an der Sakristei, an der Grabkapelle der Grafen von *Wasaborg (9)* und an der Grabkapelle des *Marschalls Banér (10)* vorbei.

Schließlich sieht man auf dem Weg zurück zum Ausgang am Westende des nördlichen Seitenschiffes die *Torstensson Grabkapelle (11)*, in der Gustav II. Adolfs Feldmarschall Torstensson und Familienmitglieder aus diesem Geschlecht beigesetzt sind. Links neben dem Ausgang liegt die Grabkapelle der Familie *Wachtmeister*.

Man sollte die Kirche aber nicht verlassen, ohne die *Wappenschilder der Ritter des Seraphinenordens*, die an den Wänden des Kirchenschiffes angebracht sind, zu studieren. Man wird darunter viele bekannte Namen entdecken. Zu Rittern des 1748 gegründeten höchsten schwedischen Ordens der Seraphinen können nicht nur namhafte Persönlichkeiten aus Schweden, sondern auch aus anderen Ländern erhoben werden. Nach dem Tode eines Seraphinenordensritters wird ein Wappenschild mit dem Datum der Ordensverleihung und dem Todestag an der Kirchenwand angebracht. Am Tag der Beerdigung läuten die Glocken der Riddarholmskirche das sog. „Seraphinenläuten".

An der Nordseite der Riddarholmskirche liegt der **Birger Jarls Torg** mit einem Standbild des Stadtgründers Birger Jarl. Der Platz war bebaut und ist heute noch umgeben von Adelspalais aus dem 17. Jh. wie denen der Bondes, Sparres und Stenbocks..

Links erhebt sich das imposante **Wrangelsche Palais (12)** mit den mächtigen Rundtürmen zur Seeseite hin. Karl Gustav Wrangel, Schlossherr zu Skokloster, ließ sich Mitte des 17. Jh. dieses prächtige Stadtpalais von den Hofarchitekten Tessin und Jean de la Vallée erbauen. Dieser wahrscheinlich schönste, sicher aber gewaltigste Adelspalast in Stockholm, scheint eine einzige Machtdemonstration zu sein. Nach dem großen Schlossbrand von 1697 diente er der Königlichen Familie als Interimsresidenz. Heute ist hier das Oberlandesgericht (Svea hovrätt) untergebracht.

Südlich der Riddarholmskirche liegt an den Kais das alte Reichstagsgebäude von 1866 bis 1905.

Ganz in der Nähe ist am Södra Riddarholmshamnen des weiße Hotel- und Restaurantschiff **„Mälardrottningen" (13)** vertäut. Die „Mälarkönigin" war ehemals die Yacht Barbara Huttons, der Erbin des New Yorker Multimillionärs und Kaufhauskönigs Woolworth. Barbara Hutton hatte die damals größte Motoryacht der Welt zu

Blick von Riddarholmen zum Stadshuset

Rathausturm mit den Tre Kronor

ihrem 18. Geburtstag von ihrem Vater geschenkt bekommen. 1982 wurde die Yacht zum Hotel- und Restaurantschiff umfunktioniert. In der gediegenen Atmosphäre der „goldenen Zwanziger" lässt es sich hier wohnen und speisen.

Einen sehr schönen Blick hat man von der Evert Taube Terrasse (Evert Taube, Sänger, 1890 – 1976) unterhalb des Wrangelschen Palais aus über die Mälar-Riddarfjärden hinüber zur **Insel Kungsholmen** mit dem markanten **Rathaus (14)** und dessen zum Wahrzeichen der Stadt gewordenen Turm.

Auf Kungsholmen hatten bis zur Reformation Franziskanermönche ihr Kloster, das später aufgelöst wurde, als König Karl XI. plante, auf Kungsholmen ein Industrie-, Handwerker- und Arbeiterviertel zu etablieren.

Von Riddarholmen kann man über die Straßen- und Eisenbahnbrücke Centralbron hinüber zum **Stadshuset (Rathaus – 14 –)** gehen.

Stockholms **Stadshuset [N 59° 19' 40.4" E 18° 03' 15.7"]**, Handverkargatan 1, *(Führungen 15. Mai - 30. Sept. tgl. 10, 12 + 14 Uhr; Juni - Aug. tgl. 10, 11, 12, 14, 15 + 16 Uhr; übrige Zeit tgl. 10 + 12 Uhr; Eintritt; www. stockholm.se/stadshuset)* wurde zwischen 1911 und 1923 nach Plänen des Architek-

ten Ragnar Östberg errichtet. Eingeweiht wurde das Stadthaus mit seiner nordisch-nüchtern-kühlen Ausstrahlung zur Feier des 400. Jahrestages des Einzugs König Gustav Vasas in Stockholm.

Der vierflügelige Bau, für den angeblich mehr als acht Millionen Ziegelsteine verbaut wurden und am Ufer eigens eine aufwendige Pfahlgründung gebaut werden musste, umschließt zwei rechteckige Innenhöfe.

An der südöstlichen Ecke erhebt sich der 106 m hohe, viereckige **Rathausturm** *(geöffnet Apr. Sa + So 10 - 16.15 Uhr; Mai - Sept. tgl. 10 - 16.15 Uhr; Eintritt)*. Auf dem offenen Turmabschluss, der ganz im Gegensatz zum wuchtig und trutzig wirkenden Turm steht, sieht man die drei schwedischen Kronen aus dem Reichswappen, von denen jede über zwei Meter breit ist. Die Figuren an den Ecksäulen der abschließenden Turmlaterne stellen Maria Magdalena, die Hl. Klara, den Hl. Erik, den Schutzpatron der Stadt, und den Hl. Nikolaus dar.

Wenn man von Osten her über die Stadshusbron auf das Stadthaus zugeht, sieht man an der Nordseite des Turms über dem Dachgiebel die Monumentalplastik „St. Georg und der Drache" von Christian Eriksson.

Man kann den Turm über Treppen besteigen oder per Lift zur **Aussichtsplattform** gelangen. Von oben hat man einen ganz prächtigen Rundblick und natürlich auch eine schöne Sicht hinüber zur Altstadt.

Am Fuße der Ostseite des Turms sieht man unter einem von Säulen getragenen Baldachin einen Kenotaphen, ein **Grabdenkmal zu Ehren von Birger Jarl**, dem Stadtgründer. Beigesetzt ist Birger Jarl in der Klosterkirche von Varnhem (siehe Route 5, Trollhättan – Sjötorp).

Von Norden her betritt man den **Borgargården** (Bürgerhof), den größeren der beiden Innenhöfe des Stadshuset und gelangt von dort in die **Blå Hallen**. Diese gut 50 m lange und rund 22 m hohe Halle weist eine schöne Backsteinornamentik und unten einen Säulenumgang auf, der diesem monumentalen Saal einen Hauch von mediterranen Nobelbauten verleiht. Das Blau, das für die Ausgestaltung der Halle ursprünglich vorgesehen war und dem sie ihren Namen verdankt, wurde allerdings nie verwendet. In der Halle befindet sich eine Ludwigsburger Orgel mit angeblich mehr als 10.000 Pfeifen.

Blick vom Stadshuset zur Innenstadt, links Riddarholmen

Die teilweise sehr kostbar ausgestatteten Räume und Säle im Stadshuset können nur auf Führungen besichtigt werden.

Der **Rådssalen** ist der Sitzungssaal des Stadtrates, der aus 101 Verordneten besteht, die alle drei Jahre neu gewählt werden. Getagt wird gewöhnlich zweimal im Monat. Besucher können den Sitzungen von einer Galerie aus folgen. Der 19 m hohe Saal hat eine interessante, offene Balkendecke. Die Abgeordneten betreten den Ratssaal durch das 31 m hohe *Hundravalvet* (Hundertgewölbe, wegen der hundert Facetten des Gewölbes) im Turmuntergeschoss.

Gezeigt wird auch das ovale Zimmer **Ovalen**, dessen Wände mit kostbaren alten Wandteppichen, die um 1700 im französischen Beauvais gearbeitet wurden, behangen sind. Im Ovalen finden auch Trauungen statt.

Man passiert die 47 m lange **Prinsens Galleri**, die heute bei städtischen Empfängen genutzt wird. Die Fresken an den Wänden, geschaffen von Prinz Eugen, zeigen Motive von den „Ufern Stockholms". In den Fensternischen interessante Stuckreliefs von Acke.

Zu sehen sind außerdem der **Tre-Kronor-Saal** (Wandbehänge aus Brokat, Gemälde „Stockholm von Mosebacke aus gesehen" von Elias Martin) und der **Blå Rummet** (Wandgemälde von Axel Törnemann). Die Wandbehänge aus Brokat im Drei-Kronen-Saal wurden vor einigen Jahren in China neu gearbeitet. Bei genauem Hinsehen könnte man meinen, die kleinen Gesichter in den Bildmotiven hätten alle chinesische Augen. Es heißt, deswegen hätte man von der Rechnung denn auch 400.000 Kronen abgezogen.

Schließlich betritt man den sehr beeindruckenden **Gyllen Salen**, einen prächtigen Bankettsaal, in dem alljährlich das feierliche Festbankett anläßlich der **Nobelpreisverleihung** in Anwesenheit des Königspaares stattfindet.

Der Goldene Saal wurde von Einar Forseth mit herrlichen Goldmosaiken ausgeschmückt. Das Motiv an der Stirnwand zeigt „Stockholm, Königin des Mälarsees" auf einem Thron, während ihr das Abendland und das Morgenland huldigen. Auf dem Schoß der Königin sieht man das Stadthaus.

Bevor man den Gebäudekomplex verlässt sollte man nicht versäumen, durch den offenen Säulengang im Südflügel auf die Terrasse am Riddarfjärden zu gehen. Von dort hat man einen sehr schönen **Blick hinüber nach Riddarholmen und zur Altstadt**. Auf der Terrasse stehen diverse Denkmäler berühmter Schweden. Die Figuren auf dem Dachfirst des Südflügels stellen die Künste Malerei, Musik, Bildhauerei und Architektur dar.

Das ***Restaurant „Stadshuskällaren"***, dessen Zugang an der Nordseite des Stadthauses von der Plastik „Bacchus auf dem

Nobelpreis

Jedes Jahr am 10. Dezember, dem Todestag **Alfred Nobels**, versammeln sich – in Stockholm und in Oslo – Mitglieder des Nobelkomitees, Nobelpreisträger und Honoratioren des öffentlichen Lebens, zur feierlichen Zeremonie der Verleihung des weltweit renommierten Nobelpreises in Anwesenheit der königlichen Familie. Den Preisträgern werden dabei das Preisdiplom, die Nobelgoldmedaille und der Geldpreis überreicht. Die einzige direkte Gegenleistung, die vom jeweiligen Preisträger erwartet wird, ist einzig und allein die Nobel-Vorlesung, die gewöhnlich einige Tage vor der Preisverleihung gehalten wird.

Alfred Nobel hinterließ ein Vermögen von damals ungeheuerlichen 31 Millionen schwedischen Kronen. Gemäß einem seiner Lebensgrundsätze „Ich finde es wichtiger, sich um die Mägen der Lebenden zu kümmern, als den Ruhm der Verstorbenen durch Denkmäler zu ehren" verfügte er, dass das Kapital in einen Fond eingebracht und die Zinsen daraus jährlich als Preisbelohnung verteilt werden sollten. Laut Testament des Preisstifters soll die Ehrung „Leuten zuerkannt werden, die im Verlauf des vorhergegangenen Jahres der Menschheit den größten Nutzen erwiesen haben".

In Stockholm werden die Preise für Physik und Chemie von der Schwedischen Akademie der Wissenschaften, für den Bereich Medizin vom Karolinischen Institut und für den Bereich Literatur von der Akademie Stockholm überreicht. Der Friedensnobelpreis dagegen wird in Oslo durch das Norwegische Storting (Parlament) überreicht, eine Reminiszenz des Stifters an die zu seinen Lebzeiten bestehende Union zwischen Schweden und Norwegen.

Alfred Bernhard Nobel erblickte am 21. Oktober 1833 im ersten Stock in der Norrlandsgatan 9 in Stockholm das Licht der Welt. Die ersten Lebensjahre werden von Krankheit und Armut im elterlichen Haus überschattet. Der Vater Alfred Nobels, Immanuel, schlitterte zunächst von einem beruflichen Fehlschlag in den anderen, bis er 1842 in Russland endlich beruflich Fuß fassen konnte und sich geschäftlicher Erfolg einstellte.

Im Alter von 17 Jahren wurden Alfred Nobel Studienfahrten nach Frankreich, Italien, Deutschland und in die Vereinigten Staaten ermöglicht. Dort kam der wissenschaftlich ausgebildete Chemiker wahrscheinlich auch in Kontakt mit der sehr expandierenden Schießpulverindustrie.

Wieder zurück in Russland arbeitete Alfred Nobel mit seinen Brüdern als Chemiker im Werk seines Vaters in St. Petersburg. Enorme Staatsaufträge nach Kriegsmaterial und Waffen – man hatte neuartige Minen entwickelt – machten aus der Maschinenfabrik Nobels ein blühendes Unternehmen. Jedoch folgte nach dem Krimkrieg im Jahre 1858 die zweite Bankrotterklärung von Immanuel Nobel.

Vorausgegangene Konstruktionen und die Fertigungen von Kriegsmaterial brachten es mit sich, dass sich die Nobels auch mit Sprengstoffen und Schießpulver zu beschäftigen hatten. Als 1846 der Italiener Ascanio Sobrero das Nitroglyzerin entdeckte, experimentierte Alfred Nobel weiter, erfand die Sprengkapsel, den sog. Nobel-Zünder, und schließlich das Dynamit und legte damit den Grundstein zu einem weltweiten Industrieimperium. Ohne Nobels Dynamit hätten damals weder der Panamakanal noch der St. Gotthard-Tunnel entstehen können.

Nobel – cleverer Industrieller ebenso wie erfindungsreicher Chemiker – gründete fast neunzig Firmen und Fabriken in allen Erdteilen und war schließlich Inhaber von 355 Patenten.

Am 10. Dezember 1896 starb Alfred Nobel in seiner Villa in San Remo nach einem beruflich überaus erfolgreichen, privat dagegen von vielen Enttäuschungen begleiteten Leben. Schon ein Jahr zuvor hatte der Erfinder sein Testament niedergeschrieben und es im Safe einer Bank in seiner Geburtsstadt Stockholm deponiert. Im Januar 1897 fand die Testamentseröffnung statt und die Öffentlichkeit erfuhr von der Nobelstiftung.

Historisches Gehöft „Kyrkhultstugan" im Freilichtmuseum Skansen

Löwen" bewacht wird, zählt zu den renommierten Gaststätten der Stadt. Sonntag Ruhetag.

Von den **Schiffsanlegestellen** östlich des Stadthauses legen die Dampfer nach Drottningholm, Gripsholm (Mariefred) und Birka ab.

3. Stadtrundgang

Djurgården, Freilichtmuseum Skansen, Vasa Museum, Nordisches Museum

Unser dritter Stadtrundgang führt nach **Djurgården** zum **Vasa Museum (16)** und zurück über den Stadtplatz Kungsträdgården zum Königlichen Schloss. Auf dem Wege werden diverse weitere **Museen** erwähnt. Möchte man alle diese Museen besichtigen, wird man für diesen Rundgang natürlich mehr als nur einen Tag vorsehen müssen!

Auf dem Weg zurück in die Innenstadt kann man sich auch der restaurierten Nostalgie-Straßenbahn Linie 7 zum Norrmalmtorg bedienen.

Am bequemsten und einfachsten ist der Weg nach Djurgården, wenn man sich ab der Anlegestelle Räntmästartrappen an der Südostseite der Gamla Stan der **Personenfähren nach Djurgården** (Anleger am Aquaria Vattenmuseum) bedient.

Djurgården, das ehemalige königliche Tiergehege, ist heute Stockholms größtes

und meistbesuchtes Naherholungs- und Freizeitgebiet, in dem man wirklich Tage verbringen könnte. Dort findet man den seit über 120 Jahre bestehenden **Vergnügungspark Gröna Lunds Tivoli (36)**, dann das riesige **Freilichtmuseum Skansen (15)** mit **Tiergehege,** weiter einen **Aussichtsturm**, **Restaurants** (darunter das renommierte *„Wärdshuset Godthem",* Rosendalsvägen 9, und das hundertjährige Spezialitätenrestaurant *„Wärdshuset Ulla Windbladh",* Rosendalsvägen 8), die **Schlösschen Rosendal** sowie **Prins Eugens Waldemarsudde,** das **Aquaria Vattenmuseum (35)**, die **Kunstgalerien Liljevalch** und **Thiel**, ein **Tabak- und Streichholzmuseum,** Gubhyllan *(geöffnet Mai - Sept. tgl. 11 - 17 Uhr, Okt. - Apr Di - So 11 - 15 Uhr, freier Eintritt für Skansen-Besucher)* und schließlich einen **Zirkus**. Der Zirkus wurde zwar 1891 für Clowns und Attraktionen in der Manege gegründet, beherbergt heute allerdings ein modernes Theater mit Restaurant.

Mein Tipp! Die Wege durch die parkähnliche Landschaft von Djurgården eignen sich übrigens ausgezeichnet zum Joggen und Radfahren (eigene Radwege).

Alleine um Skansen zu besichtigen kann ein ganzer Tag verplant werden.

Ganz in der Nähe der Bootsanlegestelle auf Djurgården liegt der Eingang zum **Vergnügungspark Gröna Lunds Tivoli (36)** sowie das **Aquaria Vattenmuseum (35)**,

Falkenbergsgatan 2 (geöffnet 15. Juni - 15. Aug. tgl. 10 - 18 Uhr, übrige Zeit Di - So 10 - 16.30 Uhr; Eintritt; www.aquaria.se). Dort können Sie trockenen Fußes durch einen „lebendigen" Regenwald wandeln und dabei ein handfestes Tropengewitter erleben. Oder Sie können am Meeresaquarium spazieren und Haie, ein Korallenriff und viele bunte Fische aus der Perspektive eines Tauchers betrachten. Außerdem Gebirgsbach und Bergsee, Lachsfluss, Lachstreppe und vieles mehr.

Geht man von der Anlegestelle geradeaus bis zum Djurgårdesvägen und dort rechts, kommt man zum Freilichtmuseum Skansen (15).

Unweit nordwestlich vom Freilichtmuseum Skansen findet man das traditionsreiche Hotel und Restaurant „Hasselbacken", das über hundert Jahren lang Gäste bewirtete.

Skansen (15), das erste Freilichtmuseum der Welt [N 59° 19' 26.6" E 18° 05' 59.3"], Djurgårdenslätten 49 - 51 (geöffnet Mai 10 - 20 Uhr, Juni - Aug. 10 - 22 Uhr, Sept. 10 - 17 Uhr, Okt. - Apr. 10 - 14 Uhr; Eintritt; www.skansen.se), Busse 44 und 47, Fähre nach Djurgården, Tram Nr. 7 ab Norrmalmstorg.

Vor mehr als 100 Jahren hatte Artur Hazelius die Idee, auf der Insel Djurgården ei-

Skansen, Glockenturm von Hasjö

nige historische alte Gehöfte aus Schweden aufzustellen. Damit gründete er 1891 das erste Freilichtmuseum der Welt. Seitdem kamen Stadthäuser, Kirchen (z. B. die aus Seglora von 1720), Gutshöfe (der Hof Skogaholmen stammt von 1680), Bauernhäuser, Wirtschaftsgebäude, Almhütten und Speicherhäuser u. ä. aus den verschiedensten Teilen des Landes hinzu, so dass das Freilichtmuseum Skansen mit heute fast 150 Gebäuden einen sehr schönen Überblick über Leben und Kultur in Schweden vermittelt. Außerdem wurde ein Stadtviertel rekonstruiert, in dem man Handwerkern, z. B. Glasbläsern, bei ihrer Arbeit zusehen kann.

Stadtbekannt ist auch der **Aussichtsturm Bredablick** (weite Aussicht), von dem man einen herrlichen Rundblick über Skansen und die Stadt hat.

Zudem gibt es Tiergehege, Restaurants und Freilichtbühnen, auf denen Artisten auftreten, Konzerte gegeben und Volkstänze dargeboten werden oder zur Mittsommernacht gefeiert wird.

Rund ein Kilometer östlich vom Südeingang das Skansenparks liegt in einem herrlichen Park am Ufer des Saltsjön das **Schlösschen Prins Eugens Waldemarsudde,** Prins Eugens väg 6, (geöffnet Di - So 11 - 17 Uhr, Do bis 20 Uhr; Eintritt; www.waldemarsudde.se). Die stattliche Villa aus der Wende vom 19. zum 20. Jh. war ehemals die Residenz des Prinzen Eugen (1865 – 1947), dem Bruder von König Gustav V. Der Prinz machte sich in Schweden vor allem einen Namen als Kunstmaler. Neben den Werken des Prinzen sieht man in Waldemarsudde auch Werke anderer Künstler, z. B. Gemälde von Carl Larsson, dem aus Dalarna stammenden Anders Zorn oder dem Norweger Edvard Munch sowie Skulpturen von Carl Milles, Christian Ericsson oder Rodin, um nur einige zu nennen.

Die **Museums-Tram Linie 7** hat in der Nähe von Waldemarsudde ihre Wendeschleife.

Ein weiteres Kunstmuseum, die **Thielska Galleriet**, liegt am Ostende von Djurgården, Sjötullsbacken 8, Blockhusudden (geöffnet Mo - sa 12 - 16 Uhr, So 13 - 16 Uhr; Eintritt; www.thielska-gallerie.se).

Der Gründer der Galerie, der Bankier und Kunstmäzen Ernst Thiel, ließ sich die Jugendstilvilla eigens zur Aufnahme sei-

Blick von der Brücke Djurgårdsbron auf Stockholms Innenstadt am Strandvägen

ner umfangreichen Kunstsammlung bauen. Die damalige Privatgalerie wurde bald ein Sammelpunkt des Stockholmer Künstlerzirkels. Alles was um die Jahrhundertwende Rang und Namen in der schwedischen Kunstszene hatte, ging in der Thielvilla ein und aus. Wahrscheinlich hatte Thiel etwas zu viel in seine Leidenschaft für die Künste investiert, denn 1924 musste der Banker seinen Bankrott erklären. Der schwedische Staat übernahm die Kunstsammlung und machte sie der Öffentlichkeit zugänglich. Besonders umfangreich ist die Sammlung von Werken des Norwegers Edvard Munch und von Arbeiten des schwedischen Landschaftsmalers Carl Nordström.

An der Nordseite von Djurgården liegt das **Schlösschen Rosendal**, Rosendalsvägen *(geöffnet Juni - Aug. Di - So Führungen um 12, 13, 14 und 15 Uhr; Eintritt; www.kungahuset.se)*. Hierher zogen sich König Karl XIV. Johan und Königin Desirée gerne zurück, um wenigstens zeitweise dem steifen Hofzeremoniell zu entgehen. Das Schlösschen ist im Empirestil eingerichtet. Prächtig ausgestattete Salons. Schöner, gepflegter Schlossgarten mit ökologischem Pflanzenbau, Café.

Von Skansen aus oder von der Bootsanlegestelle auf Djurgården aus geht man am einfachsten zur Fuß (oder man nimmt die Straßenbahn Nr. 7 zwei Stationen weit) über den Djurgårdsvägen nordwärts zum Vasa

Museum. Auf dem Weg dahin kommt man vorbei an der **Liljewalchs Kunsthalle** mit schwedischer und internationaler Kunst des 20. Jh., sowie Sonderausstellungen, Djurgårdsvägen 60 *(geöffnet Di - So 11 - 17 Uhr, Di + Do bis 20 Uhr; Eintritt)*.

Später zweigt in weitem Bogen nach rechts (ostwärts) die Hazelisuporten ab. Sie führt zum Westeingang des Freilichtmuseums Skansen und passiert dabei das **Biologische Museum**, Lejonslätten *(geöffnet Apr. - Sept. tgl. 11 - 16 Uhr, Okt. - Mai Di - Fr 12- 15 Uhr, Sa + So 10 - 15 Uhr; Eintritt)*. Hier sind in erster Linie heimische Tiere und Vögel ausgestellt.

Etwas weiter passiert der Djurgårdsvägen einen linkerhand gelegenen Friedhof. Ihn durchquert man und kommt unmittelbar danach zum Vasa Museum.

Mein Tipp! Das Vasa Museum * (16) [N 59° 19' 48.3" E 18° 05' 29.3"]**, Galärvarvet, *(geöffnet 1. Jan. - 31. Mai tgl. 10 - 17 Uhr, Mi bis 20 Uhr; 1. Juni - 1. Aug. tgl. 8.30 - 18 Uhr; 1. Sept. - 31. Dez. tgl. 10 - 17 Uhr, Mi bis 20 Uhr; Eintritt, www.vasamuseet.se);* Bus 44, 47 oder 69, Fähren nach Djurgården, Tram Linie 7 ab Norrmalmstorg. Eine Anlegestelle der Fähren liegt in unmittelbarer Nähe des Museums.

Das Vasa Museum beherbergt eine der größten Sehenswürdigkeiten Schwedens, das überaus eindrucksvolle **Regalschiff „Vasa"** aus dem 17. Jh. Es ist aber

Die "Vasa"
Gustav Adolfs Machtdemonstration

Anfang des 17. Jh. – Schweden war auf dem Höhepunkt seiner politischen Macht in Europa – gab König Gustav II. Adolf ein Kriegsschiff in Auftrag, das größer und prächtiger werden sollte als alles bis dahin Bekannte auf den Meeren. Das Kriegsschiff sollte alleine schon durch seine Größe und Bewaffnung seine Gegner beeindrucken, es sollte ein Symbol der Macht Schwedens und seiner Könige aus dem Hause Vasa werden.

Die Schiffsbaumeister Henrik Hybertsson und Hein Jacobsson aus Holland wurden 1625 damit beauftragt, die großen Pläne zu realisieren. Man baute damals, was von den Konstruktionsprinzipien her bekannt war, vertraute auf die Überlieferungen und Erfahrungen früherer Schiffsbauer. Es war in jener Zeit keinesfalls üblich, Neuerungen zu testen.

Das Regalschiff „Vasa". Foto: Hans Hammarskjöld, imagebank.sweden

Stand der Technik waren damals Schiffe mit einem Kanonendeck. Nun wollte der König aber – man sagt er habe selbst den Stift bei der Zeichnung der Pläne geführt – unbedingt ein zweites Kanonendeck haben, was das Schiff natürlich noch eindrucksvoller erscheinen lassen würde. Offenbar drängte die Zeit, der König wollte auf dem Höhepunkt seiner Macht das Schiff auf den Meeren sehen. Es blieb keine Zeit, die Konstruktion auf Grund des zweiten Kanonendecks neu zu überdenken. Es wurde einfach „aufgestockt", ohne den Unterbau des Schiffsrumpfes anzupassen. Das Desaster war somit vorprogrammiert.

Nach knapp dreijähriger Bauzeit war aus rund eintausend Eichen ein riesiges Schiff entstanden, 62 m vom Achterspiegel mit seinem großen Staatswappen bis zur Galionsfigur am Bug lang, fast 12 m breit, mit einem 50 m hohen Großmasten, einer Wasserverdrängung von 1.210 Tonnen, einer Segelfläche von 1.200 Quadratmetern und einem Tiefgang von nicht ganz 5 m. Die Gefechtsbesatzung war mit 145 Mann Seemannschaft und 300 Soldaten vorgesehen.

Am 10. August 1628 lief die „Vasa" unter dem Kommando von Kapitän Söfring Hansson mit rund 100 Mann Seebesatzung, einigen Gästen und 64 Kanonen an Bord zu ihrer Jungfernfahrt aus. Das stolze Schiff war noch keine Meile gefahren und erst vier der zehn Segel waren gesetzt, da wurde es von einer Windbö erfasst, krängte gefährlich, kenterte schließlich und sank mit gesetzten Segeln und wehenden Fahnen in wenigen Minuten noch in der Hafenbucht.

Das Entsetzen war groß, denn mit dem Schiff ging auch ein bisschen schwedischer Stolz unter. Die meisten Besatzungsmitglieder ertranken. Der Kapitän allerdings wurde schwer verletzt geborgen und verhaftet, aber bald wieder freigesprochen. Während der Gerichtsverhandlungen wurde auch nie ein Schuldiger benannt oder verurteilt. Das Verfahren wurde auch bald eingestellt, denn im Grunde wusste jeder Eingeweihte, dass die Katastrophe durch die Kopflastigkeit, die das zweite Kanonendeck verursacht hatte, herbeigeführt worden war. Und dieses Deck hatte ja der König höchstselbst befohlen, wenn nicht gar in den Plänen skizziert.

Dreißig Jahre nach dem Unglück erhält ein Albrekt von Treileben die Genehmigung, das Wertvollste, die Kanonen zu heben. Mit einer ganz einfachen Taucherglocke gelingt es ihm tatsächlich in kurzer Zeit 53 Kanonen zu bergen. Dann gerät die Vasa in Vergessenheit.

Fast genau 300 Jahre später beginnt der Seekriegshistoriker Andres Franzén wieder nach der Vasa zu forschen, findet sie 1956 tatsächlich vor der Insel Beckholmen in 32 m Tiefe. Taucher stellen fest, dass das Schiff in einem verblüffend guten Zustand ist. Der Schiffswurm, eine kleine Muschel, die in salzhaltigeren Gewässern jede Holzplanke in kurzer Zeit vollkommen zerstört, kommt in diesen Gewässern offenbar nicht vor.

Einzelteile wie die Skulpturen vom Achterspiegel werden geborgen und 1957 Vorbereitungen zur Hebung des Schiffes getroffen. Am 24. April 1961 dann erreichen die Planken nach 333 Jahren auf dem Meeresgrund endlich wieder die Wasseroberfläche.

Nun begann eine langwierige Konservierung und Erforschung des Schiffes. Um den Zerfall des Holzes nach der Austrocknung zu verhindern, wurde es fast 20 Jahre lang mit Polyäthylenglykol besprüht. Die Chemikalie ersetzte langsam das Wasser in den Holzporen und erhält so die Festigkeit der Eichenbohlen für immer.

nicht nur das Schiff an sich, sondern es sind auch die spektakuläre Geschichte des Schiffes und die langwierige Prozedur seiner Bergung und Konservierung, die von Interesse sind.

Die Vasa ist das einzige völlig erhaltene Holzschiff aus jener Zeit auf der Welt. Die große Besonderheit und der historische Wert der Vasa besteht aber nicht nur in ihrem bestens erhaltenen Schiffsrumpf, sondern vor allem in der fast unversehrt und völlig komplett geborgenen Ausstattung des Schiffes. Dadurch gelingt ein einmaliger Einblick in die Ausrüstung der Kriegsschiffe jener Zeit und vor allem auch in die spartanische Lebensweise ihrer Mannschaften.

1988 wurde eigens für die Vasa ein neues Museumsgebäude errichtet, in dem das immer noch stolze und überaus beeindruckende Schiff bequem besichtigt werden kann.

Nicht versäumen sollte man den jede Stunde im Kinosaal des Museums präsentierten Film über die Bergungsgeschichte der Vasa, Dauer 25 Minuten, Schwedisch mit englischen Untertiteln; im Sommer um 10.30 und 14.30 auch in deutscher Sprache.

Vor dem Vasa Museum ankern einige **Museumsschiffe**, darunter der Eisbrecher „Sankt Erik", der von 1915 bis 1977 im Einsatz war und das Feuerschiff „Finngrundet", das zwischen 1903 und 1969 seinen Dienst versah. Ganz in der Nähe hat das russische U-Boot „U137" festgemacht, das ebenfalls besichtigt werden kann.

In unmittelbarer Nähe zum Vasa Museum liegt das **Nordiska Museet (17)**, Djurgårdsvägen 6 - 16 *(geöffnet Mo - Fr 10 - 16, Sa + So 11 - 17 Uhr; 1. Juni - 31. Aug. tgl. 10 - 17 Uhr; Eintritt frei; www.nordiskamuseet. se)*, Bus 44 und 47, Fähren nach Djurgården, Tram Linie 7 ab Norrmalmstorg.

Das Nordische Museum, das sich zum Ziel gesetzt hat, Leben und Arbeit des schwedischen Volkes vom Ende des Mittelalters bis in die heutige Zeit zu zeigen, wurde zu Beginn des Industriezeitalters Ende des 19. Jh. von Artur Hazelius, dem „Vater" des Skansen Freilichtmuseums, gegründet. In der Eingangshalle sieht man die von Carl Milles geschaffene Monumentalfigur König Gustav Vasas.

Im Erdgeschoss werden Ausstellungen zu den Themen Zunftwesen, Volkstrachten und Samische Kultur, im ersten Stock u. a. Arbeit im Dorf und auf dem Hof, und darüber Nordische Volkskunst, Textilien, Spielzeug, Mode seit dem 18. Jh. und Trachten und schließlich Möbel, Hausrat und schwedisches Wohnen gezeigt.

Unweit westlich vom dominierenden Gebäude des Nordiska Museet liegt am Rande des freien Platzes am Wasser **Junibacken** *(geöffnet Jan. - Mai sowie Sept. - Dez. Di - So 10 - 17 Uhr; Juni + Aug. tgl. 10 - 17 Uhr; Juli tgl. 9 - 19 Uhr; Eintritt, www.junibacken. se)*. Junibacken ist ein Erlebnis vor allem für Familien mit Kindern, in dem die Welt aus den Märchen von Astrid Lindgren lebendig wird.

Zwischen Junibacken und Nordiska Museet liegt ein großer, gebührenpflichtiger **Parkplatz**.

Über die Brücke Djurgårdsbron gelangt man hinüber in den **Stadtteil Östermalm** und zur breiten Uferstraße Södervägen (Parkmöglichkeiten), der wir stadteinwärts (westwärts) folgen.

Geht man aber die breite Straße Narvavägen (Parkmöglichkeiten) ein Stück nach Norden, gelangt man zum **Statens Historiska Museet (18)**, Narvavägen 13 - 17 *(geöffnet Mai - Sept. tgl. 10 - 17 Uhr; Okt. - Apr. tgl. 11 - 17 Uhr; Eintritt frei; www.historiska. se)*, Bus 44, 47, 56, 69 + 76.

Das Staatliche Historische Museum zeigt im Erdgeschoss Fundstücke und Exponate aus der Stein-, Bronze- und Eisenzeit, aus der Zeit der Wikinger und aus Birka, Schwedens erster Stadtgründung. Zu sehen sind u. a.

Bildsteine aus der Wikingerzeit und ein rekonstruiertes eisenzeitliches Haus.

Im Obergeschoss sind vor allem sakrale Kunstwerke aus der Zeit der Romanik und der Gotik zu sehen.

Ebenfalls zum Museum gehört die sog. **„Goldsammlung"** mit über 3.000 Kostbaren Gold- und Silberstücken.

Wendet man sich an der Djurgårdsbrücke dagegen ostwärts (rechts), kommt man zu drei weiteren Museen:

Sjöhistoriska Museet, Djurgårdsbrunns-vägen 24 *(geöffnet Di - So 10 - 17, Di im Frühjahr und Herbst bis 20 Uhr; Eintritt frei; www.sjohistoriska.se)*, Bus 69.

Schwedens größte Sammlung zur Seefahrtsgeschichte des Landes, mit zahlreichen Schiffsmodellen, Navigationsinstrumenten, Dokumentationen, Gemälden etc. Eine der besonderen Sehenswürdigkeiten des Museums sind die königliche Kabine Gustavs III. von dessen Schoner *„Amphion"* und der Achterspiegel der Jacht.

Tekniska Museet, Museivägen 7, Norra Djurgården *(geöffnet Mo - Fr 10 - 17 Uhr, Mi bis 20 Uhr, Sa + So 11 - 17 Uhr ;Eintritt; www. tekniskamuseet.se)*, Bus 69.

Das Museum für Forschung und Technik zeigt fast alle Aspekte der Technologie und der Industriegeschichte. Man sieht Dampfmaschinen, Motoren, Apparaturen und Maschinen, Flugzeuge u. a.

Angeschlossen ist das **Museum für Telekommunikation** das vom Morseapparat bis zur Satellitentechnik alle Bereiche der Telekommunikation behandelt.

Folkens Museet Etnografiska, Djurgårdsbrunnsvägen 34 *(geöffnet Mo - Fr 10 - 17 Uhr, Mi bis 20 Uhr, Sa + So 11 - 17 Uhr; Eintritt frei; www.etnografiska.se)*, Bus 69.

Das Museum befasst sich mit außereuropäischen Kulturen aus Nordamerika, Afrika, Melanesien und Asien (japanisches Teehaus) u. a.

Unweit östlich der Museen erhebt sich der 155 m hohe Fernmeldeturm **Kaknästornet** mit Aussichtsterrasse (im Sommer 9 bis 24 Uhr, Winter bis 18 Uhr) und Restaurant. Der Turm wird vom Stockholmer Fremdenverkehrsbüro als „höchster Aussichtspunkt in Skandinavien" bezeichnet.

Vom Kaknästornet fährt die Buslinie 69 zurück in die Innenstadt über Nybroplan bis Sergels Torg.

4. Stadtspaziergang

Die Innenstadt

Unseren Stadtrundgang durch Stockholms Innenstadt beginnen wir am Platz **Nybroplan** mit der Anlegestelle der Fähren nach Djurgården.

Am Nybroplan liegt das **Kungliga Dramatiska Teatern (19)**, das Königliche Schauspielhaus. Das Theater wurde 1908 mit einem Stück von August Strindberg eröffnet. Der Figurenfries an der Frontseite stammt von Christian Eriksson und Carl Milles schuf die Frauengestalten am Turm. Sie stellen dar Drama, Poesie und Liedkunst.

An der Bühne des Schauspielhauses arbeitete und inszenierte gelegentlich Schwedens bekannter Regisseur Ingmar Bergmann.

Weiter durch die Geschäftsstraße Hamngatan bis zum **Sergels Torg**, dem zentralen, modernen Platz im lebhaften Geschäftsviertel Norrmalm. Auf dem Wege dahin passiert man den **Berzelii-Park**, der nach dem schwedischen Chemiker Berzelius benannt ist. An der Südseite des Parks liegt das schon historische, sehr renommierte Stockholmer *Restaurant „Berns Salonger"*, Tel. 856 63 20 00, mit dem Ambiente der Jahrhundertwende. Malern, Schriftstellern und Theaterleuten war das „Berns" ausgangs des 19. Jh. eine zweite Heimat. Bekannt ist, dass August Strindberg regelmäßiger Gast war.

Man kommt vorbei an den Warenhäusern **NK** (Restaurants) und **Gallerian** (Restaurant *„Glada Laxen"*, Spezialität Lachs in allen Variationen, empfehlenswert, mit erschwinglichen Preisen) und an der immer belebten Parkanlage **Kungsträdgården** (im Winter Eislauffläche).

An der Nordseite des Platzes liegt das **Sverigehuset** mit dem Hauptbüro der **Stockholmer Touristeninformation (1)**.

Ein wenig bekanntes, aber überaus interessantes Museum liegt ebenfalls in der Hamngatan, das **Hallwylska Museet (20)**, Hamngatan Nr.

4 *(Führungen Di - So 12, 13, 14 + 15 Uhr, Mi auch 18 Uhr; Eintritt frei, Führungen gegen Gebühr; www.hallwylskamuseet.se)* gleich gegenüber des Berzelii-Parks. Dieses private Palais ist eines der wenigen Adelshäuser aus dem Ende des 19. Jh., das so gut wie unverändert erhalten geblieben ist. Sehr sehenswert ist die prächtige Innenausstattung mit kostbaren Möbeln, Wandbehängen und den unzähligen Kunstgegenständen und Kleinodien der Sammlung der Gräfin von Hallwyl, der letzten Hausherrin hier.

Zurück zum **Sergels Torg**. Benannt ist der große Stadtplatz nach dem schwedischen Bildhauer *Tobias Sergel* (1740 – 1814). Der moderne Glaspalast an der Südseite des Platzes ist das **Kulturhaus**.

Weiter nördlich, zwischen dem breiten Sveavägen und dem bunten **Hötorget** (mit riesiger unterirdischer Markthalle und Einkaufspassagen, zahlreiche Lokale), liegt Stockholms **Konzerthaus (21)**, ein Bau im neoklassizistischen Stil aus dem Jahre 1926, mit Säulenfassade und dem von Carl Milles geschaffenem Orpheus-Brunnen davor.

Im Konzerthaus werden alljährlich im Dezember in einer feierlichen Zeremonie in Anwesenheit des Königs die Nobelpreise verliehen.

Auf dem Friedhof der **Adolf Fredriks Kirche**, die noch etwas weiter stadtauswärts am Sveavägen liegt, ist der 1986 in der Gamla Stan ermordete schwedische Ministerpräsident Olof Palme beigesetzt.

Das Grab der großen Greta Garbo (1905 - 1990), „Leinwandgöttin" und legendärer Filmstar aus Schweden, können Sie auf dem Stockholmer **Waldfriedhof Skovs-**

Das NK Kaufhaus, eines der führenden seiner Art im Lande

kyrkogården (UNESCO Weltkulturerbe), Sockenvägen 492, besuchen.

Westlich vom Sergels Torg führt die **Drottninggatan**, eine der wichtigsten Geschäfts- und Einkaufsstraßen der Stadt, nach Nordwesten. Hier liegen Geschäfte jeder Art, Restaurants und Einkaufszentren wie das **PUB**, eines der größten Warenhäuser in der Stadt. **Übrigens** – in Stockholm sind Einkaufszentren, Warenhäuser und viele der großen Geschäfte **täglich geöffnet**.

Im vierten Stock der Drottninggatan Nr. 85 findet man das **Strindbergsmuseet** (geöffnet Di 12 - 19, Mi - So + Winterhalbjahr 12 - 16 Uhr; Eintritt frei; www.strindbergsmuseet.se), U-Bahn Rådmansgatan. Das Museum erinnert an den großen schwedischen Dichter und dramatischen Schriftsteller Au- gust Strindberg, der hier zwischen 1908 und 1912 lebte.

Zwei Straßenzüge westlich des Sergels Torg, schon auf halbem Wege zum Hauptbahnhof, erhebt sich die **St. Klarakirche (22)**, eines der ältesten Gotteshäuser der Stadt, dessen Ursprünge bis ins 13. Jh. zurückreichen. Vom Originalbau existieren allerdings nur noch Grundmauerfragmente. Die Wirren der Reformation führten zum Abriss des alten Baus. Ein Neubau entstand Ende des 16. Jh. auf Anordnung König Johanns III. Dieses Kirchengebäude wiederum fiel zum überwiegenden Teil einem Brand zum Opfer.

Die Kirche, die wir heute sehen, stammt aus der Mitte des 18. Jh. und wurde nach Plänen des Hofbaumeisters Carl Hårleman errichtet. Sehenswert sind das Westportal, die Kanzel und die Deckenfresken.

In der Kirche liegt der Architekt Hårleman begraben und auf dem Friedhof der Klarakirche haben Schwedens beliebter Volkssänger Carl Michael Bellman und die Dichterin Anna Maria Lenngren ihre letzte Ruhestätte gefunden.

Vom Sergels Torg gehen wir südwärts und durch die Malmstorgsgatan Richtung Schloss. Fast am Ende der Straße liegt links (westlich) das **Medelhavsmuseet (23)**, Eingang Fredsgatan 2 (geöffnet Di - Mi 11 - 20 Uhr, Do - Fr 11 - 16 Uhr, Sa + So 12 - 17 Uhr; Eintritt frei; www.medelhavsmuseet.se), Bus 62, 65, U-Bahn Kungsträdgården.

Das Museum befasst sich mit Kunst und Kultur alter Zivilisationen aus dem Mittelmeerraum und aus Nahost. Besonders umfangreich ist eine antike Terrakotta-Sammlung aus Zypern. Sehenswert sind weiter die Ausstellungen aus der griechischen und römischen Antike sowie die ägyptische Abteilung.

Wenig später gelangt man zum Gustav Adolfs Torg. Links erhebt sich das **Opernhaus (24)**, ein Ende des 19. Jh. im Renaissancestil errichteter Bau. Jenny Lind (6. 10. 1820 – 2. 11. 1887), die große schwedische Opernsängerin, die hier in Norrmalm geboren wurde und in der ganzen Welt als „schwedische Nachtigall" bekannt war, startete an der Stockholmer Oper ihre große Karriere.

Das **Restaurant „Operakällaren"**, Tel. 86 76 58 01, das bereits 1895 öffnete, ist nicht nur für seine Preise, sondern auch für seine exquisite Speisekarte über die Stadt hinaus bekannt. Auf dem Gelände des Opernhauses findet man außerdem die **Opernbar** und das nicht ganz so teure, schicke **„Café Opera"**.

Brücken führen über den Norrström auf die **Helgeandsholmen** (Heiliggeistinsel). Beinahe die gesamte westliche Hälfte des Inselchens wird eingenommen vom Gebäudekomplex des **Riksdagshuset (25)**, dem schwedischen Reichstagsgebäude.

In dem 1905 eingeweihten Parlamentsgebäude haben die 349 Mitglieder der Volksvertretung ihren Sitz. Hier tagt der Reichstag, der Gesetze verabschiedet, den Staatshaushalt und die Regierungsgeschäfte überwacht und die Richtlinien der Außenpolitik bestimmt. Zur jährlichen Hauptversammlung im Oktober anlässlich eines neuen Arbeitsjahres, eröffnet der König persönlich die Sitzung. Die offiziellen Räumlichkeiten des Reichstagsgebäudes können auf Führungen besichtigt werden.

An der Ostseite der Helgeandsholmen findet man auf der sog. Strömparterren **Stockholms Medeltidsmuseet**, das **Museum Mittelalterliches Stockholm (26)**, (geöffnet Sept. - Juni Di - So 11 - 16 Uhr, Mi bis 18 Uhr; Eintritt frei, www.medeltidsmuseet.stockholm.se), Bus 43, 62, U-Bahn Kungsträdgården.

Ausgestellt sind u. a. Fragmente der mittelalterlichen Stadtbefestigung, Reste eines Zollhauses, Bootsteile, Skelette u. a. Das Museum entstand mehr durch Zufall. Denn als man während des Umbaus des Parlaments-

Stockholm Blick von der Skeppsholmsbron zum Schloss

gebäudes hier mit Erdarbeiten für eine Tiefgarage begann, stieß man auf frühe Reste der mittelalterlichen Stadt.

Museen auf Blasieholmen und Skeppsholmen

Geht man vom Gustav Adolfs Torg nach Osten, vorbei am Karl XII. Torg und vorbei an der Anlegestelle der Ausflugsschiffe **[N 59° 19' 46.6" E 18° 04' 30.0"]** an der **Strömbron,** auf das markante Gebäude des **Grand Hotels** (Terrassenrestaurant mit Altstadtblick) am Strömkajen zu, gelangt man auf die **Halbinsel Blasieholmen.**

Am Ende der Halbinsel, von wo aus man einen sehr schönen Blick auf die Altstadt und das Schloss hat, liegt das sehenswerte **Nationalmuseum (27),** Södra Blasieholmshamnen *(geöffnet Di + Do 11 - 20 Uhr, 1. Juni - 31. Aug. Do nur bis 17 Uhr; Mi + Fr - So 11 - 17 Uhr; Eintritt frei; www.nationalmuseum. se),* Bus 2, 55, 59, 62, 65, 76

Hier ist in einem mächtigen Gebäude aus der Mitte des 19. Jh. Schwedens bedeutendste **Gemälde- und Kunstausstellung** untergebracht. Die Sammlung basiert vor allem auf der **Königlichen Kollektion König Gustavs III.** Integriert ist auch die **Sammlung des Grafen Tessin,** der dem berühmten Architektengeschlecht entstammte, in königlichen Diensten in Paris tätig war und bei dieser Gelegenheit die Galerie durch kostbare französische Meister ergänzte und bereichern konnte.

Das erste Stockwerk des Museumsgebäudes ist dem **Kunsthandwerk** vorbehalten. Kostbare Porzellan-, Glas-, Silber- und Möbelsammlungen werden hier ausgestellt.

Im Stockwerk darüber findet man die umfangreiche **Gemäldegalerie.** Vertreten sind nahezu alle Kunstepochen vom 16. und 17. Jh. bis in unsere Zeit. Neben der Gruppe der italienischen, französischen und spanischen Meister des 16. bis 18. Jh. – darunter sind Arbeiten von El Greco, José de Ribera, de la Tour, Perugino u. v. a. – nehmen vor allem die alten flämischen und niederländischen Meister breiten Raum ein. Zu sehen sind Werke Bruegels, Jan van Goyen, Frans Hals u. a. Den Meisterwerken Rembrandts ist ein eigener Saal gewidmet. Vertreten ist auch Peter Paul Rubens.

Weiter sieht man eine **Porträtsammlung** schwedischer Monarchen und Adeliger, sowie Skulpturen des Bildhauers Tobias Sergel. Von Alexander Roslin, einem der bedeutendsten Maler Schwedens, stammt z. B. „Die Dame mit dem Schleier". Von Rang sind auch die Gemälde „Krönung Gustavs III." oder „Leichenzug Karls XII.".

Aus der **Tessinschen Sammlung** stammen vor allem Werke französischer Maler des 18. Jh., von denen besonders die Arbeiten von Jean-Baptiste Siméon Chardin hervorgehoben werden müssen.

Sehenswert ist alleine schon die **Abteilung der französischen Impressio-**

nisten des 19. Jh. Fast alles was in diesem Bereich Rang und Namen hat ist zu finden, von Manet über Renoir, Paul Cézanne, Claude Monet und Paul Gauguin bis hin zu Toulouse-Lautrec und Degas.

Und natürlich ist den schwedischen Malern breiter Raum gewidmet.

Die Museen auf Skeppsholmen

Eine Brücke führt hinüber nach **Skeppsholmen [N 59° 19' 31.2" E 18° 05' 19.6"]**, dem früheren Werftgelände Stockholms. Vor dem Westufer hat – wohl für den Rest seiner Tage – der ausgediente aber immer noch stolze Windjammer **„af Chapman"** festgemacht, der nun als Jugendherberge dient.

Skeppsholmen entwickelt sich langsam aber sicher zur Museumsinsel der Stadt. Die Insel erreicht man mit Bussen der Linien 65 ab Karl XII Torg (Busse 2, 55, 62, 76 bis Karl XII Torg).

Folgende Museen sind bislang dort eingerichtet worden:

Östasiatiska Museet, das **Ostasiatische Museum (28)**, Skeppsholmen, *(geöffnet Di - 20 Uhr, Mi - So 11 - 17 Uhr, Eintritt frei; www.ostasiatiska.se)*, Bus 65.

Eine interessante Sammlungen mit Kunstgegenständen und archäologischen Exponaten aus fernöstlichen Kulturen, aus China, Japan (u. a. Samurei-Rüstungen, Waffen, Seidenmalerei, Kalligraphien), Korea und Indien (u. a. Tempelmalereien, Buddhafiguren). Glanzstück des Museums ist die Sammlung 4.000 Jahre alter chinesischer Keramiken.

Moderna Museet, das **Museum für Moderne Kunst (29)**, Skeppsholmen, *(geöffnet Di + Mi 10 - 20 Uhr, Do - So 10 - 18 Uhr; Eintritt frei; www.modernamuseet.se)*. Gemälde, Skulpturen und Fotografien schwedischer und internationaler Künstler des 20. Jh. sind hier zu sehen. Das Museum nimmt aber nicht nur mit seinen Ausstellungsgegenständen, sondern auch mit seiner ganzen Konzeption und Führung den Begriff „modern" in Anspruch.

Architektur Museet, das **Museum für schwedische Architektur (30)**, Skeppsholmen, *(geöffnet Di + Mi 10 - 20 Uhr, Do - So 10 - 18 Uhr; Eintritt frei; www.arkitekturmuseet. se)* Bus 65. Ein Spezialmuseum mit Plänen, Modellen, Fotografien und umfangreicher Fachbibliothek für alle, die sich für schwedische Architektur im internationalen Wettstreit interessieren.

Weitere Sehenswürdigkeiten

Im **Stadtteil Östermalm**, nicht weit nordöstlich des Kungliga Dramatiska Teatern am Nybroplan, liegen drei interessante Spezialmuseen.

Das **Armee Museum (31)**, Riddargatan 13 (geöffnet Di 11 - 20 Uhr, Mi - So 11 - 16 Uhr, Eintritt frei; www.armemuseum.se), Bus 47, 69 bis Nybroplan. Das Museum zeigt Ex-

Der Windjammer „af Chapman" vor Skeppsholmen

ponate zur Geschichte der schwedischen Streitkräfte von der Vikingerzeit über die Epoche Gustav Vasas bis heute. Uniformen, Fahnen, Kriegstrophäen und Waffen sind die wichtigsten Ausstellungsstücke.

Musikmuseum, Sibyllegatan 2 *(geöffnet Di - So 12 - 17 Uhr, Juli - Aug. 10 - 17 Uhr; Eintritt frei; www.musikmuseet.se)*, Bus 2, 47, 62, 69, 76. Hier können Sie Musik hören, Instrumente spielen und ansehen. Die Ausstellungen befassen sich mit Musikgeschichte von der Zeit des 17. Jh. bis zur ABBA-Aera.

H M Konungens Hovstall, der **Königliche Marstall**, Väpnargatan 1, *(obligatorische Führungen Jan. - Mai sowie 19. Aug. - 10. Dez. Sa + So 14 Uhr; 26. Juni - 11. Aug. Mo - Fr 14 Uhr; Eintritt; www.royalcourt.se)*, Bus 47, 62, 69 bis Nybroplan. Zu sehen sind königliche Karossen und Kutschen, Uniformen, Pferde, Zaumzeug u. ä.

Der **Haga Park** (Bus 515 bis Haga Norra) liegt im nördlichen **Stadtteil Solna** jenseits des Verkehrsknotens Norrtull an der E4.

In der Parkanlage an den Ufern des Brunnsviken hatte König Gustav III., der „Theaterkönig", eine große, prunkvolle Palastanlage geplant. Aber erst einige Nebenvillen, ein Teil des Schlosses, drei kuriose Kupferzelte für die Palastwachen und der sog. **Pavillon Gustavs III.** waren errichtet, als der König am 17. März des Jahres 1792 das Anwesen, in dem er sich sehr gerne aufhielt, zum letzten mal verließ.

Gustav III. wohnte an jenem schicksalhaften Abend einem Maskenball bei, auf dem er von einem Attentäter heimtückisch erschossen wurde.

Die Bauarbeiten im Haga Park wurden nach dem Mordanschlag eingestellt. Aber selbst der Pavillon Gustavs III., der vom Franzosen Louis Masreliez, einem der vielleicht berühmtesten Innenarchitekten des ausgehenden 18. Jh. eingerichtet worden war, zeigt alleine schon, welcher pompöse Palast hier geplant war.

In einem der erwähnten Kupferzelte sind ein Café und ein **Museum** (Eintritt frei), in dem gezeigt wird, was für eine grandiose Anlage dem König vorschwebte.

Nicht weit vom Museum entfernt findet man das **Fjärilshuset Haga Trädgård**, das **Schmetterlinghaus Haga Garten** *(geöffnet Apr - Sept. Di - Fr 10 - 16 Uhr, Sa + So 11 - 17.30 Uhr; Eintritt; www.fjarilshuset.se)*, Bus 515 bis Haga Norra. In tropischem Ambi-

Stockholms Nordisches Museum

ente können sie durch die bunte, exotische Welt flatternder Schmetterlinge spazieren. Interessant auch das „Königreich der Insekten".

Auf dem Gelände des Haga Parks liegt der **Königliche Friedhof**. Dort sind der erst 1973 verstorbene König Gustav VI. Adolf und seine beiden Gemahlinnen Kronprinzessin Margareta (gestorben 1920) und die 1965 verstorbene Königin Louise beigesetzt.

Ulriksdal Palast, – Der 350 Jahre alte königliche Palast liegt nördlich des Hagaparks im Stadtteil Solna, ganz in der Nähe der Hauptverkehrsader E4.

Der Palast war zuletzt von 1923 bis 1973 die Residenz von König Gustav VI. Adolf und Königin Louises. Die königlichen Privat- und Staatsgemächer sind vollständig möbliert und eingerichtet wie zu Königs Zeiten. Schöne Palastgärten mit Orangerie Museum, Remisen. Der Ulriksdal Palast konnte bislang gegen Gebühr auf Führungen besichtigt werden (Änderungen möglich!).

Wer sich für Fossilien, Mineralien, Dinosauriere u. ä. interessiert, sollte einen Besuch im **Naturhistoriska Riksmuseet** *(geöffnet Di - Fr 10 - 19 Uhr, Do bis 20 Uhr, Sa + So 11 - 19 Uhr, Eintritt)*, Schwedens naturgeschichtliches Nationalmuseum im Frescativägen 40, im nördlichen Stadtbereich etwas außerhalb des Zentrums, nicht versäumen. **Cosmonova** mit IMAX-Kino und Planetarium.

Man erreicht das Museum mit der Tunnelbana bis Haltestelle *Universitetet* oder mit Bus 40.

Ausflüge ab Stockholm

Millesgården liegt nordöstlich der Innenstadt auf der **Insel Lidingö**. Zu erreichen über die E20 und 277 Richtung Lidingö. Mit öffentlichen Verkehrsmitteln gelangt man nach Lidingö, indem man die Tunnelbana-Linien Nr. 13 oder 14 bis zur **Endstation Ropsten** nimmt, dort umsteigt und mit dem Bus oder Zug Nr. 221 über die Brücke bis **Torvikstorg** (Zug bis Station Torvik) an der Westseite von Lidingö fährt. Von dort muss man ein kurzes Stück hinauf zum Milles Gården hoch über dem Westufer der Insel gehen. Von Juni bis August verkehren ab Nybroplan und Strömkajen im Stadtzentrum von Stockholm Ausflugsboote nach Lidingö.

Millesgården, Herserudvägen 32, Lidingö, *(geöffnet 15. Mai - 30. Sept. tgl. 11 - 17 Uhr, Do bis 20 Uhr; 1. Okt. - 14. Mai tgl. 12 - 17 Uhr, Do bis 20 Uhr; Eintritt; www.millesgarden.se)* war zwischen 1951 und 1955 das Domizil des bedeutenden schwedischen Bildhauers *Carl Milles* und seiner Frau Olga.

„Die Hand Gottes", Skulptur von Carl Milles, Millesgården

Carl Milles stammte aus Uppland, wo er am 23. Juni 1875 auf dem Gut Örby Gård geboren wurde. Milles wächst in einer recht musisch geprägten Familie auf. Obwohl der Vater Armeeoffizier war, betreibt er doch künstlerische Studien. Die Geschwister ergreifen künstlerische Berufe. Mit 17 Jahren wird Milles Tischler und nimmt nebenbei technischen Unterricht, bekommt schließlich ein Stipendium, das ihm einen mehrjährigen Aufenthalt in Paris ermöglicht.

Erste Skulpturen entstehen, die zur Pariser Weltausstellung 1900 prämiert werden. 1905 heiratet Milles die österreichische Porträtmalerin Olga Granner. 1908 beginnt der damals schon erfolgreiche Bildhauer mit dem Bau seiner Villa auf Lidingö.

1920 wird Milles Professor für Modellieren an der Kunsthochschule in Stockholm. Es folgen Ausstellungen in Göteborg, London, Lübeck und Hamburg und 1929 der erste Besuch in den USA.

1931 lässt sich Carl Milles ständig in den USA nieder, wo ihm an der Kunstakademie von Bloomfield Hills bei Detroit eine Professur für Bildhauerei angeboten wird.

Nach dem zweiten Weltkrieg hält sich Carl Milles gelegentlich auf Millesgården auf. Erst 1951 kehrt der nun bekannte Künstler zurück nach Schweden, erhält 1953 die Ehrendoktorwürde der Universität Stockholm, verlebt die Winter in Italien, vornehmlich in Rom und hält sich im Sommer in Millesgården auf, wo er am 19. September 1955 stirbt.

Im Haus und vor allem in den schön angelegten Gärten und auf den weiten Terrassen der Villa sind die bedeutendsten Werke und Skulpturen von Carl Milles zu sehen. Von den Terrassen hat man außerdem einen schönen Blick hinüber nach Stockholm. Allerdings sind die Ufer dort bebaut mit Industrie- und Werftanlagen.

Bootsausflüge

Einer der vielleicht schönsten Ausflüge ab Stockholm ist eine Bootstour durch die Arme des Mälarsees zum **Schloss Drottningholm**.

Die weißen Ausflugsdampfer verkehren von der Anlegestelle an der Stadshusbron am Rathaus auf Kungsholmen von Ende April bis 10. September täglich zwischen 10 und 15 Uhr jeweils zur vollen Stunde, So auch 16 Uhr (nach dem 10. September nur Sa + So Abfahrten um 11 Uhr und 13

Uhr). Die Fahrtdauer beträgt 50 Minuten.

Darüber hinaus gibt es begleitete Touren mit Führung inkl. Hinfahrt, Schlossbesichtigung und Rückfahrt, Dauer knapp vier Stunden.

Der Barockpalast von Drottningholm aus dem Ende des 17. Jh. mit wunderschönen Parkanlagen, war Sommerresidenz von

Fähre zum Vergnügungspark Djurgården

Königin Hedwig Eleonora und später von König Gustav III. und Lovisa Ulrika. Heute dient ein Teil des Schlosses als permanente Residenz der Königlichen Familie.

Eine eingehende Schlossbeschreibung finden Sie in der nächsten Tour Nr. 9 (Stockholm – Mariefred).

Bootsausflüge werden zwischen Ende April und 10. September (außer Mittsommer) täglich ab Stadshusbron um 9.30 Uhr auch zur **Insel Björkö** angeboten. Rückfahrt um 15 Uhr.

Auf Björkö liegt **Birka Vikingastaden**, die historische **Wikingersiedlung Birka** (*geöffnet tgl. 29. Apr. - 10. Sept.; www.raa. se/birka*), die als die erste und älteste Stadt in Schweden gilt. Schon vor über 1.000 Jahren war sie ein stark frequentierter Handelsplatz, an dem Felle, Bronze, Schmuck- und Gebrauchsgegenstände umgeschlagen wurden. Archäologische Funde brachten u. a. wunderschöne Schmuckstücke aus Bronze zu Tage. Große Teile der Siedlung wurden von Archäologen rekonstruiert. Heute steht Birka auf der World Heritage Liste. Im Sommer sieht man Bootsbauer, die nach alter Manier Wikingerschiffe nachbauen u. ä. Es gibt ein Museum, ein Restaurant und Bademöglichkeiten.

Und ab Ende Juni verkehren Ausflugsschiffe auch ins malerische Städtchen **Sigtuna** und weiter bis **Skokloster** (siehe auch Tour 10, Mariefred – Uppsala).

Eintagesausflüge werden auch nach **Mariefred** und zum **Schloss Gripsholm** angeboten. Man kann mit den Ausflugsschiffen – entweder mit dem betagten, gemütlichen Dampfer „Mariefred" oder mit der moderneren und schnelleren „Gripsholm" – ab Sta-

dshuskai bis Mariefred fahren, Städtchen und Schloss besichtigen und dann entweder mit dem Schiff oder aber mit der Veteranenbahn bis zum Bahnhof und dann mit dem Zug zurück nach Stockholm fahren.

Eine eingehende Beschreibung von Mariefred und Schloss Gripsholm finden Sie in Etappe Nr. 9 (Stockholm – Mariefred).

Da sich das Angebot an Ausflügen von Jahr zu Jahr ändert – wobei die Bootstouren nach Drottningholm oder nach Gripsholm wohl kaum jemals aus dem Programm genommen werden dürften – sollte man sich doch vorher im Touristeninformationsbüro **nach dem neuesten Stand mit aktuellen Preisen und Abfahrtszeiten erkundigen!**

Wander-, Rad- und Kanutouren

Wer sich in Stockholm länger aufhalten kann und gerne wandert, sollte sich im Touristeninformationsbüro nach dem **Roslagsleden** erkundigen, einem **Wanderweg**, der das Gebiet von Roslagen nordöstlich von Stockholm inklusive der inselreichen Schärenküste zwischen Danderyd und Norrtälje erschließt.

Der Mälardalsleden, einer der größten ausgeschilderten **Randwanderwege** in südlichen Schweden verläuft südöstlich von Stockholm. Er ist insgesamt fast 450 km lang und war der erste Radwanderweg in Schweden.

Für geübte Kanufahrer kann der **Långhundraleden** interessant sein, eine abenteuerliche Kanuroute (ca. 3 Tage) zwischen Åkersberga nordöstlich von Stockholm und Uppsala. Der Wasserweg ist ein Teil des alten Seeweges, den die Wikinger auf ihren Fahrten von Uppsala ins Baltische Meer nahmen. Neueste Informationen über die Befahrbarkeit der Route und genaue Karten gibt es im Touristeninformationsbüro.

Ausflug durch Stockholms „Schärengarten"

Das **Stockholmer Archipel** erstreckt sich östlich der schwedischen Hauptstadt rund 60 km weit in die Baltische See. Rund 24.000 Inseln, Inselchen und Klippen findet man in diesem Gewirr des Stockholmer „Schärengartens" aus Wasser und Felsen.

Etwa 150 der Inseln sind bewohnt. Im Sommer, wenn die annähernd 6.000 Ferienhäuser und Strandvillen alle bewohnt sind, steigt die Einwohnerzahl in diesem überaus beliebten Ferien- und Naherholungsgebiet leicht auf über 100.000.

Mein Tipp! Am schönsten – vor allem natürlich bei schönem Sommerwetter – ist ein Ausflug in die Schärenwelt ohne Zweifel per Schiff. **Bootsausflüge**, z. B. über **Vaxholm**, **Grinda** und **Svartsö** bis hinaus nach **Finnhamn** oder nach **Sandhamn**, werden ab Stockholm zahlreich und in vielen Variationen angeboten.

Ab Stockholm verkehren die Ausflugsschiffe (im Sommer mehrmals täglich, viele ganzjährig) ab Strömkajen vor dem Grand Hotel in der Innenstadt. Die Fahrt dauert z. B. bis Vaxholm eine Stunde oder bis Finnhamn etwa zweieinhalb Stunden.

Von den Inseln wiederum, z. B. ab Sandhamn, werden Badeausflüge zu kleineren Schären, Kreuzfahrten wie die ganztägige „Tausend Insel Fahrt" mit der „Waxholm III" oder abendliche Schiffstouren bzw. Sommernachtsfahrten durch das Archipel mit Abendessen an Bord unternommen.

Einige der großen Inseln sind per Straße erreichbar. Eine Autotour könnte folgendermaßen aussehen:

Man fährt ab Stockholm über Södermalm und über die Schnellstraße 222 ostwärts Richtung **Boo**. Erste Station kann man in **Saltsjöbaden** machen, einem bekannten Seebad mit Jachthafen, Golfplatz, Freizeiteinrichtungen und Hotels. Die Sommerterrasse des Grand Hotels z. B. ist bekannt und beliebt.

Zurück an der Straße 222 geht es weiter nach **Gustavsberg**. Hier kann man das Keramikzentrum besichtigen.

Die Straße endet in **Djurö** bzw. in **Stavsnäs**, Ausgangspunkt für viele Bootstouren in die Schären, z. B. nach **Sandhamn**. Sandhamn wiederum ist ein Seglereldorado mit einem berühmten Jachtclub.

Auf der Weiterfahrt kehrt man zurück bis **Mörtnäs** und fährt nordwärts nach **Vaxholm,** einem sehenswerten Städtchen mitten in den Schären, mit hübschen Holzhäusern und einer **Festung** aus dem 16. Jh., was auf die einst strategisch wichtige Bedeutung des Städtchens am Seeweg nach Stockholm hinweist. Heute ist in der Festung ein Museum eingerichtet.

Über **Roslags-Näsby** und **Solna** kehrt man zurück nach **Stockholm**.

Ein weiterer Ausflug kann auf die **Halbinsel Södertörn** südlich von Stockholm führen. Dort liegen an der Küste, östlich der Straße 73 zum Fährhafen Nynäshamn, einige interessante Schlösser aus dem 17. Jh. wie **Tyresö, Sandemar** bei Dalarö, **Årsta** und **Häringe**, die den russischen Piratenüberfall von 1719, bei dem die ganze Küste östlich von Stockholm verwüstet wurden, unbeschadet überstanden haben.

PRAKTISCHE HINWEISE – VAXHOLM

Telefonvorwahl: 08 541
Vaxholms Turistbyrå, Söderhamnen, 185 83 Vaxholm, Tel. 3 14 80.

HOTEL

Waxholms Hotel, 32 Zi., Hamngatan 2, Tel. 3 01 50, Blick auf Hafen und Festung, gutes Restaurant.

CAMPING

Waxholm Strand & Camping ***, Tel. 30 101; Ende Apr. – Ende Sept.; ca. 7 km südwestlich von Vaxholm, an der Straße 274 beschildert; Wiesengelände im Freizeitgebiet Eriksö in Küstennähe des Vaxholmsfjord; ca. 3 ha – 60 Stpl.; Standardausstattung; Laden, Imbiss. 14 Miethütten. Ruderboot- und Fahrradverleih. **V & E für Wohnmobile.**

PRAKTISCHE HINWEISE – STOCKHOLM

Telefonvorwahl: 08

Stockholm Tourist Centre [N 59° 19′ 57.5″ E 18° 04′ 10.7″], Touristeninformation im Sverigehuset (Schwedenhaus) am Kungsträdgården, Hamngatan 27, 103 27 Stockholm, Tel. 508 28 508, Fax 508 28 509 – **Geöffnet:** Ganzjährig Mo - Fr 9 - 19, Sa. 10 - 17, So 10 - 16 Uhr. **E-mail:** info@svb.stockholm.se **Internet:** www.stockholmtown.com

Hotellcentralen (Zimmernachweis), Centralstationen, Hauptbahnhof, Vasagatan 1, 111 20 Stockholm, Tel. 508 28 508, Fax 791 86 66. **E-mail:** info@svb.stockholm.se **Internet:** www.stockholmtown.com/hotels. **Geöffnet:** Ganzjährig Sept. - Mai Mo - Fr 9 - 18, Sa 9 - 16, So 10 - 16 Uhr, Juni - Aug. tgl. 8 - 20 Uhr.

SweBus, Cityterminalen, Klarabergsviadukten 72, 111 64 Stockholm, Tel. 23 14 40.

Näheres über die Pauschalkarte **Stockholmkarte** finden Sie am Anfang der Stadtbeschreibung von Stockholm unter „Tipps zur Stadtbesichtigung".

Stadtrundfahrten und Stadtbesichtigungen werden zahlreich angeboten per Bus, per Boot, per Pferdekutsche und zu Fuß. Das Spektrum reicht von der einstündigen Bootsrundfahrt rund um Gamla Stan, vorbei an Djurgården und durch Stockholms Hafen bis zur dreistündigen Besichtigung per Bus und Schiff.

Viele Bustouren beginnen ab Gustav Adolfs Torg an der Oper. Einige Stadtrundfahrtunternehmen fahren gegen 9 Uhr und gegen 13 Uhr die wichtigsten Hotels in der Stadt an, um Fahrgäste für Rundfahrten aufzunehmen.

Stadtrundgänge durch die Altstadt Gamla Stan mit fachkundiger, autorisierter Führung finden vom 1. Juni bis 31. August abends um 19 Uhr statt. Touren in deutsch am Donnerstag. Treffpunkt am Obelisken auf dem Slottsbacken.

Die meisten **Bootstouren** starten am Nybrokajen bzw. am Strömkajen. Bitte neuesten Stand des Ausflugs- und Besichtigungsangebots mit Preisen und Zeiten im Touristenbüro erfragen.

RESTAURANTS

Restaurants, siehe auch unter „Hotels" sowie in der Stadtbeschreibung:

Aurora, Munkebron 11, Tel. 21 93 59, exklusives, teures Kellerlokal in der Altstadt.

„Mälardrottningen", Riddarholmen, Tel. 54 51 87 80, historische Jacht, exklusives, teures Restaurant.

Cattelin, Storkyrkobrinken 9, Tel. 20 18 18, gutes Fischlokal mitten in der Altstadt, mittlere Preiskategorie.

Eriks Fisk, Strandvägenskaien, Kai 17, bekanntes, teures Fischlokal auf einem umgebauten Frachtkahn.

Ulriksdals Wärdshus, Tel. 85 08 15, im nördlichen Stadtbereich in der Nähe des Schlosses Ulriksdal, altschwedisches Gasthaus, Spezialität Smörgåsbord, teuer.

Zum Franziskaner, Skeppsbron 44, Tel. 11 83 30, an der Ostseite der Altstadt, gutes Lokal mit erschwinglichen Preisen. Montag Ruhetag.

Hard Rock Café, Sveavägen 75, Tel. 16 03 50, Rockcafé mit einfachen Snacks. Tgl. 11 – 2 Uhr.

Sturecompagniet, Sturegatan 4, Tel. 6 11 78 00, Restaurants und Bars, Cafés und Discos in einer großen Mall. – Und viele, viele andere.

HOTELS

Die Preise für ein Doppelzimmer in den Häusern, die hier mit Luxusklasse bezeichnet werden, liegen zwischen 200 und 250 EUR und darüber. Für ein Doppelzimmer in einem 1.-Klasse-Hotel muss mit etwa 200 EUR gerechnet werden. Und ein Haus der mittleren Preisklasse verlangt um ca. 150 EUR. Preise bitte nur als Anhaltspunkte betrachten!

In allen aufgeführten Hotels können Nichtraucherzimmer reserviert werden. Eine Sauna gehört zum Standard der allermeisten Häuser.

Interessant bei den hohen Hotelpreisen sind die oft recht erheblich **ermäßigten Wochenendraten** bzw. **„Sommerpreise"**, die zwischenzeitlich von fast allen Hotels angeboten werden.

Abweichend von den unter „Hotels und andere Unterkünfte" weiter hinten erwähnten Preisklassifizierungen sind die dort aufgeführten Preisklassen für Stockholm in etwa zu verdoppeln!

Hotels in der Altstadt Gamla Stan

First Hotel Reisen, 114 Zi. *****, Skeppsbron 12 – 14, Tel. 22 32 60, Fax 20 15 59, www.firsthotels.com; Haus der Luxusklasse in einem Gebäudeensemble ehemaliger Handelskontore aus dem 17. Jh. am Ostrand der Altstadt, exklusives **Restaurant „Quarter Deck"**, bekannte Pianobar, Sauna, Garage, Parkplatz.

Lady Hamilton, 34 Zi. ****, Storkyrkobrinken 5, Tel. 50 64 01 00; Fax 50 64 01 10, www.ladyhamiltonhotel.se; kleines, exquisites Haus der Luxusklasse mitten in der Altstadt, in einem historischen Haus aus dem 15. Jh., Bar, Sauna, Garage.

Lord Nelson, 31 Zi. ***, Västerlånggatan 22, Tel. 50 64 01 20; Fax 50 64 01 309, www.lordnelsonhotel.se; kleines Haus der Luxusklasse, teils kleine Zimmer, Marineambiente, mitten in der Altstadt. Sauna, Bar, Garage.

„Mälardrottningen" Hotel och Restaurang, 19 Zi. *****, Riddarholmen, Tel. 54 51 87 80, Fax 24 36 76, www.malardrottningen.se; Luxusklasse, auf der ehemaligen Jacht Barbara Huttons mit exklusivem Ambiente, Gourmetrestaurant, Parkmöglichkeit.

Rica City Hotel Gamla Stan, 51 Zi. ***, Lilla Nygatan 25, Tel. 723 72 50, Fax 723 72 59, www.rica.se; Hotel Garni in der Altstadt, Parkmöglichkeit.

Victory, 48 Zi. *****, Lilla Nygatan 5, Tel. 50 64 00 00, Fax 50 64 00 10, www.victoryhotel.se; Haus der Luxusklasse in der Altstadt, Restaurant, Bar, Sauna, Garage. – Und andere Hotels.

Hotels im Stadtteil Kungsholmen

First Hotel Amaranten, 410 Zi. *****, Kungsholmsgatan 31, Tel. 69 25 200, Fax 65 26 248, www.firsthotels.se/amaranten; Haus der Luxusklasse, mehrere exklusive Restaurants wie das **„Amaryllis"** und Bars, Sauna, Schwimmbad, Garage.

Hotels im Stadtteil Norrmalm

Birger Jarl, 220 Zi. ***, Tulegatan 8, Tel. 56 62 22 00, Fax 56 62 24 44, www.birgerjarl.se; gepflegtes Haus der gehobenen Mittelklasse, im nördlichen Stadtbereich, Restaurant, Sauna, Garage.

Comfort Hotel Stockholm, 158 Zi. ***, Kungsbron 1, Tel. 56 62 22 00, Fax 56 62 24 44, www.choicehotels.se/hotels./se030; ganz in der Nähe des Zentralbahnhofs, Restaurant, Garage.

Rica Hotel Stockholm, 300 Zi. ****, Slöjdgatan 7, Tel. 72 37 200, Fax 72 37 209, www.rica.se; komfortables Mittelklassehotel, ganz in der Nähe des lebhaften Hötorget, Restaurant, Sauna, Parkmöglichkeiten.

Hotels im Stadtteil Södermalm

Alexandra, 74 Zi. **, Magnus Ladulåsgatan 42, Tel. 45 51 300, Fax 45 51 350, www.alexandrahotel.se; relativ preiswertes Haus Garni im Zentrum von Södermalm, Nähe Bahnstation Södra, Sauna, Garage.

Ein ungewöhnliches Übernachtungserlebnis!
Jumbo Stay am Flughafen Arlanda, Jumbovägen 4, Tel. 59 36 04 00, www.
jumbostay.com; eine ausgediente Boeing 747 hat man zum „Jumbo-Hostel"
umgebaut und mit 25 kleinen Zimmern/72 Betten, einem Café und WLAN
ausgestattet. In der oberen Business-Class ist eine Suite mit Originalsitzen,
der Bordküche und dem Cockpit eingerichtet.

WOHNMOBIL-STELLPLATZ

**Wohnmobil-Stellplatz Langholmen / Autocamper [N 59° 19' 12.5" E 18°
01' 50.6"]**, Tel 669 18 90, www.autocamper-stockholm.se. **Geöffnet**: Von
Ende Mai bis Anf. Sept. *Keine Zelte oder Caravans!* Für Wohnmobile steht auf
der **Insel Långholmen,** unweit südwestlich des Stadtzentrums, ein eigens
eingerichtetes Stellplatzareal zur Verfügung.
Zufahrt: Von Norden (E4) kommend Richtung Hornsberg, weiter Wegwei-
sung E4 S folgen, am Ende der Västerbron rechts ab und über die nächste Kanalbrücke Pålsundsbron nach Långholmen hinüber. Von Süden (E4)
kommend Richtung Södermalm, nach der Brücke Liljeholmsbron Richtung
Zentrum und direkt vor der Västerbron rechts ab. Zufahrt über eine kleine
Kanalbrücke, Beschilderung „Langholmen P" **Gebühr:** 200 SEK für 24 Stunden ohne Strom, 230 SEK inkl. Strom.

Der Platz liegt unterhalb der Straßenbrücke Västerbron an einem der Was-
serarme des Mälarsee am Bootshafen beim Heleneborgs Bootsklub. Es gibt
50 nummerierte Stellplätze, Toiletten und Duschen in Servicewagen, Stromanschlüsse, Entleerungsmöglichkeiten für Abwasser- und Fäkaltanks. Fahrradverleih. Die Rezeption ist von 7 bis 22 Uhr geöffnet. In der Nähe findet
man Restaurants, Cafés, Bushaltestelle und U-Bahn-Station.

CAMPING BEI STOCKHOLM

Bredängs Camping *** [N 59° 17' 43.6" E 17° 55' 23.2"], Stora Sällska-
petsväg 51, Tel. 97 70 71, www.bredangcamping.se; 1. Apr. – 10. Okt.; E4/E20
Ausfahrt Bredäng, im Stadtteil **Bredäng**, ca. 10 km südwestl. Stockholm Zentrum; Wiesengelände mit Baumbestand Nähe Mälarsee; ca. 10 ha – 350 Stpl.;

Standardausstattung. Restaurant, Laden, Imbiss, Minigolf, Sauna, WLAN. 6
Miethütten. **V & E für Wohnmobile**.
Ca. 400 m zum Mälarhöjden Strandbad, ca. 5 Min. zur U-Bahn-Station Bredäng, Linien 13, 23, 25 oder Bus 135, ab Mälarhöjdenbad Dampfer zum Stad-
huset in Stockholm und/oder Drottningholm.
Ängby Camping ** [N 59° 20' 15.3" E 17° 54' 12.8"], Blackebergsvägen
25, Tel. 37 04 20, www.angbycamping.se; Jan. – Dez.; im Stadtteil **Bromma**,
ca. 10 km westl. Stockholm Zentrum, über die Straße 275 Richtung Välling-
by und 261 Richtung Södra Ängby zu erreichen; schmaler, langgestreckter,
ebener Platz, parzelliert, zwischen geräuschvoller Straße und Mischwald,
beim Ängby-Strandbad; knapp 5 Min. zur U-Bahn-Station Ängbyplan, Linie
18, 19, Fahrzeit ins Zentrum rund 20 Minuten; ca. 6 ha – 100 Stpl. + Dau.; Standardausstattung; Öadem. Sauna, WLAN; eingeschränkter Service 1. Sept. – 1.
Mai. 48 Miethütten. **V & E für Wohnmobile. Quick Stop.**

Huddinge bei Stockholm
Flottsbro Camping ** [N 59° 13' 50 E 17° 53' 18"], Häggstavägen, Huddinge, Tel. 44 99 581, www.flottsbro.se; Jan. - Dez.; E4/E20 Ausfahrt Fittja
und Beschilderung ‚Sjukhus Huddinge' folgen; gestuftes Wiesengelände

mit Busch- und Baumgruppen; 1,5 ha - 40 Stpl.; Standardausstattung. Restaurant, Laden, Bootsverleih, Minigolf. **V & E für Wohnmobile**. 200 m langer Sandstrand mit Liegewiese.

STOCKHOLM – MARIEFRED

Länge der Tour: Rund 100 km.

Strecke: Über die Straßen E4/E18 und über **Bromma** zum Schloss **Drott-ningholm** – Straße E4 bis **Södertälje** – Straße E20 bis **Mariefred**.

Empfohlene Reisedauer: Mindestens ein halber, mit ausgiebigen Besichti-gungen besser ein ganzer Tag.

Reisehöhepunkte auf dieser Tour: Das **Schloss Drottningholm ***** – das **Schloss Gripsholm ****.

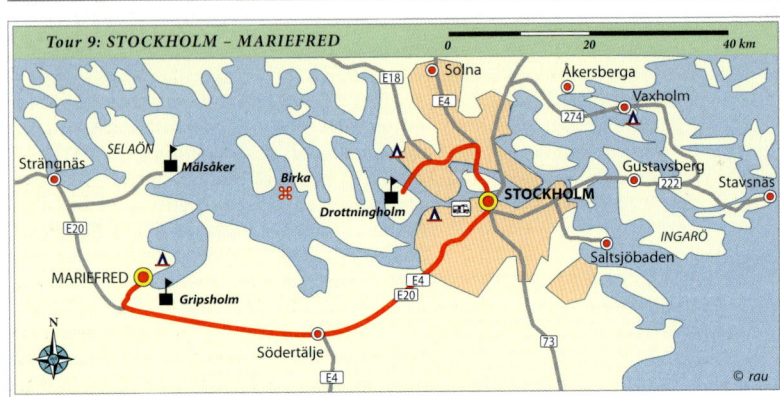

Tour 9: STOCKHOLM – MARIEFRED

ROUTE: Um nach **Drottningholm** zu gelangen, ver-lässt man Stockholm in nordwestli-cher Richtung über die E4/E18 und zweigt in **Bromma** auf die Straße 261 westwärts [N 59° 20' 22.8" E 17° 56' 19.9"]zum Schloss ab. Auf dem Wege dahin kommt man bei **Äkeshov** am Abzweig zum Campingplatz Ängby vorbei.

Schloss Drottningholm ist auch mit **Aus-flugsschiffen ab Stockholm,** Rathauskai Stadshusbron, zu erreichen. Besonders bei schönem Wetter ein lohnender Ausflug.

Man kann aber auch die Tunnelbana (U-Bahn) bis Brommaplan nehmen. Von dort verkehren Busse der Linien 301 und 323 nach Drottningholm. Schiffs- und Busver-bindungen bestehen an Spieltagen auch zu den abendlichen Theater- oder Konzert-vorstellungen im Schlosstheater von Drott-ningholm.

Schloss Drottningholm [N 59° 19' 23.9" E 17° 53' 13.4"] *(geöffnet Mai - Aug. 10 - 16.30 Uhr, im Sept bis 15.30 Uhr; Okt. - Apr. Sa + So 12 - 15.30 Uhr; Eintritt; www.ro-*

yalcourt.se) liegt sehr schön am Nordostufer der Insel Lovö im Mälarsee. Es ist umgeben von herrlichen Barockgärten und ei-ner gepflegten Parklandschaft.

„Drott" übrigens ist der alte Titel für die schwedischen Köni-ge. Bald kam aber die Bezeich-nung „Konung" oder kurz „Kung" in Gebrauch. Das alte Wort lebt aber weiter in „Drottning", schwe-disch für Königin. Drottningholm ist also die *Königininsel.*

Drottningholm ist ein prächtiges Ba-rockschloss, dessen zweigeschossiger Mit-telbau etwas erhöht auf einer Terrasse liegt, von Seitenflügeln flankiert ist, die wieder-um von kuppelgekrönten Eckpavillons ab-geschlossen werden.

König Johan III. (1568 – 1592) ließ für seine Gemahlin Katarina Jagellonica auf dem ehemaligen Krongut Torvesund vom Architekten Villem Boy das Herrenhaus Drottningholm errichten. Nach dem Tode des Königs kam das Anwesen an die Familie des Magnus Gabriel de la Gardie. Von ihm erwarb es die Witwe König Karls X. Gustav, Hedwig Eleonora, im Jahre 1661.

Schloss Drottningholm

Noch im gleichen Jahr brannte Drottningholm nieder und Königin Hedwig Eleonora beauftragte 1662 den Architekten Nicodemus Tessin d. Ä. mit dem Neubau des Schlosses, das damals im wesentlichen sein heutiges Aussehen erhielt. Von Nicodemus Tessin stammt z. B. das prächtige barocke Treppenhaus oder das Prunkschlafzimmer Hedwig Eleonoras. Nach dem Tode Tessins d. Ä. 1681 setzte sein Sohn, Tessin d. J., die Arbeit fort. Von Tessin d. J. stammt z. B. die Schlosskapelle. Außerdem zeichnete er die Pläne für den nach französischen Vorbildern konzipierten Barockgarten. Die Bronzeskulpturen und Brunnenfiguren dort stammen teils von Adrien de Vries, teils wurden sie im Dreißigjährigen Krieg in Prag oder später von Schloss Frederiksborg in Dänemark erbeutet.

Zu Beginn des 18. Jh. waren die Bauarbeiten an Schloss Drottningholm beendet. Das Interesse am Schloss aber ließ bei Hofe nach. Obwohl vor den Toren der schwedischen Hauptstadt, wurde es jahrzehntelang so gut wie nicht genutzt.

1744 schließlich machte König Frederik I. Schloss Drottningholm Kronprinzessin Louisa Ulrika anlässlich ihrer Vermählung mit dem schwedischen Erbprinzen Adolf Frederik und späteren König (1751 – 1771) zum Hochzeitsgeschenk. Die Hochzeitsfeierlichkeiten fanden im Reichssaal des Schlosses statt.

Mit Louisa Ulrika, der Schwester Friedrichs des Großen, begann ein neuer, lebhafterer Abschnitt in der Geschichte Drottningholms. Louisa Ulrika veranlasste Um- und Anbauten, ließ viele der Salons renovieren und neu dekorieren. So wurden unter dem Architekten Carl Hårleman Mitte des 18. Jh. die Seitenflügel aufgestockt, Salons und Prunkräume im Stil des französischen Rokoko möbliert und die sehenswerte Bibliothek des Schlosses nach Plänen von Jean Eric Rehn umgebaut.

Der zwischenzeitlich zum König gekrönte Gemahl Ulrika Eleonoras, Adolf Frederik, ließ 1753 im Schlosspark einen chinesischen Pavillon errichten, der zehn Jahre später zu dem wunderschönen „China Schlösschen" erweitert wurde, das man heute im östlichen Teil des Schlossparks sieht.

Auf Initiative der Königin ist auch der Bau des Schlosstheaters, eine weitere, seltene Sehenswürdigkeit in Drottningholm, veranlasst worden. Das Theater brannte allerdings bereits 1762 wieder ab und wurde zwischen 1764 und 1766 nach Plänen von Carl Frederik Adelcrantz in seiner heutigen Form errichtet.

Während der Zeit König Gustavs III., der Adolf Frederik auf dem Thron gefolgt war und der die Künste und das Theater sehr liebte, erlebte Drottningholm vielleicht seine prunkvollsten und rauschendsten Feste.

1777 allerdings sah sich Gustav III. veranlasst, Drottningholm an den Staat zu übergeben. Das Schloss wurde – trotz Renovierungen unter Oskar I. (1844 – 1859) und Oscar II. (1872 – 1907) nicht mehr als königliche Residenz genutzt, bis König Gustav V. Drottningholm für einige Jahre als Alterssitz auswählte, wo er 1950 auch starb.

König Gustav VI. Adolf ließ 1962 anläßlich seines 80. Geburtstags den Barockgarten wieder in seine von Tessin d. J. angelegte Form bringen.

Später wurde das berühmte Treppenhaus in seinen ursprünglichen Zustand versetzt und das Schloss zwischen 1970 und 1980 umfassend renoviert. Heute ist der Südflügel von Schloss Drottningholm Residenz der Königlichen Familie.

Einige Räume im mittleren Haupttrakt und im Nordflügel des Schlosses können besichtigt werden.

Man betritt das Schloss von der Seeseite her und kommt zunächst in das gewaltige **Treppenhaus**, das alleine schon ein Drittel des Mittelbaus einnimmt. Tessin d. Ä. verwandte alle Mühe darauf, den Barockaufgang auf das prächtigste mit Säulen, Gemälden, Stuckarbeiten von Carove und Skulpturen des Antwerpener Bildhauers Nicolas Milliches, die im oberen Treppenhaus die Musen, sowie Apollo und Minerva darstellen, auszustatten. Eindruck machen auch die Wandgemälde des Schweden Johan Sylvius, die durch ihre starke Perspektive den Raum tiefer wirken lassen.

Im ersten Geschoss sieht man u. a. die **Untere Eingangshalle** mit einem Deckengemälde von Johan Sylvius, das den Triumphzug eines römischen Feldherrn zeigt.

Von hier erreicht man die von Hedwig Eleonora angelegten Wohnräume. Zu besichtigen sind allerdings nur die Repräsentationsräume im nördlichen Flügel.

Durch den nördlichen **Trabantensaal** (teils alte Goldledertapeten, Gemälde „Die Belagerung von Wien durch die Türken 1683" u. a.) gelangt man in den **Grünen Salon**, der ursprünglich von Hedwig Eleonora eingerichtet wurde, wie das gekrönte Monogramm HERS (Hedwig Eleonora Regina Sveciae) zeigt. Die meisten anderen Einrichtungsgegenstände stammen aus der Zeit Louisa Ulrikas (z. B. die Wandbespannung aus Seidendamast) oder aus der Zeit Gustavs III. (Wandtische, Spiegel).

Original erhalten ist das Deckengemälde vom schwedischen Hofmaler Hans Georg Müller, das Herkules und Minerva darstellt. An der Nordwand hängen Porträts von Ludwig XV. von Frankreich und den Großeltern Louisa Ulrikas, Friedrich Wilhelm I. und Sophia Dorothea von Preußen.

An der Ofenwand sieht man Ludwig XVI. von Frankreich und Katharina die Große von Russland. Die Büsten stellen dar Hedwig Eleonora mit ihren Kindern und Louisa Ulrika. Letztere Büste ist eine Arbeit von Johan Tobias Sergel.

Man gelangt in die **Galerie Karls X. Gustav**. Sie ist dem Gedenken und den Kriegstaten des 1660 verstorbenen Gemahls Hedwig Eleonoras gewidmet. Die Schlachtengemälde stammen von Johan Philip Lemke.

Eines der imposantesten Gemächer ist das **Prunkschlafzimmer Hedwig Eleonoras**. Das nach Plänen Tessins d. Ä. reich und üppig dekorierte Gemach wurde 1683 eingerichtet. Es war einer der Repräsentationsräume des Schlosses und das Empfangszimmer der Königin. Die Deckengemälde stammen von Ehrenstrahl und stellen allegorische Szenen in Verbindung mit Karl XI. dar. Bei seiner Fertigstellung waren die Farben des Raumes Schwarz und Gold, Zeichen der Trauer um Karl XI. Gustav. Erst 1701 ließ die Königinwitwe das Schwarz durch das heutige Blau ersetzten. Das Alkovenbett wurde erst um 1710 für Louisa Ulrika aufgestellt.

Sehenswert ist auch die unter Louisa Ulrike um 1760 von Jean Eric Rehn in der Galerie im Stil des französischen Rokoko eingerichtete **Bibliothek**.

Im Obergeschoss zählen der **Blaue Salon**, der **Chinesische Salon** (der chinesische Kachelofen hier war ein Geschenk Katharinas von Rußland an Gustav III., die Gobelins wurden 1779 in Paris gefertigt und waren ein Geschenk Ludwigs XVI.) oder der **Oskarsaal** mit sehr schönen, 1620 ursprünglich für Charles I. in England gewebte Wandteppiche mit Motiven aus der Legende Hero und Leander.

König Karl X. Gustav erhielt die Gobelins, die schon damals ein wirklich königliches Geschenk darstellten, 1654 von Johan Oxenstjärna als Hochzeitsgeschenk. Man sagt, dies wäre das kostbarste Geschenk gewesen, das ein schwedischer Monarch je von seinen Untertanen erhalten habe.

Schloss Drottningholm, Schlosspark und Neptunsbrunnen

Die **Galerie Karls XI.** ist ein Pendant zur darunterliegenden Galerie Karls X. Sie ist quasi ein Ehrentempel für Karl XI. Die Schlachtengemälde zeigen Szenen aus den Schonischen Kriegen, die Karl XI. führte. Sie stammen von Johan Philip Lemke. Das langgestreckte Deckengewölbe wurde von Johan Sylvius um 1689 nach Vorlagen Tessins d. J. ausgemalt. Dargestellt sind Szenen zum Thema Tugend und Laster sowie aus der antiken Götterwelt. Die Kronleuchter wurden in Stockholmer Glashütten Mitte des 18. Jh. gefertigt.

Der Festsaal des Schlosses war der große **Reichssaal**, in dem 1744 die Hochzeitsfeierlichkeiten anlässlich der Vermählung von Adolf Frederik mit Louisa Ulrika stattfanden. Ein monumentales, düsteres Barockgemälde bedeckt das Deckengewölbe. Es ist original aus der Zeit Hedwig Eleonoras erhalten geblieben. Johan Sylvius hatte das Gemälde um 1690 begonnen, Chaveau vollendete es. Dargestellt sind Szenen aus der antiken Götterwelt des Olymp. Unter König Oskar I. und seiner Gemahlin Josefine wurde der Reichssaal innen bis auf das Deckengemälde völlig verändert.

An den überwiegend weiß gehaltenen Wänden sieht man 17 Großporträts europäischer Herrscher, die zur Zeit König Oskars I. regierten. Man nannte den Saal deshalb auch „salle contemporaire" oder „zeitgenössischer Saal". An der nördlichen Schmalseite sieht man z. B. in der Mitte König Oskar

I., rechts neben ihm Königin Victoria und links Napoleon III.

Der nebenan liegende **Königinnensaal** bildet das Gegenstück dazu. Hier sind Königin Josefine und europäische Königinnen porträtiert.

Interessant ist die Besichtigung von **Drottningholms Slottssteater**. Es gilt heute als die älteste noch bespielte Hof-Bühne Europas *(geöffnet Mai 12 - 16.30 Uhr, Juni - Aug. 11 - 16.30 Uhr, Sept. 13 - 15.30 Uhr; Eintritt; Führungen obligatorisch; www.dtm.se)*.

Wie weiter oben schon erwähnt, entstand das heutige Schlosstheater 1762 nach einem Brand, dem das alte Hoftheater zum Opfer gefallen war.

Obwohl das Theater im Zuschauerraum nur mit einfachen Materialien die beim Kulissenbau verwendet werden, wie Holz, Stuck, Farbe und Papiermaché dekoriert ist, wurde die Bühnenmechanik nach dem damals neuesten technischen Stand vom italienischen Bühnenarchitekten Donato Stopani gebaut. Schnürboden mit Seiltrommeln und Kulissenmechanik mit handbetriebenen Ankerspills zum Bewegen der Bilder und für schnelle Szenenwechsel funktionieren heute noch und werden auch benutzt. Es gab schon damals bewegte Wellen, ziehende Wolken, Falltüren, Windmaschinen, Blitz und Theaterdonner.

Und das alles auf einer 20 m tiefen Bühne, die angesichts ihrer Bühnentiefe noch heute keinen Vergleich mit anderen Bühnen des Landes scheuen muss.

Eine Blütezeit erlebte das Hoftheater unter dem „Theaterkönig" Gustav III. Nach seinem gewaltsamen Tode während eines Maskenballs verebbte das Theaterleben auf Drottningholm.

Erst 1920 wurde das Schlosstheater dank der Initiative des Theaterhistorikers Agne Beijer „wiederentdeckt" und reaktiviert. Viele der alten Bühnendekorationen waren noch erhalten, konnten kopiert und bei den Aufführungen historischer Stücke wiederverwendet werden.

Amüsant ist die Anordnung der beiden vordersten Balkone neben der Bühne, den berüchtigten Kavalierslogen. Sie waren einst bei den Junkern und Grafen die beliebtesten Plätze im ganzen Theater, obwohl man von dort vom Bühnengeschehen am allerwenigsten sah. Aber man hatte von dort aus den besten Überblick auf das Theaterpublikum und auf die Damen der Gesellschaft, denen man von dort aus leicht Sympathie und mehr signalisieren konnte.

Im Sommer werden heute etwa 30 Opern- und Konzertaufführungen veranstaltet. Dann ist sämtliches Personal inklusive Dirigent und Orchester in Kostümen des 18. Jh. gekleidet.

Durch den gepflegten **Barockgarten** mit dem zentralen Herkulesbrunnen kann man zum **Chinesischen Pavillon** gehen (geöffnet Mai - Aug. tgl. 11 - 16.30 Uhr, Sept. Di - So 12 - 15 Uhr; Eintritt). Erkundigen Sie sich beim Kauf der Eintrittskarten nach den neuesten Öffnungszeiten des Pavillons, bevor Sie sich auf den Weg dorthin machen!

Das relativ kleine Lustschlösschen wurde nach Plänen von Carl Frederik Adelcrantz Mitte des 18. Jh. für Louisa Ulrika errichtet, die es 1753 zu ihrem 34. Geburtstag von ihrem Gemahl Adolf Frederik zum Geschenk erhielt. Viele Sommer lang war das Schlösschen mit seinen kleinen, kostbar nach chinesischer Manier ausgestatteten Räumen, wie das *Gelbe Kabinett*, das *Gestickte Zimmer* oder der *Blaue Salon* – viele der Salons wurden von Johan Pasch, einem Schüler Taravals ausgemalt – der bevorzugte Aufenthaltsort der Familie Louise Ulrikas.

Auf dem Weg zum Chinesischen Pavillon liegt des **Wachzelt** von 1781.

Der nördliche Teil des Schlossparks ist nach englischer Manier angelegt. Dort findet man Seen und Teiche, den sog. **Goti-**schen Turm** und die **Denkmalinsel** mit ihren 250 Lindenbäumen.

ROUTE: *Von Drottningholm fährt man zurück bis zur E4, folgt der Schnellstraße südwestwärts bis* **Södertälje** *und zweigt dort nach Westen auf die Autobahn E20 ab. Nach rund 28 km erreicht man den Abzweig der Straße 223 nach* **Mariefred** *[N 59° 15' 26.6" E 17° 13' 23.2"], einem kleinen, hübsch in einer Bucht des Mälarsees gelegenen Städtchen.*

Gegenüber von Mariefred liegt idyllisch in einem Winkel des weitverzweigten Mälarsees **Schloss Gripsholm [N 59° 15' 24.20" E 17° 13' 15.50"]** (geöffnet 15. Mai - 15. Sept. tgl. 10 - 16 Uhr, 16. Sept. - 14. Mai Sa + So 12 - 15 Uhr; Eintritt). Großer Parkplatz.

Vielen wird der Name *Schloss Gripsholm* weniger wegen dessen geschichtlicher Tradition und Bedeutung – auf Schloss Gripsholm wurde nicht nur ein Kapitel schwedischer Geschichte geschrieben – sondern vielleicht eher durch den gleichnamigen Roman geläufig sein. *Kurt Tucholsky* (1890 – 1935), der Schriftsteller und Satiriker alias „Tiger, Panter & Co.", der ja lange in Mariefred lebte und dort auch begraben ist, veröffentlichte seinen Roman „Schloss Gripsholm" im Jahre 1931. Der Roman ist auch verfilmt worden.

Dass diese Ecke Schwedens schon früh bewohnt war, beweisen die Runensteine beim Schloss und die etwas weiter, bei Strängnäs gelegenen, fast tausend Jahre alten Sigurd-Felsgravuren.

In den siebziger Jahren des 13. Jahrhunderts schickte sich ein gewisser Herr Bo Jonsson Grip, Reichsvogt in königlichen Diensten an, hier eine Befestigungsanlage zu bauen. Wie genau diese erste Burg aussah, ist nicht überliefert. Wohl bestand sie aus einem festen, aus Stein gefügten Turm der von Wirtschaftsgebäuden aus Holz umgeben war. Hundert Jahre später erwarb Sten Sture der Ältere Schloss Gripsholm und stiftete das Anwesen dem von ihm gegründeten Marienkloster des Karthäuserordens, das sich damals auf der Gemarkung des heutigen Mariefred befand.

Dann, zu Beginn des 16. Jahrhunderts, widerrief König Gustav Vasa die Stiftung und beanspruchte den Besitz. Damit begann die lange Vasaperiode in der Geschichte des Schlosses.

Schloss Gripsholm

Dies war auch die Zeit, in der Schloss Gripsholm im wesentlichen sein heutiges Aussehen mit den vier wuchtigen Rundtürmen erhielt. Die Türme sind durch dreigeschossige Wohnflügel verbunden, die einen trapezförmigen Innenhof umgeben. Der Architekt Henrik van Cöllen führte damals den Zeichenstift für die neuen Pläne.

Gustav Vasa machte aus Gripsholm ein stark befestigtes Schloss, das den Vasas in den damals alles andere als politisch gefestigten Zeiten eine von Stockholm aus leicht zu erreichende Zufluchtsstätte sein sollte. Nach dem Tode Gustav Vasas I. im Jahre 1560 erlebte Schloss Gripsholm eine wechselvolle Geschichte. Zunächst stritten sich Gustav Vasas Söhne um Schloss und Krone. Der Thronfolger Erik XIV. (1560 – 1569) warf seinen Bruder Johan in den Kerker von Gripsholm und setzte so zunächst seinen Anspruch auf die schwedische Krone durch. Als sich neun Jahre später das Blatt wendete und Erik XIV. abgesetzt wurde, revanchierte sich Johan, nun König Johan III. (1569 – 1592), an Erik mit gleicher Münze.

Die Verliese des Schlosses waren zwar gut belegt, das Anwesen selber und die Gebäude aber begannen langsam wegen mangelnder Pflege zu verfallen.

1578 zog Karl, Herzog von Södermanland, der dritte Sohn Gustav Vasas und spätere König Karl IX. (1600 – 1611) auf Gripsholm ein. Karl IX. ließ umfangreiche Umbau- und Renovierungsarbeiten am Schloss vornehmen und viele der Wohnräume im Stil der Renaissance umbauen. Zu erwähnen sind in diesem Zusammenhang vor allem das Königliche Schlafzimmer und der Reichssaal im zweiten Obergeschoss.

Nach dem Tode Karls des IX. erhielt dessen zweite Gemahlin Kristina von Holstein-Gottorp (Karl war in erster Ehe mit einer Gräfin Maria verheiratet) Schloss Gripsholm als sog. „livgeding" (Leibgedinge). Dies war eine in Eheverträgen damaliger Zeit zugesicherte Altersversorgung verwitweter Königinnen. Den Schlossherrinnen wurde dabei eine gewisse Verwaltungs- und Steuerhoheit über das Anwesen und die Pächter der dazugehörigen Ländereien zugestanden.

Bis 1715 blieb Gripsholm königliches Leibgedinge. Nach dem Tode Kristinas kam Gripsholm an Maria Eleonora von Brandenburg, die Witwe Gustav II. Adolfs. Sie muss 1640 von Schloss Gripsholm und aus Schweden unter dramatischen Umständen fliehen.

Schließlich vermachte Karl X. Gustav Schloss Gripsholm seiner Gemahlin Hedwig Eleonora von Holstein-Gottorp, die nach dem Tode des Königs im Jahre 1660 während ihrer langen Witwenschaft bis 1715 viele Sommermonate im Jahr auf Gripsholm verbrachte. Hedwig Eleonora ließ umfassende Umbauten am Schloss vornehmen, für die sie den Architekten Nicodemus Tessin d. J. verpflichtete. 1744 tauschte Kronprinzessin Louisa Ulrika mit König Gustav III.

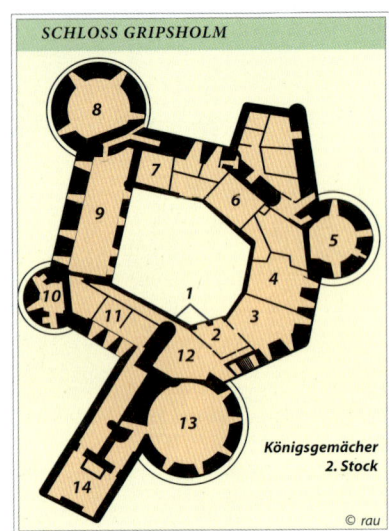

SCHLOSS GRIPSHOLM
Königsgemächer
2. Stock
© rau

SCHLOSS GRIPSHOLM
1 Erker – **2** Drabantensaal – **3** Audienzsaal – **4** Königsgemächer – **5** Turmzimmer – **6** Saal des Kronrats – **7** Saal der Prinzessin – **8** Grip Turm – **9** Reichssaal – **10** Gefängnisturm – **11** Gemächer der Königin – **12** Oberer Vorsaal – **13** Theater Turm, Weißer Salon – **14** der Königinflügel, Grüner Salon

bül und dem Nordostturm. U. a. sieht man dort Dag Hammarskjöld, Greta Garbo, Birgit Nilsson u. v. a.

Im Schloss können über 60 Räume und weit über tausend Porträts aus der berühmten Sammlung besichtigt werden. Über einen relativ kleinen Treppenaufgang mit darüberliegendem Glaserker im Innenhof gelangt man in das **Untere Vorzimmer**. Von dort beginnt man den Rundgang durch den **Astraksaal**, das Vorzimmer und die **Herzog Karls Kammer** (1566 Geburtszimmer des späteren polnischen Königs Sigismund III., wunderschöne Holztäfelung), im westlichen Rundturm, das **Schlafzimmer der Fürstin Maria** und die **Karolinische Galerie**. Abgeschlossen wird dieses Stockwerk mit der **Unteren Rüstkammer** im Nordwestturm mit meterdicken Mauern. Dort befindet sich auch der Treppenaufgang in das zweite Obergeschoss, dem eigentlichen Wohntrakt des Schlosses.

Gripsholm, Schlosshof mit Erker und Renaissancebrunnen

Gripsholm gegen Schloss Svartsjö ein. Der König veranlasste eine weitere Umgestaltung verschiedener Räume und Flügel.

Der theaterbegeisterte Gustav III. initiierte den Bau des anmutigen Schlosstheaters im großen südöstlichen Rundturm, ließ den vom Theaterturm nach Süden weisenden Königinnentrakt anfügen, Räume für den Hofstaat herrichten und das Schloss insgesamt in einen Zustand bringen, der „einem königlichen Hof würdig" sein sollte.

Mitte des 18. Jahrhunderts schließlich wurde Schloss Gripsholm von der königlichen Familie während der Regentschaft Königs Gustav III. als Porträtgalerie ausersehen. Von Drottningholm bei Stockholm und aus anderen königlichen Schlössern und Residenzen wurden Gemälde und Bildnisse an den Mälarsee gebracht. König Karl XIV. Johan führte das Werk fort, ließ neben königlichen Konterfeis auch Porträts namhafter und verdienter Schweden bürgerlicher Herkunft hinzufügen. Es sollte ein „Schwedisches Pantheon" entstehen. Bis heute umfasst die königliche Porträtsammlung über 4.000 Gemälde, ein einmaliger Spiegel der Geschichte Schwedens vom Mittelalter bis heute.

1960 wurde die Porträtgalerie um eine Sammlung moderner Gemälde und Porträts prominenter Schweden des 20. Jh. erweitert. Diese Sammlung findet man im dritten Obergeschoss im langen Korridor des Ostflügels zwischen Theatervesti-

Besonders zu erwähnen ist im zweiten Obergeschoss der große **Reichssaal**, der größte Raum im ganzen Schloss, den man als erstes betritt. Der Reichssaal entstand ausgangs des 16. Jh., wurde aber mehrfach verändert und erhielt erst bei der großen Schlossrenovierung im Jahre 1958 seine ursprüngliche Form und Dekoration weitgehend zurück. Damals kamen

Blick vom Schloss Gripsholm nach Mariefred

auch die Kassettendecke und die Wandtäfelung wieder zutage. Unter den bedeutenden Porträts sieht man König Gustav Vasa und zeitgenössische Monarchen, darunter Heinrich VIII. von England. Der Wandteppich unter dem Thronbaldachin stammt aus dem 16. Jh. und wurde in spanischen Werkstätten gefertigt.

Im Nordflügel befinden sich die **Appartements der Prinzessin** (Audienzzimmer, Schlafzimmer, Kabinett und Garderobe), die um 1780 für Sofia Albertina, der jüngeren Schwester König Gustavs III. eingerichtet worden waren. Es schließen sich im Nord- und Ostflügel die **Gemächer des Königs** an. Im Südflügel liegen die **Gemächer der Königin**, u. a. mit Audienzzimmer, Schlafzimmer und Ankleidezimmer der Königin.

Sehenswert auch der **Grüne Salon** der Königin, den sich 1780 Königin Sofia Magdalena von Dänemark, Gemahlin Gustavs III. kostbar einrichten ließ.

Zwischen diesen Gemächern liegt der Obere Vorsaal, von dem aus man in den runden **Weißen Salon** oder **Runder Salon Gustavs III.** im Südostturm („Theaterturm") gelangt. Der prächtig dekorierte Salon wurde nach Plänen von Jean Erik Rehn eingerichtet und vor allem von Gustav III. und Königin Sofia Magdalena für Empfänge benutzt.

An der Tür findet man eine Liste der auserwählten Persönlichkeiten, die in der Gunst der Majestäten standen und Zutritt zum Weißen Salon hatten. Ein „Who is Who" im Schweden des 18. Jh. Wer in dieser Liste verzeichnet war, hatte den Gipfel der gesellschaftlichen Karriere erreicht. Unter den Porträts sieht man den gelockten und in

königlichen Zobel gekleideten Gustav III., von Alexander Roslin 1777 gemalt, dann Friedrich den Großen von Preußen, Katarina II. von Russland ebenfalls von Roslin, Kaiser Josef II. von Österreich, Ludwig XV. von Frankreich und über der Tür König Kristian VII. von Dänemark.

Im dritten Obergeschoss kann man neben der Gemäldegalerie vor allem das **Schlosstheater Gustavs III.** besichtigen, dessen Dekoration Erik Palmstedt zeichnete. Die beiden Statuen von Sergel, die die Bühne flankieren, stellen Thalia und Melpomene dar. 1783 wurde hier des Königs Schauspiel „Der Edelmut Gustavs II. Adolf" uraufgeführt. Auf den Brettern dieser Bühne stand der Monarch oft selbst, bis ihn sein Onkel, Friedrich der Große von Preußen, an seine königliche Würde erinnerte. An Europas Höfen tuschelte man längst über den „Theaterkönig" aus dem Norden. Auf dem Opernball im Stockholmer Opernhaus ereilte König Gustav III. sein Schicksal, er wurde erschossen. Der König trug ein Theaterkostüm.

Mariefred [N 59° 15' 26.6" E 17° 13' 23.2"] ist ein hübsches, gepflegtes Kleinstädtchen, schön am Mälarsee gelegen. Außer dem berühmten Schloss bietet der Ort keine besonderen Sehenswürdigkeiten.

Erwähnung verdienen höchstens die **Kirche** aus dem Jahre 1624 oder das **Heimatmuseum** (13 – 16 Uhr) im **Callanderska Gården**, das in einer ehemaligen Färberei neben dem historischen *Gripsholms Värdshus* eingerichtet ist.

Gripsholms Värdshus ist eines der ältesten Gasthäuser in Schweden (1609)

Mariefred

und heute ein sehr einladendes Hotel mit Restaurant.

Von der Seepromenade vor dem Hotel hat man vom Schiffsanleger den vielleicht schönsten Blick auf Schloss Gripsholm.

Auf dem Friedhof etwas weiter nordöstlich (Ärnäsvägen Richtung Campingplatz) liegt Kurt Tucholsky, der „aufgehörte Deutsche", begraben.

Neben einer Schiffstour auf dem Mälarsee ist eine Fahrt mit der **historischen Dampf-Schmalspurbahn**, die von Mariefred etwa 4 km weit bis Läggesta verkehrt, eine weitere Ausflugsmöglichkeit.

PRAKTISCHE HINWEISE – MARIEFRED

Telefonvorwahl: 01 59

Mariefred Turistbyrå, Rådhuset, Rådhustorget, 647 00 Mariefred, Tel. 296 99; www.mariefred.se.

HOTELS

Gripsholms Värdshus & Hotel, 45 Zi. *****, Kyrkogatan 1, Tel. 3 47 50, Fax 3 47 77, www.gripsholms-vardshus.se; eines der ältesten Gasthäuser des Landes, sehr teuer, Restaurant, Parkmöglichkeit.

CAMPING

V & E

Mariefreds Camping *** [N 59° 15' 44.6" E 17° 15' 21.8"], Ärnäsvägen, Tel. 135 30, www.camping.se/d01; Ende Apr. – Mitte Sept.; ca. 3 km östlich Mariefred; weitläufiges Wiesengelände, bis an den Mälarsee reichend; ca. 5 ha – 170 Stpl.; einfache Standardausstattung; Laden. Fahrrad- und Bootsverleih. Miethütten. **V & E für Wohnmobile** neben der Ausfahrtsschrank: Ebene Schotterfläche mit Bodenauslasse für Grauwasser sowie Frischwasserhahn mit Schlauch.

MARIEFRED – UPPSALA

Länge der Tour: Rund 260 km.

Strecke: Über die Straße E20 und über **Strängnäs** bis **Härad** – Landstraßen über **Sundbyholm** bis **Eskilstuna** – Straßen 53 und E18 über **Västerås** bis **Enköping** – Straße 263 über **Övergran** bis **Häggeby** – Abstecher auf Landstraßen zum **Schloss Skokloster** und zurück bis **Häggeby** – Straße 263 über **Sigtuna** bis nördlich **Märsta** – Straße 255 bis **Uppsala**.

Empfohlene Reisedauer: Mindestens ein Tag.

Reisehöhepunkte auf dieser Tour: Das Bischofspalais und der **Dom in Strängnäs** – die **Sigurds Felsritzungen** * bei Sundbyholm – Stadtspaziergang durch **Eskilstuna** – die Wandmalereien in der **Kirche von Härkeberga** * – **Schloss Skokloster** ** – das hübsche Städtchen **Sigtuna** *, Schwedens erste Hauptstadt – der **Dom zu Uppsala** **.

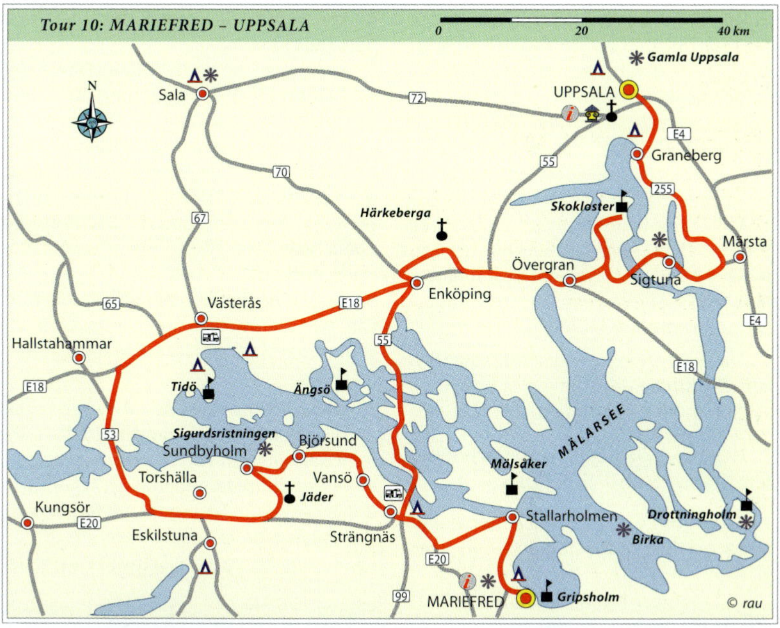

Tour 10: MARIEFRED – UPPSALA

Die **Provinz Södermanlands Län** (Sörmland), die sich südlich des Mälarsees bis zur Bucht Bråviken bei Norrköping erstreckt, ist reich an Sehenswürdigkeiten, darunter sind Altertümer, mittelalterliche Kirchen und Herrensitze aus der schwedischen Großmachtzeit.

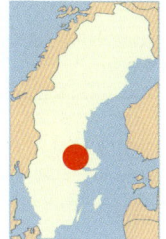

ROUTE: Von Mariefred zurück zur E20 und weiter westwärts nach **Eskilstuna**. *Bei ausreichend zur Verfügung stehender Zeit*

lohnen kleine Umwege, z. B. von Mariefred zunächst nordwärts über **Stallarholmen** [N 59° 21' 57.4" E 17° 12' 32.0"]*auf die Insel Selaön, die über eine Brücke zu erreichen ist.*

Auf der **Insel Selaön** – übrigens die größte Insel in einem schwedischen Binnensee – findet man besonders viele Zeugen aus der Frühgeschichte des Landes. Eindrucksvoll ist z. B. die große **Schiffsetzung Åsa domaresäte** (Åsa Richterthron)

Schloss Mälsåker

mit ihren mannshohen Dolmen, die in der groben Form eines Schiffsrumpfes aufgestellt sind. Wegen der dürftigen Beschilderung „Gravfeld" fährt man leicht am Zugang zur Schiffsetzung vorbei!

Sehenswert ist **Schloss Mälsåker [N 59° 23' 05.2" E 17° 18' 13.5"]** vor allem wegen seiner wunderschönen Lage an der Ostküste der Insel. Das stattliche Barockschloss entstand im 17. Jh. Bei einem Großbrand 1945 brannte es allerdings total aus und erst 1993 wurde mit der Restaurierung des Schlosses begonnen. Eine Besichtigung ist nur im Sommer möglich.

An der Nordwestseite der Insel liegt **Överselö**. Die **Kirche** des Ortes weist beachtenswerte Wandmalereien aus dem 15. Jh. auf.

ROUTE: Zurück nach **Stallarholmen,** *dort westwärts nach* **Strängnäs.**

Strängnäs war schon zu Zeiten der Wikinger ein Kultplatz. Seit dem 12. Jh. ist die hübsch am Mälarsee gelegene Stadt Bischofsitz.

Trotz eines verheerenden Stadtbrandes im Jahre 1871, dem große Teile der Altstadt zum Opfer fielen, sind es auch heute noch die altertümliche Prägung der Innenstadt, die engen Straßen mit einigen aus dem 17. und 18. Jh. erhaltenen Holzhäusern, vor allem aber der **Dom** aus dem 13. Jh. und das mittelalterliche Bischofspalais **Roggeborgen** beim Dom, die einen Besuch der Stadt durchaus lohnen.

Im Inneren des dreischiffigen **Doms**, der im 14. und 15. Jh. im gotischen Stil erweitert wurde, findet man einen **Flügelaltar,** der im 15. Jh. von Brüsseler Bildhauern gearbeitet wurde. Im Chor des Doms liegt das Grabmal der Prinzessin Isabella, Tochter König Johans III., und die **Grabkapelle** König Karls IX. und dessen Familienangehörigen. Außerdem haben wohlhabende, alteingesessene Familien aus Södermanlands Län, wie die Bondes, Stenbocks, Gyllenjelms oder Sparres, ihre Familiengruften im Dom.

Das Bischofspalais Roggeborgen nördlich vom Dom entstand im 15. Jh. während der Amtszeit von Bischof Kort Rogge, einer der dominierenden geistlichen Größen jener Zeit in Strängnäs. Im **Reichssaal** des Palais wurde Gustav Vasa am 6. Juni 1523 zum König von Schweden proklamiert. Seitdem ist der 6. Juni Schwedens Nationalfeiertag.

Von 1626 bis 1930 beherbergte der Bau das Gymnasium, Schwedens zweitältestes Gymnasium übrigens. Heute ist im Palais Roggeborg die Städtische Bibliothek eingerichtet.

Der Eingang zum **Städtischen Museum** (Figuren- und Miniaturenausstellung) liegt in der Gyllenhjelmsgatan 2.

ROUTE: Wenige Kilometer westlich von Strängnäs, etwa 1 km vor **Härad** *(sehenswerte* **Kirche** *aus dem 12./15. Jh.), verlassen wir die E20 und folgen kleinen Gemeindestraßen über* **Fogdö** *und* **Björnsund** *nach* **Sundbyholm** *und weiter bis* **Eskilstuna**.

Routenabkürzung

ABKÜRZENDE ALTERNATIV-ROUTE: Wer sich für die Museen in Eskilstuna und in Västerås nicht sonderlich interessiert, kann seinen Reiseweg erheblich abkürzen. Man nimmt dann ab **Strängnäs** *die Straße 55, folgt ihr nordwärts bis* **Enköping***, fährt auf der Autobahn E18 ostwärts bis zum Abzweig nach* **Skokloster** *und steigt dort wieder in die beschriebene Tour ein!*

HAUPTROUTE

Östlich von **Sundbyholm** – man zweigt vor der Schlosszufahrt rechts ab – findet man nach ca. 1 km in einem Waldgebiet unmittelbar nördlich der Landstraße an einem kleinen Felsrücken die **Sigurdsristningen** (Sigurds-Felsritzungen) **[N 59° 26' 30.7" E 16° 38' 00.0"]**. Achtung! Die Felsen sind bei Regen rutschig!

Diese Felsritzungen aus der Wikingerzeit sind von ihrer Art her mit Runen- oder Bildsteinen, nicht aber mit frühgeschichtlichen Felszeichnungen wie etwa die bei Tanumshede, zu vergleichen. Die Ritzungen stammen aus dem 11. Jh. und wurden damals als Erinnerung an ei-

nen Toten in den Fels gemeißelt. Dargestellt sind Szenen aus der Nibelungensage.

Laut Landesamt für Altertümer stellt die auf dem Stein dargestellte Szene folgendes dar: „Der Zwerg Regin hat für seinen Ziehsohn Sigurd [in unserer Version der Nibelungensage ist das Siegfried] ein Schwert geschmiedet und stachelt Sigurd dazu auf, seinen Bruder Favner zu töten, der in Drachengestalt über dem Nibelungenhort brütet, den die Brüder als Bußgabe für den von den Göttern getöteten dritten Bruder, Utter, erhalten haben. Nach der Tat brät Sigurd das Drachenherz. Als er sich an dem blutigen Herz verbrennt, steckt er den Finger in den Mund und kann nun die Sprache der Vögel verstehen. Dadurch wird er vor den bösen Plänen des listigen Zwergs Regin gewarnt. Sigurd schlägt dem Zwerg das Haupt ab (Figurengruppe ganz links). Beim Baum (in der Mitte) steht Sigurds goldbeladenes Pferd Grane."

Erwähnenswert ist **Sundbyholms Slott**, das sich um 1640 Reichsadmiral Carl Carlsson Gyllenhjelm errichten ließ. Heute ist hier ein elegantes **Hotel** (Tel. 016-42 84 00, www.sundbyholms-slott.se), ein gutes Restaurant und ein Konferenzzentrum eingerichtet. Beim Schloss liegt ein schöner Buchenwald mit Spazierwegen.

Umweg über Jäder

Auf der Weiterfahrt Richtung Eskilstuna lohnt der **kleine Umweg über Jäder** **[N 59° 24' 36.2" E 16° 41' 29.8"]**. Der Ort hat eine sehenswerte **Kirche** aus dem 12. Jh. Ausgangs des 17. Jh. wurde die Kirche nach Plänen von Nicodemus Tessin d. Ä. als Begräbniskirche der Familien Brahe

Sigurds-Felsritzung, Sigurds Pferd Grane

und Oxenstjerna ausgebaut. Der wunderschön geschnitzte **Flügelaltar** und mehrere elegante **Sarkophage** der Adelsfamilien in einer Seitenkapelle sind sehr sehenswert.

Übrigens, wenn Sie in der Vorhalle der Kirche aufmerksam die Wände betrachten werden Sie einen uralten, verwitterten Filzhut erkennen. Der Hut gehörte einem Stallknecht aus der Umgebung, der im August 1694, als er während eines Sommergewitters die Kirche betreten wollte, vor dem Kirchenportal vom Blitz erschlagen wurde.

HAUPTROUTE

Eskilstuna, eine Industriestadt mit fast 100.000 Einwohnern, leitet seinen Stadtnamen ab vom Heiligen Eskil ab, einem Missionar von den Britischen Inseln, der im 11. Jh. das Christentum in Schweden verbreitete. Eskil wurde aber schon bald während eines heidnischen Julfestes in Strängnäs ermordet.

Seinen Aufstieg zur Industriestadt begann Eskilstuna während der Regierungszeit Karls X. Gustav, der dem deutschstämmigen Reinhold Rademacher um 1658 das Privileg erteilte, in der Stadt Schmiedewerkstätten zu gründen. Seitdem wird Eskilstuna auch gelegentlich mit dem Beinamen „Solingen Schwedens" belegt.

Diese alten Stahl- und Eisenschmieden – **Rademacher-Smedjorna [N 59° 22′ 27.6″ E 16° 30′ 29.8″]** – von denen Rademacher Mitte des 17. Jh. 20 an der Zahl gründete, bilden heute ein interessantes, sehenswertes **Freilichtmuseum** mitten in der Stadt, Ecke Bruksgatan und J. A. Selandsers gatan, Parkplatz. In einigen der Werkstätten kann man (gewöhnlich zwischen 12 und 16 Uhr) Gold-, Eisen-, Kupfer- oder Messerschmieden bei ihrem alten Handwerk zusehen. Darüberhinaus findet man hier eine **Touristeninformation** (www.gamlastadenes-kilstuna.org), ein Restaurant, eine Töpferei und Museumsschmieden. Das Museumsgelände ist immer zugänglich. Der Eintritt ist frei.

Einen Besuch lohnt auch das **Faktorimuseet** (geöffnet Di - So 11 - 16 Uhr, Eintritt frei). Das Faktoreimuseum liegt auf der Faktorieholmarna, einer kleinen Insel im Eskilstuna-ån, einem Wasserlauf, der mitten durch Eskilstuna fließt. Dieses Museum für Technik, Industrie- und Kulturgeschichte ist in den Hallen einer ehemaligen Gewehrfabrik untergebracht. Zu sehen sind vor allem historische Maschinen und technische Geräte aus der Gründerzeit.

Ganz in der Nähe des Faktoreimuseums, auf der anderen Seite des Wasserarms Eskilstuna-ån, liegt am Munktellstorget das **Munktellmuseet** (geöffnet werktags 10 - 16 Uhr, So 13- 16 Uhr, Sa geschlossen; www.munktellmuseet.volvo.com). Es zeigt Pionierleistungen des schwedischen Maschinenbaus des 19. Jh. Technikfreunde werden ihre wahre Freude an den vielen Dampfmaschinen, Motoren, Landmaschinen etc. haben. Und alles ist funktionstüchtig!

Unweit hinter dem Munktellmuseet kommt man zum **Eskilstuna Konstmuseum**, Portgatan 2 (geöffnet Di - Fr 11 - 16 Uhr, Do bis 20 Uhr, Sa + So 12 - 16 Uhr, www.eskilstuna.se/konstmuseet). Sehenswert sind die beachtlichen Sammlungen, die sich vornehmlich mit schwedischer Kunst seit dem 17. Jh. befassen. In wechselnde Ausstellungen wird moderne Kunst gezeigt.

Schließlich zählen zu den Sehenswürdigkeiten von Eskilstuna – neben dem alten Stadtkern **Gamla Standen** um die Köpmangatan mit dem historischen Handelshof **Tingsgården** aus dem 18. Jh., Galerien und Kunsthandwerkstätten – noch das **Freilichtmuseum Sörmlandsgården**, mit verschiedenen historischen Bauwerken aus Sörmland, darunter ein Gutshof aus dem 18. Jh. und schließlich der **Parken Zoo**. Angeschlossen ist ein Blumen- und ein Freizeit- und Vergnügungspark.

Umweg über Torshälla

Wer sich für Kirchenkunst in Schweden interessiert, sollte vor der Weiterfahrt nach Norden einen Umweg über das nahe **Torshälla** unternehmen. Der schwedische Volksdichter und Sänger des 18. Jh., Michael Bellman, hielt sich gerne in Torshälla auf. Hier soll er einige seiner Stücke verfasst haben.

In der **Kirche von Torshälla** sind im Kreuzrippengewölbe in der Altarapsis **Fresken** aus dem 15. Jh. erhalten, die leider schon etwas verblasst, deswegen aber keineswegs weniger sehenswert sind. Im Feld linkerhand kann man rechts unten eine Gestalt mit Brille sehen – Abraham liest in den Schriften. Bemerkenswert aber ist dieses Motiv auch deswegen, weil es eine überaus seltene Darstellung eines Lesenden mit Augengläsern aus dem 15. Jh. ist.

Alte Schmiede im Freilichtmuseum „Rademacher-Smedjorna" in Eskilstuna

HAUPTROUTE

ROUTE: *Auf der Weiterfahrt von Eskilstuna nach Westen verlassen wir* die E20 bei **Hällbybrunn** *und folgen der Straße 53 nordwärts und später der E18 bis* **Västerås***.*

PRAKTISCHE HINWEISE – ESKILSTUNA

Telefonvorwahl: 0 16
Eskilstuna Turistbyrå, Rademachersmedjörna, Rademachergatan, 631 86 Eskilstuna, Tel. 10 13 71. www.eskilstuna. nu.

HOTELS

City Hotell, 60 Zi. ****, Drottninggatan 15, Tel. 10 88 50, Fax 12 42 24, zentral, am Bahnhof, Garni, Parkmöglichkeit.
Quality Hotel Statt Eskilstuna, 220 Zi. ****, Hamngatan 9 – 11, Tel. 17 78 00, Fax 12 75 88, Restaurant, Bar, Fitnesseinrichtungen, Sauna, Schwimmbad, Parkmöglichkeit. – Und andere Hotels.

CAMPING

Vilsta Sporthotell & Camping **** [N 59° 21′ 3″ E16° 30′ 32″], Vasavägen 80, Tel. 51 30 80, www.vilstacamping.se; Jan. – Dez.; ca. 3 km südlich der Stadt, Zufahrt über Straße 230 Richtung Katrineholm; Wiesengelände, teils mit Baum- und Buschbestand, beim städtischen Freibad; ca. 3 ha – 170 Stpl. + Dau.; Standardausstattung; Restaurant, Laden, Sauna. 15 Miethütten. **V & E** für Wohnmobile.

Torshälla

Camping Mälarbadens * [N 59° 25′ 03.4″ E 16° 27′ 42.7″], Mälarbadensvägen, Tel. 34 31 87, www.camping.se/d15; 1. Mai – 15. Sept.; ca. 4 km nördlich von Torshälla; Wiesen in schöner Lage am Mälarensee; ca. 2,5 ha – 90 Stpl.; einfache Standardausstattung.

Rastplatz

Rastplatz Råbyhed: Parkplatz an der E20 13 km westlich von Eskilstuna, ausgestattet mit Toilette, Frischwasser, Stromanschluss, Chemikalausguss. Gebührenfrei.

Västerås ist Verwaltungshauptort der Provinz **Västmanland**. Die Hafenstadt an einer Bucht des Mälarsees, die im Mittelalter den Namen *Aros* trug, war vor allem bis zur Reformation von Bedeutung für die Kirchengeschichte des Landes. Schon sehr früh Bischofsitz, war es eine Bastion des Christentums in Schweden. In den 20er Jahren des 16. Jh. allerdings, erhob der damals hier in Västerås tagende Reichstag die Lehren Luthers und den Protestantismus zur Staatsreligion des Reiches.

Zu den Sehenswürdigkeiten zählen das **Stadtschloss** aus dem 14. bzw. 18. Jh., das **Landesmuseum** dort, mit kulturhistorischen Sammlungen aus Västmanlands Län von der Frühgeschichte bis heute *(geöffnet tgl. 12 – 17 Uhr)*, dann das **Vallby Freilichtmuseum [N 59° 37′ 15.5″ E 16° 30′ 53.0″]** und schließlich der **Dom** „Unserer Lieben Frau" aus dem 13. Jh **[N 59° 36′ 47.6″ E 16° 32′ 37.2″]**. Im Inneren des Doms findet man neben sehenswerten Altarbildern der flämischen Schule das Grabmal Eriks XIV. und Gräber der Stures.

In der Umgebung des Doms sind noch einige der alten, romantischen Straßenzeilen und Bauwerke, wie z. B. das Bischofspalais, erhalten.

Bei längerem Aufenthalt lohnt ein Abstecher nach Süden zum **Barockschloss Tidö** aus dem 17. Jh. Das ehemalige Anwesen des Reichskanzlers Oxenstjärna ist heute in Privatbesitz, liegt in einem gepflegten Park und öffnet in den Sommermonaten seine Tore für Besucher.

ROUTE: Weiterreise über die E18 nach **Enköping**, *eine der ältesten Städte des Landes, und weiter ostwärts über die Straße 263 und über* **Övergran** *zunächst bis* **Häggeby**.

Auf der Fahrt von Enköping nach Osten lohnt ein Umweg über den nordöstlich von Enköping gelegenen Ort **Härkeberga**.

Sehenswert ist die **Kirche von Härkeberga**, die als schönes Beispiel frühgotischer Kirchenbaukunst in Schweden gilt.

Die Ursprünge des Gotteshauses reichen zurück bis ins späte 13. Jh. Aus jener Zeit sind Hauptschiff und Chor erhalten. Das Rippengewölbe des Hauptschiffes wurde Mitte des 15. Jh. eingefügt.

Schloss Skokloster bei Sigtuna

Besondere Beachtung verdienen die **Wandmalereien** auf Kalk, die um 1480 vom damals wohl berühmtesten Kirchenmaler Schwedens, Albertus Pictor, geschaffen wurden. Einige der Motive, im Gewölbe des Hauptschiffes zum Beispiel, zeigen „Christi Himmelfahrt", „Offenbarung" u. a. Dazu sieht man Menschen- und Tierfiguren. Sie symbolisieren oft menschliche Tugenden oder Laster. Von starker Symbolkraft ist auch im Gewölbe der Vorhalle das Motiv „Rad des Lebens".

Von der ursprünglichen Kircheneinrichtung ist nur noch das **Triumphkreuz** aus dem Mittelalter erhalten geblieben. Das weitere Inventar, wie das Kirchengestühl oder die Kanzel stammen aus dem 17. bzw. 18. Jh. Der Altaraufsatz aus der Mitte des 18. Jh. ist heute im Nationalmuseum in Stockholm zu besichtigen.

ROUTE: *Weiterfahrt südostwärts bis* **Litslena** *an der Straße 263, der wir ostwärts über* **Övergran** *bis* **Häggeby** *folgen* [**N 59° 35' 09.7"   E 17° 30' 28.2"**]. *Ab Häggeby nehmen wir die Landstraße nordwärts bis zum etwa 10 km entfernten* **Skokloster**.

Man durchquert ein seenreiches Gebiet mit ansehnlichen Gehöften und erreicht schließlich das an der Nordspitze einer Halbinsel sehr schön am Seeufer gelegene, weiße **Schloss Skokloster**.

Von der Zufahrtsstraße zum Schloss kann man zu einem **Runenstein** (Runrist-

ning) abzweigen (ca. 300 m zu Fuß). Auf dem Stein werden der norwegische König Olav, Stiklestad in Norwegen (dort fiel König Olav „der Heilige" am 29. Juni 1130 im Kampf gegen den Dänenkönig Knut) und Novgorod erwähnt.

Schloss Skokloster [N 59° 42' 20.3" E 17° 37' 19.1"] *(geöffnet Apr. Sa + So 11.30 - 16 Uhr; Mai + Okt. tgl. 11.30 - 16 Uhr; Juni - Aug. tgl. 10.30 - 17 Uhr; Sept. Mo - Fr 12.30 - 16 Uhr, Sa + So 11.30 - 16 Uhr; Eintritt; Führungen obligatorisch; www.skoklostersslott.se)* ist eines der bemerkenswertesten Barockschlösser Schwedens.

Das Anwesen ging aus dem *Gutshof Sko* hervor, den sich Knut der Lange zu Beginn des 13. Jh. gebaut hatte. 1261 stiftete Knut der Lange das Anwesen dem Zisterzienserorden, der hier ein Nonnenkloster einrichtete und unterhielt. Das Kloster bestand bis ins 16. Jahrhundert. 1527 schließlich wurde das Anwesen im Zuge der Reformation unter Gustav Vasa durch den „Rezess von Västerås" genannten Beschluss der Krone einverleibt.

Wie viele andere schwedische Schlösser wurde auch Schloss Skokloster mehrfach als Lehen oder Leibgedinge vergeben.

Das große Klostergut von Sko, das damals noch keineswegs sein heutiges imposantes Aussehen hatte, war zu Zeiten Herman Wrangels (1587 – 1643), einem aus Estland stammendem Adligen, der schwedischer Feldmarschall geworden war, ein ziemlich heruntergekommenes Anwesen. Wrangel hatte das Gut Sko 1611 von König Karl IX. vermacht bekommen.

1613 wird in Skokloster *Carl Gustav Wrangel* geboren, der später einer der reichsten und mächtigsten Männer im Ostseeraum und im zur Großmacht aufstrebenden Schweden werden sollte.

Verheiratet war Carl Gustav Wrangel mit Anna Margareta von Haugwitz, mit der er elf Kinder hatte. Die älteste Tochter, Margareta Juliana, die später Nils Brahe heiratete, erbte Skokloster. Mit dieser Heirat wurden Bande zwischen zwei der einflussreichsten und mächtigsten Familien in Schweden geknüpft.

Carl Gustav Wrangel war es auch, der Skokloster in seiner heutigen Form erbauen ließ. Er wollte hier einen neuen, prächtigen Stammsitz für die Wrangels in Schweden schaffen. Mit der Planung und der Bauleitung wurde der Erfurter Architekt Kaspar Vogel beauftragt. Es heißt, Wrangel habe sich ein Gebäude nach dem Vorbild des Schlosses von Aschaffenburg am Main vorgestellt, das er während des Dreißigjährigen Krieges 1646 eingenommen hatte.

Es wurden aber auch andere Architekten beauftragt, wie Nicodemus Tessin d. Ä. oder Jean de la Valée, der die Parks und Ziergärten anlegen sollte.

Als Carl Gustav Wrangel 1676 starb, war Schloss Skokloster noch nicht ganz fertig. Und die riesige Banketthalle blieb bis auf den heutigen Tag unvollendet. Nach dem Tode des Bauherrn legten die Architekten Tessin und de la Valée nämlich die Arbeit an dem Saal nieder. Es heißt, Wrangel habe die beiden zu sehr gegeneinander ausgespielt, dass sie es schließlich leid waren, hier weiter zu arbeiten.

Nach dem Tode Carl Gustav Wrangels erbte seine Tochter Margareta Juliana, verheiratete Brahe, das Anwesen. Rund 300 lang, bis 1967, blieb das Anwesen im Besitz der Familie Brahe. Dann wurde das historische Anwesen dem schwedischen Staat vermacht.

Von den vier Etagen des Schlosses ist die zweite Etage die interessanteste für den Besucher. Hier liegen die Salons und Wohnräume, die zum großen Teil sehr prächtig ausgestattet, möbliert und dekoriert sind.

Neben dem **Schlafzimmer der Gräfin**, dem **Schlafzimmer des Grafen** mit Holzkamin, Stuckdecke, Wandteppichen aus dem 17. Jh. und dem Monogramm *CGW* für Carl Gustav Wrangel, dem **Speisesaal** mit seiner bemerkenswerten Goldleder-Wandverkleidung und einer Portraitreihe der Brahes und dem **Gelben Vorgemach** mit Stuckdecken von Nils Ericsson und Rokokomöbeln aus Paris aus dem 18. Jh., ist vor allem der **Königssaal** üppig dekoriert. Die bemalte Stuckdecke hier wurde von Hans Zauch Mitte des 17. Jh. geschaffen. Der wunderschöne Kronleuchter mitten im Raum stammt aus der Stockholmer Werkstatt des Melchior Jung aus dem Jahre 1672. Die Wände sind mit blumigem Goldleder auf Silbergrund bezogen. An den Wänden sieht man eine Reihe von Portraits schwedischer Könige.

In der dritten Etage liegt u. a. der oben erwähnte unvollendete Festsaal und im vierten Stock befindet sich die aus nicht weniger als sieben Räumen bestehende **Bibliothek**. Sie enthält die Buchsammlungen der Geschlechter Wrangel, Brahe, Bielke und Scheffer und umfasst ca. 20.000 Bände und Werke vom 15. bis 18. Jh.!

Außerdem ist auf diesem Stockwerk die **Wrangelsche Rüstkammer**, eine der größten historischen, privaten Waffensammlungen der Welt, untergebracht.

Das Erdgeschoss schließlich diente früher als Wirtschaftstrakt, mit Küchen-, Vorrats und Lagerräumen, Werkstätten und den Gesindeunterkünften.

Besichtigen kann man – außer dem Schloss – auch die **Kirche** des ehemaligen Zisterzienserklosters, die als Grabkirche der Wrangels diente. Viele der Kunstwerke in der Kirche wurden auf Kriegszügen erbeutet.

CAMPING – SKOKLOSTER

Skokloster Camping ** [N 59° 42' 18.9" E 17° 32' 24.6"], Tel. 018-38 60 35, www.skocamp.se; Ende Apr. – Ende Sept.; Zufahrt von der Straße zum Schloss Skokloster, ca. 4 km vom Schloss entfernt; Wiesengelände von Wald umgeben am See mit Strandbad, ca. 3 ha – 120 Stpl.; Standardausstattung; Restaurant, Laden. Miethütten.

Der Königssaal im Schloss Skokloster. Foto: P. Kristensen, www.imagebank.sweden.se

Außerdem liegt auf dem Schlossgelände das **Skokloster Värdshus**, mit bekanntem Restaurant und zahlreichen Hotelzimmern (Tel. 0 18-38 61 00).

ROUTE: *Vom Schloss Skokloster kehren wir zurück zur Straße 263, der wir ostwärts nach* **Sigtuna** *folgen.*

Sigtuna [N 59° 37' 03.7" E 17° 43' 19.3"] ist ein hübsches altes Städtchen, das an einem weit ins Land reichenden, schmalen Arm des Mälarsees liegt und das für sich in Anspruch nehmen kann, Schwedens erste Hauptstadt gewesen zu sein.

Vor etwa tausend Jahren gründete Olof Skötkonung Sigtuna, die erste christliche Siedlung, um damit im Lande einen Gegenpol zum heidnischen Uppsala zu schaffen. Sigtuna nahm auch bald den Platz als Handelszentrum am Mälarsee ein, den bis dahin Birka innehatte. Die damalige Bedeutung der Siedlung lässt sich auch daran erkennen, dass hier die ersten Münzen in Schweden geprägt wurden.

Die alte Hauptstraße Sigtunas, die Stora Gatan, folgt heute noch der gleiche Linie wie im Mittelalter. Sie liegt heute aber rund 4 m höher als zur Gründungszeit vor 1.000 Jahren.

Die Schicht unter dem heutigen Straßenpflaster ist archäologisch überaus interessant, ist daraus doch die bewegte Geschichte der Stadt, mit Eroberungen, Plünderungen, Verwüstungen, Brandkatastrophen u. ä. ablesbar, die in Grabungen nachgewiesen wurden.

Einer dieser Verwüstungen und Plünderungen fiel Sigtuna 1196 anheim, als Seeräuberhorden das Städtchen dem Erdboden gleichmachten. Bald aber wurde die Stadt wieder aufgebaut. Es entstanden zahlreiche Kirchen und Klöster, wie die Kirchen St. Lars oder St. Per oder das Kloster des Dominikanerordens. Sigtuna entwickelte sich bis ins 16. Jh. zu einem lebhaften Handelsort und zu einem Zentrum des Christentums.

Der Wandel in der Zeit der Reformation, die Auflösung der Klöster und die Zerstörung der Kirchen in jener Zeit des kirchenpolitischen Umbruchs traf die Stadt hart und bewirkte einen gravierenden Einschnitt in der Entwicklung Sigtunas. Dazu kam, dass der Ort noch mehr in den Schatten der nahen Universitätsstadt Uppsala geriet, die längst Bischofsitz war und dieses Privileg auch lange behauptete.

Sigtuna ist eine Kleinstadt mit heute knapp 4.000 Einwohnern geblieben und hat – vielleicht gerade wegen der Stagnation nach der Reformation – in seinem Zentrum ein sehr hübsches, in manchen Winkeln geradezu romantisches mittelalterliches Stadtbild erhalten können.

Ein Bummel durch die engen Straßen und Gassen, die von kaum höheren als zweigeschossigen Häusern, oft Holzbauten, flankiert werden, lohnt allemal.

Zu den bemerkenswertesten Bauwerken der Stadt zählen die **Marienkirche [N 59° 37′ 03.7″ E 17° 43′ 19.3″]**, einer der ältesten Ziegelbauten in Mittelschweden, die 1247 eingeweiht wurde und damals Klosterkirche der Dominikanerabtei war sowie das beschauliche **Rathaus** aus dem Jahre 1744. Es soll das kleinste Rathaus in ganz Schweden sein.

Erwähnung verdienen auch das **Heimatmuseum Fornhemmet**, Stora Gatan 55 (geöffnet Juni - Aug. tgl. 12 - 16 Uhr, Sept. - Mai Mo geschlossen; Eintritt, www.sigtunamuseum.se). Hier sind die archäologischen Funde von Sigtuna ausgestellt und im Museumshof sind Grundmauerreste der St. Gertruds Kirche zu sehen.

Eines der alten Gebäude in der Stadt ist der **Drakegården**. In diesem ehemaligen Gehöft und Wirtshaus aus dem 18. Jh. an der Stora Gatan ist heute das **Touristenbüro** untergebracht.

Gleich in der Nachbarschaft liegt der **Lundströmska Gården**, das gutbürgerliche Anwesen einer um 1900 hier lebenden Kaufmannsfamilie.

In der Laurentiigränd, einer der engen Seitengassen der Stora Gatan, findet man in einem romantischen alten Häuschen aus dem 16. Jh. mit winzigem Innenhof **„Tant Brun's Kaffestuga"**, ein hübsches, kleines Kaffee.

ROUTE: *Über die Straßen 255 oder E4 erreicht man die rund 25 km weiter nördlich gelegene Stadt* **Uppsala**.

Uppsala, mit allen seit der Gebietsreform von 1974 angegliederten Gemeinden eine Stadt mit annähernd 180.000 Einwohnern, ist Hauptstadt der **Provinz Uppland**, Bischofsitz, Universitätsstadt und nach Stockholm, Göteborg und Malmö Schwedens viertgrößte Stadt.

Die Ursprünge Uppsalas gehen zurück auf ein bedeutendes heidnisches Kultzentrum des Swearreiches, das nördlich der heutigen Stadt in Gamla Uppsala (Alt-Uppsala) lag. Dort war auch die Begräbnisstätte der Könige des Ynglingageschlechts, die um das fünfte nachchristliche Jahrhundert das Swearreich beherrschten.

Als im 11. Jh. das Geschlecht der Swearfürsten ausstarb, begannen christliche Missionare von Süden her nach Uppsala vorzudringen und neben dem Heidentempel eine Kirche zu errichten. Allerdings bereitete ein Wandel in der Gesinnung der Bevölkerung, der gefördert wurde durch Berichte von Händlern aus südlicheren und östlicheren Teilen Europas, den Boden für die Missionare. Die Menschen empfanden offenbar die heidnischen Riten in den Opferplätzen mehr und mehr nicht mehr als heilige Handlungen, sondern eher als grausam. Dazu muss man wissen, dass bei den frühen heidnischen Kulten durchaus auch Blut floss.

Einer der frühen Chronisten, der über die Kultstätte der Swear berichtete, war Mitte des 12. Jh. Bischof *Adam von Bremen*. In einer Broschüre des Touristenamts von Uppsala wird er so zitiert: „Dieses Volk besitzt einen würdigen Tempel, der Ubsola heißt. In diesem ganz mit Gold ausgeschmückten Tempel verehrt das Volk die Götzenbilder dreier Götter. Der mächtigste von ihnen, Thor, soll seinen Sitz in der Mitte des Raumes haben. Auch pflegt man alle neun Jahre ein Fest abzuhalten, bei dem neun Menschenopfer dargebracht werden deren Blut die Sinne der Götter besänftigen sollen."

Allerdings muss man sich den religiösen Wandel im Lande als langsamen Prozess vorstellen. Mancher der Missionare oder Könige, die dem neuen Glauben Vorschub leisteten wurden ermordet oder erlitten den Märtyrertod. 1160 z. B. wurde in Uppsala der später heilig gesprochene Erik ermordet. Er sollte zur neuen Leitfigur der jungen Christenbewegung in Schweden werden.

Auch wenn in der breiten Bevölkerung die Akzeptanz der christlichen Lehre wuchs, wurden viele der heidnischen Bräuche beibehalten bzw. „christianisiert". Zog man früher mit heidnischen Symbolen oder Götzenbildern über die Felder, um eine gute Ernte zu erbitten, führte man nun auf den Prozessionen Heiligenreliquien oder das Kreuz mit sich. Viele andere Bräuche aber, z. B. die zum Julfest oder zu den Sonnwenden behielten noch lange ihren heidnischen Charakter.

Erst als im 13. Jh. – der alte Dom in Gamla Uppsala war 1245 völlig abgebrannt – der Dom von Uppsala laut Dekret von Papst Urban II. an seiner jetzigen Stelle entstand, entwickelte sich am Fluss Sala (heute Fyris) – der damals noch hier in den Mälaren mündete – eine richtiggehende Stadtgemeinde, die den Namen ihrer heidnischen Vorgängerin übernahm.

UPPSALA ZENTRUM – **1** Touristeninformation – **2** Upplandsmuseum – **3** Dom – **4** Gustavianum – **5** Universität – **6** Trefaldighetskyrkan (Dreifaltigkeitskirche) – **7** Carolina Rediviva (Universitätsbibliothek) – **8** Uppsala Schloss, Rikssalen (Reichssaal) – **9** Celsiushof – **10** nach Gamla Uppsala – **11** Walmstedtscher Hof, Markthalle – **12** Bahnhof – **13** Folkets Hus, Stadttheater – **14** Bootsausflüge, M/S „Kung Carl Gustaf" – **15** Ostbahnhof, Museumsbahn „Lennakatten" – **16** Busbahnhof – **17** Postamt – **18** Linné-Garten und Linné-Museum – **19** Botanischer Garten, Linnéanum – **20** Centralbadet, Städtische Schwimmhalle – **21** Kunstmuseum

Neben dem Bau des Doms und der Erhebung der Stadt zur erzbischöflichen Residenz, hatte für die Stadtentwicklung vor allem die Gründung der Universität im Jahre 1477 große Bedeutung. **Uppsalas Universität**, mit dem Plazet einer päpstlichen Bulle Sixtus' IV. versehen, ist die erste und älteste Universität in Skandinavien.

Als Gustav Vasa der Reformation in Schweden den Weg bereitete, führte das zwangsläufig zu erheblichen Differenzen mit den katholischen Bischöfen in Uppsala, deren Macht empfindlich beschnitten wurde. Gustav Vasa ließ um 1540 mit dem Bau eines mächtigen Schlosses in Uppsala beginnen. Und sicher wurde die Lage des Schlosses nicht nur aus strategischen, sondern auch aus machtpolitischen Gründen hoch über dem Dom – dem Symbol der päpstlichen Macht in Schweden – gewählt.

Wie viele andere Städte des Landes, fiel auch die lange überwiegend aus Holzbauwerken bestehende Stadt Uppsala mehrfach Feuersbrünsten zum Opfer. Eine der größten Brandkatastrophen erlebte die Stadt in der Nacht vom 14. auf den 15. Mai 1702. Mehr als zwei Drittel der Stadt gingen damals in Flammen auf. Das Schloss brannte nieder und auch der Dom wurde arg in Mitleidenschaft gezogen. Erst nach diesem Brand entstand eigentlich das heutige Stadtbild, mit Plätzen wie dem Stora Torg und mit für die damalige Zeit breiten Prachtstraßen, wie die nach Königin Kristina benannte Drottninggatan. Das gewaltige Stadtschloss wurde neu errichtet und 1757 im wesentlichen vollendet und der Dom restauriert.

Lange blieb Uppsala eine sog. „bürgerliche" Stadt, mit kleinstädtischem Charakter, deren gesellschaftliches Leben einen starken akademischen Hintergrund hatte.

Erst als Mitte des 19. die Stadtverwaltung reformiert und die Gewerbefreiheit festgeschrieben wurde, begann für Uppsala ein wirtschaftlicher Aufschwung. Zählte die Einwohnerzahl ausgangs des 19. Jh. kaum 20.000 Seelen, ist sie heute auf über 180.000 geklettert.

Stadtbesichtigung in Uppsala

Am einfachsten beginnt man einen Stadtrundgang am **Fyris Torg** am Ufer der Fyris, ganz in der Nähe und etwas östlich des Doms. Dort findet man Parkplätze und das **Informationsbüro (1).** Ganz in der Nähe das **Upplandsmuseum (2).**

Wir gehen zur Westseite des **Doms (3) [N 59° 51′ 32.8″ E 17° 37′ 50.0″]**, an der sich die beiden Türme des markanten Gotteshauses erheben.

Mit dem Bau des Doms zu Uppsala, der eindrucksvoll etwas erhöht liegt, wurde ausgangs des 13. Jh. im Stil der französischen Gotik begonnen. Als Baumeister

Der Dom zu Uppsala

Vasa Kapelle

Finstakapelle
Annakapelle

Sturekapelle
Sebastianskapelle

Jagellon Kapelle

Oxenstierna Grabkapelle

Brautkammer

St. Olofs Portal Nord

Ansgarkapelle
Larskapelle

Krönungsgewölbe

St. Lars Portal Süd

Sakristei
Kanzel

Gyllenborg Kapelle
Friedenskapelle

Masenbach Kapelle
Andachtskapelle

Gustav Banérs Kapelle

Andreaskapelle
Botvidkapelle

Carl Banérs Linné Kapelle
Kapelle d. Sasta

Gedächtniskapelle
Menanders Kapelle

Vorhalle

St. Eriks Portal
Hauptportal West

wurde der Franzose Etienne de Bonneuil verpflichtet. Die Absicht, das Bauwerk in Sandstein aufzuführen, wurde allerdings bald aufgegeben und es wurde in der bewährten Backsteinbauweise, wie sie an norddeutschen Kirchenbauten vielfach erprobt war, fortgefahren. 1435 wurde der Dom – Skandinaviens größter Kirchenbau – zum Pfingstfest feierlich eingeweiht.

Durch das **St. Eriks Portal**, dem Hauptportal an der Westfassade des Doms, mit einer Statue des Hl. Erik aus dem 19. Jh. an der Mittelsäule und mit einer schönen Fensterrosette über dem Portalbogen darüber betreten wir die Vorhalle und danach das hochaufstrebende, dreischiffige Kircheninnere.

Die beiden anderen Kirchenportale sind das **St. Olofs Portal** mit dem Schutzpatron Norwegens an der Nordseite. An diesem Tor traten früher Pilger ihre Reise nach Nidaros (Trondheim) zum Grab des Heiligen Olof an. Eindrucksvolle und besonders schön gearbeitet ist das **St. Lars Portal** an der Südseite. Hier sieht man an der Mittelsäule die Statue des Hl. Laurentius (Lars) aus dem 13. Jh. Über dem Heiligen ist eine Reihe von sechs Medaillons angebracht, die Motive aus der Schöpfungsgeschichte darstellen. Darüber im Tympanon Christus als Tröster. Rechts und links des Portals sind vier Skulpturen, die überwiegend aus dem 13. Jh. stammen, zu bewundern, zu bewundern – links eine Frauengestalt, die „Synagoge" symbolisierend und der Hl. Henrik, Finnlands Schutzpatron und rechts Maria Magdalena und St. Erik.

Der ganze **Kircheninnenraum** ist fast vollständig umgeben von einer Reihe von Grabkapellen, Kapellen und Krypten. Gleich rechts z. B. liegt die Grabkapelle der Stenbocks und Mennanders.

Wir gehen vor bis unter die Vierung, dem sog. **Krönungsgewölbe** mitten im Kirchenraum. Es war der traditionelle Ort der feierlichen Krönungszeremonien der schwedischen Könige. Der erste König Magnus Ludalå wurde hier am 24. Mai 1276 gekrönt. Der letzte hier gekrönte schwedische Monarch war 1719 Ulrika Elenora Vasa. Danach fanden die Krönungen fast ausschließlich in Stockholm statt.

Im rechten, südlichen Querschiff liegt die **St. Larskapelle**, danach folgt die imposante **Oxenstjärnsche Grabkapelle**. Sie entstand Ende des 17. Jh. unter der Leitung des Baumeisters Nicodemus Tessin d. J. Eine Treppe führt hinauf zu zwei barocken Sarkophagen, die zu Ehren von Graf Bengt Oxenstjärna (links), Reichskanzler und Außenminister unter König Karl XI. sowie Oxenstjärnas Schwager, Magnus Stenbock (rechts), Feldmarschall unter Karl. XII., aufgestellt wurden.

Über dem schlichten **Hochaltar** sieht man ein rund 3 m hohes Kreuz aus Silber und geschliffenem Kristall, eine Arbeit des Künstlers Bertil Berggren-Askenström aus der Zeit um 1970.

Man geht weiter um den Chorumgang hinter dem Hochaltar, vorbei an der **St. Sebastianskapelle** mit beachtenswerten Wandmalereien aus der Mitte des 15. Jh., deren Motive Szenen aus der Heiligenlegende des St. Erik schildern.

Daneben liegt die **St. Anna Kapelle**, in der vor allem Mitglieder des berühmten Seefahrergeschlechts Horn beigesetzt sind.

Die bedeutendste Kapelle allerdings ist die am östlichen Scheitelpunkt des Chors gelegene Liebfrauenkapelle oder **Vasakapelle**. Unter dem erst 1975 wieder freigelegten Himmels- und Sternengewölbe der Kapelle befindet sich das **Alabastergrabmal König Gustav I. Vasa** (1496 – 1560), eine Arbeit des Bildhauers Willem Boy. Zwischen vier Obelisken an den Ecken des Grabmals sieht man drei liegende Figuren, in der Mitte König Gustav Vasa, rechts von ihm seine 1. Gattin Katharina von Sachsen-Lauenburg (gestorben 1535) und links von ihm seine zweite Gemahlin Margareta Leijonhufvud (gestorben 1551). Gustav Vasa war noch ein drittes Mal verheiratet mit der erst 16-jährigen Katarina Gustafsdotter Stenbock, die ihren Gemahl denn auch um 61 Jahre überlebte.

Gustav Vasa und seine beiden ersten Gemahlinnen wurden 1560 in einer feierlichen Prozession von Stockholm nach Uppsala überführt und in der Krypta unter der Kapelle beigesetzt. Die Fresken an den Wänden der Vasakapelle wurden erst um 1832 von Johan Gustav Sandberg angebracht. Sie stellen Szenen aus dem Leben Gustav Vasas dar.

In der **Finstakapelle**, links neben der Vasakapelle, ist der kostbarste Kirchenschatz des Doms untergebracht, der **Reliquienschrein des Heiligen Erik**. Der Holzschrein aus dem 16. Jh. ist mit vergoldetem, sehr schön gearbeitetem Silber überzogen. In

König Gustav I. Vasa und Königin Katharina, Alabastergrabmal im Dom zu Uppsala

ihm sind die sterblichen Reste des schwedischen Nationalheiligen Erik aufbewahrt. Hier wird auch die **Eriks-Krone** verwahrt. Sie ist aus Kupfer, Gold und Halbedelsteinen gearbeitet, stammt aus dem 12. Jh. und gilt als älteste Königskrone in Schweden.

Finstakapelle heißt die Kapelle nach dem Gutshof Finsta östlich von Uppsala an der Straße nach Norrtälje. Das Gut gehörte im 13. Jh. Birger Jarl, der in zweiter Ehe mit Ingeborg Bengtsdotter Folkunge verheiratet war. Aus dieser Ehe entstammte die Heilige Birgitta, die 1303 auf Finsta geboren worden war. Birger und Ingeborg sind in der Kapelle beigesetzt. Das Grab wird durch eine Marmorplatte markiert.

Links daneben liegt die **Sturekapelle** mit einem wunderschönen *Flügelaltar* mit Motiven aus dem Leben der heiligen Anna, der Mutter der Jungfrau Maria. Der Altaraufsatz mit bemerkenswerten Schnitzarbeiten stammt aus einer Brüsseler Werkstatt aus dem 16. Jh. und kam erst zu Beginn unseres Jahrhunderts in den Dom von Uppsala. Alle ursprünglichen Holzaltäre des Domes wurden bei dem Großbrand von 1702 zerstört.

In der Kapelle sind die Opfer der berüchtigten „Sturemorde" begraben. Während der Regierungszeit König Eriks XIV. war es im 16. Jh. wieder einmal zu Zwistigkeiten unter dem schwedischen Adel gekom-

Uppsala, Blick vom Schlossberg zum Dom

men. Angeblich waren der König und seine Fraktion mit den Geschäften der mit der Regierung beauftragten Herren gar nicht einverstanden und vermuteten unter den Stures die Rädelsführer der Opponenten. Kurzum, Erik XIV. ließ drei Mitglieder der Familie Sture und andere Adelige gefangensetzen und sie – in einem Anflug geistiger Umnachtung heißt es – am 24. Mai 1567 in den Gefängnisgewölben des Schlosses ermorden.

Als nächstes folgt im linken Seitenschiff die **Jagellonische Grabkapelle**. Sie stammt aus dem 13. Jh. aus dem allerersten Bauabschnitt des Doms. Die Kapelle wurde von König Johan III. (1537 – 1592), dem Sohn und Nachfolger Gustav Vasas, für seine Gemahlin Katharina Jagellonica, der Tochter des polnischen Königs Sigismund II., ausersehen und prächtig mit Gewölben und Stuckarbeiten ausgestattet. Der schön gearbeitete Renaissance-Sarkophag der Königin an der linken Wand wurde 1580 von Willem Boy geschaffen. Über dem Grabmal sieht man eine alte Stadtansicht Krakaus und eine Silberkrone aus dem Todesjahr (1583) Katharina Jagellonicas. Der andere Sarkophag in der Kapelle ist das Grabmal für König Johan III., der 1592 starb und in der Krypta unter der Vasakapelle beigesetzt ist.

Im Seitenschiff nördlich des Hauptchors liegt das Grab von Laurentius Petri, dem ersten Erzbischof Schwedens nach der Refor-

mation, der zwischen 1499 und 1573 lebte. Im gleichen Grab ist der irische Erzbischof von Cashel, Hamilton, beigesetzt, der 1621 im Exil in Uppsala starb und als Gründer des schwedischen Adelsgeschlechts Hamilton gilt.

Nach der Vierung sieht man an einer Säule im Mittelschiff die **Barockkanzel** des Doms. Nach dem Brand von 1702 gab Hedwig Eleonora, die Witwe König Karls X. Gustav, den Bau der Kanzel in Auftrag. Tessin zeichnete die Pläne, Burghardt Precht, einer der bedeutendsten schwedischen Bildhauer seiner Zeit, führte das Werk aus. Das große Bildmotiv an der Rückwand der Kanzel stellt eine Szene aus der Bergpredigt dar.

Unter den weiteren Kapellen im nördlichen, linken, Seitenschiff sei schließlich noch die vorletzte vor der Westfassade, die **Grabkapelle Carl von Linnés und Carl Banérs**, erwähnt. Carl von Linné war im 18. Jh. der herausragende Botaniker und Wissenschaftler in Schweden. Er hatte an der Universität von Uppsala studiert, war Professor für Medizin und Botanik, lebte in Uppsala und ging mit seinem bis dahin unbekannten System der wissenschaftlichen Namensgebung im Bereich der Tier- und Pflanzenwelt in die Annalen der Wissenschaft ein. Carl Banér war im 17. Jh. Generalgouverneur des Reiches.

In der **Gedächtniskapelle** am Ende des linken Seitenschiffes schließlich wird auf

Wandteppichen die Geschichte des Doms in 13 Motiven dargestellt.

Im Nordturm des Doms ist ein **Museum** eingerichtet, in dem sakrale Kunstgegenstände zu sehen sind *(geöffnet Mai - Sept. Mo - Sa 10 - 17, So 12.30 - 17 Uhr; Eintritt).*

An der Nordseite des Doms findet man den St. Eriks Torg und dort rechterhand das **Upplandsmuseum (2)**, St. Eriks Torg 10 *(geöffnet Di - So 12 - 17 Uhr; Eintritt frei; www.upplandsmuseet.se)*. Das Museum ist in einem alten Mühlengebäude an der Fyris eingerichtet. Ausstellungen zur Kulturgeschichte Upplands und der Stadt sind hier zu sehen.

Der Westfassade des Doms gegenüber erhebt sich das Gebäude des **Gustavianums (4)**, Akademigatan 3 *(geöffnet Di - So 11 - 16 Uhr, Führungen in englischer Sprache um 13 Uhr; Eintritt; www.gustavianum. uu.se)*. Es war das – nach Gustav II. Adolf benannte – Hauptgebäude der Universität von 1625 bis 1887.

Unter der Schirmherrschaft Gustavs II. Adolf hatte sich die Universität von der Kirche getrennt. Zusätzlich erhielt die Lehranstalt durch königliches Dekret die Belehnung von 300 Landgütern, der sog. „Gustavianischen Erbgüter", zugesprochen und konnte so ökonomisch selbständig die Universitäts-, Lehr- und Forschungsarbeit ausdehnen. 1622 berief Gustav II. Adolf seinen einstmaligen Lehrer Johan Skytte zum Kanzler der Universität. Unter seiner Regie erstand im ehemaligen erzbischöflichen Palais das Gustavianum.

Im Zentrum des Gebäudes befindet sich unter der Kuppel der Rundbau des sog. „Anatomischen Theaters", ein steil gestufter Hörsaal, der vor allem zur Demonstration anatomischer Experimente diente.

Das heutige Hauptgebäude der **Universität (5)** liegt hinter dem Gustavianum, Ecke St. Olofsgatan/Övere Slottsgatan. 1477 wurde die Universität von Uppsala, die erste in Skandinavien, mit zunächst vier Fakultäten für Theologie, Jura, Medizin und Philosophie gegründet. Bis zur Reformation waren die Prinzipien der Lehranstalt eng mit der Kirche verknüpft.

Zu den wissenschaftlichen Größen, die an der Universität studierten, lehrten und forschten, zählen Carl von Linné, der Botaniker, Anders Celsius, der Physiker, der die Thermometersäule in eine Hundert-Grad-Skala einteilte oder der Chemiker *Karl Wilhelm Scheele*, Entdecker des Sauerstoffs, des Glyzerins und diverser Säuren.

Forscher der Universität, die den Nobelpreis erhielten, waren die Mediziner *Allvar Gullstrand* (1911) und *Robert Bárany* (1914), der Physiker *Manne Siegbahn* (1925), die Chemiker *Theo Svendborg* (1926) und *Arne Tiselius* (1948), sowie *Nathan Söderblom* und *Dag Hammarskjöld*, die 1930 bzw. 1961 den Friedensnobelpreis erhielten.

Vom Gustavianum gehen wir über den Odinslund nach Süden (links), vorbei an der gotischen **Dreifaltigkeitskirche (6)** aus dem 14. und 15. Jh., die linkerhand liegt und gehen hinauf bis zur **Universitätsbibliothek „Carolina Rediviva" (7)**, die rechterhand auf der gegenüberliegenden Straßenseite liegt *(geöffnet Mo - Fr 9 - 20 Uhr, Sommer 11 - 16 Uhr, Sa. 10 - 17 Uhr; Eintritt Mai - Sept.).*

Die Bibliothek ist eine der ältesten und umfangreichsten des Landes. In einem Saal rechts der Eingangshalle sind einige der kostbarsten Stücke der Bibliothek ausgestellt. Darunter sind eine gotische Handschrift aus dem 6. Jh., eine kostbare **Silberbibel** (codex argenteus), eine isländische Handschrift aus dem 12. Jh., weiter eine sog. Kaiserbibel aus dem 11. Jh., dann Mozarthandschriften u. v. a.

Schräg gegenüber der Bibliothek liegt das **Schloss (8),** *geöffnet Juni - Aug., obligatorische Führungen um 12.15 Uhr, 13 Uhr (Englisch), 14 Uhr und 15 Uhr (Englisch); Eintritt, gilt auch für das Kunstmuseum.*

Um 1540 gab König Gustav Vasa den Bau in Auftrag. Von dem alten Schloss sind nur noch Reste, darunter eine alte Geschützbastion erhalten. Von der *Styrbiskops Bastion*, die heute von einem kleinen Glockenturm markiert wird, waren während der Reformation königliche Kanonen auf den Palast des Erzbischofs gerichtet.

Der Bau des heutigen Schlosses begann nach dem großen Stadtbrand im Jahre 1702. Von Ende des 18. Jh. bis 1976 war das Schloss Sitz der Bezirksregierung und Residenz des Regierungspräsidenten. Dag Hammarskjöld, der einstige UN-Generalsekretär, dessen Vater von 1907 bis 1930 Regierungspräsident von Uppland war, verlebte hier seine Jugendjahre.

Sehenswert ist der **Reichssaal**, der heute noch als Festsaal der Stadt dient. 1654 unterzeichnete in diesem Saal Königin Kristina ihre Verzichtserklärung auf den schwedischen Thron.

Ebenfalls im Schloss (Eingang E) ist das **Uppsala Kunstmuseum** eingerichtet *(geöffnet Di - Fr 12 - 16 Uhr, Sa + So 11 - 17 Uhr, Eintritt)*. Ausgestellt sind Werke regionaler Künstler und Designer, Keramiken der Uppsala-Ekeby Manufaktur, zeitgenössische Kunst, eine Sammlung der Universität u. ä.

Im Stadtteil östlich der Fyris liegen der **Celsiushof (9)** und noch etwas weiter in der Svartbäcksgatan 27 der **Linné-Garten** mit dem Wohnsitz Carl von Linnés, in dem heute ein **Museum** eingerichtet ist *(geöffnet Mitte Mai - Mitte Sept. Di - So 12 - 16 Uhr; Eintritt)*.

Ausflüge

Ausflüge kann man mit der *„Lennakatten"* (Lenna Katze), einer dampfbetriebenen **Museumsbahn** vom alten Bahnhof hinter dem Zentralbahnhof von Uppsala nach Lenna machen.

Mit dem Ausflugsschiff M/S Kung Carl Gustaf werden Tagesfahrten auf dem Fluss Fyrisån nach **Skokloster** angeboten und zwar von 20. Mai bis 20. Aug. tgl. ab um 11 Uhr, zurück in Uppsala um 16.15. Abendliche Flussfahrten im Sommer tgl. ab um 19 Uhr, zurück um 22.45 Uhr.

Gamla Uppsala

Gamla Uppsala (Alt Uppsala), der „Geburtsort" des heutigen Uppsala, liegt unweit nördlich der Stadt **[N 59° 53' 54.6" E 17° 38' 03.1"]**.

Bis um das Jahr 1.000 war Gamla Uppsala einer der bedeutendsten **heidnischen Kultplätze** des Landes. Ausgewählt wurde der Platz wohl deswegen, weil er noch bis weit nach Beginn neuer Zeitrechnung bequem mit dem Schiff zu erreichen war.

Gamla Uppsala war also lange ein stark frequentierter Binnenhafen. Hier entstand der weiter oben (siehe auch unter „Uppsalas Stadtgeschichte") schon erwähnte Heidentempel der Wikinger, in dem Thor, Wotan,

Freyr und anderen Gottheiten geopfert wurde. An diesem heiligen Ort ließen sich ab etwa dem 5. nachchristlichen bis ins 10., 11. Jahrhundert viele Könige des Swearreiches begraben.

Mit der Einführung des Christentums wurde der Heidentempel durch eine Kirche ersetzt. Von diesem Gotteshaus sind nur noch Grundmauerfragmente erhalten, über denen die heutige Kirche im 15. Jh. errichtet wurde.

Heidentempel und Kultplatz sind natürlich längst verschwunden. Unübersehbare Zeugen aus der Swearzeit aber sind geblieben, nämlich eine Reihe riesiger **Grabhügel**, unter denen die frühen Könige des alten Reiches aus dem Geschlecht der Ynglinga ruhen. Mindestens drei der Könige, die hier vor eineinhalb Jahrtausenden beigesetzt wurden – Aun, Egil und Adils –, sind namentlich bekannt, dank der Aufzeichnungen des isländischen Chronisten Snorri Sturlason aus dem 13. Jh. und noch früherer Überlieferungen normannischer und angelsächsischer Geistlicher aus dem 8. Jh. Interessantes Museum.

Die Welt mit den Augen der Wikinger

In der Vielfalt der Sagas ist die nordische Mythologie überliefert. Allen Saga-Sammlungen voran steht die *Edda*. Man kennt eine *ältere Edda* und eine *jüngere Edda*. Letztere entstand als Sammlung von Sagas und Liedern erst im Mittelalter durch den Isländer *Snorri Sturlason*.

Vor allem in den Erzählungen der alten Edda, die anfänglich mündlich weitergegeben und erst viel später niedergeschrieben wurde, leben die mythologischen Gestalten weiter, die *Asen* in Asgård mit der Weltesche *Yggdrasil*, und die Trolle, Elfen, Nornen und Riesen in *Utgård* am Rande der Welt, bäumeschleudernd und polternd Thor, lanzenschwingend Odin, oder Loki, der voller Bosheit steckt.

Nebelhaft waren die Vorstellungen über die Entstehung der Welt, vom eisigen, dunklen *Niflheim* irgendwo im Norden und von *Muspelheim*, dem Feuerland und Gegenpol weit im Süden. Das Eis des Nordens floss südwärts, um sich mit den Flammen des feurigen Südens zu verbinden. Aus dieser Verschmelzung von Feuer und Eis entstand *Ymir*, der erste Riese und Urvater aller Riesen, aller Menschen und auch der Asen nordischer Mythologie. So die Überlieferung.

Aber nicht Ymir alleine entstand aus dem Ureis, sondern auch eine Kuh, *Audumbla* mit Namen, die fortan als Symbol des Lebens und der Fruchtbarkeit galt. Wundersam hört es sich die „Geburt" der weiteren Riesen und Götter an. Einer, *Buri*, kam zum Vorschein, als warme Milchtropfen der Kuh Audumbla über vereiste Felsen floss. Andere entstanden aus den Schweißperlen des Riesen Ymir und sogar dessen Zehen brachten einen Sohn hervor.

Aber zurück zu Buri. Sein Sohn Bor heiratete eine Nachkommin Ymirs, nämlich *Bestla*. Aus ihrer Verbindung entstammt unter anderen *Odin*, der erste unter den Göttern, die in Asgård, dem Götterland, wohnten. Odin heiratete die Erdgöttin *Freya*. Ihr erster Sohn ist der gewaltige *Thor* oder *Donar*, einer der germanischen Hauptgötter.

Nun brauchten die Riesen und Götter ja auch eine Welt, möglichst eine mit Menschen, die man beschützen, vernichten oder in Angst und Schrecken versetzen konnte.

Nicht sonderlich freundlich klingt die Entstehungsgeschichte eben dieser Welt. In den Augen der Altvordern soll sie als Folge von Katastrophen und Totschlag entstanden sein. Der Riese Ymir wurde nämlich von den Söhnen Bors erschlagen. In seinem Blut, das sich gewaltig ergoss, starben alle Riesen bis auf ein Paar, *Ask* und *Embla*. Aus Ymirs Körper entstanden nun Erde und Himmel, Berge und Meer. Sein Fleisch wurde Land, seine Knochen Berge, sein Blut das Meer und seine Zähne die Steine am Strand. Sein Schädel wurde das Himmelsgewölbe und sein Gehirn die Wolken am Himmel.

NACH NORDSCHWEDEN UND LAPPLAND

UPPSALA – RÄTTVIK

Länge der Tour: Rund 310 km.

Strecke: Über die Straße 72 bis **Sala** – Straße 70 über **Avesta** bis **Hedemora** – Straßen 266 und 80 bis **Falun** – Straße 60 über **Ornäs** bis **Borlänge** – Straße 70 über **Leksand** bis **Rättvik**.

Empfohlene Reisedauer: Mindestens ein Tag.

Reisehöhepunkte auf dieser Tour: Das **Silbermuseum** in Sala – die **Kupferminen** ** und das **Dalarna Museum** in Falun ** – die **Landschaft am Siljasee** *.

Abkürzende Routenalternative

Mein Tipp! Falls man – sei es aus Zeitmangel oder aus anderen Gründen – nicht der gesamten in diesem Reiseführer geschilderten Route durch Schweden bis hinauf nach Lappland folgen will oder kann, bietet sich ab Uppsala eine gute Gelegenheit die Reise erheblich abzukürzen, sie nur auf den südlichen Teil Schwedens zu beschränken und südwärts, wieder vorbei an Stockholm und durch Schonen weiterzureisen. Am einfachsten steigt man dann mit der Tour 17 (Söderhamn – Norrköping) und folgende wieder in die Routenbeschreibung ein.

HAUPTROUTE

ROUTE: Von Uppsala auf der Straße 72 nach Westen. Nach knapp 60 km erreicht man Sala [N 59 50 44.3 E 17 33 09.1].

Seit dem 12. Jh. schon ist **Sala** bekannt für seine ergiebigen Silberminen. Die Silbergruben, zwischenzeitlich erschöpft und stillgelegt, waren für Schwedens Wirtschaft lange von sehr großer Bedeutung. Bis zu drei Tonnen reinen Silbers sollen hier in den besten Tagen pro Jahr gefördert worden sein.

Silber aus Sala wurde im Mittelalter z. B. für die alte Münze von Västerås benötigt und ohne die Bodenschätze aus „Schwedens Schatztruhe", wie Sala auch genannt wurde, wäre Schwedens Staatskasse während des Dreißigjährigen Krieges sicher viel stärker strapaziert worden.

Neben der nach Königin Kristina benannten **Kristinenkirche** ist denn auch das **Silberbergwerks Sala Silbergruva [N 59 54 35.6 E 16 35 12.4]**, Drottning Christinas väg, die große Sehenswürdigkeit der Stadt *(geöffnet ganzjährig Sa + So, vom 1. Mai bis 30. Sept. tgl., www.salasilvergruva. se)*. Besucherparkplatz, Informationszentrum, Souvenirs, Silberschmiede, **Gaststätte Konstmästarbostaden Värdshus, Grubenmuseum**.

Im Laufe der Jahrhunderte wurden hier unter der weitläufigen Grubenstadt über 20 km Stollen, Schächte und unterirdische Kammern und Hallen angelegt. Teile der Stollen, darunter der **Drottning Christinas Schakt** (Königin Kristinegrube), die ehemals größte und ergiebigste Silbermine in Sala, können auf Führungen besichtigt werden. Besucher steigen entweder über Treppen über 60 m tief ins Erdinnere hinab oder fahren mit dem Aufzug bis auf 155 m Tiefe ein.

Die etwas härtere Tour ist eine geführte **3-Schächte-Wanderung**, die mitunter durch dunkle, enge Stollen führt, wobei Sie tunlichst den Kopf einziehen, oder Sie auch mal durchs Wasser waten müssen.

Interessant ist auch ein Besuch im **Heimatmuseum** von Sala. Im Kungsgård, dem Königshof, in dem das Heimatmuseum untergebracht ist, soll Gustav II. Adolf Ebba

CAMPING – SALA

Silvköparens Camping *,** Tel. 0224/59 003, www.camping.se/u02; Mitte Mai – Anf. Sept.; 6 km nördlich von Sala an der Straße 70, beschildert; Wiese in schöner Lage; ca. 1,5 ha – 50 Stpl.; Standardausstattung; Laden; Hütten.

Brahe kennen und lie-
ben gelernt haben.
Der Lauf der Geschich-
te und die Verteilung
der politischen Macht-
verhältnisse im Lande
standen damals aber
gegen eine Ehe der
beiden.

ROUTE: Der wei-
tere Verlauf unserer Reise
geht durch die unendlich erscheinenden Wälder
Mittelschwedens nach Nordwesten, hinein in die
alte, geschichtsträchtige **Provinz Dalarna** und
auf der Straße 70 über **Avesta** bis **Hedemora**.
Unweit nördlich von Hedemora verlassen wir
die Straße 70 und folgen der Straße 266 nordwärts, bis wir auf die Straße 80 stoßen, der wir
westwärts ins nahe **Falun** folgen.

Dalarna gilt als Schwedens traditions-
reichste Provinz, wie in offiziellen Infoblät-
tern gelegentlich zu lesen ist.

Tatsächlich gingen zweimal in der Geschichte des Landes von den Bewohnern
Dalarnas entscheidenden Impulse aus, als
es um die Freiheit des Königreiches ging.

So erhielt der Bergmann Engelbrekt
Engelbrektsson 1433 starken Rückhalt aus
den Reihen der Bevölkerung Dalarnas, als
er gegen die dänischen Vögte rebellierte
und die Festung Borgnäs am Dalälv nie-
derbrannte. Und Gustav Vasa erfuhr 1520
in Dalarna maßgebliche Unterstützung für
seine Widerstandsbewegungen gegen die
Dänen.

Große Tradition hat in Dalarna noch
heute die Pflege des Brauchtums und der
Folklore. Der weltbekannte **Vasalauf** z. B.,
der auf die historische Flucht Gustav Vasas
vor den Dänen zurückgeht, hat seinen Zielpunkt in Mora.

Bunte Trachten und viel volkstümliche
Musik sieht und hört man während der traditionellen Feste unter dem Maibaum oder
zum **Mittsommer** nirgends so vielfältig wie
in Dalarna.

Und das **Dalapferd,** das etwa seit dem
Ende des 18. Jh. bekannte, aus der Gegend
um Mora stammende, aus Holz geschnitzte und traditionell rot bemalte Pferdchen,
ist in ganz Schweden zum Symbol für das
Kunsthandwerk im Lande geworden.

Von wirtschaftlicher Bedeutung für Dalarna aber waren und sind, mit wechselnder

Bedeutung, die Vorkommen an Kupfererz,
Silber, Porphyr, rotem Sandstein und in jün-
gerer Zeit auch Schwefelkies, neben einer
gesunden Agrar- und Forstwirtschaft.

Tour 11
UPPSALA – RÄTTVIK

0   15   30 km

© rau

Das Dalapferdchen, beliebt als Spielzeug und als Souvenir

Die Landschaft der bis an die norwegische Grenze reichenden Provinz wird geprägt von Wäldern, langen Flusstälern, z. B. dem des Dalälv, dem alten Lebensnerv der Region und nicht zuletzt von den vielen kleinen und großen Seen. Das Gebiet um den Siljasee, dem größten Gewässer hier mit den Städten Mora und Rättvik, war zumindest in früherer Zeit gewissermaßen das Zentrum Dalarnas.

Auf der Weiterfahrt passiert man die Stahlindustriestadt **Avesta**. Im 17. Jh. hatte Avesta die größte Prägeanstalt für Kupfermünzen im Königreich.

Man überquert den Dalälv, der in der Nähe des alten Lars-Hofes schöne Stromschnellen bildet und erreicht **Hedemora**.

Obwohl auch Hedemora heute ein moderner Industriestandort ist, hat es im Zentrum einige alte **historische Bauwerke** erhalten, darunter das Rathaus, das Alte Theater, die Alte Apotheke und eine Kirche aus dem 14. Jh. Die Kirche, die nach der Verleihung der Stadtrechte an Hedemora im Jahre 1446 erweitert wurde, besitzt ein mittelalterliches Triumphkreuz, Taufbecken und barocke Kanzel.

Kurz nach Hedemora Abzweig auf die Straße 266 in Richtung Falun.

Unterwegs lohnt nördlich des Dorfes **Fäggeby** ein kurzer Abstecher nach Westen zur etwa 4 km entfernten **Kirche Stora Skedvi**. Der Granitbau stammt aus dem 12. Jh. und zählt somit zu den ältesten Gotteshäusern in Dalarna. Das Innere ist reich mit Wandmalereien aus dem 16. Jh. versehen. Den barocken Altaraufbau ziert eine große Abendmahlszene.

Zurück zur Hauptstraße 266 und weiter Richtung Falun.

Nach etwa 10 km kann man nach **Vika Kyrkeby** am Runn See abzweigen **[N 60 31 26.9 E 15 44 09.5]** und die dortige **Kirche**, die um 1470 in ihrer heutigen Form vollendete worden ist, besichtigen.

Sehenswert im Kircheninneren sind vor allem die **Fresken** aus der Mitte des 16. Jh., deren Meister allerdings unbekannt ist. Die Motive, z. B. die unter der Orgelempore, befassen sich mit der Leidensgeschichte Christi. An der Nordwand des Kirchenschiffs erkennt man u. a. Szenen zur Taufe Jesu und im Gewölbe oben das Jüngste Gericht.

Die interessante Kanzel stammt aus dem 17. Jh. Darüber ist ein Kruzifix aus dem frühen Mittelalter zu sehen.

Von kunstgeschichtlicher Bedeutung sind vor allem auch die Wandmalereien im Altarraum, dann der geschnitzte, dreiteilige Altaraufsatz aus schwedischer Werkstatt aus dem ausgehenden 15. Jh. und die diversen Holzplastiken aus der gleichen Zeitperiode. Die Skulptur des heiligen Martin unterhalb der Orgelempore, die Marienstatue rechts in der Kapelle und die kleine Holzplastik in der Nische links vom Taufbecken stammen aus Lübecker Werkstätten aus der Zeit um 1490.

Falun, eine Stadt mit annähernd 50.000 Einwohnern, ist die „Kupferstadt" Schwedens. Das ergiebige **Kupferbergwerk Kopparberget [N 60 36 07.5 E 15 37 09.8]** hier hat Falun frühzeitig eine führende wirtschaftliche Rolle im Lande eingebracht und dazu geführt, dass die Stadt das administrative und kulturelle Zentrum in Dalarna wurde.

Kupfererz wird in Falun schon seit etwa 1.000 Jahren gefördert. Erstmals urkundlich erwähnt wird die Kupfergrube in einem Dokument aus dem Jahre 1288. Darin sicherte sich Bischof Peter von Västerås ein Achtel an der Grube.

Soweit reicht die Geschichte der Stadt allerdings nicht zurück. Sie erhielt erst 1641

Stadtrechte. Damals hatte Falun mehr als 6.000 Einwohner und war zweitgrößte Stadt im Königreich.

Das Kupfer aus den Minen von Falun war für ganz Schweden lange von größter Bedeutung. „Die Großmachtstellung des Landes im 17. Jh. basierte im Wesentlichen auf dem Export des Faluner Kupfers", liest man in einer Chronik der Stiftung Falun Koppargruva. Zeitweise kamen zwei Drittel der gesamten Weltproduktion aus der Faluner Grube. Mit mehr als 1.000 Arbeitsplätzen war sie während jener Zeit der größte industrielle Arbeitgeber.

Allerdings müssen die Lebensbedingungen im damaligen Falun und die Arbeitsbedingungen, unter denen das Erz gefördert und weiterverarbeitet wurde, überaus mühsam, hart und genauso umwelt- wie gesundheitsschädlich gewesen sein. In Berichten früher Reisender liest man über dunkle, stinkende Rauchwolken, die tagaus tagein über Falun waberten und schon weitem wahrgenommen werden konnten.

Im Laufe der Jahrhunderte wurden annähernd 25 Millionen Tonnen Kupfererz aus den weitverzweigten Schächten und Stollen geholt. Etwa seit Mitte des 19. Jh. sank die Nachfrage nach Falun-Kupfer. Heute werden in Falun hauptsächlich Schwefelkies (Pyrit), Blei und Zink gefördert.

Eines der Nebenprodukte der Kupfergewinnung ist die sog. Roterde. Sie ist Grundstoff für die im ganzen Lande bekannte Farbe „Falurot", mit der unzählige Holzhäuser gestrichen wurden und noch werden.

Heute stehen Falun und seine historische Kupfergrube **Kopparberget Falu Gruva** auf der UNESCO-Liste für Weltkulturerbe.

In den überaus interessanten Informationsunterlagen, die Falun über die Stadt und die Kupfergrube herausgibt , liest man auch von der schaurigen Geschichte des **versteinerten Bergarbeiters Fetter Mats**. Bei einem Grubenunglück im Jahre 1677 wurde der arme Mann verschüttet

und kam ums Leben. 40 Jahre später wurde der Leichnam wieder gefunden – unversehrt und durch gewisse Mineralien etc. perfekt konserviert. Aber niemand kannte den Mann mehr. Natürlich war das damals das Stadtgespräch schlechthin. Und als eine alte Frau dem Verunglückten die letzte Ehre erweisen wollte, soll sie erstaunt ausgerufen haben: „Das ist doch Mats, mein Verlobter!"

In einer multimedialen Animation, in der anschaulich über die Geschichte von Falun berichtet wird, können Sie auch den großen Grubeneinsturz von 1687 miterleben.

Am Zugang zur Grubenanlage am Ende der Gruvagatan finden Besucher einen großen **Parkplatz** und ein modernes **Informationszentrum** (www.kopparberget.com) mit interessanten Ausstellungen und einem Museumsshop. Und ebenfalls im Eingangsbereich liegt das **Gjuthuset**, das heute ein einladendes **Café** beherbergt.

Die Minenanlage ist für Besucher geöffnet: 1. Mai - 30. Sept. tgl. 10 - 17 Uhr im Juli bis 18 Uhr; 1. Okt. - 30. Apr. Mo – Fr 11 - 17 Uhr, Sa + So 11 - 16 Uhr. Eintritt. Separater Eintritt für Museum.

Auffallend auf dem Grubengelände ist die riesige, 100 m tiefe und über 300 m weite, kraterartige Erdvertiefung. Sie erinnert an den gewaltigen Tagebau, der bis ins 17 Jh. betrieben wurde und für den die Gruben von Falun bekannt waren. **Store Stöten** oder **„Große Pinge"** heißt diese Tagebaustelle, die 1687 einstürzte. Danach wurde begonnen im Untertagebau zu fördern. Einer der ersten Schächte die angelegt wurden war der 1662 vorgetriebene, 208 m tiefe **Creutz-Schacht**.

Die Erzgrube von Falun

Wenn man auf der **Aussichtsplattform** über der Tagebaugrube steht, sieht man links einen mehrfach gestuften roten Holzturm. Er steht direkt über dem Creutz-Schacht. In der Turmspitze hängt eine Glocke, die von einem Mechanismus für die Grubenentwässerung zum Schlagen gebracht wurde. Verstummte die Glocke wusste man, dass mit der Grubenentwässerung etwas nicht stimmte und rasch für Abhilfe gesorgt werden musste.

Das Gebäude hinter dem Turm beherbergt eine riesiges Wasserrad, 14 m im Durchmesser, das die Pumpen im Creutz-Schacht antrieb.

Weiter im Hintergrund sieht man einen markanten viereckigen roten Turm, den sog. **Oscars lave**. Der 42 m hohe Turm wurde erst 1970 über dem Oscar-Schacht errichtet. Der Oscar-Schacht ist 440 m tief und war von 1903 bis 1992, als er geschlossen wurde, der wichtigste Schacht der Kupfergrube.

Der Creutz-Schacht wird auch auf den Führungen durch die alten Kupferminen besichtigt. In den Gruben bekommt man u. a. auch Einblick in die alten Abbaumethoden mittels Holzfeuer, Keil und Hammer und in die harten Arbeitsbedingungen der Bergleute in früheren Tagen.

Nehmen Sie auf die einstündigen Führungen möglichst Gummistiefel und warme Kleidung mit. Untertage ist es hier kaum wärmer als 5° Celsius. Die Grubeneinfahrt liegt unmittelbar vor dem Museumsgebäude im sog. **Anfarten**, einem Gebäude aus dem Jahre 1812, das einst für die Minenarbeiter der Haupteingang in die Stollen war.

Sehr sehenswert ist auch des **Bergwerksmuseum** der Falu Koppargruva unmittelbar auf dem Grubengelände. U. a. sieht man Modelle, Pläne und Gerätschaften der Bergbauindustrie, eine Mineralien- und eine umfangreiche Münzsammlung.

Vom Charakter der alten **Bergarbeiterstadt Falun** – in der es bis 1747 nur zwei in Stein errichte Gebäude gab, das Rathaus und die Kristinenkirche, die restlichen 1.073 Bauten waren teils überaus kleine, einfache Holzhäuser – ist nicht mehr viel übrig. Auch ist die Zeit vorbei, aus der Reisende über Falun berichteten „der äußere, erste Eindruck ist trostlos". Nach mehreren verheerenden Brandkatastrophen, die letzte vernichtete 1847 im Stadtteil Östanfors ganze Straßenzüge, wurde mit Beginn des 20. Jahrhunderts damit begonnen, das Stadtzentrum zu sanieren. Ein Reihe großer Steingebäude entstand.

Einige alte Holzhausensembles sind allerdings noch erhalten, z. B. im alten Bergmannsviertel **Elsborg**, das südlich der Gruvgatan zwischen Stadtzentrum und dem Bergwerk liegt. Die Häuser hier wurden im 17. Jh. auf den Schlackenhalden der Grube errichtet.

Gut erhalten und recht typisch für das alte Bergmannsmilieu sind z. B. der **Karlströmska gården**, ein aus dem 18. Jh. erhaltener Bergmanns-Hof an der Gruvgatan, dann der alte **Elsberg-Hof,** Ecke Bergshauptmannsgatan und Engelbrektsgatan, der aufgrund seines ungewöhnlichen Turms auch **„Elsbergs slott"** genannt wird, dann die **Bult Karl-Eriks stuga**, eine winzige Bergmannskate in der Bondegatan und schließlich das Geburtshaus des schwedischen Revuekönigs Ernst Rolf in der Styraregatan 28. Die Häuser Nr. 34 bis 36 in der gleichen Straße sind weitere typische Grubenarbeiter-Häuschen. Alle genannten Gebäude sind in Privatbesitz und – mit Ausnahme des Ernst-Rolf-Hauses – nicht zu besichtigen! Generell sollt man bei einem Bummel durch Falun daran denken, dass man nicht durch ein Freilichtmuseum spaziert, sonder durch eine ganz normal bewohnt Stadt. Etwas Zurückhaltung und Achtung vor der Privatsphäre der Bewohner ist angebracht.

In zwei weiteren Stadtvierteln – **Gamla Herrgården** am Westrand der Stadt und **Östanfors** am Nordrand – sind weitere historische Holzbauwerke erhalten geblieben.

Wer sich intensiv mit den Holzbauwerken in Falun beschäftigen will, dem sei das Heft „Die Stadt der gezimmerten Häuser" empfohlen, das im Touristenbüro zu bekommen ist.

Am Ostrand von Östanfors findet man auch das wahrscheinlich älteste Bauwerk Faluns, die **Stora Kopparberg Kirche**. Teile stammen aus dem 14. Jh.

Zu den Sehenswürdigkeiten im neuen Stadtzentrum zählt – neben **Thunströms köpmansgård** in der Slaggatan 31, einem stattlichen alten Ladengeschäft aus dem frühen 19. Jh., im Sommer Museum und Café – die **Kristinenkirche** (geöffnet tgl.

10 - 16, im Sommer bis 18 Uhr) am Stora Torget aus der Mitte des 17. Jh. Bemerkenswert sind der Altaraufsatz und die Kanzel von Evert Friis, ein vergoldeter Leuchter, den König Karl X. Gustav stiftete und die Orgeln.

Einen Besuch lohnt auch im **Dalarna Museum** in der Stigaregatan 2 – 4 *(geöffnet Di - Fr 10 - 17 Uhr, Sa + So 12 - 17 Uhr).* Das Regionalmuseum informiert sehr anschaulich und in zeitgemäßer Form über die Kulturgeschichte Dalarnas. Bemerkenswert sind die Sammlungen von Trachten, Dala-Malerei, Kupferschmiedekunst und Folkloreinstrumenten.

Im Museum wurde des Faluner Arbeitszimmer der Schriftstellerin *Selma Lagerlöf* originalgetreu wieder aufgebaut. Seit 1897 wohnte Selma Lagerlöf in Falun und besaß bis zu ihrem Tode 1940 ein Stadthaus im Villavägen. Hier schrieb die Nobelpreisträgerin große Teile ihrer Bücher „Jerusalem" und „Nils Holgerssons wunderbare Reise". Das Haus wurde 1968 zwar abgerissen, das Arbeitszimmer aber in das Museum integriert.

Etwa 6 km östlich von Falun liegt beim **Gutshof Sveden Linnès bröllopsstuga**, das sog. **Hochzeitshäuschen** *(geöffnet 13. Juni - 13. Aug. Di - So 11 - 17 Uhr; Eintritt).* Carl von Linné, Schwedens großer Botaniker, feierte hier im Juni 1739 seine Hochzeit mit Sara Elisabeth Morea. Beachtenswert sind die Wandmalereien im Gästeraum.

In Falun wurde am 28. Mai 1853 *Carl Larsson* geboren, einer der großen Maler und Zeichner Schwedens (gest. 22. 1. 1919). Später ließ sich der Künstler in **Sundborn** etwa 15 km nordöstlich Falun nieder. Sein

Wohnhaus **Carl Larssongården** kann man besichtigen *(geöffnet 1. Mai - 30. Sept. tgl. 10 - 17 Uhr; Eintritt).* Über dem Eingang des Hauses steht der hübsche Spruch „Var välkommen kära Du till Carl Larsson och hans fru" (etwa: Sei willkommen, Du Lieber, bei Carl Larsson und seiner Frau).

Weiter nördlich des Carslon-Hauses kann man im Kyrkvägen die **Carls Larsson porträttsamling** *(geöffnet 12. Juni - 13. Aug. tgl. 11 - 17 Uhr. Eintritt),* eine größere Sammlung von Larssongemälden besichtigen.

In der Kirche des Ortes sieht man ebenfalls Arbeiten des Künstlers.

Ebenfalls in Sundborn ist **Stora Hyttnäs** *(geöffnet 15. Juni - 15. Aug. tgl. 12 - 15.30 Uhr, im Juli 11 - 16.30 Uhr; Eintritt)* zu besichtigen, ursprünglich ein Gutshof aus dem 16. Jh. der im Laufe der Jahrhunderte aber immer mehr zu großbürgerlichen Wohnsitz wurde (elegante Salons, große Bibliothek), in dem auch Karin und Carl Larsson gerne verkehrten.

ROUTE: *Der weitere Verlauf unserer Route führt von Falun über die Straße 50 südwärts nach* **Borlänge**.

Unterwegs nach Borlänge kann man ostwärts nach **Ornäs** zur **Ornässtugan** abzweigen. Dieses im 15. Jh. aus Baumstämmen, die teilweise aus dem 10. Jh. stammen, errichtete Bauernhaus, gilt als eines der ältesten erhaltenen Holzhäuser der Welt. Bemerkenswert ist der „loftgång" (Laubengang) im oberen Stockwerk und die Deck dort aus dem 11. Jh.

Das Haus liegt sehr schön oberhalb des Runnsees und man erzählt sich, dass Gustav Vasa seinerzeit den Dänen durch die Toilette des Hauses entkommen konnte.

Borlänge (ca. 46.000 Einwohner) entwickelte sich eigentlich erst nach 1870, nachdem der Ort Bahnanschluss und eine Eisenhütte erhalten hatte, zu einem Industrie- und Handelszentrum mit namhaften Stahl-, Papier- und Holzfabriken und metallverarbeitenden Betrieben.

Zu den Sehenswürdigkeiten der Stadt zählt das interessante **Geologische Museum** (geöffnet 1. 6. – 15. 8. tgl. 11 – 17 Uhr, sonst 14 – 17 Uhr) mit über 5.000 Mineralien und Edelsteinen verschiedener Art aus aller Welt.

Einen Besuch lohnt auch das Freilichtmuseum **Gammelgården,** das sog. „Handwerkerdorf", mit etwa 30 alten Holzbauwerken und Gehöften und einem Museum über den Tenor *Jussi Björling*.

Schließlich kann man dem **Zukunftsmuseum** (geöffnet tgl. 10 – 17, Do. bis 21 Uhr) einen Besuch abstatten. Das Museum präsentiert populärwissenschaftliche Ausstellungen und einem Überblick der technischen und industriellen Entwicklung Dalarnas vom 17. Jh. über die Gegenwart bis in die Zukunft. Planetarium.

Wenige Kilometer südöstlich von Borlänge liegt an der Straße 70 die für die schwedische Kirchengeschichte bedeutende **Kirche Stora Tuna**. Mitte des 15. Jh. wurde sie in der Absicht errichtet, dem unter Gustav Vasa neu geschaffenen, von Västerås getrennten Bistum Tuna eine Domkirche zu bauen.

Zu den ältesten Kirchenschätzen zählen das fast 6 m hohe, geschnitzte, bemalte und vergoldete **Triumphkreuz** im Chor aus dem späten 15. Jh. und der **Taufstein** aus uppländischem Kalkstein aus dem frühen 16. Jh. Die Kanzel wurde Mitte des 18. Jh. in der Stockholmer Werkstatt des Hofbildhauers Johan Ljung geschaffen. Etwa aus der gleichen Zeit stammt das monumentale Altargemälde, das die Kreuzigungsszene zeigt.

Nur ein paar Kilometer weiter östlich liegt am Dalälv die **Kirche von Torsång**. Der schlichte Bau aus Naturstein mit separatem, freistehendem Glockenturm stammt aus dem 14. Jh. und zählt zu den ältesten Sakralbauwerken in Dalarna. Beachtung verdienen das Gewölbe und die Kanzel aus dem frühen 17. Jh.

Wenn man den Abstecher nach Torsång unternimmt, sollte man neben der Kirche auch das **Motormuseum** (geöffnet Jul. + Aug. täglich, sonst nur am Wochenende 12 bis 18 Uhr) mit alten Motorrädern, Autos, Emailleschildern und Spielzeug besichtigen.

Nicht ganz einfach zu finden ist der **Aussichtsturm** auf dem 291 m hohen **Rösåsens**. Bei ausreichend zur Verfügung stehender Zeit und bei schönem Wetter aber lohnt der kleine Ausflug durchaus. Man hat eine weite Aussicht „über 16 Kirchspiele". Am besten fährt man von Torång auf der Landstraße nach Südosten Richtung Milsbo. Unterwegs zweigt ein kleiner Weg zu einem 2,5 km entfernten Parkplatz ab. Von hier noch etwa 500 m Fußweg.

ROUTE: Die Weiterfahrt von Borlänge über die Straße 70 über **Djurås** und **Leksand**

führt teils am Dalälv, später in der Nähe des Ostufers des Siljasees entlang und ist landschaftlich recht reizvoll.

In **Leksand**, einem beliebten Ferienort an einem Südausläufer des Siljasees, kann man zum **Freilichtmuseum „Hembygdsgård"** am westlichen Ortsrand abzweigen. Etwa 20 kleinere und größere Holz-

Folklore in Dalarna, ein fester Bestandteil im Kulturleben der Region

bauwerke, alte Gehöfte, Speicher, Scheunen und Wohnhäuser aus der Region um den Siljasee sind hier aufgebaut. Ein Fußweg führt durch das Freilichtmuseum zu einer kleinen Aussichtsplattform mit Blick auf den Siljasee.

Neben dem Eingang zum Freilichtmuseum liegt oberhalb des Sees eine mit Zwiebeltürmchen nach russischen Vorbild geschmückte **Kirche**. Sie stammt ursprünglich aus dem 15. Jh., erhielt aber erst zu Anfang des 18. Jh. nach Umbauten und Erweiterungen ihr heutiges Aussehen. Reiches barockes Interieur.

Bei Restaurierungsarbeiten 1971 entdeckte man unter dem Hauptportal Grabreste aus der späten Wikingerzeit. Daraus wird geschlossen, dass dieser Ort schon sehr früh eine wichtige Kultstätte war.

Alte Bräuche werden in Leksand noch heute mit Hingabe gepflegt. Bunte Trachten sieht man vor allem zum Mittsommerfest und auch am ersten Sonntag im Juli zum **Fest der Kirchboote**. Dann lebt noch einmal der alte Brauch aus der Zeit auf, als die Kirchgänger aus den Gehöften um den Siljasee mit ihren Booten zur Messe kamen. In dieser Zeit wird in Leksand das Freilichtspiel *„Himlaspel"* (Himmelsspiel) aufgeführt, ein

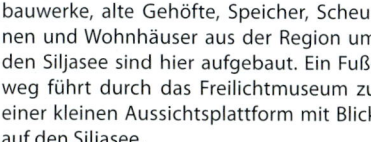

PRAKTISCHE HINWEISE – LEKSAND

Telefonvorwahl: 02 47
Siljan Turism Leksand [N 60 44 00.3   E 15 00 09.2], Järnvägsstationen, 793 22 Leksand, Tel. 8 03 00.
Feste, Folklore: **Fest der Kirchboote**, am ersten Sonntag im Juli.

HOTELS

Korstäppen, 34 Zi., Hjortnäsvägen 33, Tel. 12 310, www.korstappan.se; Restaurant, Parkmöglichkeit. – Und andere Hotels.

CAMPING

Leksand Camping **** [N 60° 45′ 0″ E 14° 58′ 23°], Siljansvägen 61, Tel. 13 800, www.leksandstrand.se; Jan. – Dez.; Zufahrt von der Straße 70 bei Leksand S Richtung Tällberg beschildert; ansprechend auf zum Siljasee geneigte Wiesen gelegen; ca. 2 ha – 100 Stpl.; Standardausstattung; Laden, Imbiss, Boots- und Fahrradverleih. Miethütten. **Quick Stop**.
Västanvikbadet Camping Leksand [N 60 44 10.0 E 15 00 24.0], Siljansvägen 130, Tel. 34 201, www.vastanviksbadetscamping.se; Zufahrt von der Straße 70 Ausfahrt Leksand S und noch ca. 3 km westwärts, beschildert; Wiese am Westufer des Siljasees; Standardausstattung; Imbiss, Fahrrad- und Bootsverleih. Sandstrand. 12 Miethütten. **V & E für Wohnmobile**.

Mysterienspiel, in dem lokale Mythen und Legenden verarbeitet sind.

Auf der Weiterfahrt nach Rättvik empfiehlt es sich, nicht der Hauptstraße 70, sondern lieber der kleinen Landstraße Richtung Tällberg zu folgen. Sie führt näher am Siljasee entlang und bietet gelegentlich schöne Landschaftsbilder. Es ist eine sehr lohnende Fahrt von Leksand über Tällberg bis Kullsbjörken!

Wen's interessiert, der sollte sich im idyllischen **Hjortnäs** mit seinen hübschen, roten Holzhäusern das **Tennfigur Museum** (Zinnfigurenmuseum) ansehen.

Nicht weniger idyllisch zeigen sich die Orte **Tällberg, Laknäs** und **Östanhol**. Sie alle haben ihr altertümliches Erscheinungsbild erhalten. Die in Falun-Rot gehaltenen Holzhäuser mit gepflegten, bis an die Haustür reichenden Rasen und den Staketzäunen vermitteln eine ungetrübte Dorfidylle. Kein gepflasterter Vorhof stört das Bild. Beton scheint hier ein Fremdwort zu sein.

Bei Östanhol erreicht die Straße endlich das Seeufer und stößt hinter Kullsbjöken wieder auf die Straße 70, die schließlich nach Rättvik führt.

Das schmucke, sehr ansprechend am Siljasee gelegene Städtchen **Rättvik [N 60 53 06.6 E 15 06 56.9]** wird vor allem von Winterurlaubern aufgesucht. Die schöne Lage am See, umgeben von weiten Wäldern, lockt aber auch immer mehr Gäste im Sommer.

Zu den Sehenswürdigkeiten der 4.500-Seelen-Gemeinde zählt in erster Linie die **Kirche von Rättvik** am See. Sie wurde zwar vor etwa zwanzig Jahren vollständig restauriert, ihre Ursprünge aber gehen zurück bis ins 13. Jh. Ein Madonnenbildnis, Statuen des hl. Stefan und des hl. Olof, ein Triumphkreuz und die Deckenbemalung zählen zu den bemerkenswerten mittelalterlichen Kunstschätzen der Kirche. Der Altaraufsatz hingegen stammt aus dem 18. Jh.

Ganz in der Nähe der Kirche findet sich der historische „Wasastein". Der Überlieferung nach hat Gustav Vasa an dieser Stelle auf seiner Flucht vor den Dänen im Winter 1520 durch eine mitreißende, patriotische Rede an die Bauern der Region deren Unterstützung im Kampf gegen die Dänen gewonnen, die bis dahin folglich keineswegs gesichert gewesen sein dürfte.

Zu besichtigen ist außerdem das **Freilichtmuseum** unweit der Kirche.

PRAKTISCHE HINWEISE – RÄTTVIK

Telefonvorwahl: 02 48
Siljan Turism Rättvik [N 60 53 06.6 E 15 06 56.9], Stationshuset, 795 22 Rättvik, Tel. 7 02 00.

HOTELS

Gärdebygården, 50 Zi. **, Hol Daniels väg 8, Tel. 1 00 07, Fax 1 02 57, Restaurant, Sauna, Parkmöglichkeit.
Vidablick på Hantverksbyn, 37 Zi. ***, Tel. 3 02 50, Fax 3 06 60, Restaurant, Parkmöglichkeit. – Und andere Hotels.

CAMPING

Rättviksparken Camping ****, Furudalsvägen, Tel. 56 111, www.camping.se/w07, 1. Jan. – 31. Dez.; im nordöstl. Ortsbereich; Wiesengelände in einem Birkenwäldchen und an einem Flussarm; ca. 10 ha – 200 Stpl. + zahlr. Dau.; Standardausstattung; Laden; Schwimmbad; 30 Miethütten. In der Nähe Jugendherberge, Freizeiteinrichtungen, Restaurant.
Siljansbadet Camping *** **[N 60 53 23.5 E 15 06 38.0]**, Strandvägen 1, Tel. 51 691, www.siljansbadet.com; 30. Apr. – 30. Sept.; schöner Platz am Ortsrand von Rättvik zwischen Straße 70 (Borlänge - Mora) und See, teils im lichten Föhrenwäldchen, teils auf freier Wiese, an weiter Bucht des Siljansees mit Sand- und Grasstrand; ca. 5 ha – 270 Stpl. + 40 Dau.; Standardausstattung; Restaurant, Imbiss, Laden, Reitstall, Strandbad; 65 Miethütten.

V & E für Wohnmobile.

RÄTTVIK – ÖSTERSUND

Länge der Tour: Rund 460 km.

Strecke: Über die Straße 70 und über **Mora, Älvdalen** und **Särna** bis **Älvros** – Straße 311 bis **Tännäs** – Straße 84 bis **Hedeviken** – Straßen 315 und 316 über **Vemdalen** und **Klövsjö** bis **Åsarna** – Straße 45 bis **Brunflo** – Straße E14 bis **Östersund**.

Empfohlene Reisedauer: Mindestens ein Tag.

Reisehöhepunkte auf dieser Tour: Die **Gammelkyrka von Särna** – eine Wanderung zu Schwedens höchstem **Wasserfall Njupeskär *** – das **Landesmuseum in Östersund ***.

ROUTE: Weiterreise von Rättvik auf der Straße 70 nordwestwärts über Mora, Älvdalen und Särna bis Älvros.

Ca. 12 km südlich von Mora liegt 4 km abseits der Straße 70 der ‚Geburtsort' der Dalapferdchen, der Ort **Nusnäs [N 60° 57' 40.7" E 14° 39' 05.8"]**.

Seit 1922 werden in dem kleinen Ort die roten, mit dem traditionellen „krusad" (gekräuselten) Kürbisblumenmuster bemalten Holzpferdchen hergestellt. 1939 waren Dalapferdchen aus Nusnäs auf der New Yorker Weltausstellung zu sehen. Von nun an begann ihr Siegeszug von der Provinz Dalarna hinaus in alle Welt. Heute ist das Motiv des Dalapferdes eines der Wahrzeichen für Schweden.

Selbst heute, in unserer computergesteuerten Welt, ist bei der Herstellung der Dalapferdchen noch vieles Handarbeit. Und alle sind sie handbemalt. Die Künstlerin Birgit Johansson z. B. (siehe Foto nächste Seite) hat in 45 Jahren nicht weniger als eine halbe Million Dalapferde bemalt.

Man kann die **Werkstätten besichtigen** und den Schnitzern, Malerinnen, Lackierern und Handwerkern bei der Arbeit zusehen *(geöffnet 15. Juni - 15. Aug. Mo - Fr 9 - 18 Uhr, Sa + So 9 - 16 Uhr; 16. Aug. - 14. Juni Mo - Fr 8 - 16 Uhr, Sa 10 - 13 Uhr; www. grannas.com)*. Und natürlich gibt es einen großen Souvenirshop, ein Café und ausreichend Parkplätze. Beste Gelegenheit also, sich hier ein wirklich typisches schwedisches Mitbringsel zu besorgen.

Mora [N 61° 00' 26.7" E 14° 32' 40.6"] liegt knapp 40 km nordöstlich von Rättvik am Nordufer des reizvollen Siljasees an der Mündung des Österdalälven. Die Stadt mit

Die Künstlerin Birgit Johansson bei der Arbeit an einem sehr seltenen, nämlich flachen Exemplar von Dalapferdchen in ihrem Atelier bei Grannas A Olsson Hemslöjd AB

annähernd 18.000 Einwohnern und viel Kleinindustrie ist eng mit Schwedens Geschichte und mit den Autonomiebestrebungen Gustav Vasas verbunden.

Zu den Sehenswürdigkeiten in Mora zählt u. a. die **Kirche** aus dem 14. Jh. mit einem freistehenden Glockenturm. Der Turm und die hohe Decke im Kircheninneren sollen 1673 von Jean de la Vallé entworfen worden sein.

Nicht weit von der markanten Kirche entfernt findet man das **Zieltor** des legendären Vasalaufes und das in einem modernen Gebäude untergebrachte **Vasaloppsmuseet, das Vasalaufmuseum** *(geöffnet 16. Juni - 15. Aug. tgl. 10 - 17 Uhr, 16. Aug. - 15. Juni Mo - Fr 10 - 17 Uhr; Eintritt).* Besucher des Museums werden mit einer Heidelbeersuppe verköstigt, bevor sie sich die Ausstellungen ansehen, darunter Fotos und Erinnerungsstücke an berühmte Läufer, wie Nils Karlsson, den Eingeweihte besser als „Mora Nisse" kennen und der den Vasalauf nicht weniger als neun Mal gewonnen hat. Sehr eindrucksvoll und informativ ist der 35-minütige Film über den Vasalauf von 1973.

In unmittelbarer Nähe des Museums steht auf einem kleinen Hügel an der Hauptstraße ein **Gustav Vasa Denkmal**. Die Vasastatue wurde vom Maler und Bildhauer Andres Zorn geschaffen hat. *Anders Zorn,*

einer der bedeutendsten schwedischen Maler, war 1860 in Mora geboren worden und lebte hier von 1896 bis zu seinem Tode im Jahre 1920. Er ist auf dem Friedhof von Mora begraben.

Zorn machte sich einen Namen vor allem als Porträt- und Aktmaler. Darüber hinaus betätigte sich der Künstler als engagierter Kunstsammler.

Sein nobel eingerichtetes Wohnhaus **Zorngården** *(geöffnet 15. Mai - 14. Sept. Mo - Sa 10 - 16 Uhr, So 11 - 16 Uhr, Winterhalbjahr kürzer; Eintritt; Führungen obligatorisch)* aus dem Ende des 19. Jh. neben der schon erwähnten Kirche, sowie das **Zornmuseum** *(15. Mai - 14. Sept. Mo - Sa 9 - 17 Uhr, So 11 - 17 Uhr, Winterhalbjahr kürzer; Eintritt)* daneben sind zu besichtigen. Zorns Ehefrau Emma ist es zu verdanken, dass Zorns Werke und seine Kunstsammlung, darunter auch schwedische Volkskunst, 1939 im Museum zusammengetragen und der Öffentlichkeit zugänglich gemacht wurde.

Ein gutes Stück weiter südlich liegt in der Nähe des Seeufers das **Freilichtmuseum Zorns Gammlegården och Textilkammare** *(geöffnet 15. Juni - 31. Aug. tgl. 12 - 17 Uhr, übrige Zeit kürzer; Eintritt)*, mit 40 schönen, von Anders Zorn zusammengetragenen Bauernhöfen und alten Holzhäusern aus Dalarna und Mora. Die ältesten stammen aus dem 14. Jh. Zum Museum gehört

PRAKTISCHE HINWEISE – MORA

Telefonvorwahl: 02 50
Siljan Turism Mora, Ångbåtskajen, 79280 Mora, Tel. 26 000.

HOTELS

First Hotel Mora, 140 Zi. *****, Strandgatan 12, Tel. 7 17 50, Fax 1 89 81, Restaurant, Bar, Sauna, Schwimmbad, Garage, Parkplatz. – U. a.

CAMPING

Mora Park & Camping **** [N 61° 0′ 31″ E 14° 31′ 54″], Parkvägen 1, Tel. 27 600, www.moraparken.se; Jan. – Dez.; am nordwestlichen Ortsrand unweit der Kirche; Wiesen- und Waldgelände am See; ca. 18 ha – 350 Stpl.; Standardausstattung; Laden; 66 Miethütten. Restaurant, Hallenbad und Badestrand ca. 300 m entfernt. **V & E für Wohnmobile.**

auch eine bemerkenswerte Sammlung alter Textilien.

Ebenfalls besichtigen kann man den Keller, in dem sich Gustav Vasa vor seiner Flucht angeblich versteckt hielt.

Und wer sich sehr für das Leben Anders Zorns interessiert, wird sich sicher auch **Gopsmor**, Zorns Sommeratelier in einem alten Blockhaus, das sich der Maler 1904 errichten ließ, ansehen wollen. Gopsmor liegt im Tal des Dalälven etwa 20 km nördlich von Mora.

Wenn Sie sich länger in Mora aufhalten können, empfiehlt sich ein **Bootsausflug auf dem Siljasee**. Zwischen 10. Juni und 13. August verkehrt z. B. der Nostalgiedampfer M/S Gustav Vasa zwischen Mora und Leksand.

Und falls Ihnen der Sinn nach einer längeren Wanderung steht, machen Sie sich auf den Weg zu einer drei- bis fünftägigen Wanderung auf dem Vasaloppsleden von Mora über Evertsberg nach Sälen. Wie nicht schwer zu erraten ist, folgt der Weg im Wesentlichen dem Verlauf des legendären Langlaufrennens, des Vasalaufs.

ROUTE: Auf der Weiterfahrt in nordwestlicher Richtung bleiben wir auf der Straße 70 und erreichen nach 38 km **Älvdalen**.

Wesentlich kürzer und schneller ist der Weg ab Mora nach Östersund über die Straße 45!

Gleich am Beginn des Städtchens **Älvdalen [N 61° 13′ 33.1″ E 14° 02′ 32.9″]** (knapp 9.000 Einw.) steht die sehenswerte **Kirche** aus dem 15. bzw. 17. Jh. mit ihrem wunderschönen, freundlichen Innenraum. Wenn man das Kircheninnere betritt, sieht man gleich neben dem Portal zwei **Porphyrsäulen**. Acht weitere Porphyrsäulen rahmen das Altarhalbrund ein. Das **Triumphkreuz** dort stammt aus dem 15. Jh. Links vom Altar sieht man neben der Kanzel einen **Hochzeitsstuhl**, eher einer unscheinbaren Bank gleichend, aus dem 17. Jh. Damals war es Brauch, dass Trauungen nur während des Sonntagsgottesdienstes stattfanden. Die Brautleute saßen auf dem drehbaren Hochzeitsstuhl und blickten vor der Vermählung zum Altar, danach zur Kirchengemeinde.

Rechts neben dem Hochzeitsstuhl sieht man ein Porträtgemälde, das den Gemeindegeistlichen Daniel Buskovius darstellt. Der Kaplan führte im März 1644 auf Ge-

Mora, Zieltor des legendären Vasalaufs

Ursprung des legendären Vasalaufs

Gustav Vasa hatte in den Jahren vor 1520 erhebliche Schwierigkeiten, die maßgeblichen und einflussreichen Großbauern und Adeligen in Dalarna im Kampf gegen die Dänen auf seine Seite zu bringen.

Auf seiner legendären Flucht vor den damals im Lande herrschenden dänischen Truppen versuchte Gustav Vasa in Mora in einem letzten Appell die Schweden zum Widerstand zu bewegen. Die Resonanz war so kläglich, dass sich der spätere König gezwungen sah, auf Skiern und in letzter Minute aus einem Keller in Mora in Richtung Norwegen zu fliehen. Warum es sich die Bürger von Mora wenig später anders überlegten ist nicht mehr ganz zu klären. Sicher ist, dass sich ein Trupp auf den Weg machte, um Gustav Vasa einzuholen und ihn der Unterstützung durch die Bauern von Dalarna zu versichern. In **Sälen**, kurz vor der norwegischen Grenze, wurde er eingeholt und dazu bewogen, die Schweden im Befreiungskampf gegen die Dänen zu führen. Es heißt, Gustav Vasa sei daraufhin in einer bis dahin noch nie vorgelegten Zeit nach Mora zurückgeeilt.

Gustav Vasa Denkmal, Mora

Heute noch erinnert der weit über die Grenzen Schwedens hinaus bekannte „**Vasaloppet**", der **Vasalauf**, an diese historische Begebenheit.

Jedes Jahr am ersten Sonntag im März wird dieses gigantische, 85 km lange Schilanglauf-Wettrennen, das längste der Welt, durchgeführt. Ausgangspunkt ist Sälen, Zielpunkt Mora. Und nicht selten nehmen mehr als 8.000 Langläufer aller Altersstufen teil.

heiß von Königin Kristina einen Feldzug gegen Norwegen an, bei dem Särna, Särnaheden und Idre für Schweden gewonnen wurden.

Rechts vom Altar steht der Taufstein aus dem 15. oder 16. Jh. Bemerkenswert sind außerdem das Deckengewölbe mit Stuckverzierungen, die Kirchenleuchter und schließlich das ehemalige Altargemälde, das heute an der rechten Kirchenwand hängt. Es stammt aus dem 18. Jh., stellt „Jesus in Gethsemane" dar und ist eine Arbeit des schwedischen Malers Erik Hallblad.

Die Gemeinde Älvdalen ist bekannt für die reichen Porphyrvorkommen auf ihrer Gemarkung. Es ist das größte Porphyrgebiet in ganz Schweden.

König Karl XVI. Johans Sarkophag wurde aus Älvdalenporphyr gefertigt. Acht Jahre wurde daran gearbeitet.

1890 nahm man das *Neue Prophyrwerk* in Betrieb, das im Sommer auf Führungen besichtigt werden kann.

Älvdals Porphyrmuseum *(geöffnet Di - Fr 12 - 17 Uhr, Sa + So 13 - 17 Uhr)* im Zentrum der Stadt hinter dem neuen Hotel Älvdalen wurde 1988 in Anwesenheit von König Carl XVI. Gustav eingeweiht. Neben einer umfangreichen Porphyrsammlung gibt es eine Sonderabteilung mit Hagström-Gitarren und Akkordeons. Diavorführung.

3 km nördlich von Älvdalen liegt rechts oberhalb der Straße 70 die alte Grenzbefestigung „**Rots Skans**" [N 61° 15' 26.8" E 14° 01' 39.4"]. Die Schanzanlage wurde 1677, zu Zeiten als Särna, Jämtland oder Harjedalen noch zu Norwegen gehörten, als Grenzwall angelegt. Besichtigen kann man hier in einem alten Gehöft das **Heimatmuseum** mit einer historischen Fotosammlung.

Bei längerem Aufenthalt lohnt eine **Fahrt mit der Seilbahn** auf den 463 m hohen **Väsaberget** mit schönem Panoramablick, oder eine **Wanderung** auf den 590 m hohen **Hyckieberg** nordöstlich der Stadt, der für den Interessierten eine überaus bemerkenswerte Flora, die schon Carl von Linné bewunderte, bereithält.

Wer längere Wanderungen unternehmen will, fährt etwa 30 km nach Norden ins **Navardalen**. Die Hütten dort mit 12 Schlafplätzen und Selbstversorgerküche sind Ausgangspunkt mehrerer markierter Wanderwege und Loipen.

ROUTE: *Weiterfahrt auf der Straße 70, die früher auch „Kopparleden" (Kupferweg) oder „Stockholm-Trondheimleden" genannt wurde, über* **Åsen** *und* **Särna** *bis* **Älvros***. In Älvros verlassen wir die Straße 70 und folgen der Straße 311 nordwärts bis ins rund 90 km entfernte* **Tännäs** *an der Straße 84.*

Hinter Älvdalen beginnt eine landschaftlich schöne Fahrt durch das Österdal. Man passiert die Kraftwerk-Staumauer von Åsen. Die Mauer staut hier den Österdalälven zu einem schmalen, langen See, der seit 1960 eine einst wilde Schlucht füllt.

Man erreicht **Särna [N 61° 41' 36.3" E 13° 08' 29.2"]** (*Särna Camping* ******, ganzjährig, neben dem Touristenamt, 9 Miethütten), einen kleinen, schön am Trängsletsee gelegenen Ort mit zwei interessanten Kirchen.

Sehenswert ist vor allem die **Gammelkyrka**, eines der ältesten Kirchenbauwerke in Dalarna. Die Holzkirche aus dem 17. Jh. mit einem schindelverkleideten Viereckturm erinnert in ihrer Art etwas an norwegische Stabkirchen.

Nach der Eroberung des ehemals norwegischen Gebiets hier im März 1644 wurde der Bau der Kirche beschlossen. Bei umfassenden Restaurierungsarbeiten ausgangs

des 19. Jh. verschwanden leider auch die alten Apostelbilder aus dem 18. Jh. Die Motive mit den 12 Aposteln an der Empore und an den Wänden, die heute zu sehen sind, stammen aus der Mitte des 19. Jh.

Nachdem man sich 1881 dazu entschlossen hatte die neue Kirche etwa 100 m oberhalb der alten zu bauen, wurde die Gammelkyrka dem Verfall preisgegeben und erst 1953 durch eine Restaurierungsaktion vor dem endgültigen Ruin bewahrt.

Das Gebiet um Särna bietet ausgezeichnete Möglichkeiten zu ausgedehnten **Wanderungen**, u. a. im Naturreservat um **Schwedens höchsten Wasserfall**, den **Njupeskär**, mit einer Fallhöhe von annähernd 100 m, gut 20 km westlich von Särna.

Auf der Weiterfahrt nordwärts passiert man das **Informationszentrum und Waldmuseum ‚Lomkällan' [N 61° 41' 36.9" E 13° 04' 34.4"],** das Auskunft gibt über die Waldregion und den Fulufjället Nationalpark. Rastplatz mit Gasthaus.

Ab **Älvros** zweigt die Straße 70 nach Westen zur norwegischen Grenze ab.

Unsere Route aber führt über die Straße 311 weiter nordwärts durch eine menschenleer anmutende, tundraähnliche Waldlandschaft über **Sörvattnet** und **Högvålen [N 62° 15' 31.5" E 12° 56' 24.0"]**, Schwedens höchstgelegenem Dorf (840 m), nach **Tännäs [N 62° 26' 33.5" E 12° 40' 48.3"]**, einem Wintersportort, der bereits in der **Provinz Jämtland** liegt. Noch Mitte Juni können hier Schneereste den Weg säumen. Die 311 ist teilweise in recht schlechtem Zustand.

Jämtland gehörte bis zum Frieden von Brömsebro im Jahre 1645 zu Norwegen.

PRAKTISCHE HINWEISE – ÄLVDALEN

Telefonvorwahl: 02 51
Älvdalens Turistbyrå, Dalgatan 47, 796 31 Älvdalen, Tel. 8 02 94.

HOTELS

Hotel Älvdalen, 52 Zi. ****, Dalgatan 77, Tel. 1 05 00, Fax 1 09 70, www.hotellalvdalen.se; Restaurant, Schwimmbad, Parkplatz.

CAMPING

Älvdalens Camping *** [N 61° 13' 40.77" E 14° 1' 46.9"], Ribbholmsvägen 26, Tel. 12 344, www.aelvdalenscamping.se; Jan. – Dez.; knapp 1 km nordwestlich der Kirche, am Österdaläv; Wiesengelände mit Waldanteil am Fluss Österdalälven; ca. 4,5 ha – 70 Stpl.; Standardausstattung. Laden, Imbiss, WLAN; Schwimmbad, Tennis; 12 Miethütten. **V & E** **für Wohnmobile.**

CAMPING – HEDE

Hede Camping **, Broder Tors Väg 3, Tel. 0684/41 020, www.hedecamping.se; Jan. – Dez.; im östlichen Ortsbereich; ebene Wiesen am Fluss Ljusnan direkt an der Straße 84 gelegen; einfache Standardausstattung. 15 Miethütten.

Und es heißt, aus dem jämtländischen Dialekt würde man noch heute das Norwegische heraushören können.

ROUTE: *In Tännäs stößt man auf die Straße 84, der wir nach Osten bis* **Hedeviken** *folgen. Unweit östlich von Hedeviken nehmen wir die Straße 315, um nach rund 20 km der Straße 316 nordwärts bis* **Åsarne** *zu folgen. Weiterfahrt über die Straße 45 bis* **Brunflo** *und über die E14 bis* **Östersund**.

In **Hede [N 62° 25' 09.2" E 13° 30' 30.8"]** kann man das Freilichtmuseum **Hembygdsgård** besichtigen.

Weiter südlich von Hede erstreckt sich um den 1.277 m hohen Sånfjället der **Sånfjället Nationalpark** mit dem größten Bärenbestand in Schweden. Ein gerne besuchtes Wandergebiet ist (außer der Region um den Nationalpark) die Landschaft nördlich von Hede um Nysätern.

Sehenswert auf dem Weg über die Straßen 315, 316 und 45 sind in **Vemdalen** (*Vemdalens Camping* [N 62° 26' 03.3" E 13° 50' 18.5"], Tel. 06 84 30 200, www.vemdalencamping.se) die **Rokokokirche** und das **Heimatmuseum Åldergården**, weiter die **Kirche** und das **Freilichtmuseum Tomtangården** von **Klövsjö** und nochmals einige Kilometer weiter nördlich die **Kirche von Hackås**, der älteste Sakralbau in Nordschweden. Die Kirche stammt ur-

Im Freilichtmuseum von Hede

sprünglich aus dem 11. Jh., wurde aber im 18. Jh. erweitert. Von kunsthistorischem Interesse sind vor allem die wertvollen, teils aus dem Mittelalter (in der Apsis), teils aus dem 17. Jh. (im Kirchenschiff) stammenden **Fresken**.

Östersund [N 63° 10' 35.4" E 14° 38' 26.3"], Jämtlands Hauptstadt mit ungefähr 60.000 Einwohnern, liegt sehr schön am Ostufer des ausgedehnten und weitverzweigten Sees Storsjön.

Die Ursprünge der großzügig angelegten und durchweg modern anmutenden Stadt gehen zurück ins 18. Jh. Gustav III. gab 1786 den Auftrag hier eine Stadt zu gründen.

Besiedelt aber war die Gegend um den Storsjön zweifellos schon seit der Frühzeit. So ist z. B. nachgewiesen, dass Wikinger schon sehr früh auf der der Stadt vorgelagerten Insel Frösön ihre Götter verehrten, wie Odin, Thor oder Fröj, den Fruchtbarkeitsgott, nach dem die Insel benannt ist.

Bekannt ist auch, dass auf Frösön schon im 7. Jh. Eisen verarbeitet wurde und hier ein Umschlagplatz am Handelsweg zwischen den Küsten der Ostsee und dem wichtigen Nidaros (Trondheim) in Norwegen lag.

Auf Frösön wurde übrigens auch der nördlichste Runenstein in Schweden gefunden. Er stammt aus dem Jahre 1050 und ist heute neben der Hornsbergkirche in der Nähe der Brücke Frösöbron zu finden.

Neben dem **Stadtmuseum** in der Rådhusgatan ist vor allem das Landesmuseum **Jämtlands Läns Museum** am nördlichen Stadtrand sehenswert. Ausgestellt sind archäologische Funde, darunter Werkzeuge aus der Steinzeit und die sog. *Rödo-Urne* aus dem 5. Jh., weiter sakrale und profane

Kunst aus Jämtland (u. a. die Plastik des hl. Michael aus Näskott aus dem 13. Jh.), Musikinstrumente, Münzen und mittelalterliche Textilien.

Eines der Prunkstücke des Museums ist der 900 Jahre alte **Bildteppich von Överhögdal**. Der Knüpfteppich aus der Übergangszeit vom Heidentum zum Christentum findet in ganz Skandinavien kaum seinesgleichen. Das historische Gewebe besteht aus drei 2 m langen und etwa 35 cm hohen Bahnen und kleineren Stücken. Die Motive sind hauptsächlich stilisierte Tier- und Menschengestalten und Ornamente.

Über das, was die Abbildungen genau darstellen, ist man sich noch nicht ganz einig. Man neigt aber dazu anzunehmen, dass Episoden aus der Volsung-Saga aus der Edda zu sehen sind. Entdeckt wurden die kostbaren Teppichstücke im Jahre 1910 durch puren Zufall in einem Magazin.

Neben dem Landesmuseum liegt das **Freilichtmuseum Jämtli [N 63° 11' 12.2" E 14° 38' 19.1"]**, ein sog. „kultureller Vergnügungspark", mit interessanten alten Holzbauwerken und Gehöften.

Lohnend ist ein Abstecher auf die **Insel Frösön**. Von den Anhöhen dort, etwa bei der Frösö Kirche, hat man einen schönen Blick auf die Stadt Östersund.

Neben dem **Zoo** mit Tropenhaus, Aussichtsturm und Museum ist vor allem die **Frösö Kirche** von Bedeutung. Die Kirche wurde bereits Ende des 12. Jh. errichtet. Große Teile der Innenausstattung allerdings fielen einem großen Brand im Jahre 1898 zum Opfer.

Zu den Kostbarkeiten zählt ein mittelalterlicher **Reliquienschrein** aus der Zeit um 1250 in der Altarapsis rechts.

Auffallend ist der mächtige, freistehende **Glockenturm** aus der Mitte des 18. Jh. mit seiner freiliegenden Balkenkonstruktion, auf der ein mit Holzschindeln gedeckter Zwiebelturm ruht. Die große Glocke stammt aus dem 14. Jh. und wurde in Stockholm gegossen. Die Legende der heiligen Birgitta berichtet, dass die Heilige während ihrer Wallfahrt zum Grab des hl. Olaf in Trondheim hier in Frösö rastete. Zum Andenken an diese Begebenheit trägt die große Glocke den Beinamen „Birgitta-Glocke".

PRAKTISCHE HINWEISE – ÖSTERSUND

Telefonvorwahl: 0 63
Jämtland und Härjedalen Turistbyrå, Rådhusgatan 44, 831 82 Östersund, Tel. 14 40 20. www.jamtland.info und www.harjedalen.info.

HOTELS

First Hotel Ett, 66 Zi. ***, Körfältets Centrum, Tel. 12 76 60, Fax 10 76 71, www.hotellett.com; Restaurant, Bar, Fitnesseinrichtungen, Sauna, Garage, Parkplatz.
Östersund, 126 Zi. ****, Kyrkgatan 70, Tel. 57 57 00, Fax 57 57 11, Restaurant, Bar, Fitnesseinrichtungen, Sauna, Garage, Parkplatz. – Und andere Hotels.

CAMPING

Östersunds Camping **** [N 63° 09' 36.5" E 14° 40' 16.2"], Krondikesvägen 95c, Tel. 14 46 15, www.ostersundscamping.se; Jan. – Dez.; ca. 3 km südöstl. des Stadtzentrums im Stadtteil Odensala, neben Hotel Scandic; ausgedehntes Gelände mit Baumbestand, bei einem großen Freizeitzentrum mit Schwimmbad, parzellierte, befestigte Stellplätze Nähe Eingangsbereich und Hauptstraße, für Zelte Wiesen; ca. 5 ha – 250 Stpl.; Standardausstattung; Imbiss; 220 Miethütten. **V & E für Wohnmobile.** Restaurant und Hallenbad ca. 150 m entfernt.
Frösö Camping *** [N 63° 10' 31.8" E 14° 32'40.8"], Tel. 4 32 54, www.camping.se/z12; Jan. - Dez.; auf der Insel Frösö, knapp 4 km westlich der Brücke; schräge Wiese am Waldrand, etwas erhöht, ansprechend gelegen; ca. 2 ha – 200 Stpl.; Standardausstattung; 46 Miethütten; Bushaltestelle am Eingang.

ÖSTERSUND – ARVIDSJAUR

Länge der Tour: Rund 480 km.

Strecke: Über die Straße 45 und über **Strömsund, Vilhelmina, Storuman** und **Sorsele** bis **Arvidsjaur**.

Empfohlene Reisedauer: Ein Tag.

Reisehöhepunkte auf dieser Tour: Wildniswandern ** und **Kanutouren ** rund um Fatmomakke – das **Kirchdorf Lapstaden** in Arvidsjaur – **Riverrafting** auf dem Piteälv – Wandern rund um **Adolfsström **.

ROUTE: Weiterfahrt auf der Straße 45 nordwärts [N 63° 11' 19.3" E 14° 39' 10.0"] *bis* **Arvidsjaur**.

Es geht durch unendliche, mehr oder minder hügelige Waldgebiete. Dazwischen immer wieder Seen und Flussläufe. Die Strecke bietet wenig landschaftliche Abwechslung.

Über **Lit** (*Lits Camping/Little Lake Hill Canoecenter *** N 63° 19' 04.3" E 14° 51' 53.3"]*, Tel. 0642/10 247, www.litscamping.com; Anf. Juni – Ende Sept.) kommt man nach 70 km nach **Hammerdal** (Camping, Touristeninformation im Sommer) und erreicht nach weiteren 32 km den Industrieort **Strömsund** (Touristeninformation im Sommer) im weitverzweigten Ströms-Vattudals Seengebiet. Wer nicht in den fischreichen

Gewässern um die Stadt angeln will, wird an Strömsund wenig Anziehendes finden.

74 km weiter passiert man **Hoting** (Touristeninformation) mit dem Automuseum **Ivar's Bil Museum**, schräg gegenüber vom Campingplatz. Ausgestellt sind rund 40 Oldtimer (u. a. Rolls Royce, Mercedes, Jaguar) und etwa 30 Motorräder (u. a. Harley Davidson, Indian).

Zwischen Hoting und **Dorotea** (*Doro Camp Lappland *** [N 64° 15' 30.4" E 16° 23' 22.2"]*, Tel. 0942/10 238, ganzjährig, 80 Stpl, Miethütten) überquert man die Grenze zu **Lappland [N 64° 13' 35.5" E 16° 17' 57.2"]**, Schwedens nördlichster Provinz. Das riesige Gebiet ist bis hinauf zur finnischen Grenze überaus dünn besiedelt, was sich im weiteren Verlauf der Route durchaus

CAMPING

Strömsund
Strömsunds Camping ** [N 63° 50' 47" E 15° 32' 2"]**, Tel.0670/16 410, www.camping.se/z03; Jan. – Dez.; am südlichen Ortsrand von Strömsund an der Straße 45; ebene, schattenlose Wiese; ca. 3 ha – 150 Stpl.; Standardausstattung. Fahrradverleih. 29 Miethütten. **V & E für Wohnmobile**. Laden und Imbiss ca. 200 m entfernt.

Hoting
Hotings Camping * [N 64° 06' 24.4" E 16° 10' 36.5"], Västra Hoting 400, Tel. 0671/10 248, www.hotingscamping.se; Jan. - Dez.; ca. 1 km südlich Hoting, Buckelwiese oberhalb eines kleinen Sees an der Straße 45; 2 ha – 40 Stpl.; Standardausstattung; 26 Miethütten. **V & E für Wohnmobile**. Laden ca. 200 m entfernt.

Rörström
Kilvamma Naturcamping [N 64° 11' 17.8" E 16° 18' 14.1"], Anf. Juni – Ende Aug., Übernachtungsmöglichkeit nördlich von Rörström an der Straße 45; hübsch am Rörströmsee gelegen; 1,5 ha – 30 Stpl.; Mindestausstattung. Imbiss.

Rastplatz
Rastplatz Meselefors [N 64° 26' 02.9" E 16° 47' 16.1"]: Parkplatz ca. 30 km nördlich von Dorotea zwischen Straße 45 und dem See Angermanälven, 4 markierte Stellflächen für Wohnmobile bzw. Caravans. **Ausstattung:** Frischwasserentnahmestelle, Toiletten, Chemikalausguss, Mülltonnen, Picknicktische. Lt. Ausschilderung ist das Parken bis 12 Stunden gestattet.

nachvollziehen lässt. Am östlichen Ortsbeginn von **Dorotea** direkt an der Straße 45 findet man das Jagd- und Fischereimuseum

Die Orte Dorotea und Vilhelmina tragen übrigens die Namen der Gemahlin König Gustav IV. Adolfs (1778 – 1837), Friederike Dorothea Wilhelmina von Baden.

Vilhelmina, ein hübsch am Volgsjön gelegenes Städtchen, hat sich zu einem Fremdenverkehrszentrum im südlichen Lappland entwickelt. Die Sommer- wie die Wintersportmöglichkeiten in der Region sind vielfältig. Ob Wildniswandern oder Angeln, ob Kanutouren oder Jagdausflüge, alles kann unternommen werden.

Vilhelminas **Kirche** wurde 1840 eingeweiht. Ein Kirchgang war in früheren Tagen ein mehrtägiges Unternehmen für die weit verstreut lebende Landbevölkerung. Meist erledigte man bei dieser Gelegenheit auch Geschäfte in der Stadt, handelte auf dem Markt o. ä. Und um diesen Kirchgängern ein Obdach zu bieten, war im frühen 19. Jh. das **Kirchdorf Vilhelmina Kyrkstad [N 64° 37' 43.6" E 16° 38' 56.5"]** gebaut worden, das einstmals aus 75 stattlichen Holzhäusern bestand. Leider wurden bei einem Großbrand im Jahre 1921 mehr als die Hälfte der Gebäude ein Raub der Flammen. Nur 27 Häuser blieben übrig. Heute können Sie sich hier Zimmer mieten und im nostalgischen Ambiente des 19. Jh. übernachten. Näheres erfährt man im Touristenbüro s. u.

Nur wenige Schritte oberhalb des Kirchdorfs findet man das kleine **Heimatmuseum**, das im alten Gemeindehaus aus dem Jahre 1891 eingerichtet ist. Eine der Abteilungen befasst sich z. B. mit der Siedlungsgeschichte Lapplands.

Abstecher zum Wandern, Kanu- und Wintersport

Kann man sich länger in der Gegend aufhalten, lohnt vor allem ein Ausflug nach Westen Richtung norwegische Grenze. Man kann z. B. der Straße am Südwestufer des Sees Malgomaj über Skansholm und Stalon folgen und weiter nach **Saxnäs** (u. a. **Wanderweg nach Borgafjäll**, ca. 23 km einfach) am Kultsjön gelangen.

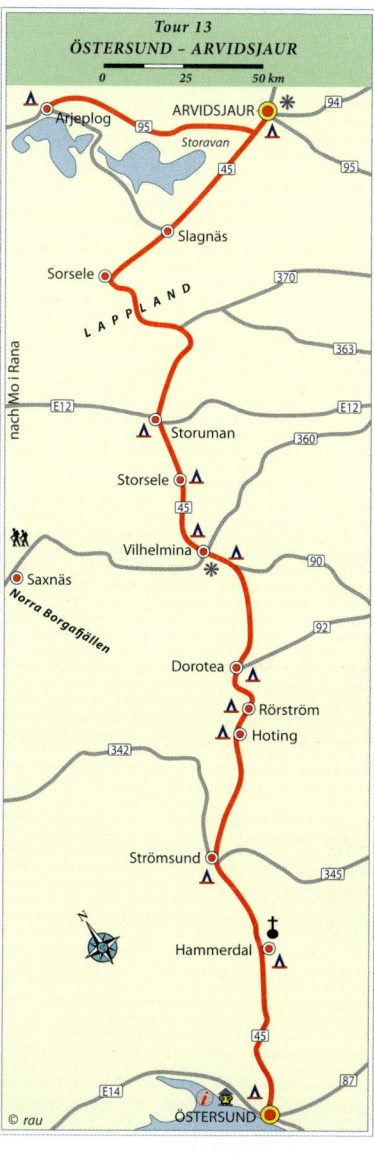

Tour 13
ÖSTERSUND – ARVIDSJAUR

Oder man fährt weiter nach **Fatmomakke** (alter samischer Kirchplatz mit sehenswerter Holzkirche) in den Bergen des Marsfjället mit Gipfeln bis über 1.589 m oder noch weiter nach Westen bis **Stekenjåkk**. Die genannten Orte sind nur einige der vielen Ausgangspunkte für ausgedehnte Bergwanderungen und Gebirgstouren.

Eines der schönsten **Kanureviere** der Gegend mit verschiedenen Schwierigkeitsgraden ist der Fluss Vojmån. Schön paddeln kann man auch auf dem See Vojmsjön, auf dem Kultsjön u. a.

Bislang nur bei Insidern bekannt sind die ganz ausgezeichneten **Wintersport-möglichkeiten** in den Bergen westlich von Vilhelmina. Heliskiing, Tiefschneefahrten oder Motorschlittenfahrten werden angeboten. Optimal sind die Verhältnisse oft in den Monaten März und April. Wintersport ist aber bis in den Juli hinein möglich.

Mein Tipp! Ohne ausreichende Erfahrung und gutes Training sollten Sie sich weder auf eine Berg- noch auf eine Kanutour machen. Informieren Sie sich vorher im Touristenbüro über die Schwierigkeitsgrade der Touren. Unerlässlich sind gute Ausrüstung und präzise Karten! Kenntnisse im Umgang mit Karte und Kompass sind auf manchen Touren unverzichtbar.

Übrigens – Die Gegend hier hält den **schwedischen Kälterekord**. Im Dezember 1941 wurden in Malgovik, einem kleinen Ort rund 20 km nördlich von Vilhelmina –53° gemessen!

HAUPTROUTE

Auf der Weiterfahrt nach Norden passiert man rund 70 km nördlich von Vilhelmina bei **Storuman [N 65° 05′ 54.4″ E 17° 07′ 26.6″]** (*Storumans Camping, Tel.* *0951/10 696, 1. Juni – Mitte Sept., 100 Stpl.; 28 Miethütten*) die E12 (Umeå – Mo i Rana), die wichtigste Querverbindung vom Bottnischen Meerbusen nach Norwegen.

Auch die Weiterreise über **Sorsele (Sorsele Camping, Tel. 0952/10 124, Mitte Juni – Ende Aug., 50 Stpl.; Miethütten**) bis Arvidsjaur bietet fürs Auge wenig Abwechslung. Man könnte versucht sein, die Gegend als langweilig und eintönig zu bezeichnen. Aber so bietet sich die lappländische Landschaft nur dem eiligen Autofahrer dar. Ihre raue Schönheit, die wunderbare Stille, die uns so ungewohnte Weite und Einsamkeit und die Vielfalt der Pflanzen- und Tierwelt erschließt sich nur dem, der bereit ist auszusteigen und zu wandern oder Flüsse und Seen mit dem Kanu zu erkunden.

Arvidsjaur entstand aus einem bescheidenen samischen Kirchdorf und ist heute ein wichtiger, moderner Verkehrsknotenpunkt und Holzumschlagplatz in Mittellappland mit rund 8.000 Einwohnern.

Reste des alten Kirchdorfs sind in der **Lappstaden** (Lappstan) **[N 65° 35′ 45.0″ E 19° 10′ 17.1″]** noch erhalten. Diese Ansammlung von etwa 80 Blockhäusern, Hütten und Vorratshäusern am Nordrand der Stadt ist heute Schwedens älteste erhaltene „Kyrkstad" und eine der wenigen

PRAKTISCHE HINWEISE – ARVIDSJAUR

Telefonvorwahl: 09 60
Arvidsjaur Turism, Garvaregatan 4, 933 32 Arvidsjaur, Tel. 17 500. www.arvidsjaurturism.se.

HOTELS

Laponia, 115 Zi. ****, Storgatan 45, Tel. 5 55 00, Fax 5 55 99, zentral, größtes Haus am Platz, Restaurant, Schwimmbad, Garage. Und andere.

CAMPING

Camp Gielas * [N 65° 34' 56.6" E 19° 11' 28.6"],** Järnsvägsgatan 111, Tel. 55 600, www.gielas.se; Jan. - Dez.; im südöstl. Ortsbereich, Zufahrt von der Straße 95; ebene Wiesen bei einem Freizeitzentrum und einer Ferienhaussiedlung, an einem Badesee; ca. 8 ha – 150 Stpl.; Standardausstattung; Sauna, Fahrradverleih, Tennis; 65 Miethütten. **V & E für Wohnmobile.** Laden ca. 500 m entfernt.

Sehenswürdigkeiten in Arvidsjaur. Dieses Lappendorf diente den Waldsami als vorübergehende Wohnstätte während der Kirch- und Markttage und jahrhundertelang war es wichtiger Kontaktpunkt der nomadisierenden Sami mit den schwedischen Siedlern. Kirchenwochenende im August.

Mehr über die Kultur der Waldsami und die Entstehungs- und Besiedlungsgeschichte von Arvidsjaur erfährt man im **Heimatmuseum,** das im alten Pfarrhof **Gamla Prästegården** nördlich der Stadt untergebracht ist.

Im Sommer kann man an **Riverrafting-Trips** über die Stromschnellen des Flusses Piteälv teilnehmen oder mit der **Draisine** auf der stillgelegten Eisenbahnlinie nach Jörn fahren.

Abstecher nach Arjeplog

Arjeplog liegt 85 km nordwestlich von Arvidsjaur an der Straße 95, dem alten Sil-*vervägen* nach Norwegen. An Sehenswertem hat die schön zwischen den Seen Uddjaure und Hornavan gelegene Stadt eine Kirche aus dem 17. Jh. und ein kleines, aber sehr interessantes **Silbermuseum**, mit einer wohl einmaligen Sammlung von Gegenständen aus Samisch-Silber.

Rund 35 km westlich der Stadt, bei **Laisvall**, liegt eine der größten Bleiminen Europas, der größte Arbeitgeber der Region. Führungen nur im Sommer. Bei schönem Wetter lohnt die Fahrt (10 km) auf den **Galtispouda**, Arjeplogs Wintersporthausberg.

Landschaftlich überaus reizvoll sind Fahrten durch das westlich von Arjeplog (Zufahrt von der Straße 95) gelegene **Laistal** nach Gauto oder **Adolfsström** am legendären Wanderweg **Kungsleden**. Vielfältige Möglichkeiten zu Wander- oder Kanutouren.

PRAKTISCHE HINWEISE – ARJEPLOG

Telefonvorwahl: 09 61
Arjeplog-Lappland Besöksservice, Torget, 930 90 Arjeplog, Tel. 14270.

HOTEL

Silverhattan, 85 Zi. ****, Tel. 10 770, Restaurant, Parkmöglichkeit. – U.a.

CAMPING

Kraja Camping * [N 66° 3' 0" E 17° 51' 47"],** Krajaudden, Tel. 31 500, www.kraja.se; Jan. – Dez.; am westl. Ortsrand, beschilderte Zufahrt von der Straße 95 Richtung Bodø; fast ebenes Wiesengelände, von Waldstücken umgeben, ansprechend am See Hornavan gelegen; ca. 5 ha – 60 Stpl.; Standardausstattung; Laden, Imbiss, Sauna, Schwimmbad, 70 Miethütten. Liegeplatz für 3 Flöße mit Außenbordmotor für Wohnwagen oder Wohnmobile mit einer Größe 4 x 12 m, Tragegewicht bis 10 Tonnen, Gartenmöbeln, Badesteg, Anker. .

ARVIDSJAUR – KIRUNA

Länge der Tour: Rund 390 km, ohne Abstecher.

Strecke: Über die Straße 45 und über **Jokkmokk** bis **Gällivare** – Straße E10 bis **Kiruna**.

Empfohlene Reisedauer: Mindestens ein Tag.

Reisehöhepunkte auf dieser Tour: Wildniswandern in den lappländischen **Nationalparks Padjelanta, Stora Sjöfallet** und **Sarek *** – Wandern im **Abisko-Nationalpark** und auf dem **Kungsleden ***.

Nach etwa 45 km passiert man den Ort **Moskosel** an einem stillen See. 2 km nördlich des Ortes liegt zwischen Straße 45 und See der kleine Campingplatz von **Moskosel Camping [N 65° 53' 00.2" E 19° 27' 50.2"]**, Tel. 30 200, mit bescheidener Ausstattung.

Wenig später überquert die Straße den Fluss Piteälven, der hier schöne Stromschnellen bildet **(Rast- und Stellplatz [N 65° 57' 08.0" E 19° 31' 10.7"])**.

Hinter **Norden** mündet die Straße 374 aus Älvsbyn ein. Folgt man der Straße rund 20 km Richtung **Älvsbyn**, kommt man zum westlich von **Bredsel** gelegenen **Storforsen**, mehr ein Katarakt als ein Wasserfall, 80 m Gefälle auf 5 km.

Unsere **Hauptroute** führt über **Kåbdalis** durch unendliche Wälder, Seen, Moore und Moose weiter nordwärts.

Einige Kilometer nördlich von **Stenträsk** findet man am Tårrajaure-See einen einladenden **Rastplatz** (siehe nächste Seite).

Nach dem Ort **Vajmat** und kurz vor Jokkmokk überquert die Straße 45 den **Polarkreis/Napapiiri**, nördliche Breite 66°33' 37" **(Rastplatz [N 66° 33' 03.4" E 19° 45' 51.5"])**. Von hier aus sind es „nur" noch 3.330 km bis zum Nordpol.

Jokkmokk [N 66° 36' 17.9" E 19° 50' 00.6"] ist seit jeher ein wichtiges kulturelles und wirtschaftliches Zentrum im dünn besiedelten nördlichen Lappland. Die Gemarkung der Gemeinde am Polarkreis umfasst nicht weniger als 19.474 Quadratkilometer. Somit ist Jokkmokk auf seine Fläche bezogen nach Kiruna die zweitgrößte Stadt im

ROUTE: *Von Arvidsjaur auf der Straße 45 nordwärts bis* **Jokkmokk** *und weiter* **[N 65° 36' 23.6" E 19° 08' 08.9"]** *nach* **Gällivare**.

RASTPLÄTZE ZWISCHEN MOSKOSEL UND JOKKMOKK

Rastplatz Ljusselet: Parkplatz an der Straße 45 beiderseits der alten Straßenbrücke am Piteälven ca. 8 km nördlich von **Moskosel**. Landschaftlich sehr schön an den Stromschnellen des Piteälven gelegen, besonders schöne **Stellplätze** am nördlichen Flussufer. Ausgestattet mit Frischwasserentnahmestelle, Toiletten, Chemikalausguss, Müllcontainer und Picknicktischen. Gebührenfrei und ohne Einschränkungen für die Aufenthaltsdauer.

Rastplatz Tårrajaur [N 66° 25' 33.8" E 19° 40' 55.8"]: Geteerter Parkplatz an der Straße 45 am **Tårrajauer-See** mit Toiletten, Abfallcontainer und Picknicktischen.

Rastplatz ‚Polcirkeln' mit Toiletten, Frischwasserentnahmestelle, Chemikalausguss, Infotafel und Raststätte oberhalb des Parkplatzes.

Lande und größer als die südlichen Provinzen Schonen, Blekinge und Halland zusammengenommen. In diesem riesigen Gebiet leben aber nur 7.000 Menschen und davon wiederum über 3.000 in der Stadt Jokkmokk selbst.

Jokkmokk ist ein alter Siedlungsplatz der Lule-Sami, einer nordsamischen Bevölkerungsgruppe, die sich hier schon weit vor dem 16. Jh. angesiedelt hatte. Ursprünglich lebten die Sami vom Fischfang und von der Jagd. Erst seit dem 16. Jh. ist bekannt, dass die nomadisierenden nördlichen Völker begannen, das Rentier zu zähmen und zu züchten und es zur Grundlage ihrer Existenz zu machen.

Jokkmokk, was soviel wie „Bachbiegung" bedeutet, war ursprünglich einer der wichtigsten Wintertreffpunkte der Waldsami. Später wurde die Siedlung unter König Karl IX. zum Markt- und Kirchplatz erhoben und erhielt damals den Namen *Talvatis*. Der erste offizielle Markt fand im Jahre 1605 statt. Zwei Jahre später wurde die erste Kirche errichtet.

Noch heute wird am ersten Donnerstag, Freitag und Samstag im Februar ein traditioneller Sami-Markt abgehalten. Der Sonntag darauf ist, wie in alten Tagen, kirchlicher Feiertag, zu dem Tausende von Menschen aus allen Teilen Lapplands herbeiströmen.

Ein Zentrum der samischen Kultur und der Rentierzucht ist Jokkmokk noch heute, auch wenn sich nur noch etwa 400

Sami in Jokkmokk mit der wirtschaftlich schwieriger werdenden Rentierzucht befassen.

Das Phänomen der **Mitternachtssonne** ist in Jokkmokk zwischen 12. Juni und 3. Juli zu erleben.

Zu den **Sehenswürdigkeiten** von Jokkmokk zählen die **alte Kirche** und das **Heimatmuseum**.

Die **Gamla Kyrka [N 66° 36' 14.0" E 19° 49' 47.0"]**, abseits der Hauptstraße in der Köpmangatan gelegen (Abzweig von der Hauptstraße am „Restaurang Opera" und ICA-Supermarkt), mit ihrem separaten Glockentürmchen ist ein dunkelroter Holzbau, der ursprünglich aus dem Jahre 1607 stammt. Leider fiel das historische Bauwerk in der Nacht zum 8. April 1972 einem Brand zum Opfer. Aber schon 1976 konnte eine originalgetreue Rekonstruktion eingeweiht werden.

Einen Besuch lohnt besonders das **Heimatmuseum Ájtte**, Kyrkogatan 3 *(geöffnet Mo - Fr 10 - 16 Uhr, Di bis 20 Uhr, Sa + So 12 - 16 Uhr; Eintritt; www.ajtte.com)*. Das Wort

Am nördlichen Polarkreis

Jokkmokk, die rekonstruierte Gamla Kyrka

Ájtte ist samischen Ursprungs und bedeutet soviel wie Vorratshaus.

Ájtte, das **„Schwedische Fjäll- und Samimuseum"**, wurde erst 1989 eingeweiht und befasst sich schwerpunktmäßig mit der samischen Kultur, den Traditionen und naturverbundenen Lebensweisen der Sami. Die Ausstellungen befassen sich mit **Sápmi**, der samischen Kultur und Volkstradition, mit **Laponia**, dem 9.400 qkm großen Gebiet um Jokkmokk, seit 1996 auf der UNESCO-Liste für Welt- und Kulturerbe, weiter mit **Trachten** und Silberschmuck, dem Alltagsleben der Rentiernomaden,

dem Reisen in der weglosen Tundra, etc. Dia-Shows auch in deutsch.

Abstecher nach Vuollerim

Wer sich noch eingehender über die Frühgeschichte der lappländischen Region informieren will, sollte einen Abstecher nach **Vuollerim** unternehmen.

Vuollerim liegt am Zusammenfluss von Lilla und Stora Luleälven rund 43 km südöstlich von Jokkmokk und ist über die Straße 97 bequem zu erreichen.

Zu sehen gibt es hier das **Freilichtmuseum „Vuollerim 6000 år"**, Murjeksvägen 31 (*geöffnet 19. Juni - 6. Aug. Mo - Fr 9 - 18 Uhr, Sa + So 11 - 16 Uhr; sonst Mo - Fr 11 - 16 Uhr, Winter Di + Do 11 - 15 Uhr; Eintritt; www.vuollerim6000.se*). Hier wurden Spuren frühgeschichtlicher Siedlungen entdeckt, wie das Steinzeitdorf von Älvnäset. Einige Museumsgebäude wurden in dem Stil rekonstruiert, wie sich Archäologen die wiederentdeckten Siedlungen vorstellen. Es gib interessante Ausstellungen (z. B. „Vision der Urzeit"), Filme und Diaschauen („Volk der Bärenfrau").

Wandern in den lappländischen Nationalparks

Jokkmokk hat dank seiner Infrastruktur und Verkehrsanbindung touristisch eine große Bedeutung als **Ausgangspunkt für Wanderunternehmungen**.

Große Anziehungskraft auf Wanderer haben die **Nationalparks Padjelanta**, an der norwegischen Grenze, der **Stora Sjöfallets Nationalpark** um den langgestreckten, schmalen und inselreichen See Akkajaure und vor allem der **Sarek-Nationalpark** nordwestlich von Jokkmokk. Schneebedeckte Berggipfel, teils über 2.000 m hoch, weite, oft moorige Hochflächen, Seen und langgestreckte Täler bilden phantastische Landschaften.

Ausgangspunkt für Touren in diese Region ist der Ort **Kvikkjokk**, am Ende der Straße 805, ca. 120 km nordwestlich von Jokkmokk. Von eintägigen Wanderungen bis zu mehrtägigen Wildnistouren ist hier alles möglich. Die Grenzen setzen nur die eigene Kondition, Erfahrung und Ausrüstung.

Bekannt sind z. B. die Wanderwege **Kungsleden**, der durch den Sarek-Nationalpark führt und der 146 km lange **Padjelantaleden** von Kvikkjokk über Staloluokta nach Akkastugorna.

Mein Tipp! Wenn Sie noch keine Erfahrung mit großen Touren im Gebirge und in der „Wildnis" haben, sollten Sie nicht versuchen, sie gerade im Sarek-Nationalpark zu sammeln. Schließen Sie sich hier am Anfang lieber einer geführten Gruppe an. Wandern im Sarek etc. setzt Ausdauer und Erfahrung

voraus. Zelt, Kleidung, Schuhwerk und Karte und Kompass müssen stimmen, wenn eine längere Tour auch wirklich zum schönen Urlaubserlebnis werden soll.

Erkundigen Sie sich im Informationsbüro nach Routen und deren Schwierigkeitsgraden, nach notwendiger Ausrüstung, Kartenmaterial u. s. w.

Ein weiterer Nationalpark liegt nordöstlich von Jokkmokk. Die Waldlandschaft des **Muddus-Nationalparks** gilt abseits des etwa 50 km langen Wanderpfades (Übernachtungshütten) als schwer zugänglich. Vogelbeobachtungsturm. Große Teile des Parks sind zwischen 15. März und 21. Juli nicht zugänglich. Ausgangspunkt für Touren ist der Parkplatz bei **Skaite**, 13 km südlich vom **Ligga Kraftwerk.**

Eine der wirtschaftlichen Säulen der Gemeinde Jokkmokk ist die Elektrizitätsgewinnung. 15 Prozent des Landesverbrauchs kommen aus Wasserkraftwerken auf der Gemarkung von Jokkmokk.

Der damit verbundene Eingriff und die Regulierung der Wasserläufe blieb aber lei-

Sami, Nomaden des Nordens

Die Bevölkerungsgruppe der Lappen (Sami) nennt sich in ihrer eigenen Sprache *sápme*, mit dialektbezogenen Abweichungen. Die Bezeichnung *Lappe* empfinden Sie als mit einem negativen Beiklang belastet, wie das Schwedische Institut berichtet. In Schweden haben die Sami durchgesetzt, dass das Wort *same* (Plur. *samer*) verwendet wird. Die deutsche Abwandlung dieses Wortes ist *Sami* (Singular und Plural). Es wird also im Weiteren nicht mehr von Lappen, sondern von Sami die Rede sein.

Bis auf den heutigen Tag ist nicht eindeutig nachgewiesen, von woher die Sami einst in den skandinavischen Raum einwanderten. Vielfach wird angenommen, dass sie vor Jahrtausenden aus dem Gebiet des Urals oder der Wolga kamen. Diese Überlegung basiert auf der Tatsache, dass samische Dialekte deutlich finnisch-ugrischen Ursprungs sind. Sicher ist, dass schon vor rund 10.000 Jahren Stämme samischer Völker im skandinavischen Raum gesiedelt haben, wie archäologische Funde beweisen. Noch vor etwa 2.000 Jahren war das gesamte Gebiet des heutigen Finnland von Sami besiedelt. Andere Sami-Völker wohnten an den Küsten des Atlantik im heutigen Norwegen, auf der Kola Halbinsel Russlands und an den Küsten des Botnischen Meerbusens.

Heute leben zwischen 50.000 und 60.000 Sami in einem Gebiet, das von der Finnmark in Norwegen, über Schwedisch- und Finnisch Lappland bis auf die Kola Halbinsel, dem nordwestlichen Teil Russlands, reicht. In Schweden allein rechnen sich etwa 17.000 bis 18.000 Bewohner der Volksgruppe der Sami zu.

Ihr Lebensraum reichte früher auch in Schweden viel weiter nach Süden. In den waldreichen Gegenden fanden sie ihr Auskommen als Jäger und Pelzhändler. Mit der Zeit drangen aber Siedler aus dem Süden immer weiter nach

Norden vor und der von Hause aus friedliebende Sami zog sich immer weiter nach Norden zurück. In den Tundren, die für eine Urbarmachung durch die Landnehmer aus dem Süden wenig taugten, fanden die Sami eine neue Heimat. Die arktischen Breiten aber waren nicht so reich an Pelztieren. Man machte sich das Ren zur Lebensgrundlage. Viele der Sami wurden so gezwungenermaßen Nomaden, denn das Ren war nicht zu domestizieren oder „sesshaft" zu machen. Andere Stämme zogen weiter an die Küste oder ließen sich an den fischreichen Flüssen nieder und wurden Fischer.

Seit etwa der Mitte des vorigen Jahrhunderts folgen immer weniger Sami dem Zug des Rens. Dienten die Tiere, die früher nur in kleinen Herden gehalten wurden, einst als Zug- und Lasttiere, als Lieferanten für Milch, Fleisch, Fell, Knochen, Sehnen etc., was alles weiterverarbeitet wurde, werden sie heute fast ausschließlich zur Fleischgewinnung gehalten.

Die Methoden der Zucht und die Überwachung der Herden wurden modernisiert. Hubschrauber, Sprechfunk, Geländewagen und Snowscooter sind heute im Einsatz. Nur etwa 3.000 Nordschweden leben noch direkt von der Rentierzucht. Sie haben sich zu genossenschaftsähnlichen „Sami-Dörfern" (cearru) zusammengeschlossen, in denen die verwaltungstechnischen und wirtschaftlichen Belange der Zucht und der Vermarktung der Produkte gesteuert werden. Und von den geschätzten 750.000 Tieren, die durch den nordskandinavischen Raum ziehen, sollen etwa 300.000 schwedischen Züchtern gehören.

Stark in Mitleidenschaft gezogen wurde die Rentierzucht im Frühjahr 1986 durch die Folgen der Reaktorkatastrophe in Tschernobyl besonders in den Provinzen Västerbotten und Jämtland. Durch hohe Cäsiumwerte, die heute noch im Rentierfleisch gemessen werden können, hat dieser kleine Wirtschaftszweig einen nicht abschätzbaren Schaden erlitten.

Im Winter, zur Zeit der Rentierscheide, wenn schlachtreife, aber auch kranke und alte Tiere ausgesondert werden und Jungtieren das Zeichen des Besitzers in die Ohren oder das Fell geschnitten wird, wählte man früher gerne die Kirchdörfer, Sodankylä in Finnland zum Beispiel, Karasjok in der Finnmark oder

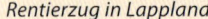

Rentierzug in Lappland

Samifrau demonstriert in einem Freilichtmuseum ihre Art zu weben

Jokkmokk in Schweden als Standquartier. Es waren Orte, wo Sami mit anderen Zivilisationen in Berührung kamen und mit ihnen Handel trieben.

Die **Sprache der Sami** gliedert sich ein drei Grunddialekte – Ostsamisch, Zentralsamisch und Südsamisch – und annähernd fünfzig Unterdialekte, zwischen denen aber nicht selten größere Unterschiede bestehen, als zwischen der deutschen und der norwegischen Sprache zum Beispiel. Und ein Sami vom nördlichen Eismeer würde wahrscheinlich einen Sami aus Mittelschweden kaum verstehen, bedienten sie sich nicht der Landes- und Amtssprache.

Die Sprache der Sami ist eine Sprache mit einem überaus reichen Vokabular. Sehr zahlreich sind die Bedeutungen für Dinge der Natur. So gibt es überaus präzise Beschreibungen für Landschaften, Gewässer, den Schnee oder für Tiere. Alleine für den Begriff Rentier soll es so zahl- und variantenreiche Bezeichnungen z. B. für das Fell, das Geschlecht, das Geweih, das Alter u. s. w. geben, dass es mit diesen Begriffen ohne weiteres gelingt, aus einer tausendköpfigen Herde ein Tier so präzise und eindeutig zu beschreiben, dass es jeder Kundige auch aus der größten Herde problemlos herausfindet.

Bis in jüngste Zeit war der Gebrauch ihrer Dialekte unter der samischen Bevölkerung stark im Abnehmen begriffen. Heute hat man allerdings – unter den Sami selbst wie auch in Regierungskreisen der skandinavischen Länder – längst erkannt, dass die samische Sprache ein unabdingbares Kulturgut ist, das es zu erhalten und zu fördern gilt.

Wie bei vielen nomadisierenden Völkern haben sich Schrift und Literatur kaum entwickelt. Viel größere Bedeutung kam der Überlieferung in Erzählungen oder Liedern zu. In der Tradition der Sami hat hier das *Joiken,* eine Art erzählender Sprechgesang, sehr große Bedeutung. Beim Joiken werden Geschichten erzählt, Personen und Ereignisse geschildert oder Landschaften beschrieben. Zu den wenigen Werken der Literatur werden die 1910 erstmals erschienene Erzählung *„Mui'talus sámiid birra"* von Johan Turi und die 1969 erschienene Erzählung *„Anta"* von Andreas Labbas, mit Geschichten von der ursprünglichen Lebensweise der Sami gerechnet.

der nicht ohne Folgen für die Natur, für die Rentierzucht und für die Fischbestände in gewissen Flussabschnitten. So wird z. B. berichtet, dass die einst reichen Otterbestände im Lule-Fluss stark zurückgegangen sind und die Laichgründe durch die oft rasch wechselnden Wasserstände leiden. Die Gefahren für die Natur sind aber erkannt und ein umweltverträglicher Ausbau der Nutzung von Wasserkraft ist vorgesehen.

Eines der großen **Wasserkraftwerke** findet man in **Porjus [N 66° 57′ 15.8″ E 19° 48′ 01.2″]**, etwa 45 km nördlich von Jokkmokk, am Fluss Stora Lule älv. Im „Allaktivitetshus", dem alten Kraftwerk von 1914, ist heute ein **Museum** eingerichtet.

Darüberhinaus findet man hier einen einladenden **Picknickplatz** unterhalb des Kraftwerks und der Staumauer. Oberhalb an der Straße 45 **Rastplatz** mit Toiletten und Chemikalausguss. Ein Treppenweg führt hinab zum Stausee.

ROUTE: Knapp 60 km weiter – südöstlich der Straße erstreckt sich der **Muddus-Nationalpark** *– kommt man durch* **Gällivare** *und knapp 10 km weiter östlich trifft die Straße 45 auf die Straße E10. Ihr folgen wir nordwärts über* **Svappavaara** *bis* **Kiruna**.

In **Gällivare** lohnt ein Besuch der **Lappkyrka**, der alten Samikirche. Der Beschilderung ‚Andra Sidan' folgend, passiert man die schöne weiße, neue Kirche von Gällivare und zweigt gleich nach dem Bahnübergang rechts ab zur alten Lappkyrka mit Parkplatz.

Kiruna [N 67° 51′ 21.8″ E 20° 13′ 31.9″], Schwedens weltbekannte Erzstadt, ist mit einer Gemarkungsfläche von sage und schreibe 20.000 qkm die größte Gemeinde Schwedens. Sie grenzt an Norwegen ebenso wie an Finnland. Gemessen an der Einwohnerzahl von annähernd 27.000 (fast 22.000 davon leben alleine im urbanen Gebiet der Stadt), ist Kiruna aber eher eine Kleinstadt. Und einen kleinstädtischen Charakter vermittelt sie auch dem Besucher.

Die **Mitternachtssonne** ist in Kiruna vom 28. Mai bis 14. Juli zu sehen.

Kirunas Stadtname leitet sich übrigens von dem samischen Wort *Girun* ab, was soviel wie „Bergschneehuhn" bedeutet. Und ein Schneehuhn findet sich denn auch im Wappen der Stadt wieder – unter dem Kreis-Pfeil-Zeichen für Eisen.

Darüber hinaus ist Kiruna urbaner Mittelpunkt des **„Reichs der acht Jahreszeiten"** wie schwedisch Lappland auch genannt wird.

Die rentierzüchtenden Sami teilen das Jahr nicht in vier, sondern in acht Zeiten ein, die sich übrigens nach den Notwendigkeiten der Rentierhaltung richten. Sie kennen den Frühlingswinter „gidádálvve" (März – April), dann den Frühling „gidá" (April – Mai), den Vorsommer (Juni), den Sommer „giessegidá" (Juni – Juli), den Herbst „tjaktja" (September – Oktober), den Vorwinter oder Spätherbst „tjektjadálvve" (November – Dezember und schließlich den Winter „dálvve" (Dezember bis März).

Kiruna ist eine junge Gemeinde, rund hundert Jahre alt. Sie verdankt ihr Entstehen dem Erzabbau, mit dem im Jahre 1900 im größeren Umfang begonnen wurde. Anfänglich fördert man im Tagebau und begann erst zu Beginn der 60er Jahre mit dem Untertageabbau.

Heute werden jährlich an die 12 Millionen Tonnen Roherz produziert, das zur Zeit in Tiefen zwischen 500 und 750 m abgebaut

CAMPING – GÄLLIVARE

Gällivare Camping * [N 67° 07′ 44.9″ E 20° 40′ 14.7″]** , Tel. 0970/10 010, www.gellivarecamping.se; Mitte Mai – Mitte Sept., an der Straße 45 südöstlich des Ortes, Wiesengelände am Fluss Linaälven; 2 ha – 50 Stpl.; Standardausstattung. Sauna. 12 Miethütten. **für Wohnmobile.**

Rast- und Stellplatz

Rastplatz Lappeasuando [N 67° 29′ 27.0″ E 21° 07′ 16.9″], ca. 15 km südlich von Svappavaara an der Straße 45 an der Brücke über den Kalix älv. Großer Parkplatz mit separaten Teilen für LKW, Caravans und Wohnmobile. Diese **Stellplätze** verfügen über Stromanschlüsse, Gebühr am Münzautomat. Ausgestattet mit Wasserentnahmestelle, Toiletten, Chemikalausguss, Müllcontainer, Picknicktische. **Gasthaus** mit Fremdenzimmer, Cafeteria. Übrigens: Hier ist man von Stockholm exakt 1.369 km entfernt.

Auf dem Weg nach Norden

wird. Das in diesen Tiefen vermutete Erzvorkommen soll ungefähr noch 400 Millionen Tonnen betragen.

Eine neue Hauptfördersohle wird künftig den bis in eine Tiefe von 2 km reichenden Erzkörper erschließen. Kirunas Erzgrube *Kiirunavaara* ist die größte Untertagegrube der Welt.

Gewonnen wird das Eisenerz im sog. Scheibenbruch-Abbau. Eine Sohle wird bis an den Abbauort vorgetrieben, dann werden die über der Sohle liegenden Gesteinsschichten fächerförmig angebohrt, die Bohrlöcher von Robotern mit Sprengmittel gefüllt und gesprengt. Bei jeder Sprengung werden etwa 1.500 t Erz gelöst. Frontlader bringen das Erz zum sog. Sturzschacht. Dort fällt das Erz hinunter in die Fördersohle, von wo es mit einem automatischen Zug (jeder Zug schafft 400 t) zu einem Zerkleinerer-Werk gebracht und von dort schließlich mit sog. Kübeln, von denen jeder 40 t fasst, noch oben befördert. Danach wird das Erz durch Brechen, Separieren und Aufbereitung veredelt und schließlich über die bekannte Erzbahn nach Narvik in Norwegen befördert und von dort in alle Welt verschifft. Der in Kiruna operierende LKAB-Konzern ist Europas größter Produzent von hochwertigem Eisenerz.

Kirunas Erzgrube, genauer gesagt ein 370 m tiefer **Touristenstollen Infomine** der LKAB (www.lappland.se), kann im Sommer auf geführten Touren besichtigt werden.

Besucher werden mit einem Bus auf eine Tiefe von 540 m untertage gefahren. Dort finden Sie auch einen Maschinenpark, ein Museum und ein Kino. Kinder unter 6 Jahren können nicht auf die Besichtigungen mitgenommen werden. Genaue Termine und Zeiten sind im Touristenbüro zu erfahren.

Kiruna ist aber nicht nur bedeutender Erzlieferant, sondern auch Schwedens größte Raumfahrt- und Satellitenkontrollstation. Die schwedische Weltraumbasis **Esrange** kann auf Führungen besichtigt werden (Infos über Tel. 0980-188 80; www.ssc.se).

Besichtigen kann man außer den Erzgruben beispielsweise das **Rathaus**. Seine eigenwillige Architektur mit dem irgendwie an einen Förderturm erinnernden Turm (Glockenspiel) hat den schwedischen Architektenbund nicht davon abgehalten, das Bauwerk 1964 zum schönsten öffentlichen Gebäude zu wählen. Das Innere ist mit Mosaiken und interessanten Kunstwerken ausgestattet.

Mehr über die junge Geschichte Kirunas ist im **Hjalmar Lundbohmsgården,** Ingenjörsgatan 2, zu erfahren *(geöffnet Mo - Fr 10 - 16 Uhr; Eintritt)*. Die ehemalige Dienstvilla des ersten LKAB-Minendirektors, das älteste Haus in Kiruna unterhalb des Kirchberges, dient heute als Museum.

Und über die samische Kultur informiert in Kiruna das Kulturhaus und Museum **Samegården**.

PRAKTISCHE HINWEISE – KIRUNA

Telefonvorwahl: 09 80
Kiruna Lappland Turistbyrå [N 67° 51′ 21.8″ E 20° 13′ 31.9″], Folkets Hus, Lars Jansonsgatan 17, 981 22 Kiruna, Tel. 18 880. Ganzjährig geöffnet, von Mitte Juni bis Mitte Aug. Mo - Fr 8.30 - 20 Uhr, Sa + So 8.30 - 18 Uhr; www.kiruna.se; www.lappland.se.

HOTELS

Kebne, 48 Zi. ***, Konduktörsgatan 7, Tel. 68 180, Fax 68 187, www.hotell-kebne.com; Bahnhofsnähe, Restaurant, Sauna, Parkplatz.
Vinterpalatset, 40 Zi. ****, Järnvägsgatan 18, Tel. 67 770, Fax 13 050, www.vinterpalatset.se; Bahnhofsnähe, Restaurant, Sauna, Parkplatz. – U. a.

CAMPING

Kiruna Hotel & Camping Ripan * [N 67° 51′ 43.8″   E 20° 13′ 39.8″]**, Campingvägen 5, Tel. 63 000, www.ripan.se; Jan. – Dez.; am nördl. Stadtrand von Kiruna, Zufahrt in der Stadt beschildert; unebenes, gestuftes und welliges Wiesengelände mit Birkenwäldchen, teils von Wohnhäusern, teils von einem Miethüttendorf begrenzt, auch befestigte Stellplätze; ca. 8 ha – 100 Stpl.; Standardausstattung; Restaurant. 90 Miethütten. **V & E** für **Wohnmobile**. Beheiztes Schwimmbad ganz in der Nähe.

Auf einer Anhöhe oberhalb des Touristenbüros liegt **Kirunas Kirche**, ein interessanter, großer Holzbau mit separatem Glockenturm. Um 1909 erhielt der Architekt Gustaf Wickmann vom Bergwerksdirektor Hjalmar Lundholm den Auftrag, „eine Kirche die einer Lappenkote gleicht" zu entwerfen. 1912 konnte der hohe, giebelreiche und innen recht dunkel gehaltene Bau eingeweiht werden.

Beachtung verdienen das **Portal** mit den geschmiedeten Eisenbeschlägen nach einem Entwurf von Ossian Elgström, das geschnitzte Relief darüber von Christian Eriksson und schließlich die 12 zwei Meter hohen, vergoldeten **Skulpturen** oben am Dachrand. Die Plastiken stammen ebenfalls von Christian Eriksson und symbolisieren menschliche Gefühle und Stimmungen wie Verzweiflung, Übermut, Frömmigkeit, Andacht, Liebe, Demut, Zuversicht u. a.

Das große **Altarbild** mit einem meditativen Motiv – es soll eine toskanische Landschaft darstellen, denn dort entstand das Gemälde – ist ein Werk aus dem ausgehenden 19. Jh. von Prinz Eugen.

Der **Glockenturm** ist eine interessante Fachwerkkonstruktion. Der Glockenstuhl ruht auf über 20 m hohen Holzmasten, die aus den Wäldern am Weißen Meer von Russland stammen.

Ausflug

Lohnend ist ein kurzer Ausflug in das 18 km östlich von Kiruna gelegene Städtchen **Jukkasjärvi [N 67° 50′ 49.4″ E 20° 37′ 02.9″]**.

Von Bedeutung für die lappländische Kirchenarchitektur ist die **Kirche** von Jukkasjärvi. Sie stammt aus dem frühen 17. Jh. und zählt zu den ältesten Kirchen in der Region. Sehenswert ist das dreigeteilte **Altargemälde.** Die in einer klaren, farbenfrohen Art gehaltenen Motive im Stil der naiven Malerei stammen von dem Kunstprofessor Bror Hjorth aus der Zeit um 1950.

Im Eingangsbereich sieht man eine Holztafel, deren lateinische Inschrift von französischen Reisenden aus dem Jahre 1681 stammt: „Gallien hat uns erzogen, Afrika hat uns gesehen und Ganges' heiliges Wasser haben wir getrunken und unser Europa betrachtet. Wankende Geschicke trieben uns über Land und Meer. Und so stehen wir schließlich hier am Ende der Welt".

Einen Besuch ist das **Sámi Siida Freilichtmuseum** (geöffnet tgl. 10 - 18 Uhr; Eintritt; www.nutti.se) gleich neben der Kirche. Rentiere, Zelte, Torfhütten, Diaschau über die Samikultur, Film über das Leben der Rentierzüchter, Führungen, Souvenirs, Restaurantkota Spezialität „Suovas", Geschnetzeltes vom Rentier)

Die Attraktion von Jukkasjärvi im Winter ist aber das spektakuläre **Icehotel**. Eigentlich ist es ein ganz normales Hotel, erhält jedoch in der Zeit von 10. Dez. bis 30. Apr. einen ,eisigen Palast' aus Eisblöcken.

Ab Jukkasjärvi werden Wildwasserfahrten über die Stromschnellen des Torneälv angeboten.

Abstecher nach Abisko

Für Liebhaber eindrucksvoller Landschaftsbilder und für Freunde handfester Trekkingtouren ist ein Abstecher auf Straße E10 nach Abisko ein Muss.

Die gut ausgebaute E10, die **Nordkalottenstraße,** die Kiruna mit dem norwegischen Erzhafen Narvik verbindet und meist in Sichtweite der Erzbahn verläuft, wurde erst 1984 eröffnete. Entlang der Strecke, die durch eine wunderschöne, von Seen durchsetzte, waldreiche Berglandschaft führt, und auf der Sie neben Rentieren mit etwas Glück auch mal einen Elch zu Gesicht bekommen können, werden zwei Rastplätze passiert:

Rautas Naturrastplats: Ca. 20 km westlich von Kiruna geteerter Parkplatz mit Toiletten, Grillstelle und Picknicktischen. Von montags bis freitags ist hier das Parken für 24 Stunden gestattet, sonst unbegrenzt.

Rastplatz Pessisjåkka: Ca. 18 km südöstlich Abisko mit Toiletten, Chemikalausguss, Müllcontainer, Picknicktische zwischen E10 und Torneträsk-See gelegen.

Mein Tipp: Die Fahrt nach Abisko oder noch etwas weiter bis Björkliden ist landschaftlich sehr reizvoll und lohnt sich auch, wenn keine Wanderungen vorgesehen sind.

Bei **Abisko** erstrecken sich drei weit über Schweden hinaus bekannte Wandergebiete, der 1909 eingerichtete, 75 qkm große **Abisko Nationalpark** mit dem markanten Berg **„Lapporten"** (samisch „Tjuonavagga", Lappentor), dann der **Nationalpark Vadvetjåkka** an der norwegischen Grenze (aus Gründen des Naturschutzes gibt es hier keinerlei Einrichtungen für Besucher!) und das Gebiet um den 2.111 m hohen **Kebnekaise** ein gutes Stück weiter südlich.

Altargemälde in der Kirche von Jukkasjärvi

Die moderne **Abisko Touriststation [N 68° 21' 03.1" E 18° 49' 53.5"]** (Lodge mit zahlreichen Gästezimmern, Tel. 09 80-402 00, www.abisko.nu) liegt am 70 km langen See Torneträsk knapp 100 km nordwestlich von Kiruna schon ganz in der Nähe der norwegischen Grenze. Sie ist außer mit dem Auto auch mit Bus oder Bahn zu erreichen. Neben einem Hotel findet man hier auch ein Restaurant, einen Laden und ein Geschäft für Wanderutensilien.

Angegliedert ist das **Informationszentrum „Naturum",** Tel. 0980-788 60. Hier erhält man Auskunft über die Wanderverhältnisse, Wetter etc. und über die Natur in der nördlichen Gebirgswelt Schwedens.

Der **Parkplatz** neben dem „Naturum" wird von vielen Wohnmobilfahrern als Übernachtungsplatz genutzt. Allerdings gibt es keinerlei Einrichtungen.

Ein **Sessellift** führt in der Saison auf den 1.169 m hohen **Berg Njulla,** Café an der Bergstation. Von oben hat man einen ganz fantastischen Ausblick auf Lapporten, den See Torneträskt und die Berge von Abisko.

Mein Tipp: Von Mitte Juni bis Mitte Juli verkehrt die Bahn auch bis spät in die Nacht, so dass Sie gute Gelegenheit haben, vom Njulla aus die Mitternachtssonne zu sehen.

Wandern auf dem „Königsweg"

Wer gerne Wandertouren unternimmt, der findet bei Kiruna **Abisko** ist Ausgangspunkt (oder Endpunkt) des Wanderweges **Kungsleden** (Königsweg). Die Wanderstrecke ist insgesamt rund 500 km lang und endet in Hemavan an der E12 in der Nähe

Blick zu Lapporten vom Berghotel in Björkliden aus

der norwegischen Grenze. Die Strecke ist gut markiert und in Abständen mit Übernachtungshütten versehen. Der schwierigste Teil des Weges, für dessen gesamte Strecke mindesten 14 bis 16 Wandertage eingeplant werden müssen, liegt im Sarek-Nationalpark.

Ausführliche Auskünfte über den Kungsleden, der zwischen Ende Juni und Anfang September am besten zu begehen ist, erteilt die *Abisko Turiststation* oder *STF Svenska Tu-*ristföreningen, Box 25, S-101 20 Stockholm, www.svenskaturistforeningen.se.

Ausflug zum Kebnekaise

Die **Kebnekaise Bergstation** unterhalb Schwedens höchstem Gipfel (2.111 m) liegt rund 90 km westlich von Kiruna. Mit dem Auto oder mit dem Bus ab Kiruna Touriststation kann man bis ins 67 km entfernte **Nikkaluokta** am Westende des Sees Paittasjärvi gelangen. Dort beginnt der rund

---

Telefonvorwahl: 09 80

HOTELS

Abisko Turiststation (STF) [N 68° 21′ 03.1″ E 18° 49′ 53.5″], 165 Zi., Tel. 0980-402 00, www.abisko.nu; Saison 9. Juni – 24. Sept.; Hotel, Lodge und Blockhäuser; Sauna, Restaurant, Parkplatz, Laden.

Björkliden Fjällby, 80 Zi., Tel. 0980-641 00, www.bjorkliden.com; Saison 19. Juni – 14. Sept.; außer Hotelzimmer auch Blockhäuser, Miethütten und Hostel; Restaurant, Schwimmbad, Parkplatz, angegliederter Campingplatz.

CAMPING

Björklidens Camping *** [N 68° 24′ 24.3″ E 18° 41′ 39.4″], Tel. 0980-64 100, www.bjorkliden.com; Anf. Feb. – Mitte Sept.; ebene, teils geschotterte, teils geteerte Flächen beiderseits der Zufahrtsstraße unterhalb des Hotels Fjellet und der Skihänge. Sehr schöne Lage mit Blick auf die Bergformation Lapporten. Nummerierte Stellplätze; ca. 3 ha – 300 Stpl., etwa zur Hälfte mit Dauercampern belegt; Standardausstattung. Laden, Imbiss. **V & E** **für Wohnmobile**. 80 Miethütten.

Vom Aussichtspunkt ,Utsikten' hinter dem 600 m entfernten Hotelgebäude prächtige Ausblicke auf die Berge, Lapporten und den See Torneträsk.

20 km lange Wanderweg zur Bergstation des Kebnekaise.

Schwedens nördlichste Gemeinde

Der direkteste Weg weiter nach Norden führt über die Straße 45 nach **Karesuando**, das rund 180 km nördlich von Kiruna an der schwedisch-finnischen Grenze liegt. Karesuando mit seinen knapp 300 Einwohnern, hervorgegangen aus einer Samisiedlung, kann für sich in Anspruch nehmen, nördlichste Kirchengemeinde in Schweden zu sein und die tiefsten Durchschnittstemperaturen des Landes zu haben.

Zu den sehr bescheidenen Sehenswürdigkeiten des Ortes zählen ein Freilichtmuseum mit einem samischen und einem Neusiedlerdorf und das ehemalige Wohnhaus des Pastors und Erweckungspredigers Lars Levi Læstadius, der zu Beginn des 18. Jh. in Karesuando lebte und dort auch aufsehenerregende botanische Studien betrieb.

Abstecher nach Norwegen

Die Straße 45 überquert den Grenzfluss Muonioälven hinüber nach **Kaaresuvanto** in Finnland an der E8. Der Weg nach Norwegen führt entweder westwärts über **Kilpisjärvi** nach **Skibotn** an der E6 oder zunächst ostwärts und ab **Palojoensou** nach **Enontekiö** und dort nordwärts über **Kautokeino** in der norwegischen Finnmark und weiter nach **Alta** an der norwegischen Hauptverkehrsader E6.

Detaillierte Routenbeschreibungen durch Norwegen bis zum Nordkap finden Sie im Band *„Mobil Reisen: NORWEGEN"* aus dieser Reiseführerreihe.

PRAKTISCHE HINWEISE – KARESUANDO

Telefonvorwahl: 09 81
Karesuando Touristinformation, Box 1, 980 16 Karesuando, Tel. 0981-202 05, www.karesuando.se; im Eurosuando-huset, an der Flussbrücke, mit Postamt und Café,

HOTELS

Hotel Karesuando, 27 Zi., Tel. 0981 203 30, www.arktictours.com; Restaurant, Parkmöglichkeit.
Jugendherberge: **Karesuando Vandrarhem,** Tel. 0981-203 30, 1. Juni – 30. August, 26 Betten.

CAMPING

Karesuando Camping *, Tel. 0981-2 01 39, www.karesuando.se; Jun. – Aug.; am östlichen Ortsrand, an der Straße nach Pajala; unebenes Grasgelände am Grenzfluss; ca. 3 ha – 30 Stpl.; einfache Standardausstattung. 15 Miethütten.

Wandern in Lappland, Erlebnis und Herausforderung.
Foto: H. Nelsäster, www.imagebank.sweden.se

Nordlicht

Polarlicht oder **Nordlicht** (aurora borealis) sind Erscheinungen am nächtlichen Himmel in polaren Zonen, die der Wissenschaft lange Zeit Rätsel aufgaben. Wenn sich in den langen Winternächten der Himmel streifenweise hellgrün färbte, oder wenn stundenlang ein in bläulichem Licht erstrahlender, übernatürlicher Vorhang vom Himmel zu hängen schien, wurden Märchen und Sagen der Tundrabewohner, der Sami (Lappen) oder Eskimos, lebendig.

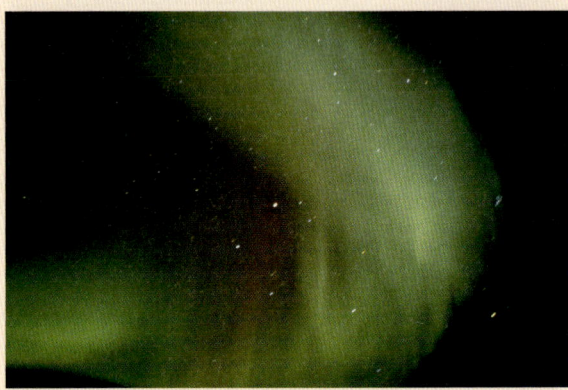

Böse Geister sollen auf der Suche nach armen Seelen sein, Verstorbenen wird angeblich mit dem Nordlicht ins ewige Leben geleuchtet und die Richtigkeit von Vorhersagen wird heute noch von so manchem an die Erscheinung dieses überwältigenden Naturschauspiels geknüpft.

Später versuchte man dem Phänomen mit wissenschaftlicher Logik auf die Spur zu kommen. Da die Astrophysik aber noch in den Kinderschuhen steckte, muten auch die ersten Deutungsversuche noch etwas unbeholfen an.

Ein gewisser Herr Hells war zum Beispiel der festen Überzeugung, das ganze Phänomen sei „ein optischer Meteor, welcher aus der Zurückwerfung des Sonnenlichtes von platten Eisteilchen" erklärbar sei.

Die Hypothese eines Herrn Mairan Anfang des 18. Jahrhunderts war, dass Polarlicht eine „Folge der in den Luftkreis eintretenden Sonnenatmosphäre" sei.

Und der britische Nordpolforscher Sir John Franklin (1786 – 1847), kam der Sache ebenfalls schon recht nahe. Er bezeichnete das Nordlicht als „elektrisches Gleichgewicht zwischen der Polarluft und derjenigen, der gemäßigten Erdstriche" und brachte somit Nordlicht als erster in Verbindung mit atmosphärischer Elektrizität.

Von der Sonne werden ständig durch gewaltige Ausbrüche elektrisch geladene Teilchen ins All geschleudert. Und nicht selten sind diese Sonnenwinde so enorm, dass sie bis an das Kraftfeld der Erde heranreichen. Durch das Magnetfeld der Erde können sie aber nicht in die Erdatmosphäre eindringen. Nur an den Polen, Polarlicht ist ja im nördlichen Polargebiet ebenso zu sehen wie im südlichen, ist es möglich, dass diese elektrisch aufgeladenen Teilchen auf die Atmosphäre treffen. Drei Dinge sind also nötig, um das faszinierende Phänomen des Nordlichts entstehen zu lassen: Elektrisch geladene Teilchen der Sonnenwinde, Magnetfeld und Luftmoleküle (Stickstoff und Sauerstoff).

Wissenschaftlich erklärt ist heute die Erscheinung Nordlicht, aber das schmälert nicht im geringsten die geheimnisvolle Stimmung angesichts der blassblau oder hellgrün über dem dämmrigen Nachthimmel der Polarzonen wallenden Geistervorhänge.

OSTSCHWEDEN AM BOTTNISCHEN MEERBUSEN

KIRUNA – ÖRNSKÖLDSVIK

Länge der Tour: Rund 800 km, ohne Abstecher.

Strecke: Über die Straße E10 über **Svappavaara** und **Överkalix** bis **Töre** – Straße E4 über **Luleå** und **Umeå** bis **Örnsköldsvik**.

Empfohlene Reisedauer: Mindestens zwei Tage.

Reisehöhepunkte auf dieser Tour: Luleås „Altstadt" **Gammelstaden** * – Piteås **„Riviera des Nordens"**.

Für diese Strecke, die aus dem tiefen Lappland an die Küsten des Bottnischen Meerbusens führt, sollte man sich mindestens zwei Tage Zeit nehmen, obwohl man die rund 400 km von Luleå nach Örnsköldsvik auf der Küstenschnellstraße E4 relativ rasch bewältigen kann.

ROUTE: Ab Kiruna zunächst auf der E10 zurück bis **Svappavaara**.

Hier hat man nun die Wahl, entweder nach **Vittangi** *(Straße 45), dort auf der Straße 395 südostwärts bis* **Pajala** *[N 67° 12' 39.2" E 23 21' 52.2"] (Camping Pajala ***, Te. 0978/74 180, ganzjährig, 50 Stpl., Miethütten) und schließlich auf der Straße 392 südwärts über* **Överkalix** *(Bränna Camping **, Tel. 0926/77 888 , 15. Jun. – 31. Aug., 50 Stpl., Miethütten) nach* **Töre** *zu fahren.*

Oder man bleibt ab **Svappavaara** *auf der E10 und folgt ihr nach Südosten über* **Överkalix** *nach* **Töre** *(Touristeninformation; Camping Töre, Tel. 0923/64 124, Ende Apr. – Mitte Okt., 50 Stpl., Miethütten).*

In **Töre** *[N 65° 54' 32.7" E 22° 38' 48.2"] stößt man auf die gut ausgebaute E4, der man nun südwärts über* **Luleå, Piteå** *und* **Skellefteå** *bis* **Umeå** *folgt.*

Luleå [N 65° 35' 04.0" E 22° 09' 12.1"], Verwaltungshauptstadt der **Provinz Norrbotten** mit fast 70.000 Einwohnern, liegt an der weit ins Land reichenden Mündungsbucht des Luleälven.

An der Stelle einer schon im 15. Jh. geweihten St. Peters-Kirche wurde 1621 die Stadt gegründet.

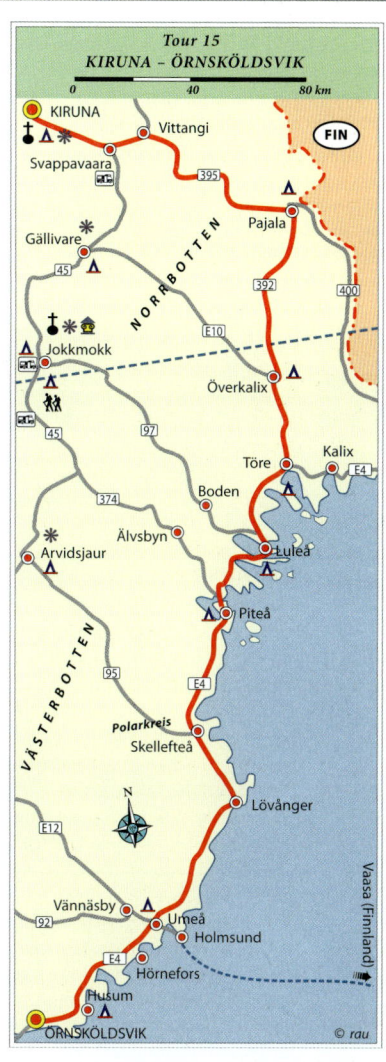

Tour 15
KIRUNA – ÖRNSKÖLDSVIK

0   40   80 km

KIRUNA
Vittangi
FIN
Svappavaara
395
Pajala
Gällivare
45
392
400
N O R R B O T T E N
Jokkmokk
E10
Överkalix
45
97
Kalix
Töre
E4
Boden
374
Älvsbyn
Arvidsjaur
Luleå
Piteå
95
E4
V Ä S T E R B O T T E N
Polarkreis
Skellefteå
Lövånger
N
E12
Vännäsby
92
Umeå
Holmsund
Hörnefors
E4
Husum
ÖRNSKÖLDSVIK
© rau

Vaasa (Finnland)

Allerdings diente der Hafen schon seit viel längerer Zeit als Handelsplatz. Obwohl die Expansion der Stadt nur langsam voranschritt, wurde der Hafen für die reger werdende Schifffahrt doch bald zu eng. Man sah sich gezwungen, den Hafen und damit auch die Stadt etwa 10 km weiter meerwärts zu verlegen.

Es dauerte jedoch sehr lange und bedurfte eines königlichen Dekrets, die Leute dazu zu bewegen, vom alten **Gammelstad** ins neue Luleå zu ziehen.

Erst Mitte des 17. Jh. besiedelte sich die Neustadt. Der neue Hafen bot doch bessere Möglichkeiten für den Handel und den Umschlag der aus dem Inland über den Fluss Luleälven herangeschafften Güter wie Holz, Felle, Fische oder Teer.

Einen richtigen Aufschwung erlebte Luleå, schon damals einer der nördlichsten Häfen des Landes, aber bis zum Ende des 18. Jh. nicht. Brände und Verwüstungen durch russische Kosaken bedeuteten arge Rückschläge für die Stadt, die damals noch eher einem Dorf glich, wie Carl von Linné auf seiner lappländischen Reise im Jahre 1732 über Luleå notierte. Werftindustrie, die mit dem Zeitalter der Dampfmaschine wieder abebbte und der Versuch, das aus dem Inland angelieferte Erz zu verarbeiten, blieben ohne nachhaltigen Erfolg.

Eine wirkliche Wende in der Stadtentwicklung kam erst mit dem Bau der Erzbahn von Gällivare nach Luleå. Nun konnte das Erz aus Kiruna bequem an die Ostsee transportiert und hier weiterverarbeitet und verschifft werden. Heute zählen die Hüttenwerke von Luleå zu den modernsten in Europa.

Zu den **Sehenswürdigkeiten** des modernen Luleå gehört vor allem das **Norrbottens Museum,** Storgatan 2 (geöffnet Di - Fr 10 - 16, Sa + So. 12 - 16 Uhr; Eintritt frei; www. norrbottens.museum.nu). Dieses interessante Regionalmuseum im zentralen Hermelinsparken gibt Einblick in die Entwicklung der Stadt und in die Lebensweise in Norrbotten in früheren Jahrhunderten. Sehr umfang-

---

PRAKTISCHE HINWEISE – LULEÅ

Telefonvorwahl: 09 20
Luleå Turistbyrå, Järnvägsstationen, 972 34 Luleå, Tel. 22 24 75; www.lulea.se. Geöffnet Sommer Mo - Fr 9 - 19 Uhr, Sa + So 10 - 16 Uhr; übrige Zeit Mo - Fr. 9 - 17 Uhr.
Gammelstads Turistbyrå, Kyrktorget, Gammelstad, Tel. 45 35 81; www. lulea.se/gammelstad. Geöffnet Sommer tgl. 9 - 18 Uhr, übrige Zeit Di - Do 10 - 12, 13 - 16 Uhr.

RESTAURANTS

Gemütlich rustikal ist das Ambiente im Restaurant **„Margaretas Wärdshus",** das in einem 200 Jahre alten Norrbottenshof in Gammelstad eingerichtet ist. – Und andere Restaurants.

HOTELS

Best Western Arctic ****, 93 Zi.; Sandviksgatan 80, Tel. 1 09 80, Fax 6 07 87, www.arctichotel.se; am Bahnhof, Restaurant, Schwimmbad, Garage.
Elite Stadshotellet Luleå ****, 135 Zi., Storgatan 15, Tel. 27 40 00, Fax 6 70 92, www.elite.se; zentral gelegenes, komfortables Mittelklassehotel, bekanntes Restaurant „Bryggen", Garage. – Und andere Hotels.

CAMPING

First Camp Luleå **** [N 65° 35' 44" E 22° 4' 20"], Arcusvägen 110, Tel. 60 300, www.firstcamp.se; Jan. - Dez., Zufahrt von der E4 Richtung Karlsvik Südost westlich der Stadt, am Nordufer des Luleälv; bei Karlsvik, einem ehemaligen Standort der Hüttenindustrie gelegen; das fast ebene Wiesengelände mit Hartstandplätzen liegt teils in lichtem Nadelwald, reicht bis an die Bucht der Flussmündung und ist Teil eines Freizeitparks mit großem Freibad; ca. 15 ha – 450 Stpl.; Standardausstattung; Laden, Sauna, WLAN.
V & E für **Wohnmobile**. 74 Miethütten.

reich ist die Sammlung von Gegenständen aus dem samischen Kulturkreis.

Ein Museum, das seine Ausstellungen in unserem Medienzeitalter gerechter Form präsentiert, ist das **Haus der Technik**.

Luleå ist flächenmäßig Schwedens größtes Bistum. Der **Dom** in seiner heutigen Form, mit seinem weithin sichtbaren, spitzen, 67 m hohen Turm stammt aus der Zeit des ausgehenden 19. Jh. Er wurde aber 1983 umfassend restauriert.

In Luleå Altstadt, der **Gammelstad**, die rund 10 km nordwestlich des Stadtzentrums liegt, ist die mittelalterliche **Nederluleå Kirche** *(geöffnet im Sommer tgl. 9 - 18 Uhr)*, die von zahlreichen kleinen sog. Kirchenhäusern – es sollen über 400 sein – umgeben ist, zu besichtigen. Sehenswert im Kircheninneren ist der schön geschnitzte Flügelaltar aus einer Antwerpener Werkstatt aus der Zeit um 1520 und das mittelalterliche Chorgestühl. Dieser „Kirchenstadt" schließt sich das **Freilichtmuseum Hägnan** an. Hier sind u. a. zwei Norrbottenhöfe aus dem 18. Jh. zu sehen.

Ein schöner Sommerausflug sind Bootsfahrten in die Inselwelt der norrbottnischen Schären, die der Stadt vorgelagert sind.

Piteå [N 65° 19′ 15.2″ E 21° 28′ 28.3″] ist ein weiteres dieser schwedischen Hafenstädtchen an der Küste des Bottnischen Meerbusens, die an der Mündungsbucht eines Flusses liegen.

Flüsse waren lange die einzigen Verkehrswege ins oft unwegsame Inland. Und die Warenumschlagplätze an den Flussmündungen entwickelten sich, mehr oder minder schnell und dauerhaft, zu wichtigen Küstenstädten.

Piteå liegt teils auf dem Festland, teils auf der Halbinsel Piteholmen. Trotz verschiedentlicher Plünderungen und Brände in früheren Jahrhunderten konnte Piteå einige alte Hausensembles im Zentrum bewahren.

Zu den historischen Bauwerken der Stadt zählen z. B. die **Kirche** aus dem 17. Jh. oder das alte **Rathaus**, Storgatan 40, das auch das **Piteå Museum** *(geöffnet Mo - Fr. 8 - 16, S 11 - 14 Uhr; Eintritt frei)* beherbergt.

Ähnlich wie Luleå wurde auch Piteå im 17. Jh. weiter ostwärts neu gegründet. Der alte Ort heißt heute **Öjebyn**. Sehenswert dort sind **Kirche** und **Kirchstadt**.

Die inselreiche Bucht um Piteå gilt im Lande als eine der sonnreichsten und wärmsten Gegenden in Nordschweden. Dieser Umstand und die **langen Strände** südlich von Piteå haben wahrscheinlich dazu geführt, dass dieser Küstenstrich – wenn auch etwas mutig – mitunter als „Riviera des Nordens" bezeichnet wird.

Auf der Weiterfahrt südwärts passiert man **Jävre** an der E4, das bekannt ist für seine archäologisch interessanten, **bronzezeitlichen Gräber**, Labyrinthe und Opfersteine.

An der Küste hier steht eines der **ältesten Leuchtfeuer Schwedens**. Es war von 1871 bis 1957 in Betrieb.

CAMPING – BYSKE

Camping Byske Havsbad ***** **[N 64° 56' 49" E 21° 14' 8"]**, Bäckgatan 40, Tel. 0912/61 290, www.camping.se/ac19; 15. Mai – Anf. Sept., 570 Stpl., 1,5 km östlich von Byske an der E4; weitläufiger Platz am Meer und der Mündung des Flusses Byskeälven, flacher Sandstrand; 15 ha – 150 Stpl. + zahlreiche Dau; Standardausstattung; Restaurant, Laden, Schwimmbad, Fahrradverleih, Internetecke. 70 Miethütten. **V & E für Wohnmobile**.

Rastplatz
Rastplatz Byske: Parkplatz an der E4 am südlichen Ortsrand von Byske, jederzeit zugänglich, ausgestattet mit Frischwasserhahn, Toiletten, Chemikalausguss, Grillplatz.

ROUTE: *Über* **Byske** *erreicht man 85 km südlich von Piteå* **Skellefteå**.

Skellefteå mit annähernd 76.000 Einwohnern ist einer der großen Industriestandorte in der **Region Västerbotten** mit dem größten Hafen an der Westküste des Bottnischen Meerbusens. Industrielle Schwerpunkte sind Energiegewinnung, Hütten- und Metallindustrie. Verarbeitet werden in erster Linie die weiter nordwestlich bei Boliden geförderten Erze und Edelmetalle wie Gold und Silber.

Von touristischem Interesse sind das **Nordanå Kulturzentrum** mit Museum, Kunstausstellungen, Theater und Kino oder der **Nordanåpark Bonnstan [N 64° 45' 03.8" E 20° 55' 51.0"]** mit historischen Bauwerken aus der Region und die neoklassizistische **Landeskirche**.

Kinder werden ihren Spaß im **Liliput-Land** im Stämmingsgården haben.

Und wer viel Zeit mitbringt, macht einen Abstecher auf den Straßen 95/370 nach Westen ins gut 90 km entfernte **Örträsk**. Ab Örträsk kann man auf einer zweistündigen Fahrt in der Kabine einer Seilschwebebahn ins 13 km entfernte **Mensträrsk** gondeln. Rückfahrt per Bus nach Örträsk. Für die Fahrt mit der **„längsten Seilbahn der Welt"**, wie es in der Werbung heißt, auf der Sie Schwedens Landschaft hoch über den Baumwipfeln und Seen betrachten können – ein Fensterplatz sei immer garantiert –, werden vor Ort Picknickkörbe angeboten.

Ab **Skelleftehamn**, das etwa 20 km östlich der Stadt liegt, bestehen **Fährverbindungen** nach Pietarsaari (Jakobstad) in Finnland.

Auf der Weiterreise über die E4 nach Süden fährt man zwar oft in Küstennähe, die See bleibt aber für gewöhnlich hinter dichten Wäldern verborgen. Hübsche Kirchstädte unterwegs sind z. B. **Lövånger [N 64° 22' 09.9" E 21° 18' 50.8"]** oder **Bygdeå**.

ROUTE: *Knapp 140 km südlich von Skellefteå erreicht man schließlich* **Umeå**.

Umeå [N 63° 49' 36.6" E 20° 15' 36.7"] mit knapp 100.000 Einwohnern, ist Verwaltungshauptstadt der **Provinz Västerbotten** und seit 1965 auch Universitätsstadt. Gegründet wurde die Stadt offiziell im Jah-

Telefonvorwahl: 09 10
Skellefteå Turistbyrå, Mossgatan, 931 70 Skellefteå, Tel. 73 60 20.

HOTELS

Best Western Malmia ****, 140 Zi., Torget 2, Tel. 73 25 00, Fax 73 25 29; zentral, Restaurant, Garage. – Und andere Hotels.

CAMPING

Skellefteå Camping **** [N 64° 45' 42" E 20° 58' 30], Mossgatan, Tel. 73 55 00, www.skelleftacamping.se; Jan. – Dez.; am nördl. Stadtrand an der E4; Grasgelände am Waldrand, teils laut durch nahe Straße; ca. 6 ha – 300 Stpl.; Standardausstattung; Laden, Restaurant, Sauna, . Fahrradverleih. 82 Miethütten. **V & E für Wohnmobile**.

re 1622, jeden- falls nach den Chroniken der Stadt. Es ist aber überliefert, dass Umeå mindes- tens schon 100 Jahre früher exis- tierte. Nur sind aus jener frühen Zeit keine Stadt- urkunden erhal- ten.

Naturnah und viel Platz, Camping in Nordschweden

Umeå wur- de während der russisch-schwe- dischen Kriege zu Beginn des 18. Jh. arg in Mitleidenschaft gezogen. Es wurde geplündert und gebrandschatzt. Oft geschah das im Winter, wenn die Truppen die zugefrorene Ostsee als bequeme Ab- kürzung nutzten. 1721 brannte die Stadt nach einem Überfall völlig nieder. Und noch 1809 hielten sich russische Truppen in Umeå auf.

Nach einem verheerenden Stadtbrand im Jahre 1888 begann Umeå erst zu Be- ginn unseres Jahrhunderts sich mit der Ansiedlung von Industrie (Holzverarbei- tung, Stahlindustrie, Maschinenbau) zu einer wirklichen Stadt zu entwickeln und auszudehnen.

Leider hat Umeå aufgrund seiner Ge- schichte so gut wie keine alten, historischen Bauwerke bewahren können.

Das Stadtbild wirkt modern, freundlich und überraschend grün durch die vielen Birkenalleen, die der Stadt zu ihrem Beina- men „Stadt der Birken" verholfen haben.

Nach dem großen Brand von 1888 hatte man beim Wiederaufbau der Stadt beschlos- sen, an den Straßen Birken zu pflanzen. Man hoffte, dass die Laubbäume den Funkenflug einschränken würden, der bei der erwähn- ten Feuersbrunst für die rasche Ausbreitung des Feuers verantwortlich war.

Nach wie vor von großer Bedeutung für die Wirtschaft der Stadt ist der Fluss Ume- älv. War er früher Transportweg und Flöß- strecke für die reichen Holzvorkommen im Landesinneren, so ist er heute wichtigster Energielieferant. Stornorrfors, eines der größten Wasserkraftwerke in Westeuropa, liegt unweit westlich der Stadt.

PRAKTISCHE HINWEISE – UMEÅ

Telefonvorwahl: 0 90
Umeå Turistbyrå [N 63° 49' 36.6" E 20° 15' 36.7"], Renmarkstorget 15, 902 26 Umeå, Tel. 16 16 16. www.visitumea.se.

HOTELS

OK Hotell, 44 Zi. ***, Parkvägen 7, Tel. 10 85 00, Fax 13 80 32, Restaurant, Garage.
Royal, 72 Zi. *****, Skolgatan 62, Tel. 10 07 30, Fax 10 07 39, www.royalhote- lumea.com; in Bahnhofsnähe, Restaurant, Sauna, Garage, Parkplatz. – U. a.

CAMPING

First Camp Umeå ** [N 63° 50' 34" E 20° 20' 25"],** Nydalasjön 2, Tel. 70 26 00, www.firstcamp.se; Jan. – Dez.; nördl. der Stadt, Zufahrt über die E4; Gelände im Freizeitpark Nydala, mit Freibad, Sporteinrichtungen und einem ausgedehnten Hüttendorf; ca. 7 ha – 450 Stpl.; Standardausstattung; Laden, Restaurant, Pub, Schwimmbad; 78 Miethütten.

Umeå, oder genauer **Holmsund [N 63° 40' 53.6" E 20° 20' 28.9"]**, ist wichtiger Hafen für den **Fährverkehr mit Vaasa in Finnland**.

Zu den wenigen Sehenswürdigkeiten von Umeå zählt in erster Linie das **Freilichtmuseumsgelände Gammlia** (geöffnet Mitte Juni - Mitte Juli tgl. 10 - 17 Uhr; Eintritt frei), mit dem **Västerbottens Museum**, dem Regionalmuseum von Västerbotten. Das Museumsgelände liegt rund 2 km (oder 20 Gehminuten) östlich des Stadtzentrums. Wichtigster Teil des Freilichtmuseums ist ein Bauernhof aus der Zeit des 19. Jh. Zu sehen gibt es zudem die Helana-Elisabeth-Kirche.

Im **Sävargården Wärdshus,** einem traditionsreichen Gasthaus im Freilichtmuseum, kann man in einladendem Ambiente ein köstliches, mit landestypischen Spezialitäten garniertes Smörgåsbord genießen.

Ungefähr 30 km südlich von Umeå passiert man **Hörnefors**. Ein Denkmal hier erinnert an den Kriegshelden J. Z. Duncker, der 1808/1809 in der hiesigen Schlacht die Schweden gegen die Russen führte und dabei fiel. Die Kirche von Hörnefors stammt aus dem Jahre 1780.

Örnsköldsvik [N 63° 17' 26.0" E 18° 43' 02.7"], eine Industrie- und Hafenstadt, hat dem Besucher nichts sonderlich Aufregendes zu bieten.

Die Stadt mit annähernd 60.000 Einwohnern liegt in der **Provinz Ångermanland** und erhielt ihren Namen nach Per Abraham Örnsköl, der im 18. Jh. der Provinz Ångermanland als Landeshauptmann vorstand.

Besichtigen kann man das **Örnsköldsviks Museum og Konsthall [N 63° 17' 23.1" E 18° 43' 32.5"],** Backgatan, im Stadtzentrum nicht sehr weit vom Stora Torget entfernt.

Das Museum (geöffnet tgl. a. Mo 12 - 16 Uhr) beherbergt eine kulturhistorische Sammlung der Gemeinde, frühgeschichtliche Exponate, Gegenstände aus dem Kulturkreis der Sami Nolaskogs sowie ångermanländisches Kunsthandwerk. Wechselnde Ausstellungen im Sommer.

Neben dem Museum liegt die Werkstatt des Örnsköldsviker Künstlers Bror Marklund.

Einen schönen Blick auf Stadt und Hafen hat man vom **Varvsberg** aus (Restaurant, Skisprungschanze, Startpunkt des Fernwanderweges Höga Kustenleden, siehe auch nächste Tour).

Und wenn Sie sich länger in Örnsköldsvik aufhalten können, wird Sie Ihr Weg vielleicht auch in das **Paradisbadet** führen, ein modernes, herrliches Erlebnisbad (Wasser 32°C, tropisches Klima, 181 m lange Wasserrutsche etc.).

PRAKTISCHE HINWEISE – ÖRNSKÖLDSVIK

Telefonvorwahl: 06 60
Örnsköldsvik Turistbyrå [N 63° 17' 26.0" E 18° 43' 02.7"], Strandgatan 24, 891 33 Örnsköldsvik, Tel. 88100, www.ornskoldsvik.se.

HOTELS
First Hotel Statt, 115 Zi., *****, Lasarettsgatan 2, Tel. 26 55 90, Fax 8 37 91, www.firsthotels.se; zentral in Bahnhofsnähe, Restaurant, Bar, Sauna, Fitnesseinrichtungen, Garage, Parkplatz.
Scandic Örnsköldsvik, 103 Zi. *****, Hästmarksvägen 4, Tel. 27 22 00, Fax 27 22 11, www.scandic-hotels.se; Restaurant, Schwimmbad, Parkmöglichkeit. – Und andere Hotels.

CAMPING – DOMSJÖ
Gullviks Havsbad Camping **** **[N 63° 17' 44.4" E 18° 41' 08.9"]**, Tel. 74 582; 12. Mai – 3. Sept.; ca. 15 km östl. der E4 und 8 km östl. von **Domsjö**; lichtes, leicht terrassiertes Waldgelände an der buchtenreichen Küste südl. von Örnsköldsvik; ca. 7 ha – etwa 70 Stpl. für Touristen, ansonsten überwiegend Dauercamper; Standardausstattung; Laden, Imbiss, Restaurant, Reitstall, Fahrradverleih, WLAN, Sauna. 40 Miethütten. **V & E für Wohnmobile**.

ÖRNSKÖLDSVIK – SÖDERHAMN

Länge der Tour: Rund 390 km.

Strecke: Über die Straße E4 und über **Härnösand, Sundsvall** und **Hudiksvall** bis **Söderhamn**.

Empfohlene Reisedauer: Mindestens ein Tag.

Reisehöhepunkte auf dieser Tour: Ein Bootsausflug zu den Inseln vor der **„Hohen Küste" ** ** – Wandern im **Nationalpark Skuleskogen** – das **Murberget Freilichtmuseum ** ** von Härnösand – die **Museen in Sundsvall.**

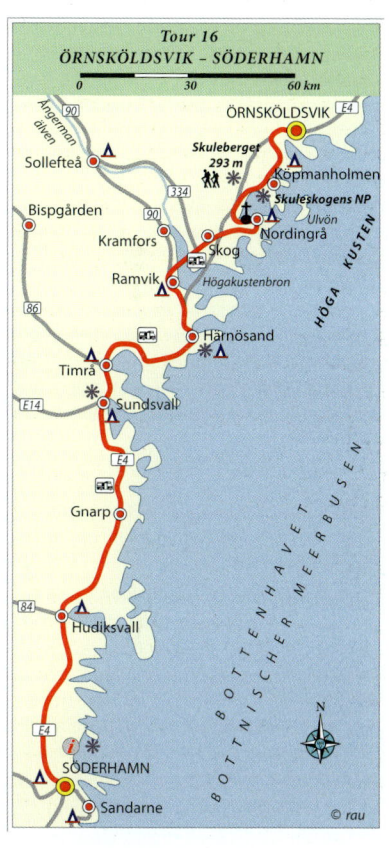

Knapp 40 km südlich von Örnsköldsvik liegt westlich der E4 der 293 m hohe **Skuleberget [N 63° 04' 17.4" E 18° 21' 28.4"]**. Die markante, nach Osten steil abfallende Anhöhe liegt mitten in einer anmutigen, sehr bergigen und bewaldeten Landschaft.

Vom Skuleberget hat man eine **herrliche Aussicht auf die Küste** und ins Umland. Die bewirtschaftete **Gipfelhütte** erreicht man bequem mit einem Sessellift an der weniger steilen Südseite des Berges.

Wer es sich konditionell zutraut und wenigstens ein bißchen Berg- und Klettererfahrung hat, kann den Berg auch über die steile Ostflanke erobern. Ein fest installiertes Stahlseil bietet Halt für Kletterseil und Karabinerhaken.

Am Fuße der Ostwand liegt ein **Informationsbüro** (www.skulenaturum.se) mit kleinem naturkundlichem Museum.

Die Hohe Küste **Höga Kusten** hier in der Provinz Ångermanland ist die höchste und steilste der gesamten Ostsee. In tiefen Buchten reicht hier das Meer ins Land. Vor der felsigen Küste liegen zahlreiche Inseln.

Übrigens – Kaum irgendwo sonst auf unserem blauen Planeten hebt sich noch heute die Erde in einem solchen erstaunlichen Maße wie hier an der Hohen Küste in Schweden. Derzeit sind das 8 mm pro Jahr.

Diese Küstenlandschaft ist im Jahre 2000 sogar in die UNESCO Liste des Weltnaturerbes aufgenommen worden (www.highcoast.net).

Ausflug zu den Inseln vor der „Hohen Küste"

Die **Insel Mjältön** unmittelbar vor der Küste ist mit einer Erhebung von 236 m Schwedens höchste Insel.

Noch etwas weiter draußen liegt die rote Granitinsel **Ulvön**. Hier findet man herrliche Felsküsten und im Norden, bei dem denkmalgeschützten, im 17. Jh. gegründeten alten Fischerdorf **Sandviken**, auch Sandstrände zwischen den Klippen.

Nicht zuletzt wegen der lustigen Einlagen des Wirtes ist bei Besuchern das **Café Måsen** sehr beliebt.

Liebhaber alter Kirchenkunst werden sicher einen Blick in die **Ulvö Kapell** werfen wollen. Bemerkenswerte Wandmalereien aus dem frühen 17. Jh.

Und bei klarem Wetter ist der Lohn für den Aufstieg auf den **Lotsberget** (Café) eine herrliche Aussicht.

Übrigens – Von der Insel Ulvön kommt eine berühmt berüchtigte schwedische Fischspezialität der **Surströming**, die es allerdings nie schaffte, weit über die Region oder gar über Schweden hinaus bekannt zu werden, und die sich nur dem mutigen Gourmet erschließt. Zu geteilt sind die Meinungen über diesen sauer eingelegten, vergorenen Ostseehering. Man sagt, entweder man mag diese duftende Köstlichkeit oder man sucht fluchtartig das Weite, wenn Surströming auch nur in der Nähe ist. Zu extrem ist das Aroma und der „Duft" (andere haben auch deftigere Bezeichnungen wie „Stinkfisch" dafür) dieses sauren Heerings. Liebhaber aber fiebern jedes Jahr dem dritte Donnerstag im August entgegen, für sie ein Festtag, fast so schön wie Mittsommer. Dann nämlich wird der neue Jahrgang probiert, Höhepunkt der Surströming-Saison. Dann genießt man den Fisch stilecht und nach alter Manier mit „tunnbröd", einem ganz dünnen Fladenbrot.

Man erreicht die Inseln Ulvön und Trysunda mit **Ausflugsbooten** ab Docksta, Ullånger, Mjällomslandet oder Köpmanholmen etwas weiter nördlich. Die Boote verkehren gewöhnlich zwischen Anfang Juni bis Mitte/Ende August täglich gegen 10 Uhr, Rückfahrt gegen 15 Uhr, Fahrtdauer rund zwei Stunden.

Bei schönem Wetter ist der Ausflug zu den Inseln schon alleine ein Reiseerlebnis, führt die Fahrt doch entlang der imposanten, zerklüfteten Steilküste „Höga Kusten", der „Hohen Küste" Schwedens.

Wandern im Nationalpark Skuleskogen und auf dem Hohe-Küsten-Weg

Östlich der E4 erstreckt sich zwischen Straße und Küste der **Nationalpark Skuleskogen**. 1984 wurde dieses 30 qkm große Gebiet, eine geologisch wie ökologisch

überaus eigenwillige und interessante Mischung aus Waldflächen, Hochgebirge, Wildmark und Meeresküste, unter Naturschutz gestellt, um seine Ursprünglichkeit und Unberührtheit weitestgehend zu bewahren. Man kann den Nationalpark auf weit über 100 km markierten Wanderwegen erkunden.

Das vielleicht eindrucksvollste Ziel im Nationalpark ist die 6 m schmale, 40 m tiefe, 200 m lange, von senkrechten Wänden gesäumte **Felsschlucht Slåttdalsskrevan**.

Einen Teil der Wanderwege bildet der **„Höga-Kusten-Pfad"**. Dieser Hohe-Küsten-Weg ist insgesamt 130 km lang und verläuft von **Veda** an der Mündung des Ångermanälven bis hinauf zum **Varsberg** bei Örnsköldsvik. Entlang des Weges findet man Übernachtungshütten und Jugendherbergen.

In den Touristenbüros in Kramfors und Örnsköldsvik und anderen entsprechenden touristischen Einrichtungen kann man einen speziellen Führer (schwedisch und englisch) über den Höga Kustenleden samt Kartenbuch käuflich erwerben.

Eine der vielleicht am schönsten gelegenen Jugendherbergen liegt etwas abseits des Küstenweges auf der winzigen **Insel Högbonden** vor **Bönhamn**. Die Herberge mit unschlagbarem Meerblick ist in der ehemaligen Wohnung des Leuchtturmwärters hoch über der Felsküste eingerichtet. Auskunft unter Tel. 06 11-2 90 85.

ROUTE: *Landschaftlich sehr reizvoll ist ein kleiner* **Umweg über Nordingrå** *zur Küste. Man verlässt dazu bei* **Ullånger** *die E4 und fährt über unklassifizierte Landstraßen durch eine sehr anziehende, bewaldete Hügellandschaft mit dazwischen eingelagerten kleinen Seen südostwärts bis* **Nordingrå**.

Die **Kirche von Nordingrå [N 62° 55' 49.3" E 18° 17' 37.0"]** ist wegen ihres sehr schönen flämischen **Flügelaltars** aus dem Jahre 1510 und den Skulpturen der Mutter Maria, der hl. Birgitta und der Apostelstatuen aus dem frühen 16. Jh. einen Besuch wert.

Weiter nördlich in Mjällomsviken gibt es das **Mjällomsvikens Motormuseum** zu besichtigen. In dieser stattlichen Oldtimersammlung sind u. a. Fahrzeuge aus dem Ende des 19. Jh., Bootsmotoren u. ä. zu sehen.

Ab Nordingrå sucht man sich den Weg über **Näsänget** nach **Barsta**. Die Straße endet in dem Fischerdorf, um dessen Bucht sich kleine Fischerhütten drängen, von denen viele im Sommer als Ferienhäuser angeboten werden.

Einen schönen Blick auf das Dorf Barsta hat man von der auf einer Anhöhe gelegenen **Fischerkapelle**. Dieses kleine, bescheidene Holzkirchlein entstand auf Veranlassung des Propstes Nicolaus Bozaeus, der Mitte des 17. Jh. in Nordingrå residierte und hier bei Barsta seine Landwirtschaft hatte. Im Inneren kann man gut erhaltene Wandmalereien, den winzigen Altar, die schöne Kanzel und die rohen, einfachen Kirchenbänke ohne Rückenlehne sehen.

Eine andere alte Fischerkapelle findet man im etwas weiter nördlich gelegenen **Bönhamn**.

Über **Häggvik** [N 62° 54′ 32.7″ E 18° 17′ 51.8″] (prächtiger Blick vom Stortorget auf die Bucht Gaviksfjärden, vom Café „Mannaminne" führt ein Weg zum Aus-

CAMPINGS UND RASTPLÄTZE IN DER REGION HÖGA-KUSTEN

Docksta
Docksta Camping „Kustladan" * [N 63° 01′ 47.0″ E 18° 18′ 37.9″]**, Skoved 302, Tel. 0613/13 064, www.camping.se/y50; 1. Mai – 15. Sept.; ca. 4 km südlich von Docksta, leicht schräges Wiesengelände direkt an der E4 gelegen, unterhalb des einladenden **Restaurants** mit Campingreception; ca. 2 ha – 40 Stpl.; einfache Standardausstattung. Restaurant, Schwimmbad, Sauna. 7 Miethütten. Guter Ausgangspunkt zu Ausflügen entlang des Höga-Kusten-Slingan.

Mjällom
Norrfjällsvikens Camping ** [N62° 58′ 25″ E 18° 31′ 38″]**, Tel. 0613/21 382, www.norrfallsvikenscamping-stugby.com; 1. Mai – 1. Nov.; auf einer Halbinsel in der Küstenlandschaft Höga Kusten, Zufahrt von der E4 bei Ullånger und noch 30 km, beim Fischerdorf Norrrfällsviken gelegen; Wiesengelände; ca. 10 ha – 300 Stpl.; Standardausstattung; Laden, einladendes Fischrestaurant, Pub, Sauna, Schwimmbad, Internetecke. 7 Miethütten.

Söråker
Bye Rast Värdshus och Camping * [N 62° 33′ 22.8″ E 17° 38′ 35.9″]**, Tel. 060/45 055, www.byerast.com; 1. Mai – 15. Okt.; an der E4 ca. 15 km südwestlich von Härnösund gelegen; ca. 2 ha – 30 Stpl.; einfache Standardausstattung. Miethütten.

Ramvik

Snibbens Camping * [N 62° 47′ 57″ E 17° 52′ 11″]**, Hälledal 530, Tel. 0612/40 505, www.snibbenscamping.se; 1. Mai – 15. Sept.; ca. 2 km von der Högakustenbron (E4) entfernt, an der Straße 90 landeinwärts Richtung Kramfors; Wiesengelände am Ångermansälv; ca. 2 ha – 50 Stpl.; Standardausstattung. Laden. Restaurant, Bootsverleih, WLAN. 33 Miethütten. **V & E für Wohnmobile.**

Rastplätze
Rastplatz Ullånger „Höga Kusten" [N 62° 59′ 45.2″ E 18° 09′ 55.5″] direkt an der E4 am See mit Badeplatz, Picknicktischen, Wasserhahn mit Schlauch, Waschbecken im Freien, Toiletten, Müllcontainer, Kiosk tagsüber im Sommer. Info über die Höga-Kusten-Region.

Ramvik
Rastplatz Hornöberget [N 62° 48′ 26.6″ E 17° 57′ 05.7″] am Nordende der Sundbrücke Högakustenbron (E4) mit schönem Fjordblick. Toiletten. Cafeteria. Tankstelle.

Söråler
Rastplatz Bölesjön [N 62° 32′ 25.4″ E 17° 33′ 47.6″] an der E4 ca. 20 km südwestlich von Härnösund und 2 km nördlich von Söråker, mit Sanitäreinrichtungen.

sichtspunkt) und **Åsang** gelangt man nach **Skog [N 62° 55' 08.9" E 18° 01' 48.2"]** an der E4. Sehenswert, aber leider nicht immer geöffnet, ist die gotische Kirche von Skog aus dem 12. Jh.

Auf der Weiterfahrt nach Süden – wir nehmen nicht die neue, 1997 eingeweihte, 1,8 km lange Hängebrücke Högakustenbron über die Mündung des Ångermanälven weiter südöstlich – überquert man bei **Lunde** auf der 42 m hohen Bogenbrücke bei **Sandö** die fjordähnliche Mündung des Ångermanälven. Die Sandöbron war bei ihrer Einweihung 1943 angeblich die längste Brücke der Welt

Im Sommer verkehrt das **Restaurant- und Ausflugsschiff "M/S Ådalen"** auf dem Ångermanälv zwischen Härnösand, Kramfors (Camping) und Sollefteå.

Die reizvolle Landschaft rechts und links des Flusslaufes Ågnermanälv kennt man als **Ådalen** oder auch als „Rotes Ådalen". Zu Beginn unseres Jahrhunderts lag hier das Zentrum der schwedischen Arbeiterbewegung. Viele Gewerkschaften wurden hier gegründet. In **Lunde [N 62° 52' 51.4" E 17° 52' 09.3"]** steht ein Denkmal, das an einen blutigen Arbeiteraufstand im Jahre 1931 erinnert.

ROUTE: Über **Ramvik** [N 62° 48' 26.9" E 17° 52' 06.9"] *und* **Veda**, *End- bzw. Ausgangspunkt des Küstenwanderweges, erreicht man* **Härnösand**.

Das alte, durch einen Sund zweigeteilte Handels- und Seefahrerstädtchen **Härnösand [N 62° 39' 13.1" E 17° 53' 01.0"]** (Touristeninformation, Hotels) lohnt einen Stopp.

1585 erhielt Härnösand Stadtrechte, wurde 1772 Bischofsitz und sechs Jahre später Landeshauptstadt von Västernorrland. Heute hat Härnösand annähernd 28.000 Einwohner.

Vor allem durch den alten Stadtkern, der jenseits des Sundes auf der Insel Härnön liegt und den kleinstädtisch wirkenden **Ortsteil Östanbäcken** mit hübschen Häuserzeilen sollte man einen Spaziergang machen.

Zu den bemerkenswerten Bauwerken der Stadt zählt das neoklassizistische **Rathaus** aus dem Jahre 1791 mit schönem runden Säulenvorbau und der **Dom** im Stadtpark. Der heutige Kirchenbau ist wie das Rathaus im neoklassizistischen Stil gehalten und stammt von 1846. Ein früheres Bauwerk wurde 1721 nach einem russischen Überfall ein Raub der Flammen. Erhalten blieben aber der Altar und die Kronleuchter, die man im Dom wiederfindet.

Nicht versäumen sollte man einen Besuch im **Murberget Freilichtmuseum [N 62° 39' 13.1" E 17° 53' 01.0"]** *(geöffnet Ende Juni - Mitte Aug. tgl. 11 - 17 Uhr)* von Härnösand. Etwa 80 alte Bauwerke, Gehöfte, Scheunen, Sennereien, Bauernhäuser, Schulgebäude, Kirchen, Stadthäuser, Handwerkerläden und vieles mehr sind hier zu bewundern.

Bei der Gründung des Freilichtmuseums im Jahre 1913 durch die Museumsgesellschaft Västernorrlands hatte man ehrgeizige Pläne. Als man damals als erstes Museumsgebäude den Glockenturm der Kirche von Ullånger aufstellte, wollte man den Grundstein für ein zweites Skansen schaffen, ähnlich dem großen Freilichtvorbild in Stockholm. Und tatsächlich schaffte man es im Laufe der Jahre, hier das größte Freilichtmuseum in Norrland und das zweitgrößte in Schweden entstehen zu lassen.

Schwerpunkte auf dem Museumsgelände bilden der **Murbergsplatz** mit dem alten Rathaus von Härnösand, einem alten Kaufmannshaus links davon und anderen Stadthäusern, weiter ein Herrenhof mit Nebengebäuden aus Hässjö, dann die schöne, herrlich ausgeschmückte Kirche und schließlich der etwas weiter rechts gelegene, komplett wieder aufgebaute Ångermanlandshof aus Ådalsliden.

Ein Stück hinter der Kirche ist ein Waldlappendorf aus der Gegend um Arjeplog und Arvidsjaur zu finden.

Schauen Sie auch einmal in die alte Schule aus Gideåvallen, in der Generationen auf harten Bänken Schönschrift übten und im Katechismus lasen.

Sundsvall [N 62° 23' 23.1" E 17° 18' 30.8"], eine große betriebsame Stadt mit fast 95.000 Einwohnern in der **Region Medelpad**, Verkehrsknotenpunkt am Abzweig der wichtigen Querverbindung nach Norwegen, der E14, ist Nordschwedens größte Stadt und ein wichtiges Zentrum der schwedischen Holzindustrie und des Holzumschlags.

Gustav II. Adolf gilt als Stadtgründer. Er verlieh Sundsvall 1621 Stadtrechte.

Sundsvall teilte im 18. Jh. das Schicksal vieler schwedischer Küstenstädte. Große Teile gingen 1721 in Flammen auf. Als dann 1888 abermals eine Feuersbrunst durch die Stadt wütete, war vom alten Sundsvall nicht mehr viel übrig.

Nach dem Wiederaufbau hatte sich die Stadt gewandelt. Die breiten Straßenzeilen

Söderhamns stattliches Rathaus

im Zentrum wurden nun gesäumt von stattlichen Bauten im Stil der Neorenaissance, des Jugendstils, oder sie waren dem Gotischen nachempfunden. Die namhaftesten Architekten des ausgehenden 19. Jh. wurden damals nach Sundsvall verpflichtet. Nun konnte sich der Wohlstand des Stadt und ihrer Industriellen und Geschäftsleute in repräsentativen Stadtbauten, Palästen und stattlichen Herren- und Geschäftshäusern manifestieren. Und eben dieses Stadtbild ist es unter anderem, das einen Besuch in Sundsvall durchaus lohnt. Das berühmte ehemalige *Hotel Knaust* ist einer jener Repräsentanten aus einer Zeit, als Sundsvalls Stadtplaner sich an Stockholm, Paris oder Berlin orientierten.

Zu den Sehenswürdigkeiten der Stadt zählt vor allem das **Kulturmagazin** in der Storgatan 29, mit dem ausgezeichneten und preisgekrönten **Sundsvall-Museum** *(geöffnet Mo - Do 10 - 19 Uhr, Fr bis 18 Uhr, Sa + So 11 - 16 Uhr; Eintritt)*, das über wirtschaftliche und kulturelle Schwerpunkte in der Stadtentwicklung berichtet.

Etwa 2 km von der Stadtmitte entfernt findet man auf dem **Norra Stadsberget** ein

PRAKTISCHE HINWEISE – SUNDSVALL

Telefonvorwahl: 0 60
Sundsvall Turism [N 62° 23′ 23.1″ E 17° 18′ 30.8″], Stora Torget, 85230 Sundsvall, Tel. 61 04 50; www.sundsvallturism.com.

HOTELS
Best Western Baltic, 62 Zi. ***, Sjögatan 5, Tel. 14 04 40, Fax 12 45 60, www.baltichotell.com; Bahnhofsnähe, Restaurant, Garage.
First Hotel Strand, 80 Zi. ****, Strandgatan 10, Tel. 64 19 50, Fax 61 92 02, Restaurant, Sauna, Parkplatz. – Und andere Hotels.

CAMPING

Fläsians Camping * [N 62° 21′ 31″ E 17° 22′ 11″],** Grästenvägen 9, Tel. 55 44 75, www.camping.se/y26; 15. Mai – 31. Aug.; Zufahrt über E4 4 km südl. Sundsvall; parkähnliches Gelände, teils gestuft, teils lichter Nadelwald, an einer Bucht mit Fels- und Sandstrand; ca. 7 ha – 150 Stpl. + Dau.; einfache Standardausstattung; 16 Miethütten. **V & E** **für Wohnmobile**. Restaurant und Laden ca. 600 m entfernt.

Njurunda
Bergafjärdens Camping * [N 62° 16′ 13.1″ E 17° 22′ 14.6″],** Svartviksvägen 39, Tel. 3 45 98, www.bergfjarden.nu; 15. Mai – 31. Aug.; ca. 17 km südl. Sundsvall und 5 km östl. der E4; Waldgelände am Meer, recht ansprechend und relativ ruhig gelegen; ca. 6 ha – 200 Stpl. + Dau.; Standardausstattung; Laden. Restaurant, Sauna. 19 Miethütten. **V & E** **für Wohnmobile**.

Heimat Museum *(geöffnet Juni - Aug. tgl. 9 - 19 Uhr, übrige Zeit 11 - 16 Uhr)*, mit einer interessanten Freilichtabteilung und Ausstellungen über Schifffahrt, Volkskunde in Medelpad und Kunsthandwerk.

Einen sehr **schönen Stadtblick** genießt man vom 240 m hohen Södra Stadsberget aus.

Hudiksvall [N 61° 43' 39.8" E 17° 06' 29.7"], 82 km weiter südlich, ist die nächste größere Küsten- und Hafenstadt. Die Stadt mit rund 39.000 Einwohnern liegt in der **Region Hälsingland** in einer geschützten Bucht. Früher war Hudiksvall bekannt für seine schmackhaften Salzheringe, heute ist es mehr die Holzindustrie und die Energiegewinnung aus Wasserkraft, die die wirtschaftlichen Schwerpunkte bilden.

Zu den bescheidenen Sehenswürdigkeiten zählt das **Hälsinglands Regionalmuseum** in der Storgatan.

Söderhamn [N 61° 17' 56.8" E 17° 02' 02.7"], eine Hafen- und Industriestadt mit kaum 30.000 Einwohnern und Ziel dieser Etappe, liegt 78 km weiter südlich. Wie so viele andere schwedische Küstenstädte am Bottnischen Meerbusen ist auch Söderhamn eine Gründung König Gustavs II. Adolf, der der Stadt – wahrscheinlich nicht zuletzt wegen der damals wichtigen Waffenproduktion hier – entsprechende Privilegien verlieh. Und ebenso wie andere Küstenstädte wurde auch Söderhamn von den Russen niedergebrannt (1719). Und auch hier war es die wachsende Holzindustrie, die die Stadt Ende des 19. Jh. wiederbelebte.

Besichtigen kann man in Söderhamn, das einen etwas kleinbürgerlichen Eindruck hinterlässt, das **Stadtmuseum [N 61° 18' 03.5" E 17° 02' 41.5"]** in der Oxtorgsgatan 8, die **Ulrika-Eleonora-Kirche** aus dem ausgehenden 17. Jh. und das mit "Utsiktorn" beschilderte **Schlösschen Oskarsborg** mit Aussichtsturm.

Und angenehme 25 Grad ein Regenwaldklima mit hoher Luftfeuchtigkeit können Sie mitten unter tropischen Pflanzen im **Schmetterlingshaus** erleben.

PRAKTISCHE HINWEISE – HUDIKSVALL, SÖDERHAMN

Hudiksvall Telefonvorwahl: 06 50
Hudiksvalls Turistbyrå [N 61° 43' 39.8" E 17° 06' 29.7"], Storgatan, 824 80 Hudiksvall, Tel. 1 91 00.

Söderhamn Telefonvorwahl: 02 70
Söderhamns Turism [N 61° 17' 56.8" E 17° 02' 02.7"], Resecentrum, 826 40 Söderhamn, Tel. 7 53 53.

HOTELS
Hudiksvall
First Hotel Statt Hudik, 142 Zi. ****, Storgatan 36, Tel. 1 50 60, Fax 9 60 95, Bahnhofsnähe, Restaurant, Schwimmbad, Garage. – Und andere Hotels.
Söderhamn
First Hotel Statt, Oxtorgsgatan 17, Tel. 73 570, Fax 13 524, www.firsthotels. com; Restaurant, Garage. – Und andere Hotels.

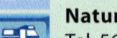

CAMPING
Hölick
Natura Camping Hölick * [N 61° 37' 35" E 17° 26' 29"]**, Arnöviken 84, Tel. 56 50 32, www.naturaholick.se; Mitte Mai – Anf. Sept.; rund 30 km östlich von Hudiksvall, Abzweig von der E4 ca. 3 km nördlich von Hudiksvall; auf einer Halbinsel am Meer in ansprechender, ruhiger Lage; ca. 100 Stpl. + Dau.; Standardausstattung. Fahrradverleih. Miethütten. **V & E** **für Wohnmobile**.

Söderala
Moheds Camping ** , Mohesvägen 59, Tel. 42 52 33, www.mohedscamping. se; ganzjährig; ca. 10 km westl. Söderhamn an der Straße 50 Richtung Bollnäs; von Wald umgebenes Wiesengelände am See Florsjön; ca. 5 ha – 150 Stpl. + Dau.; Standardausstattung; Laden, Imbiss, Tennis, Wassersportmöglichkeiten; Fahrradverleih; 26 Miethütten.

SÖDERHAMN – NORRKÖPING

Länge der Tour: Rund 440 km.

Strecke: Über die Straße E4 und über **Gävle, Uppsala** und **Södertälje** bis **Norrköping**.

Empfohlene Reisedauer: Mindestens ein Tag.

Reisehöhepunkte auf dieser Tour: Die **Festungskirche von Vendel** – das **Schloss Tullgarn **** – das hübsche **Trosa *** – die **Ostseeküste** bei Oxelösund.

Tourenkarte siehe nächste Seite!

ROUTE: Weiterreise ab Söderhamn auf der E4 südwärts (Rastplatz bei Hagsta mit Frischwasser, Toilette, Chemikalausguss, Grillplatz). Nach 76 km erreicht man die Stadt **Gävle***.*

Gävle (Touristeninformation **[N 60° 40' 34.2" E 17° 08' 58.0"]**, Hotels), eine bedeutende Hafen- und Industriestadt mit etwa 90.000 Einwohnern, ist Verwaltungszentrum des Bezirks **Gästrikland**. Der Hafen nimmt eine herausragende Funktion als Umschlagplatz für die bei Falun und in Dalarna geförderten Erze und für die Produkte aus der großen Stahlstadt Sandviken wahr.

Gävle wurde schon im 15. Jh. als Stadt erwähnt und um 1580 ließ König Johan III. ein **Stadtschloss [N 60° 40' 22.0" E 17° 08' 41.0"]** errichten, das nun als Residenz der Landesregierung dient.

Das heutige Stadtbild aber stammt vornehmlich aus dem 19. Jh., als sich Gävle zu einem bedeutenden Industriestandort entwickelte. Im nachhinein als weitsichtig kann der Bau der Festung Frederikskans um 1717 bezeichnet werden, die die Hafeneinfahrt sicherte. Diesem Bollwerk verdankt es die Stadt maßgeblich, nicht wie fast alle schwedischen Küstenstädte am Bottnischen Meerbusen im 18. Jh. von den Russen zerstört worden zu sein.

Das repräsentative **Rathaus** der Stadt stammt aus der Zeit um 1780 und ist nach Plänen des Architekten Adelcrantz errichtet. Adelcrantz hatte auch Pläne zur alten Oper von Stockholm beigesteuert.

Zu den bedeutenden Sakralbauten Gävles zählt in erster Linie die **Dreifaltigkeitskirche** aus der Mitte des 17. Jh. Mauerfragmente und ein Runenstein dort weisen auf frühere Kirchen und Siedlungen hin.

Gävle besitzt drei interessante Museen.

Das **Länsmuseet** in der Södre Strandgatan 20 fungiert als Heimatmuseum und befasst sich mit Volkskunde, Kunst- und Kulturgeschichte der Region Gästrikland, mit der Historie der Stadtentwicklung und der Seefahrt u. ä.

Im modernen Gebäude des **Skogsmuseet Silvanum** im Kungsbäcksvägen 32 wird alles Wissenswerte rund um den Wald und das Produkt Holz gezeigt und **Sveriges Järnvägsmuseum** in der Rälsgatan 1 ist eines der größten Eisenbahnmuseen in Schweden. Ausgestellt sind u. a. eine Sammlung historischer Lokomotiven, erste elektrische Loks, Motorwagen, Modelleisenbahnen, Uniformen, Fahrkarten, Signale u. v. m.

ROUTE: Weiterreise über die E4 Richtung **Uppsala** *(ausführliche Beschreibung der Stadt siehe Tour 10, Mariefred – Uppsala).*

Bei knappem Zeitplan lässt sich der Reiseweg erheblich abkürzen, wenn man auf den Umweg über Roslagen verzichtet und auf der Autobahn E4 direkt weiter – vorbei an **Stockholm** (ausführliche Beschreibung der Stadt und ihrer Umgebung siehe Tour 8, Stockholm) – bis **Norrköping** fährt.

Umweg über Roslagen

Bei ausreichend zur Verfügung stehender Zeit lohnt der Umweg durch **Uppland, Roslagen** und über **Norrtälje** zur **Schärenküste** nordöstlich von Stockholm.

Roslagen, die Landschaft in **Stockholms Län** an der Schärenküste nordöstlich der Hauptstadt Stockholm, war vor allem im 16. und 17. Jh. Schwedens wichtigstes Hüt-

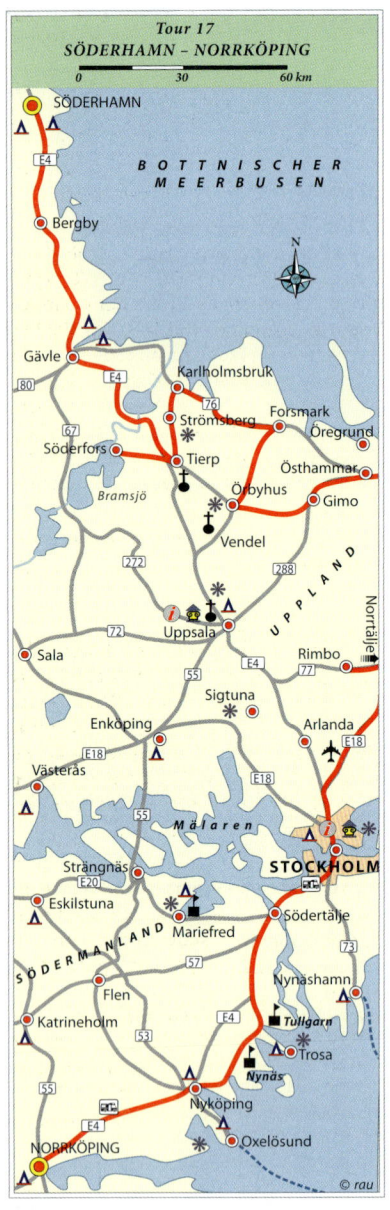

Tour 17
SÖDERHAMN – NORRKÖPING

0   30   60 km

SÖDERHAMN

BOTTNISCHER MEERBUSEN

Bergby

Gävle

Karlholmsbruk

Strömsberg Forsmark
Öregrund

Söderfors Tierp
Östhammar

Bramsjö Örbyhus Gimo

Vendel

UPPLAND

Uppsala

Sala Rimbo

Sigtuna

Enköping Arlanda

Västerås

Mälaren

Strängnäs STOCKHOLM

Eskilstuna
Mariefred Södertälje

Flen Nynäshamn

Katrineholm Tullgarn
Trosa

Nynäs

Nyköping

NORRKÖPING Oxelösund

© rau

denkmälern, sondern auch zu eindrucksvollen Herrensitzen mit einladenden Parks.

Besonders im frühen 17. Jh. kamen Wallonen aus dem südlichen Belgien, vor allem Schmiede, aber auch andere Handwerker nach Schweden und begründeten hier eine florierende Eisenindustrie. Einer der großen Entrepreneurs jener Zeit war der Wallone Louis De Geer (1587 - 1652), der im Laufe seines Lebens nicht weniger als drei Hüttenwerke gründete (Österby, Gimbo und Lövsta) und an vielen anderen beteiligt war.

Die wohlhabenden Minenbesitzer ließen sich prächtige Villen erbauen und darum herum wunderschöne Parks anlegen, die manchem adeligen Schloss in nichts nachstehen mussten, und heute mit zu den Sehenswürdigkeiten der Region zählen.

ROUTE: *Rund 54 km südlich von Gävle verlässt man die E4 und fährt ostwärts zunächst bis* **Tierp***.*

Wer sich für Kirchenkunst interessiert, sollte sich (falls geöffnet) unbedingt die **Kirche von Tierp [N 60° 20' 35.1" E 17° 30' 51.0"]** ansehen. Markant ist der mächtige, separat stehende schindelgedeckte Glockenturm. Die Kirche stammt aus dem 13. Jh. und ist bekannt für ihre aus der Zeit der Gotik stammenden Freskenornamente. Leider ist die Kirche außerhalb der Gottesdienste nicht immer zugänglich.

18 km westlich von Tierp (Straße 292) liegt am Ostufer des weitverzweigten Bramsöfjärden das Städtchen **Söderfors**. Sehenswert ist – außer der sog. **„Hüttenstraße"**, einer Reihe von weißen, niederen Holzhäusern früherer Minenarbeiter – der 1795 angelegte **Englische Park**. Mitten im Park trifft man auf eine imposante **Säulenhalle**, die einem griechischen Tempel im dorischen Stil nachempfunden ist.

ROUTE: *Rund 8 km nördlich von Tierp kommt man auf der Landstraße nach* **Karlholmsbruk** *durch* **Strömsberg***.*

In **Strömsberg** ist das Areal der früheren Eisenhütte **Strömsberg's Bruk** samt Hochöfen und Schmiede fast vollständig

tengebiet. In hunderten von großen und kleinen Anlagen, den **Vallonbruk i Uppland**, den **Wallonen-Eisenhütten in Uppland** (www.vallonbruken.nu), wurde hier Eisen für Industriegüter produziert.

Eine Reise durch diese Gegend Schwedens ist recht interessant, führt sie doch nicht nur zu bemerkenswerten Industrie-

erhalten. Das Werk war 1643 von dem aus Belgien stammenden Wallonen Welam Vervier gegründet worden. Später erwarb Louis de Geer, ein schwerreicher Eisenbaron des 17. Jh., die Anlage. Danach war sie zeitweise im Besitz der Familie des Götakanalbauers Baltzar von Platen. Um 1920 wurde der Betrieb stillgelegt.

Karlholmsbruk, das ursprünglich von einem Mitglied des De Geer Clans im 18. Jh. gegründete Eisenwerk, wurde mehrfach verändert und den wirtschaftlichen Erfordernissen angepasst. Die ganze Werksstruktur ist aber noch gut erhalten, vor allem die originale **Lancaster-Schmiede** von 1880 und der hübsche Uhrenturm.

ROUTE: *Von Karlholmsbruk auf der Straße 76 nach Südosten über* **Lövstabruk** *(11 km) bis* **Forsmark** *(11 km).*

Lövstabruk ist das größte Eisenhüttendorf der gesamten Region. Es war das erste Werk, das Louis de Geer um 1620 gegründet hat. Für Kinder wurde hier eigens ein Eisenwerk zum Anfassen gebaut.

Geradezu beeindruckend ist die herrschaftliche **Villa** von Lövstabruk und der schöne **Park** davor. Bemerkenswerte **Kirche** mit Barockorgel von Johan Niclas Cahman aus dem Jahre 1728.

Forsmark ist ein Minenarbeiterstädtchen aus dem 18. Jh. mit stattlicher Kirche und Herrenhaus. Vor allem die **Bruksgata** mit Schmiede, Eisenwerk, Mühle, Geschäften, Café, Gasthaus und **Museum** (geöffnet im Sommer) erinnert an die Zeit, als Forsmark alleine von der Eisenindustrie gut leben konnte.

ROUTE: *Ab Forsmark auf der Straße 290 südwestwärts nach* **Österbybruk** *und* **Dannemore** *(28 km).*

In der Umgebung **Österbybruk** wurde schon im Mittelalter Eisen verhüttet und damals vornehmlich zu Schwertern und Waffen verarbeitet. 1628 holte Louis de Geer Wallonen aus Belgien nach Österby und baute das Ganze im industriellen Maßstab aus. Eisen-

barren aus Österby erzielten damals auf dem Markt in ganz Europa Spitzenpreise. Das verarbeitete Eisenerz wurde übrigens den nahen Eisengrube von Dannemore gefördert. Die **Wallonenschmiede** gilt als die besterhaltene ihrer Art und kann besichtigt werden. Außerdem Herrenhaus, Stadtpark, alte Brauerei, Studio des Naturmalers Bruno Liljefors (geöffnet im Sommer) u. a.

In **Dannemore** ist die tiefe, schluchtartige, etwa 200 m lange Grube der **Storrymningen** zu sehen, das „Herz der Wallonen Eisenhütten", in der von 1481 bis 1922 Eisenerz (teils im Tagebau) abgebaut wurde. Mit dem Erz wurden 30 Hütten in der Umgebung beschickt. Unter König Gustav Vasa hatten deutsche Unternehmer das Privileg, hier Erze abzubauen. Die Erzgrube kann auf Führungen besichtigt werden. Mineralienmuseum.

Rund 10 km westlich von Dannemore liegt **Örbyhus [N 60° 13' 35.9" E 17° 42' 21.1"]**.

Südlich des Ortes erhebt sich an einem schmalen See **Örbyhus slott. Schloss Örbyhus**, im frühen 15. Jh. im Besitz Gustav Vasas, musste 1574 als Verließ für Gustav Vasas Sohn Erik XIV. herhalten. Erik wurde hier von seinem Halbbruder Johan III. gefangengehalten und 1577 schließlich ermordet, vergiftet heißt es. Das Anwesen ist noch heute in Privatbesitz.

Ein nicht nur für den kunsthistorisch Interessierten sehenswertes Gotteshaus ist die einige Kilometer südwestlich von Örbyhus gelegene, recht wehrhaft wirkende **Festungskirche von Vendel**. Dieser schöne gotische Backsteinbau aus dem frühen 14. Jh. weist im Inneren schöne Fresken auf.

In der sog. **Vendelzeit**, einer Kulturepoche im 7. und 8. nachchristlichen Jahrhundert, war diese Gegend Upplands ein reiches Kulturzentrum des Svea-Reiches. An der Südseite der Kirche hat man beim Erweitern des Friedhofge-

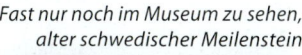
Fast nur noch im Museum zu sehen, alter schwedischer Meilenstein

ländes ausgangs des 19. Jh. ein Reihe von Schiffssetzungen und Wikingergräber gefunden (u. a. ein reich mit Grabbeigaben, Waffen, Pferden, Hunden, Nahrung etc. bestücktes Fürstengrab), die zum großen Teil aus der Vendelzeit stammen. Fast alle Funde sind heute im Nationalmuseum in Stockholm und nur einige bescheidene Stücke im kleinen historischen Museum neben der Kirche ausgestellt.

ROUTE: Weiterreise von Österbybruk auf der Straße 292 ostwärts nach **Gimo** *(19 km).*

In **Gimo** stand ab 1615 das Königliche Eisenwerk, das 1649, bei der Einweihung einer neuen Schmiedehalle, mit fast der halben Stadt abbrannte. Nach dem Wiederaufbau beteiligte sich auch die Familie De Geer an den Werken bis 1764 Jean Henry Le Fabur, damals einer der reichsten Männer des Landes das Eisenwerk übernahm. Er war es auch, der den Grundstein zu dem stattlichen **Herrenhaus von Gimo** (heute Hotel-Restaurant) legte.

ROUTE: 13 km östlich von Gimo trifft man auf die Straße 76, der wir südostwärts 62 km bis **Norrtälje** *folgen.*

Das Städtchen **Norrtälje [N 59° 45' 34.0" E 18° 42' 07.8"]**, das 1622 Stadtrechte erhielt, ist der Hauptort der Region Roslagen. Das meiste des historischen Stadtkerns stammt allerdings aus der Zeit nach der russischen Plünderung und Brandschatzung von 1719. Nur einige historische Holzbauten sind erhalten, so z. B. das alte **Rathaus** aus dem 18. Jh.

23 km weiter östlich liegt der Hafen von **Kappelskär [N 59° 43' 18.1" E 19° 04' 03.6"].** Von hier bestehen regelmäßige **Autofährverbindungen mit Finnland.** Im finnischen Sprachgebrauch heißt Schweden ja *Ruotsi.* Diese Bezeichnung soll sich übrigens von der Region Roslagen abgeleitet haben.

Westlich von Norrtälje liegt kurz vor **Rimbo [N 59° 44' 37.1" E 18° 21' 56.5"]** das alte, historische Gehöft **Finstagård**, dessen Ursprung bis ins Mittelalter zurückreicht. Damals soll das Anwesen dem legendären *Birger Jarl*, dem alten Haudegen und Gründer Stockholms, gehört haben. Seine Tochter *Birgitta*, Schwedens einzige Heilige, wurde hier im Jahre 1303 geboren.

Wer noch mehr aus der Zeit der Wallonen-Eisenhütten sehen will, fährt von Rimbo, vorbei an Schloss Ekebyholm, bis **Rånäs.** Der stattliche Herrensitz eines wohlhabenden Eisenbarons entstand 1844, beherbergt heute ein sehr elegantes Hotel-Restaurant und ist nur Gästen zugänglich.

HAUPTROUTE

ROUTE: Der weitere Verlauf unseres Reiseweges führt von Norrtälje auf der E18 bis **Stockholm** *(ausführliche Beschreibung der Stadt und ihrer Umgebung siehe Tour 8, Stockholm) und weiter auf der E4 südwärts über* **Södertälje** *und* **Nyköping** *bis* **Norrköping.**

Wer einen **Abstecher auf die Insel Gotland** auf seinem Reiseplan stehen hat, fährt von Stockholm auf der Straße 73 zum **Fährhafen Nynäshamn** (siehe Tour 22, Insel Gotland).

Abstecher zum Schloss Tullgarn

Lohnend ist ein Abstecher etwa 63 km südlich von Stockholm von der E4 ostwärts zum **Schloss Tullgarn [N 59° 01' 50.2" E 17° 33' 26.0"]** *(geöffnet 15. Mai - 15. Sept. tgl. 11 - 16 Uhr; Eintritt; Führungen).*

Die königliche Sommerresidenz liegt in einem schönen Park und in herrlicher Lage auf einer Landzunge der buchtenreichen, labyrinthischen Küste der Region **Södermanland.** Neben der schönen Lage ist es vor allem die kostbare Ausstattung der Salons und Gemächer, die sehenswert sind.

Die Geschichte des Anwesens Tullgarn geht zurück bis ins 14. Jh. als ein Ritter namens Tord Rörikson Bonde das hiesige Gut übernahm. 1583 begann der damalige Besitzer Graf Carl Sture mit dem Bau von Schloss Tullgarn.

Als Tullgarn zu Beginn des 18. Jh. in den Besitz des Reichsrats Magnus Julius de la Gardie gelangte, befahl dieser den Abriss und den kompletten Neubau von Schloss Tullgarn. Als Architekt wurde Joseph Gabriel Destain ausersehen, der sich stark am Stil des Barock, den der namhafte Tessin d. J. zu bauen pflegte, orientierte. Im Unterschied zur früheren Schlossanlage wurde das Bauwerk nun dreiflügelig konzipiert, die Front zur See hin offengelassen und der Haupttrakt zur Parkseite hin ausgerichtet.

Schloss Tullgarn

1772 kam Schloss Tullgarn in Staatsbesitz und diente als königliche Sommerresidenz und Lustschloss.

Später, von 1807 bis 1829, residierte auf Tullgarn Prinzessin Sofia Albertina, die das Anwesen gerne als Sommersitz nutzte und es abermals baulich verändern ließ.

1829 übernahm Kronprinz Oskar das Schloss. Seither ist es Sommerresidenz der königlichen Familie geblieben. Seit Mitte der 50er Jahre ist Schloss Tullgarn, oder zumindest die Prunkräume, der Öffentlichkeit zugänglich. Die Räumlichkeiten sind auf Führungen zu besichtigen.

Um es vorweg zu nehmen, von der ursprünglichen Einrichtung aus dem frühen 18. Jh., der Zeit des Reichsrates de la Gardie, dem Erbauer des Schlosses das man heute besichtigen kann, ist nichts erhalten. Das Schloss wurde verschiedentlich völlig neu eingerichtet.

Man betritt das Schloss durch die **Vorhalle** im Haupttrakt. Die interessanten, handgemalten Wandkacheln aus holländischen Manufakturen stammen vornehmlich aus dem 19. Jh. Man sieht aber auch ältere, mit Tiermotiven bemalte Fliesen, die aus dem 16. Jh. stammen.

Auf den Führungen wird zunächst das **Frühstückszimmer** gezeigt, ein schön getäfelter Saal aus dem Ende des 19. Jh. Es heißt, die Gattin König Gustavs V., Viktoria von Baden, wollte sich mit dem rustikalen

Ambiente, das angeblich einer süddeutsche Bierstube nachempfunden sein soll, eine Erinnerung an ihre Heimat schaffen.

Anschließend gelangt man von der Vorhalle über das Treppenhaus, dessen ursprünglichen Wandmalereien aus dem 18. Jh. erst bei Restaurierungsarbeiten in den 60er Jahren wieder freigelegt wurden, in das Obergeschoss. Hier liegen die großen **Repräsentations- und Prunkräume** des Schlosses.

Man sieht den **Großen Speisesaal**, das **Billardzimmer,** das sich König Gustav V. so einrichten ließ, wie es der Besucher heute sieht, und weiter den **Blauen Salon**, das größte Gemach des Schlosses. Der Blaue Salon wurde ausgangs des 19. Jh. nach Vorstellungen Königin Viktorias im Rokokostil dekoriert und mit deutschen Möbeln versehen. An den Wänden des Salons hängen Porträts aus dem Königshaus. Zur Sammlung zählen auch Bildnisse der Eltern von Königin Louisa Ulrika, Friedrich Wilhelm I. und Königin Sophia Dorothea von Preußen.

Gezeigt werden weiter das **Kleine Vorzimmer** und das **Rote Vorzimmer**, das als Gesellschaftssalon genutzt wurde. Auffallend ist die Wandbespannung aus rotem Seidenmaterial mit dem Fries tanzender Mädchen darüber und der wunderschön gearbeitete Parkettboden. Möbliert ist der Salon mit vergoldeten, rot bespannten Sofas und Stühlen. Über dem langen

Wandsofa sieht man ein Porträt König Adolf Frederiks aus der Mitte des 18. Jh. Die locker hingestreckten Damen rechts und links von ihm stellen die Göttinnen Aurora und Diana dar. Es sind Arbeiten von Alexander Roslin. Modell sollen zwei Französinnen aus dem Hofstaat Ludwigs XV. gesessen haben. Bemerkenswert auch die Kronleuchter, der Ofen und der Ofenschirm.

Schließlich werden noch das **Blaue Kabinett** mit seltenen Kupferstichen italienischer Motive und einem schönen Säulenkachelofen, der anschließende **Grüne Divan** und das **Kleine Schlafzimmer** gezeigt, das ursprünglich Herzog Frederik Adolf als Schlafgemach diente.

Anschließend an die Schlossbesichtigung kann man einen Spaziergang durch den ausgedehnten Park mit schönen alten Bäumen zurück zum Parkplatz bei den Stallungen unternehmen.

In einem der Wirtschaftsgebäude neben den Stallungen des Anwesens ist ein gutes, gepflegtes Restaurant eingerichtet.

ROUTE: Wenn es die Zeit zulässt, sollte man über die küstennahen Straßen 218 und 219 südwärts weiterreisen, anstatt sich der allerdings schnelleren E4 zu bedienen.

Trosa [N 58° 53' 46.8" E 17° 32' 50.0"], südlich von Tullgarn gelegen, ist ein idyllisches Städtchen aus der Jahrhundertwende, aber mit einer viel älteren Kirche.

Sehenswert ist z. B. der **Garvaregården**, ein alter Gerberhof beim **Stadtmuseum**.

Beim **Gutshof Tureholm** unweit des Ortes wurde 1774 Schwedens größter Goldschatz gefunden, der aus dem 5. Jh. stammen soll und 12,5 kg reines Gold auf die Waage brachte.

Ab Karlsfors kann man einen Abstecher nach **Nynäs** zum dortigen Schloss machen, das im Sommer besichtigt werden kann.

Schloss Nynäs *(geöffnet Ende Juni - Mitte Aug. tgl. a. Mo 11 - 16 Uhr; Eintritt)* liegt heute in einem ausgedehnten Naherholungspark der Provinz Södermanland, der bis an die Ostseebucht Tvären reicht. Das Schloss stammt aus dem 17. Jh., erhielt sein heutiges Aussehen aber nach umfangreichen Umbauarbeiten um 1860. Bekannt ist Schloss Nynäs für seine Stuckarbeiten, die aus dem 17. Jh. erhalten sind und vor allem an den Decken der Salons und im Treppenhaus zu finden sind. Die Möblierung weist keine einheitliche Stilrichtung auf. Sie stammt aus verschiedenen Epochen, vornehmlich aus der gustavianischen Zeit.

Nyköping [N 58° 45' 09.7" E 17° 00' 29.6"] ist die Hauptstadt der **Provinz Södermanlands Län** (oder Sörmland).

Auch in Nyköping weisen Felszeichnungen, die man übrigens erst 1984 im Släbropark am Stadtrand entdeckte, darauf hin, dass es hier schon vor gut 3.000 Jahren erste Siedlungen gegeben haben muss. Die Existenz einer Stadtsiedlung lässt sich seit dem 12. Jh. nachweisen. 1987 konnte Nyköping sein 800-jähriges Bestehen feiern.

Die ältesten noch existierenden Bauwerke, die früheren Stadtbränden nicht zum Opfer gefallen sind, sind das Schloss Nyköpingshus das im 12. Jh. errichtet wurde und die Stadtkirche.

PRAKTISCHE HINWEISE – TROSA

Telefonvorwahl: 01 56
Trosa Turism [N 58° 53' 46.8" E 17° 32' 50.0"], Trosa Torget, Rådhuset, 619 22 Trosa, Tel. 5 22 22.

HOTELS

Bomans Hotel & Restaurant, 31 Zi. ****, Östra Hamnplan, Tel. 52 500, Fax 52 510, Restaurant, Sauna, Parkmöglichkeit.
Trosa Stadshotell & Spa, 44 Zi. ****, Torget, Tel. 17 070, Fax 16 696; Restaurant, Garage. – Und andere Hotels.

CAMPING

Trosa Havsbads Camping ***, Rävuddsvägen 42, Tel. 12 494, www.trosa-havs.se; Mitte Apr. – Ende Sept.; ca. 3 km südlich Trosa an der Küste; ca. 3 ha – 160 Stpl. + Dau.; Standardausstattung; Laden, Imbiss; Fahrrad- und Bootsverleih. 9 Miethütten.

PRAKTISCHE HINWEISE – NYKÖPING

Telefonvorwahl: 01 55
Nyköping Turism [N 58° 45' 09.7" E 17° 00' 29.6"], Brunnsgatan 29, 611 83 Nyköping, Tel. 24 59 00. www.sormlandsturism.se.

HOTELS

Clarion Collection Hotel Kompaniet, 70 Zi. ****, Folkungavägen 1, Tel. 28 80 20, Fax 28 16 73, www.choicehotels.se; Schwimmbad, Parkmöglichkeit. - U. a.

Schloss Nyköpingshus dient heute als **Landesmuseum** von Sörmland. Im **Kungstornet** (Königsturm) findet man Ausstellungen zur Geschichte des Landes und des Schlosses. Im **Drabantesalen** sind Modelle von Nyköpingshus ausgestellt, die das Bauwerk als mittelalterliche Burg und als Renaissanceschloss zeigen. Sakrale Kunst aus dem Sörmland und archäologische Ausgrabungen findet man im **Medeltidssalen** (Mittelalter-Saal).

Die **Gamla Residenset**, die alte Residenz des Landvogtes aus dem 18. Jh., die später zeitweise als „Korrektionsanstalt für unartige Kinder" herhalten musste, dient heute als Museumsraum für frühindustrielle Sammlungen, Volkstrachten und Kunstgegenständen vom Barock bis zum Jugendstil.

Oxelösund [N 58° 40' 12.3" E 17° 06' 19.3"] (Touristeninformation), ehemals Lotsen- und Fischereihafen, liegt an der hier sehr zerklüfteten Felsküste der Ostsee. Zahlreiche kleine Inseln sind der Küste vorgelagert. Heute wird die Stadt dominiert von einem großen Eisenwerk.

Sehenswert sind die **Kirche St. Botvid** aus dem Jahre 1957, die sich hoch über der Stadt wie ein weithin sichtbares Seezeichen erhebt, dann der alte **Hafengasthof** und schließlich **Schloss Stärnholm** rund 3 km nördlich der Stadt.

Von Oxelösund bestehen Fährverbindungen mit Danzig.

62 km südwestlich von Nyköping erreicht man **Norrköping [N 58° 35' 29.1" E 16° 11' 12.1"]**, Schwedens viertgrößte Stadt. Ausführlich beschrieben, mit Angaben zu Sehenswertem, Hotels, Campingplätzen und Ausflügen ist Norrköping am Anfang unserer Tour 7, Linköping – Stockholm.

Schwedische Ferienhausidylle

SCHONEN UND SCHWEDENS SÜDOSTEN

NORRKÖPING – KALMAR

Länge der Tour: Rund 325 km, ohne Abstecher.

Strecke: Über die Straße E22 und über **Söderköping, Västervik, Oskarshamn** und **Mönsterås** bis **Kalmar**. **Alternativ** ab Västervik Umweg über **Vimmerby** und **Växjö**.

Empfohlene Reisedauer: Mindestens ein Tag.

Reisehöhepunkte auf dieser Tour: Die **Schärenlandschaften** ** östlich von Söderköping und an der **„Blauen Küste"** *** bei Gryt oder bei Loftahammar – **„Astrid Lindgrens Welt"** *, für Kinder, in Vimmerby – **Besuch einer Glashütte** in Schwedens „Glasreich" – ein Schiffsausflug zur **„Blauen Jungfrau"** – die **Museen** ** und das **Schloss von Kalmar** **.

ROUTE: Unsere Route folgt ab Norrköping der E22 nach Süden. Schon nach 17 km kommt man durch **Söderköping**.

Bevor man nach Süden weiterreist, kann man – je nach Interessenlage – auf der Straße 209 einen Abstecher nach Osten machen. Auf dem **Friedhof von Häradshammar** unweit von Östre Husby, liegt die unvergessene Schauspielerin und Sängerin („Ich weiß, es wird einmal ein Wunderrrrr gescheh'n, ...") *Zarah Leander* begraben, die vor allem in der Vor- und Nachkriegszeit mit ihrer unvergleichlichen Stimme Furore machte.

Söderköping, eine alte Handelsstadt mit heute rund 10.000 Einwohnern liegt in der **Provinz Östergötland**.

Die strategisch günstige Lage an der Mündung des Storån, der hier in eine weit ins Landesinnere reichende, schmale Meeresbucht übergeht, ließ hier schon im 11. Jh. einen Warenumschlagplatz entstehen. Der Warenumschlag ins Innere von Götland florierte, Söderköping wuchs und wurde bald Sitz von Kaufleuten und Handelshäusern.

1235 wurde in Söderköping ein Franziskanerkloster gegründet. Und es heißt, die Mönche hätten sich mehr durch Betteln als durch ihrer Hände Arbeit ernährt, was darauf schließen lässt, dass schon damals viele reiche Leute in der Stadt ansässig gewesen sein müssen. Reichtum und Macht der Stadt wuchsen bis weit ins ausgehende 16. Jh., als

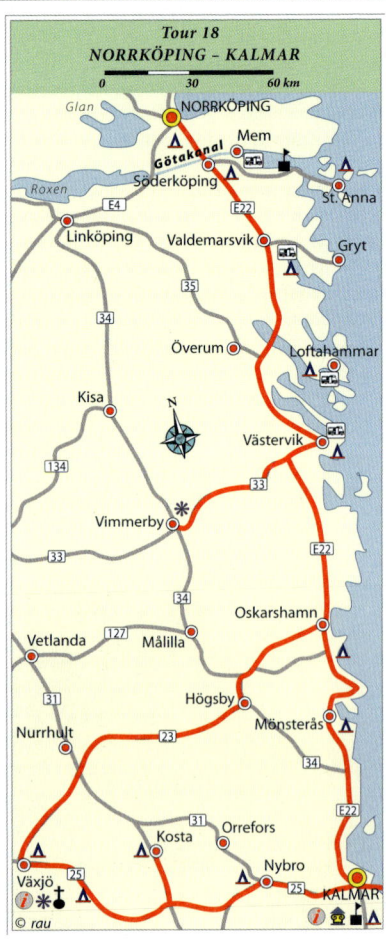

Tour 18
NORRKÖPING – KALMAR

sich Söderköping zu den einflussreichsten Städten im Königreich zählen durfte. Das

Ansehen der Stadt wird schon 1281 durch die Krönung der Gemahlin von König Magnus Ladulås, Hedvig von Holstein, zur Königin dokumentiert. Später finden hier immer wieder Ratsversammlungen und Reichstage statt.

1595 tagte in Söderköping ein für die Zukunft des Landes nicht unwichtiger Reichstag. Sigismund, König von Schweden und Polen, weilte damals gerade in Polen, als Herzog Karl – der spätere König Karl IX. – die Gunst der Stunde nutzte und die Vertreter der Stände auf seine Seite brachte. Folge: In der Schlacht von Skällviksäng drei Jahre später unterstützten die Stände die Truppen Karls und nicht die des Königs, was der Anfang vom Ende der Regierungszeit Sigismunds war. Während des Mittelalters wurden die für die Stadt so wichtigen Wasserstraßen so ausgebaut, dass die Schiffe aus Danzig oder Lübeck direkt am Rathausplatz anlegen konnten.

Im 16. Jh. allerdings begann der Fluss, der Lebensnerv der Stadt, zu versanden. Söderköpings Stern sank. Norrköping dagegen begann ihm den Rang abzulaufen. Im Dezember 1567 wurde die Stadt dann auch noch von dänischen Truppen dem Erdboden gleichgemacht. Die schon im 13. Jh. an der Slätbaken-Bucht errichtete Festung Stegeborg konnte die Angreifer nicht mehr aufhalten.

Am 26. September 1832 wurde durch König Karl XIV. Johan der aufsehenerregende **Götakanal**, „Schwedens Blaues Band", eingeweiht.

Der Kanal mündet bei Söderköping in die Ostseebucht Slätbaken. Der Kanalbetrieb brachte zwar eine wirtschaftliche Verbesserung für die Stadt, seine alte Be-

Söderköpings Kurbrunnen
Die Mär von der wundersamen Entstehung der St. Ragnhilds-Quelle

Ende des 18. Jh. wurde in Söderköping ein Kurbrunnen eingerichtet. Was man sich damals einfallen ließ, um die schon seit dem Mittelalter bekannte **Sankt Ragnhilds-Quelle** attraktiv zu machen und dem Wasser heilende Wirkung zuzusprechen, ist recht amüsant. Ragnhild, eine tugendhafte Nonne, wurde eines Tages vom Riesen Ramunder geraubt. Nach einigen Tagen tauchte Ragnhild wieder in der Stadt auf. Und nun zerriss man sich die Mäuler darüber, dass die Klosterfrau ihre Freilassung mit ihrer Jungfernschaft bezahlt habe. Obwohl Sie ihre Unschuld beteuerte, wurde die Nonne zum Tode auf dem Scheiterhaufen verurteilt. Als die Flammen um Ragnhild hochloderten, rief sie den Himmel an und plötzlich entsprang eine gewaltige Quelle, deren Wasser das Feuer löschte. Nun floss aber das Wasser in einem solchen Maße, dass die Stadt unterzugehen drohte. Ragnhild betete erneut und nun entsprang der Quell auf wundersame Weise an der Stelle, an der nun der Kurbrunnen liegt. Heute ist der Kurbetrieb eingestellt, das Kurhaus aber dient als Hotel und Konferenzzentrum. .

deutung erlangte Söderköping aber nicht mehr wieder.

Zu den **Sehenswürdigkeiten in Söderköping** zählen zwei Kirchen der Stadt. Die **Sankt Laurentius Kirche** stammt aus dem 12. Jh. und ist in der Manier hanseatischer Backsteingotik errichtet. In der Kirche wurde 1281 die Gemahlin von König Magnus Ladulås, Hedvig und 1302 deren beider Sohn Birger und dessen Frau gekrönt. Im Inneren schöner **Hochaltar** aus dem 16. Jh. mit einem Altarbild von Per Hörberg.

Im ältesten Teil der Stadt liegt die **Drothem-Kirche**. Sie stammt aus dem 12. oder 13. Jh. und steht dort, wo sich das 1235 gegründete Franziskanerkloster befand.

Ein erwähnenswerter Profanbau ist – neben dem Rathaus (Touristeninformationsbüro) aus dem Jahre 1770 – das **Braskens Haus**. Bischof Hans Brask von Linköping richtete um 1525 in seinem Palais die angeblich erste Druckerei in Schweden ein. Und es sollen hier nicht nur religiöse Werke sondern auch Streitschriften gegen Gustav Vasa gedruckt worden sein.

Bei ausreichend zur Verfügung stehender Zeit lohnt ein Abstecher zur **Festung Stegeborg**, die an der Einfahrt zur Bucht Slätbaken liegt. Von der historischen Burg Stegeborg, die König Birger ausgangs des 12. Jh. erbaute, sind noch der 26 m hohe Turm und die Ringmauer erhalten. 1543 wurde hier König Gustav Vasas Sohn Johan III. geboren.

Am Westende der Bucht beginnt an der **Schleuse von Mem [N 58° 28′ 44.7″ E**

16° 24′ 51.4″] (Wohnmobil-Stellplatz s. u.) der Götakanal. 1832 fanden dort auch die Einweihungsfeierlichkeiten für den Kanal statt.

Sehr reizvoll und bei schönem Wetter ein kleines Badeparadies ist die **Schärenlandschaft** bei St. Anna [N 58° 20′ 55.4″ E 16° 42′ 26.5″] östlich von Söderköping.

Wer schöne Küstenlandschaften sucht, kann über **Valdemarsvik [N 58° 13′ 20.2″ E 16° 33′ 10.1″]** (Touristeninformation Tel. 0123-122 00, www.valdemarsvik.se; Heimatmuseum Åbäcksholm; Kirche aus dem 19. Jh.; großer, traditioneller Oktobermarkt; *Valdemarsviks Camping*, Tel. 0123-51 444, Anf. Mai – Anf. Sept., Quick Stop) nach **Gryt** (Heimatmuseum Björkudden; Kirche aus dem 18. Jh.; *Eköns Camping*, Tel. 0123-40 283, Ende Apr. – Mitte Sept., Quick Stop) und **Fyrudden** oder etwas weiter südlich nach **Loftahammar [N 57° 57′ 04.9″ E 16° 26′ 34.4″]** in die unvergleichliche **Schärenlandschaft** an der herrlichen **Blå Kusten** abzweigen.

Wanderer werden am **Fernwanderweg Östgötaleden** ihre Freude haben. Von Süden aus Skeppsgården kommend, führt der Weg nach Valdemarsvik, macht hier einen Abstecher nach Gryt und geht über Gusum und Ringarum weiter nordwärts.

Bequem radeln und wandern kann man abseits von Lärm und Verkehr auch entlang der 1966 stillgelegten Schmalspurbahnstrecke zwischen Valdemarsvik und Gusum.

Die **„Blaue Küste"**, Schwedens Küstenregion von Misterhult nördlich von Oskars-

CAMPING – BEI LOFTAHAMMAR

Camping Hallmare Havsbad *** [N 57° 52' 28" E 16° 44' 55"], Hallmare, Tel. 04 93-6 13 62, www.hallmarehavsbad.se; 15. Mai – 30. Sept.; 6 km südöstlich von Loftahammar, Zufahrt von der E22 in Björnsholm Richtung Loftahammar, 17 km, weiter Richtung Källvik; in einem lichten, mit Felsen durchsetzten Waldstück, ansprechend an einer Bucht mit Strand gelegen; ca. 100 Stpl. + Dau.; Standardausstattung. Laden, Imbiss, Fahrrad- und Bootsverleih. Bootssteg. 8 Miethütten. **V & E** **für Wohnmobile**.

Camping Tättö Havsbad **** [N 57° 53' 25" E 16° 42' 14"], Tel. 04 93-6 13 30, tattohavsbad.se; Jan. – Dez.; 1 km südwestlich von Loftahammar, Zufahrt von der E22 in Björnsholm Richtung Loftahammar, 17 km, kurz vor Loftahammar Richtung Tättö, 3 km; in einem lichten, mit Felsen durchsetzten Waldstück, ansprechend und relativ ruhig an einer Bucht mit Strand gelegen; ca. 90 Stpl. + Dau.; Standardausstattung. Restaurant, Laden, Imbiss, Sauna, Fahrrad und Bootsverleih. Bootssteg. 11 Miethütten. **V & E** **für Wohnmobile**.

Wohnmobil-Stellplätze bei Valdemarsvik und Loftahammar:
Valdemarsvik Stellplatz in der Hamngatan am Gästehafen und östlich des Stadtparks von Valdemarsvik gelegen mit Platz für ca. 5 Fahrzeuge. **Geöffnet**: Mai – Sept.; **Gebühr**: Kostenlos. **Ausstattung:** Frischwasser, Toiletten, Chemikalausguss und Entsorgung für Grauwasser. Anmeldung im Touristenbüro von Valdemarsvik. Tel. 0123/12 200. www.valdemarksvik.se.
Loftahammar Stellplatz in der Varvsvägen, am Gästehafen von Loftahammar, Platz für 10 Fahrzeuge auf Kiesgrund. **Geöffnet:** Ganzjährig. **Gebühr** + Gebühr für Stromanschluss. **Ausstattung:** Frischwasser, Dusche, Toiletten, Chemikalausguss. Anmeldung bei Anders Johansson, Tel. 0493/61 315. www.marincenter.se.

---

hamn bis hinauf nach St. Anna, mit ihren herrlichen Schärengebieten gilt als **einer der schönsten Küstenstriche** des Landes und ist ein Eldorado für Wassersportler und Segler.

Auf dem Weg nach Västervik in der großen Landschaftsregion **Småland**, passiert man **Gamleby** (*Hammarsbadets Camping *****, Tel. 0493/10 221; Ende. Apr. – Mitte Sept., Quick Stop, Fahrradverleih, Miethütten). Der Ortsname Gamleby bedeutet „Altstadt" und weist darauf hin, dass hier bis 1433 die alte Stadt Västervik lag.

Västervik [N 57° 45' 36.5" E 16° 38' 30.3"] (ca. 40.000 Einw. in der Großgemeinde, 21.274 Einw. in der Stadt), eine im Sommer von Touristen eroberte, gepflegte Stadt mit einigen hübschen kleinen Gassen und niederen Fischerkaten, z. B. in der **Båtsmansgränd**, ist heute eine wichtige Hafenstadt. In früheren Tagen war Västervik eine bedeutende Stadt des Schiffbaus, aus der große Teile der schwedischen Flotte kamen.

Zu den ältesten Bauwerken der zwischen dem 15. und 17. Jh. mehrfach von Brandkatastrophen heimgesuchten und 1677 von den Dänen zerstörten Stadt,

zählt die **St. Gertruds Kirche**. Sie stammt, zu Teilen jedenfalls, aus dem Jahre 1433, dem Gründungsjahr von Västervik. Die Turmhaube allerdings wurde erst 350 Jahre später im Jahre 1782 aufgesetzt.

Von dem um 1360 von Albrecht von Mecklenburg erbauten Stegholms Schloss auf einer Insel im Sund vor der Stadt, ist seit dem Dänenansturm 1677 nicht mehr viel erhalten.

Besichtigen kann man das auf dem der Stadt gegenüberliegenden, nur durch den schmalen, überbrückten Sund getrennten Kulbacken eingerichtete **Stadtmuseum** (*geöffnet Juni - Aug. Mo - Fr 11 - 16 Uhr, Sa + So 13 - 16 Uhr, übrige Zeit Di - Fr 11 - 16 Uhr, So 13 - 16 Uhr; Eintritt; www.vasteviksmuseum.se*). Das Museum befasst sich in erster Linie mit der Epoche, als Västervik zu den größten Seefahrerstädten Schwedens zählte.

Das **Schärenfest**, eines der größten Sommerfeste Västervik (neben dem mehrtägigen Baltic Boat-Meet Ende Juli), findet jedes Jahr am 19. Juli statt. Höhepunkt ist das traditionelle Hasselö-Rundern.

Motorradfreaks und Harley-Fans aus ganz Schweden und drüber hinaus zieht

durch Schwedens „Glasreich" über **Växjö** nach **Kalmar**.

Umweg durch Schwedens „Glasreich"

ROUTE: *Man verlässt Västervik zunächst auf der E22 in südwestlicher Richtung, zweigt aber schon nach wenigen Kilometern bei* **Gladhammar** *ostwärts auf die Straße 33 ab nach* **Vimmerby**.

Die Schärenküste bei Västervik

es jedes Jahr Ende Juli zu den **Motorrad-Tagen** nach Västervik.

Am südlichen Stadtrand findet man an der schönen Schärenküste das öffentliche Strandbad der Stadt mit Camping Lysingbadet, angeblich Schwedens größter Campingplatz, mit Sicherheit aber einer der teuersten im Lande.

ROUTE: *Auf der Weiterreise nach Süden kann man entweder der schnellen E22 über* **Oskarshamn** *nach* **Kalmar** *folgen, oder man macht einen Umweg ins Landesinnere*

Vimmerby, ein Städtchen mit annähernd 16.000 Einwohnern und knapp 60 km westlich von Västervik gelegen, ist der Geburtsort von *Astrid Lindgren*. Am 14. November 1907 erblickte sie im **Pfarrhof Näs**, Prästgårdsgatan 24, *(geöffnet Mai - Sept. tgl. 10 - 16 Uhr, Sept. - Apr. Mi - So 11 - 15 Uhr, Führungen auf Voranmeldung Tel. +46-492-76 94 00, www.astridlindgrensnas.se)* das Licht der Welt und verbrachte hier ihre Kindheit. Nach einem langen, erfüllten Leben starb die große schwedische Kinderbuchautorin

---

PRAKTISCHE HINWEISE – VÄSTERVIK

Telefonvorwahl: 04 90
Västerviks Turistbyrå, Strömsholmen, 593 30 Västervik, Tel. 88 900. www.vastervik.se/turist.

HOTELS
Best Western Västervik Stadshotell, 101 Zi. ****, Storgatan 3, Tel. 82 000, Fax 82 001, www.stadhotellet.nu; Bahnhofsnähe, Restaurant, Garage. U. a.

CAMPING
Lysingsbadets Camping *** [N 57° 44' 17" E 16° 40' 6"],** Tel. 88 920, www.lysingsbadet.se; Jan. – Dez.; voller Service in allen Einrichtungen aber nur von Mitte Juni bis Mitte Aug. zwischen 8 und 23 Uhr; am südlichen Stadtrand, Zufahrt beschildert; Freizeitanlage in einem weitläufigen, hügeligen, durch Wege und Felsen vielfach unterteilten Waldgelände, durch den Platz führt die Zufahrt zum öffentlichen Strandbad an der Felsküste; ca. 75 ha = 800 Stpl. + Dau.; Standardausstattung; Laden, Imbiss, Restaurant; beheiztes Schwimmbad, Sauna, WLAN, umfangreiche Freizeit- und Sporteinrichtungen; Fahrrad- und Bootsverleih, Bootssteg; Vergnügungspark für Kinder, Musik- und Tanzveranstaltungen. In der Hauptreisezeit weniger ein Platz für Ruhesuchende. 158 Miethütten. **V & E für Wohnmobile.**

Rastplatz
Rastplatz Västervik: Gebührenpflichtiger Parkplatz an der Nörre Varvsgatan (1. Jun. – 31. Aug.), im Osten der Stadt unterhalb der Altstadt. Toiletten.

am 28. Januar 2002. Sie hat den Ort Vimmerby weltberühmt gemacht. Denn hier bzw. in der Umgebung spielen viele ihrer Kindergeschichten. **Astrid Lindgrens Näs** kann besichtigt werden. Auf Führungen (Voranmeldung) wird der Besucher in die Kindheit der Buchautorin zurückversetzt. Der Hof war Schauplatz vieler Abenteuer in der Erzählung „Pippi Langstrumpf".

Die Geschichten der „Kinder aus Bullerbü" spielen in Svedstorp, rund 15 km von Vimmerby entfernt. Dort wurden auch viele der Bullerbü-Filme gedreht.

Und „Katthult" (www.katthult.se), wo Michel aus Lönneberga seine Streiche ausheckte, ist tatsächlich Gibberyd, rund 25 km außerhalb von Vimmerby.

Auf dem Gelände des Pfarrhofs findet man im sog. Pavillon die große Ausstellung **„Astrid Lindgren für die ganze Welt"** zu Astrid Lindgrens Leben und Werk.

Ganz in der Nähe des Geburtshauses der erfolgreichen Kinderbuchautorin wurde der **Freizeit- und Märchenpark „Astrid Lindgrens Welt"** **[N 57° 40′ 27.1′ E 15° 50′ 33.2″]** eingerichtet *(geöffnet Ende Apr. - Anf. Nov. tgl. 10 - 16 Uhr, Anf. Juni - Anf. Sept. tgl. 10 - 18 Uhr, www.alv.se oder www.astridlindgrenswelt.com).* Im Kleinformat sieht man u. a. Pippi Langstrumpfs „Villa Kunterbunt", den Bauernhof der „Kinder von Bullerby" oder ein Museum mit nachempfundenen Schauplätzen von Pippi Langstrumpfs Abenteuern.

Übernachten kann man in hübschen Ferienhäusern gleich neben dem Park oder auf dem **Campingplatz** (Tel. 0492-798 00; E-Mail: bokning@alv.se; www.alv.se, Mitte Mai – 1. Sept., 100 Stpl., Cafeteria. Reservierung ratsam!).

Vimmerby Touristbyrå, Rådhuset 1, Stora Torget, Stångagatan 29, 598 37 Vimmerby, Tel. 0492-310 10, www.vimmerby.se.

ROUTE: *Weiterreise von Vimmberby auf der Straße 34 südwärts bis* **Målilla** *und weiter auf der Straße 138 südwestwärts bis zur Straße 23, der man schließlich bis* **Växjö** *folgt.*

Die Landschaft zwischen Kalmar und Växjö ist als **Glasriket** als **„Schwedens Glasreich"** (www.glasriket.se) bekannt.

In ganz Småland ist seit langer Zeit besonders das Glashandwerk zu Hause. Es wird gesagt, dass die ganze Provinz ein „Glasreich" sei und dass die Ortsnamen **Kosta, Boda, Orrefors** und **Lindshammar** „klar wie Kristall" klängen. Dort glühen die Glasschmelzöfen und summen die Schleifscheiben der Graveure.

Auch auf diesem Gebiete war es Gustav Vasa, der den Stein ins Rollen brachte. Offenbar waren es Seine Majestät leid, zu lange auf Nachschub warten zu müssen, wenn – wie es Brauch war – nach rauschenden Festen (wenn sie gefallen hatten wohlgemerkt) die Trinkgefäße wieder einmal an der Wand ein scherbenreiches Ende fanden. Also orderte er um 1550 Glasbläsermeister aus Murano und Venedig und ließ Glas im eigenen Land herstellen. So gründete man damals Industriezweige. Seitdem wird in den Glashütten Schwedens Meisterhaftes geleistet.

Växjö [N 56° 52′ 45.1″ E 14° 48′ 31.2″], Verwaltungshauptstadt von Mittel-Småland mit annähernd 70.000 Einwohnern, ist eines der Zentren des schwedischen Glashandels.

Neben dem **Dom [N 56° 52′ 38.6″ E 14° 48′ 47.1″]** – Växjö ist seit dem 12. Jh. Bischofsitz – sollte man sich vor allem das **Smålands Museum [N 56° 52′ 31.3″ E 14° 48′ 26.3″]**, Södra Järnvägsgatan 2, ansehen *(geöffnet Jun i - Aug. Mo – Fr 10 - 17 Uhr, Sa + So 11 - 17 Uhr; Sept. - Mai Mo geschlossen; Eintritt; www.smalandsmuseum.se).* Die **herrliche Glassammlung** dort zählt zu den umfangreichsten und schönsten in ganz Nordeuropa.

Die meisten Glashütten im Glasreich wurden – mit Ausnahme der in Kosta – um die Jahrhundertwende gegründet. Bis dahin war das Leben auf dem flachen Lande vor der Industrialisierung nicht nur in Småland mühsam und entbehrungsreich.

Viele Schweden versuchten ihr Glück in Übersee und wanderten aus. Mitte des 19. Jh. schwappte eine Auswandererwelle von annähernd 1,2 Millionen Schweden, von denen gut 200.000 aus Småland stammten, nach Nordamerika.

Mit dieser Episode in Schwedens Geschichte befasst sich das interessante Museum **„Utvandrarnas hus"** („Haus der Auswanderer", *geöffnet Di - Fr 9 - 16 Uhr, Sa 11 - 16 Uhr; Eintritt)* in Växjö. Mit dem größten Emigrationsarchiv Europas, seiner Sammlung von Briefen, Fotografien, Tagebüchern und Familienregistern zählt es zu den größten Museen seiner Art. Beeindruckend ist die Ausstellung „Der Traum vom Amerika".

Eine andere Abteilung des Museums befasst sich mit dem Schriftsteller *Vilhelm Moberg*, der die Geschichte der Auswanderung in seinen Romanen (u. a. „Kristina von Duvemåla") verarbeitete. Dort schildert er auch, wie die Menschen in den Hafen von Karlshamn zogen, von wo aus die Auswandererschiffe in die Neue Welt ablegten.

Im Sommer bieten sich **Ausflüge** mit dem historischen, über hundert Jahre alten Dampfer „Thor" auf dem Helgasjön an, der sich nördlich der Stadt erstreckt.

ROUTE: Von Växjö auf der Straße 25 über **Hovmantorp, Lessebo [N 56° 45' 04.0" E 15° 16' 12.0"]**, *Eriksmåla – evtl. mit einem Umweg über* **Kosta** *– und* **Nybro** *(alles Standorte bedeutender Glashütten) nach* **Kalmar**, *81 km.*

Es gibt eine mit „Glasriket" ausgeschilderte Rundstrecke, die an allen wichtigen Glashütten vorbeiführt.

Die erste Glasfabrik in Småland wurde 1742 in **Kosta** gegründet (Werksführungen, Ausstellungshalle, Museum, Restaurant, www.kostaboda.se). Weitere folgten in **Boda** im Jahre 1864, in **Pukeberg** 1871, in **Åfors** 1876 u. s. w.

Alleine zwischen Växjö und **Nybro [N 56° 43' 48.4" E 15° 52' 51.4"]**, einem weiteren Glaszentrum, liegen nicht weniger als fünfzehn große Glashütten. Dort werden Kunstgegenstände ebenso gefertigt wie Gebrauchsware, Kristalldesign ebenso wie Alltagsgläser.

In **Målerås** z. B. werden wunderschöne Kristallreliefs produziert, während man in der Glashütte von Boda Glaskunst mit nordischen und afrikanischen Motiven hergestellt.

Die Glashütten in den genannten Orten (und weitere) können besichtigt werden. *Geöffnet sind sie gewöhnlich Mo - Fr 10 - 18 Uhr, Sa 10 - 16 Uhr und So 12 -16 Uhr.*

Und in fast allen Hütten und Produktionsstätten können Sie Glasbläsern oder Glasschleifern bei der Arbeit *(Mo - Fr 9 - 15 Uhr)* zusehen.

HAUPTROUTE

ROUTE: Folgt man nach Västervik der **Hauptroute** *über die E22 nach Süden, erreicht man nach 67 km* **Oskarshamn.**

Oskarshamn [N 57° 15' 49.6" E 16° 27' 38.2"] liegt rund 65 km südlich von Västervik etwa auf halbem Wege nach Kalmar.

Von Oskarshamn verkehren **Autofähren nach Visby** auf Gotland. Eine eingehende Beschreibung von Gotland finden Sie unter Tour 22, Insel Gotland, weiter hinten. Die Stadt Oskarshamn mit knapp 30.000 Einwohnern, die bis 1856 übrigens *Döderhultsvik* hieß, ist eine bedeutende Hafen- und Handelsstadt. Lange bildete der Schiffsbau einen wirtschaftlichen Schwerpunkt.

Aus Oskarshamn stammen der Schriftsteller und Archäologe *Axel Munthe* und der Bildhauer *Axel Robert Petersson* (1868 – 1925). Die Skulpturen Peterssons, der in Oskarshamn den Beinamen „Döderhultarn" hatte, zeigen meist Motive aus dem ländlichen, bäuerlichen Milieu und sie fallen durch ihre kantigen, fast groben Linien auf. Ein schöne Sammlung seiner Arbeiten sieht man im **Döderhultar- und Schiffahrtsmuseum** im Kulturhaus, Hantverksgatan 18 (*geöffnet 1. Juni - 14. Aug. Mo - Fr 10 - 18 Uhr, Sa + So 11 - 16 Uhr, übrige Zeit Di - Fr 12 - 16 Uhr, Sa 10 - 14 Uhr; Eintritt*).

Bei einem Bummel durch die Stadt sollte man sich auch das alte Stadtviertel **Besväret** mit seinen hübschen Holzhäusern und gepflasterten Gassen unweit des Store Torget ansehen. Das Viertel wurde Anfang des 17. Jh. erbaut.

Kunsthandwerk aus Schwedens „Glasreich"

Und vom **„Långa soffan"**, einer 72 m langen Holzbank aus dem Jahre 1876 hat man einen guten Blick auf den Hafen. Leider liegt die Bank an der Durchgangsstraße.

Einen Besuch lohnt auch der **Herrenhof Fredriksberg** (*geöffnet 1. Juni - 6. Aug. Di - So 14 - 17 Uhr*). Das im Rokokostil gehaltene Herrenhaus aus der Zeit um 1780 liegt

---

PRAKTISCHE HINWEISE – NYBRO

Telefonvorwahl: 04 81
Turistbyrå Nybro, Kommunhuset, 382 80 Nybro, Tel. 45 215, www.glasriket.se.

HOTEL
Stora Hotellet, 37 Zi. ****, Mellangatan 11, Tel. 51 935, Fax 10 835, www.storahotellet.se; Mittelklassehaus, Restaurant, Bar, Parkplatz. – U.a.

CAMPING
Joelskogens Camping **, Grönvägen 51, Tel. 45 086, www.joelskogens-camping.se; 1. Mai – 10. Sept.; in Nybro beschildert, Wiesengelände; ca. 2 ha – 50 Stpl.; Standardausstattung. Laden. Miethütten.

Camping zwischen Växjö und Nybro
Hovmantorp

 Gökaskratt Camping * [N 56° 47' 10.7" E 15° 09' 10.1"]**, Bruksallen, Tel. 0478/40 807, www.glasriketkosta.com; 1. Apr. – 30. Sept.; in Hovmantorp beschildert, Wiese am See Rottnen in sehr schöner Lage am Ortsrand, teils vom Wald begrenzt, zum See hin hohe Laubbäume, langer Badesteg; 3 ha – 120 Stpl.; Standardausstattung. Imbiss. Tennis. Miethütten. **V & E** **für Wohnmobile**.

Kosta

Kosta Bad & Camping * [N 56° 50' 44.1" E 15° 23' 41.9"]**, Rydvägen, Tel. 0478/50 517, www.camping.se/g10; 1. Apr. – 31. Okt.; von Straße 28 nach Kosta, hier beschilderter Abzweig; Wiesengelände; ca. 3 ha – 70 Stpl.; Standardausstattung. Laden. Imbiss. Sauna. Schwimmbad. 8 Miethütten. **V & E** **für wohnmobile**. Vom Kosta Älgpark (Elchgehege) 2 km entfernt.

Boda Glasbruk
Boda Camping **, Storgatan, Tel. 070/27 98 260, www.emmaboda.se; 1. Mai – 15. Sept.; nahe der Boda Glasbruk gelegen; einfache Übernachtungsmöglichkeit.
Weitere Campings in **Lessebo, Linneryd** und **Emmaboda**.

PRAKTISCHE HINWEISE – OSKARSHAMN

Telefonvorwahl: 04 91
Oskarshamns Turistbyrå, Hantverksgatan 18, 572 28 Oskarshamn, Tel. 8 81 88.

HOTELS

Clarion Collection Hotel Post, 66 Zi. ****, Stora Torget, Tel. 16 060, Fax 17 018, www.hotelpost.nu; zentral, Restaurant, Schwimmbad, Parkmöglichkeit.
Corallen, 74 Zi. ****, Gröndalsgatan 35, Tel. 76 81 81, Fax 76 81 80, www.hotelcorallen.se; am Sportboothafen Ernemar, Restaurant, Sauna, Parkplatz.

CAMPING

Gunnarsö Holiday Village ** [N 57° 15′ 8″ E 16° 29′30″],** Östersjövägen 101, Tel. 88 200, www.gunnarsö.se; 1. Mai – 15. Sept.; ca. 3 km südöstl. der Stadt, E22 Ausfahrt Oskarshamn S; lichtes Föhrenwäldchen und Stellplätze in Felsmulden, schöne Lage an der Hafenzufahrt; beim öffentlichen Strandbad am Kalmarsund an typischer Schärenküste mit blanken, runden Felsen; ca. 3 ha – 150 Stpl.; Standardausstattung. Imbiss, Schwimmbad.
V & E für Wohnmobile. QuickStopp.

westlich der Stadt in einem schönen Park. Paradestück des Anwesens ist das Obergeschoss mit seinen kostbar möblierten und ausgestatteten Gemächern und den schönen Kachelöfen und gemalten Gobelins.

Am Johannisabend, dem Vorabend der Mittsommernacht, wird auf Fredriksberg der traditionelle Tanz um den Maibaum abgehalten. Erkundigen Sie sich bevor Sie sich auf den Weg machen im Touristenbüro danach, ob dann Fredriksberg noch zugänglich ist!

Abstecher zur „Blauen Jungfrau"

Etwas weiter draußen liegt im Kalmarsund vor Oskarshamn die **Insel Blå Jungfrun** (Blaue Jungfrau), ein fast kreisrundes Eiland, knapp 90 m hoch und nicht einmal einen Quadratkilometer groß. Früher angeblich ein berüchtigter Tummelplatz für Hexen, Trolle und Zauberer, die sich vor allem zu Ostern zu wilden Gelagen mit dem Teufel trafen – wie schön, dass es Märchen und Legenden gibt – ist sie heute ein Schutzgebiet interessanter und selten gewordener Pflanzen, Blumen und Vögel.

Erforscht und beschrieben hat die Insel erstmals *Carl von Linné*, der hier während seiner Reise nach Gotland im Jahre 1745 Station machte. Linné berichtete erstmals über das wahrscheinlich **bronzezeitliche Steinlabyrinth** im Südteil der Insel.

Man kann auf der Insel, auf die 1950 über die zugefrorene See Schneehasen einwanderten, schöne **Wanderungen** un-

ternehmen. Im Interesse der geschützten Natur sollte man aber nicht von den markierten Wegen abweichen.

Im Sommer verkehren ab Oskarshamn Ausflugsboote zu dem etwa 20 km entfernten Inselchen.

Wer gerne wandert, kann die Ostküste und das Hinterland von Småland auf dem **Ostkustleden** erleben. Der gut markierte, 160 km lange und nicht schwierige Wanderweg ist in acht Etappen eingeteilt. Es gibt Übernachtungshütten. Der Weg beginnt in Lilla Hycklinge, nordwestlich von Oskarshamn.

Kalmar [N 56° 39′ 39.1″ E 16° 21′ 32.9″] an der engsten Stelle des gleichnamigen Sunds vor der nahen Insel Öland gelegen, ist eine der ältesten und geschichtsträchtigsten Städte des Landes.

Lange verlief die schwedische Grenze nur etwa 50 km südlich von Kalmar. Das Gebiet jenseits, das südliche Småland, Blekinge und Skåne, gehörten zu Dänemark. Schon sehr früh erlangte der damals grenznahe Hafen von Kalmar wirtschaftliche und militärische Bedeutung.

Rang und Bedeutung der Burg von Kalmar lassen sich auch daran erkennen, dass die dänische, und seit 1389 auch schwedische Königin Margareta (1353 – 1412) ihre berühmte Ratsversammlung nicht nach Dänemark, sondern nach Kalmar in Schweden einberief. Ergebnis der Versammlung war die **Kalmarer Union**, die den Zusammenschluss von Dänemark, Schweden und Norwegen unter der Vorherrschaft Dänemarks vorsah, aber de facto nicht sehr lange währte.

Königin Margareta ließ 1397 ihren Neffen Erich von Pommern in der Stadtkirche zum Unionskönig Erik XIII. krönen. Die Kirche wurde 1678 gesprengt.

Im Mittelalter hatte sich Kalmar schon zu einem blühenden Handelshafen entwickelt, dessen Warenumschlag sich mit dem in Visby und Söderköping durchaus messen konnte. Und bald wurde Kalmar als „Schlüssel zum Königreich" angesehen. Wer in Kalmar herrschte, beherrschte große Teile Südschwedens und der Ostsee.

Weiß man um die damalige Stellung der Stadt, klingt es ganz selbstverständlich, dass Gustav Vasa auf seiner Flucht aus dänischer Gefangenschaft 1520 in Stensö am Südrand der heutigen Stadt Kalmar an Land ging. Leider erwiesen sich die damaligen Smålänningar als wenig königstreu, so dass sich Gustav Vasa gezwungen sah, weiter nach Dalarna zu fliehen, um dort – auch nicht auf Anhieb – die Schweden für einen Feldzug gegen die Dänen zu gewinnen.

Unnötig zu erwähnen, dass Kalmar häufig umkämpft war. So fiel das Schloss während des Krieges von Kalmar 1611 – 1613 in die Hände der Dänen.

Schließlich legte eine Brandkatastrophe 1647 das alte Kalmar, das sich westlich vom Schloss erstreckte, in Schutt und Asche. Damals entschloss man sich, die Stadt auf der etwas nördlich vom Schloss gelegenen **Insel Kvarnholmen** nach einem regelmäßigen, großzügigen Straßenraster neu aufzubauen. Das Desaster wohl noch in Erinnerung wurde befohlen, ausschließlich Häuser aus Stein zu errichten.

Sehenswert ist der alte Stadtkern auf Kvarnholm heute noch. Vor allem in der Kägensgatan sieht man schöne Häuserzeilen.

Den Großen Marktplatz **Stortorget** umgeben der von Nicodemus Tessin d. Ä. entworfene und zwischen 1660 und 1682 errichtete **Barockdom**, das ebenfalls von Tessin entworfene **Rathaus** und das klassizistische **Stadthaus**.

Heute ist Kalmar eine moderne Stadt mit einem immer noch florierenden Hafen, der bis zur Errichtung der Ölandbrücke 1972 auch wichtiger Fährhafen war.

Das Schloss von Kalmar

Bedeutendste Sehenswürdigkeit ist aber das **Schloss von Kalmar [N 56° 39' 39.1" E 16° 21' 32.9"],** Kungsgatan 1, *(geöffnet Jan. - Apr. und Okt. - Dez. 11 - 15.30 Uhr; Mai + Juni sowie Sept. tgl. 10 - 16 Uhr; Juli tgl. 10 - 18 Uhr, August tgl. 10 - 17 Uhr; Eintritt; Führungen, 1. Juli - 19. Aug. um 13.30 Uhr auch in deutsch; www.kalmarslott.kalmar.se).*

Die Anfänge des Schlosses reichen zurück ins 12. Jh., als König Knut Eriksson (1160 – 1196) eine erste Befestigung zum Schutze des Hafens aufführen ließ.

König Magnus Ludalås (1274 – 1290) legte dann mit dem Festungsturm Kastal den Grundstein zur Burganlage, die unter den folgenden Regenten immer wieder erweitert wurde.

Zu Beginn des 15. Jh. hatte das Schloss schon ein so repräsentatives Aussehen erhalten, dass sich der zum schwedischen König gekrönte Erich von Pommern dazu entschlossen hatte, nach seiner Krönung hier von 1407 bis 1409 zu residieren.

In der Folgezeit, die gekennzeichnet war von Kriegen gegen die Dänen, litt die Bausubstanz des Schlosses stark durch die Kriegseinwirkungen. Es verfiel zusehends. Und als Gustav Vasa 1523 König von Schweden geworden war, befahl er, das Schloss von Kalmar zu restaurieren und die äußeren Verteidigungswälle mit Basteien an den Ecken zu verstärken.

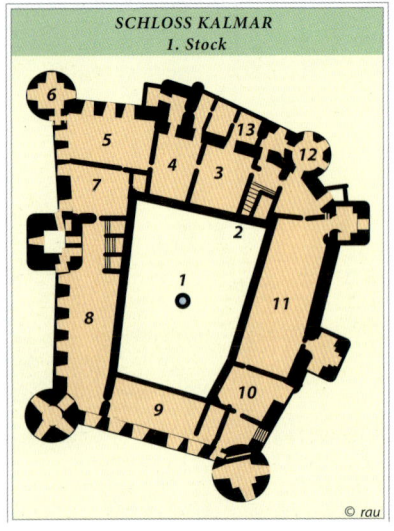

SCHLOSS KALMAR
1. Stock

© rau

SCHLOSS KALMAR – 1 Schlosshof – 2 Königinnentreppe – 3 Königinnensaal – 4 Getäfelter Saal – 5 Grauer Saal – 6 Königsgemach – 7 Goldener Saal – 8 Grüner Saal – 9 Schlosskirche – 10 Rüstkammer – 11 Abgebrannter Saal – 12 Gefängnisturm – 13 Fräuleinzimmer

und durch das **Torgewölbe** gelangt man in den inneren **Schlosshof (1)**. Dort sieht man über dem Haupteingang ein Relief mit dem Reichswappen. In der Hofmitte erhebt sich ein kleiner Brunnentempel im Renaissancestil. Auffallend ist an den Wänden des Innenhofs die Bemalung, die eine Quaderfassade imitiert.

Die eigentlichen Schlossflügel betritt man durch ein schlichtes Portal aus dem 16. Jh. und geht über die **Königinnentreppe (2)** weiter zu den Königsgemächern. Die Treppe ist übrigens aus Grabsteinen gebaut, die Gustav Vasa im Lande beschlagnahmen ließ.

Ein säulengeschmücktes Holzportal führt in den großen **Königinnensaal (3)**, einen schlichten, nüchternen Saal mit Andeutungen von Wandbemalungen. Der gemalte Deckenfries stammt aus dem späten 16. Jh. Auf einem Podest steht eine Büste der gekrönten Königin Margarete und daneben hängt eine Kopie des Unionsvertrages von 1397.

Anschließend gelangt man in den **Getäfelten Saal (4)**. An den Wänden sieht man zwischen halbhohen dorischen Säulen Täfelungen mit teilweise wunderschön gearbeiteten Intarsien aus der Mitte des 16. Jh.

Durch den **Grauen Saal (5)** in der Nordecke des Schlosskomplexes, in dem das einzige erhaltene Möbelstück aus der ursprünglichen Schlosseinrichtung steht, ein wunderschön geschnitztes Prunkbett, geht man in das **Königsgemach (6)**. Es befindet sich im Nordturm des Schlosses, dem Kungsmarksturm. Das Gemach, auch als „König Eriks Gemach" bekannt, wurde hier Mitte des 16. Jh. eingerichtet. Sehenswert sind die Wandtäfelungen mit Intarsienarbeiten, die Kamineinfassungen mit den Initialen König Karls X. Gustav und der Jahreszahl 1657 und die Wandmalereien unter der Decke. Die Motive zeigen ländliche Szenen, die einer historischen „Sammlung von schwedischen und norwegischen Aussichten" von Erik Dahlberg und M. Anckarsvärd aus dem Jahre 1830 entlehnt sind.

Während der Regentschaft der Söhne Gustav Vasas, Erik XIV. (1560 – 1569) und Johan III. (1569 – 1592) wurde ebenfalls am Schloss gebaut. Diesmal aber weniger unter dem Gesichtspunkt der Verteidigung, sondern vielmehr unter dem Aspekt, aus der trutzigen Burg ein Renaissanceschloss zu schaffen. Nach der Brandkatastrophe von 1647 residierten der Statthalter und die Provinzregierung auf Schloss Kalmar, bis die entsprechenden Residenzen auf Kvarnholm errichtet waren.

Das nächste Jahrhundert war für das stattliche Renaissanceschloss der Vasazeit mit seiner großen Vergangenheit eine Zeit des Niedergangs und Verfalls. Die Gewölbe und Säle wurden als Gefängnis genutzt, die Salons und Gemächer mussten als Warenmagazine und Getreidespeicher herhalten. Sogar eine Schnapsbrennerei hatte sich zeitweise in den Mauern etabliert.

Das meiste der kostbaren Einrichtungen wurde in jener Zeit zerstört oder kam abhanden. Im Jahre 1810 beschrieb der Bischof von Kalmar das Schloss als verfallen mit „wüsten Türmen". Man stand kurz davor, das ganze Gemäuer niederzureißen.

Glücklicherweise erkannte man noch rechtzeitig den historischen Wert von Schloss Kalmar und einigte sich 1850 darauf, das Schloss zu erhalten und zu restaurieren. Erst 1980 waren die letzten Restaurierungsarbeiten abgeschlossen.

Über eine 1933 rekonstruierte **Zugbrücke** über den westlichen Wallgraben

Man geht zurück in den Grauen Saal und gelangt in den **Goldenen Saal (7)** im Westflügel des Schlosses. Hier ist es in erster Linie die prunkvolle Kassettendecke, die beeindruckt. Die Decke wurde um 1575 von den Meistern Michel aus Bern und Olof Andersson gearbeitet. Unter den Porträts, die Kopien der Originale aus der Gripsholmsammlung sind,

Salon im Schloss von Kalmar

sieht man Gustav Vasa (nach einem Original von Ehrenstrahl aus dem 17. Jh.), Gustav II. Adolf (nach einem Original von Servatius Kock aus dem Jahre 1633) und ein Bildnis von Königin Kristina.

Durch den **Grünen Saal (8)**, dem zweitgrößten Saal im Schloss, der als Unterzeichnungsort der Kalmarer Union 1397 gedient haben soll, was allerdings nicht verbürgt ist, dann zwischen 1630 und 1679 als Residenz des Statthalters diente und schließlich als Getreidespeicher genutzt wurde, gelangt man in die 1970 restaurierte **Schlosskirche (9)**.

Von der ursprünglichen Einrichtung des Grünen Saals ist nichts mehr vorhanden. Die Wandtäfelungen und Kassettendecke wanderten in die Brennkessel der Schnapsbrennerei, die im 18. Jh. im Schlosskeller arbeitete.

Durch die **Rüstkammer (10)**, den **Abgebrannten Saal (11)**, dem größten Saal im Schloss und durch das nordöstliche Vorzimmer gelangt man zurück zum Ausgangspunkt.

Schließlich kann man im Erdgeschoss noch Küche und Wohnung des Statthalters besichtigen.

An der Südostseite von Kvarnholmen, dem eigentlichen Stadtzentrum von Kalmar mit Dom, Rathaus, Touristeninformation etc. findet man das **Kalmar Läns Museum,** Skeppsbrogatan, Ångkvarnen (*geöffnet Jende Juni - Ende Aug. tgl. 10 - 18 Uhr, übrige Zeit Mo - Fr 10 - 16 Uhr, Sa + So 11 - 16 Uhr; Eintritt; www.kalmarlansmuseum.se*).

Dieses Heimatmuseum lohnt vor allem wegen der Ausstellung über das alte **Regalschiff „Kronan"** einen Besuch. Das Museum

ist in dem restaurierten Gebäude einer ehemaligen Dampfmühle eingerichtet.

Das Kriegsschiff „Kronan" (Krone) befand sich 1676 unter dem Befehl von Admiral Lorentz Creutz, einem völlig unerfahrenen Seemann, wie sich zeigen sollte, auf dem Wege von Kalmar nach Bornholm. Am 30. Mai erhielt man Order, durch die Reihen der dänisch-holländischen Flottenverbände zu brechen und Gotland von den Dänen zu säubern.

Die feindlichen Verbände verfolgten die „Kronan". Während der Mittagszeit des 1. Juni entschloss sich Admiral Creutz zum Angriff und ließ die schwere, mit 128 Kanonen bestückte und mit 842 Seeleuten bemannte „Kronan" so hart wenden, ohne die Segel trotz heftigen Windes zu reffen, dass sich das Schiff auf die Seite legte und durch die geöffneten Geschützpforten Wasser aufnahm. Zu allem Unglück entzündeten sich auch noch die Pulvervorräte unter Deck. Eine gewaltige Explosion zerriss das Regalschiff. Es sank in wenigen Minuten. 800 Seeleute kamen um.

Die „Kronan" war zwischen 1665 und 1672 auf der Skeppsholmenwerft in Stockholm von dem englischen Schiffsbaumeister Francis Sheldon gebaut worden. Erstmals wurde hier der tiefer gehende, englische Schiffsrumpf und nicht mehr die flachere, schwerere Bauweise nach Art der Holländer angewendet. Der Segler hatte eine Wasserverdrängung von 2.140 Tonnen, eine Masthöhe von 60 m, eine Länge von 60 m und war 14 m breit. Die 128 Kanonen verteilten sich auf drei Geschützdecks. Die „Kronan" war eines der größten Kriegsschiffe seiner Zeit und wesentlich größer als die berühmte „Vasa" in Stockholm.

Etwa 300 Jahre nach der Tragödie wurde das Wrack der „Kronan" 1980 von dem schwedischen Meeresarchäologen Anders Franzén, der früher schon die Vasa gefunden und gehoben hatte, vor der Ostküste von Öland bei Hulterstad in einer Tiefe von 26 m geortet. Im Mai 1981 begann man mit der wissenschaftlichen Erforschung des Wracks und im August desselben Jahres barg man 18 Kanonen und zahlreiche Wrackteile und Ausrüstungsgegenstände.

Interessant waren die Funde für die Historiker vor allem deswegen, weil hier ein völlig intaktes, komplett ausgerüstetes Kriegsschiff gefunden worden war.

Das meiste der Funde ist im Museum zu sehen. Darunter befinden sich Goldmünzen, der vielleicht größte, jemals in Schweden entdeckte Goldschatz, die Schiffsglocke, Holzskulpturen oder persönliche Gegenstände der Seeleute wie Stiefel, Strümpfe, Tabakspfeifen u. v. m.

Zu sehen ist außerdem ein maßstabsgetreues Modell der „Kronan". Ein Teil des Kanonendecks, der Kabine von Admiral Creutz und Offiziersquartiere wurde naturgetreu nachgebaut. Anschauungsmaterial schildert die Zusammenhänge der Großmachtzeit Schwedens und der Seeschlacht.

Andere Abteilungen des Kalmar Läns Museums befassen sich, z. B. im ersten Stock, mit sakraler Kunst (Abt. 4), mit Möbeln und Hausgerät (Abt. 3), mit Uhren (Abt. 2) und mit Kleidung und Textilien und Spielzeug (Abt. 1).

Nicht weit vom Kalmar Läns Museum entfernt liegt in der Södra Långgatan 81 das **Kalmar Seefahrtmuseum** (geöffnet 15. Juni - 25. Aug. Mo - Fr 11 -16 Uhr, Sa + So 12 - 16 Uhr, übrige Zeit So. 12 - 16 Uhr).

Das Museum, das vor allem von Privatpersonen, Reeder- und Kapitänsfamilien gestiftete maritime Exponate zeigt, befasst sich mit der einheimischen Seefahrt, mit dem Hafen und der Werft von Kalmar, mit dem Leben der Seeleute und Stauer u. v. m.

Und im schön angelegten Stadtpark, ganz in der Nähe des Schlosses findet man im Slottsvägen Nr. 1 Kalmars **Kunstmuseum**. Zu sehen ist schwedische Kunst aus dem 19. und 20. Jh.

Unweit westlich des Kunstmuseums liegt der **Krusenstiernska Gården**, Stora Dammgatan 11, (geöffnet Museumshaus: 1. Juni - 31. Aug. Mo - Fr 10 - 18 Uhr, Eintritt. Garten: Mai - Aug. Mo - Fr 10 - 18 Uhr, Sa + So 12 - 17 Uhr, Sept. Mo - Fr 10 - 17/15.30 Uhr; Eintritt in den Garten frei). Der Krusenstjernsche Hof präsentiert sich als ein im Stil des gehobenen Bürgertums des 18. Jh. eingerichteter Herrensitz. Nobel möblierte Salons. Wunderschöner, kleiner Park mit alten Bäumen. Café.

Ab Kalmar bietet sich ein **Abstecher** auf die unweit östlich vorgelagerte, schmale und langgestreckte **Insel Öland** an. Näheres über Öland finden Sie unter Tour 21, Insel Öland, etwas weiter hinten.

PRAKTISCHE HINWEISE – KALMAR

Telefonvorwahl: 04 80
Kalmar Turistbyrå, Ölandskajen 9, 391 20 Kalmar, Tel. 41 77 00. E-Mail: ino@turistbyra.kalmar.se. Web: www.kalmar.se.

HOTELS
Calmar Stadshotell, 140 Zi. ****, Storgatan 14, Tel. 49 69 00, Fax 49 69 10, zentral, Restaurant, Garage.
Slottshotellet Romantik Hotel, 44 Zi. *****, Slottsvägen 7, Tel. 88 260, Fax 88 266, teils in einem historischen Stadthaus aus dem Jahre 1864 eingerichtet, Restaurant, Sauna, Garage, Parkplatz. – Und andere Hotels.

CAMPING
Stensö Camping * [N 56° 39' 1" E 16° 19' 39"],** Stensövägen, Tel. 88 803, www.stensocamping.se; Anf. Apr. – Ende Sept.; ca. 2 km südl. von Kalmar, E22 Abfahrt Kalmar Säter (Zentrum) und Richtung Sjukhus (Krankenhaus); weitläufiges, unebenes Waldgelände mit freien Wiesen, am Kalmarsund; ca. 10 ha – 270 Stpl. + Dau.; Standardausstattung. Restaurant, Kiosk, Fahrrad- und Bootsverleih, Internetecke. 15 Miethütten. V & E für Wohnmobile.

KALMAR – SÖLVESBORG

Länge der Tour: Rund 250 km.

Strecke: Über die Straße E22 und über **Karlskrona**, **Ronneby** und **Karlshamn** bis **Sölvesborg**.

Empfohlene Reisedauer: Mindestens ein Tag.

Reisehöhepunkte auf dieser Tour: Ein **Stadtspaziergang,** der **Stortorget** und das **Marinemuseum** in Karlskrona – **Karlshamns Kulturviertel**.

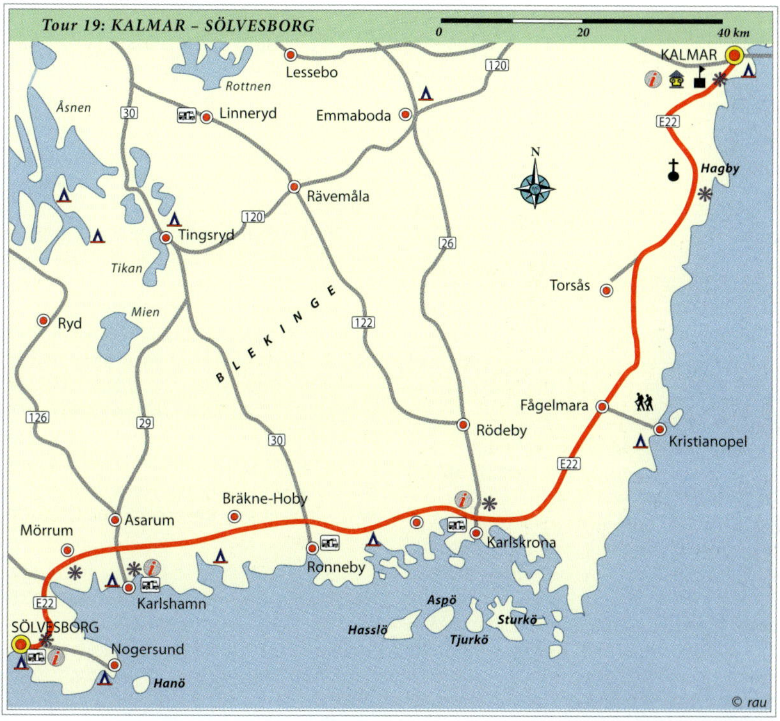

Tour 19: KALMAR – SÖLVESBORG

© rau

ROUTE: *Von Kalmar aus erreicht man über die E22 und über* **Hagby** *mit seiner für Schweden seltenen* **Rundkirche** *rasch das 82 km weiter südlich an der Südwestküste gelegene* **Karlskrona** *im Landesbezirk* **Blekinge**.

Abstecher nach Kristianopel

Rund 20 km vor Karlskrona kann man in **Fågelmara** die E22 verlassen und einen **Abstecher** ostwärts [N 56° 15′ 34.6″ E 15° 56′ 55.4″] nach **Kristianopel** an der Küste unternehmen.

Kristianopel [N 56° 15′ 28.4″ E 16° 02′ 29.4″] – König Christian IV. von Dänemark hatte hier um 1600 eine Festung gegen die Schweden errichtet. Heute ist das recht **malerische Städtchen** mit seinen hübschen Straßen ein vielbesuchter Freizeithafen und Badeort. (*Camping Kristianopel* ****, Tel. 0455/36 61 30, Anf. Apr. – Ende Sept.)

Kristianopel ist auch Ausgangspunkt des **Wanderweges Blekingeleden**, der auf gut markierten Pfaden 240 km quer durch die gesamte Provinz westwärts nach Olofström führt.

HAUPTROUTE

Karlskrona [N 56° 09' 41.3" E 15° 35' 14.6"], die angeblich auf 33 Inseln gebaute Hafenstadt, konnte 1980 ihren 300sten Geburtstag feiern.

Als die Dänen in der Schlacht bei Lund 1676 besiegt waren und Skåne und Blekinge endlich dem Königreich Schweden einverleibt werden konnte, gründete König Karl XI. (1655 – 1697) im Jahre 1680 die Garnisonsstadt Karlskrona und ließ sie zu einem bedeutenden Marinestützpunkt seines Reiches ausbauen.

Man brauchte einen möglichst eisfreien Hafen im Süden des Landes. Den Standort glaubte man mit der Insel Trossö gefunden zu haben, auf der auch heute noch das Zentrum der Stadt liegt.

Breite Straßen und große Plätze wurden angelegt, um Militärparaden und Aufmärschen den gebührenden Raum zu gewähren.

1790 fielen Teile der Innenstadt einem Brand zum Opfer, als in der Amiralitetsgatan eine Wäscherin beim Befüllen der Bügeleisen mit glühender Kohle unvorsichtig hantierte. Über Nacht hatte die Stadt damals plötzlich 3.000 Obdachlose.

Eine Stadtbesichtigung beginnt man am besten auf dem **Stortorget [N 56° 09' 41.3" E 15° 35' 14.6"]**, dem stolzen und irgendwie vornehm wirkenden großen Platz im Zentrum der Stadt. In der Mitte erhebt sich ein Denkmal des Stadtgründers Karl. XI. Die umliegenden Gebäude verleihen dem Platz ein stattliches Aussehen. Manche meinen sogar, der Stortorget in Karlskrona sie einer der schönsten Stadtplätze in Nordeuropa. Hier findet man das **Rathaus**, die **Stadtbibliothek**, die **Touristeninformation**, die **Dreifaltigkeitskirche**, das **Hauptpostamt**, das **Stadshotel** und die **Fredrikskirche**. Die beiden Kirchen wurden nach Plänen von Tessin d. J. erbaut.

Der runde Barockbau der **Dreifaltigkeitskirche** ist auch als „deutsche Kirche" bekannt. Sie war bis ins 19. Jh. die Pfarrkirche einer großen deutschen Gemeinde in Karlskrona. Einer der Protagonisten des neuen Karlskrona, Admiral Hans Wachtmeister, war ein Mitglied dieser deutschen Gemeinde. Er starb im Jahre 1714 und ist unter dem Chor der Dreifaltigkeitskirche beigesetzt.

Auf dem Friedhof der Kirche findet man auch das Grab des Bildhauers Johan Törnström, der viele schöne Galionsfiguren schuf. Einige sind im Marinemuseum ausgestellt.

Die **Fredrikskirche** mit ihren beiden Vierecktürmen und dem wohlklingenden Glockenspiel, das morgens, mittags und abends ertönt, ist nach Fredrik I. benannt.

Vom Stortorget kann man über den begrünten, parkähnlichen Amiralitetstorget nach Süden gehen und kommt dann am Ende des Parks zur **Alten Werft**. Hier steht Schwedens längstes Holzgebäude, in dem sich die bis 1960 aktive 300 m lange Seilerbahn befindet. Außerdem befindet sich hier eines der ersten Trockendocks des Landes.

Sehr interessant ist ein Besuch im **Marinemuseum [N 56° 09' 24.9" E 15° 35' 11.7"]** auf der östlich der Innenstadt vorgelagerten kleinen Insel Stumholmen *(geöffnet 1. Juni - 31. Aug. tgl. 10 - 18 Uhr, 1. Sept. - 31. Mai. Di - So 11 - 17 Uhr; www.maritima. se, www.marinmuseum.se).* Am einfachsten kommt man dahin, wenn man ab dem zentralen Stortorget der Kyrkogatan nach Osten folgt.

Das aus mehreren Abteilungen bestehende Marinemuseum bietet dem Besucher einen sehr schönen Querschnitt durch die schwedische Seefahrtsgeschichte und die Marinetradition in

Karlskrona am Stortorget

Karlskrona. U. a. sieht man eine beachtliche Ausstellung von **Schiffsmodellen**, die auch Modelle des berühmten Schiffsbauers *Fredrik Henrick af Chapman* zeigt. Sehr interessant ist die weiter oben schon erwähnte Sammlung von **Galionsfiguren**, vornehmlich aus dem 18. und 19. Jh. sowie der Nachbau eines Kanonendecks.

Beeindruckend ist auch der Blick in einen Unterwassertunnel unter dem Museum und die Sicht auf ein Wrack aus dem 18. Jh. Im Museum gibt es eine Café und ein Restaurant.

Auf dem Rückweg in die Stadt kann man von der Kyrkogatan südwärts (links) in die Drottninggatan abbiegen. Am Ende der Straße liegt die **Admiralitätskirche Ulrica Pia [N 56° 09′ 26.1″ E 15° 35′ 28.3″]**. Die Kirche wurde 1685, fünf Jahre nach der Stadtgründung eingeweiht und nach der Gemahlin König Karls XI., Ulrica Eleonora, benannt. Der Kirchenbau ist vollständig aus Holz aufgeführt und gilt als größter seiner Art in Schweden. Als Architekt wird Erik Dahlberg genannt.

Sehenswert im Inneren sind das Altarbild, eine Antwerpener Kopie von Rubens' „Der Lanzenstoß", dann das Altarkreuz aus Zedernholz, das Mitte des 18. Jh. dem Patriarchen von Konstantinopel gehörte, weiter das Votivschiff „Karlskrona" und die Grabdenkmäler verdienter Offiziere und Schiffsbauer.

Freunden der Geschichten von Selma Lagerlöf wird aber weniger die Kirche, als vielmehr die lebensgroße Holzfigur des **Gubben Rosenbom** vor der Kirche etwas sagen. Der bärtige Mann mit dem großen, breitkrempigen Hut ist wahrscheinlich Karlskronas populärster „Einwohner". Den Hut übrigens kann man anheben. Früher tat man das, um in der als Opferstock fungierenden Figur ein Scherflein für die Armen zu deponieren.

Der Alte Rosenbom spielt in der Geschichte „Nils Holgerssons wunderbare Reise mit den Wildgänsen" eine wichtige Rolle. Bei seinem geträumten, nächtlichen Streifzug durch Karlskrona schlüpft der zum Däumling geschrumpfte Nils Holgersson unter den Hut des Rosenbom. Von dieser hohen Warte aus begleitet er den Alten Rosenbom, der mit dem vom Denkmalspodest auf dem Stortorget gestiegenen König Karl XI. einen Spaziergang durch die Stadt macht.

Gubben Rosenbom vor der Admiralitätskir-

Sehenswert ist weiter der Stadtteil **Björkholmen** westlich der Innenstadt, der älteste Teil von Karlskrona. Hier sind noch einige der alten, kleinen Holzkaten erhalten geblieben, in denen sich die ersten Handwerker und Arbeiter der Marinewerft niedergelassen hatten.

Sehr lohnend ist ein Besuch im **Blekinge Museum** am Fisktorget 2 (Wohnmobil-Stellplatz), westlich des Stortorget, in der Nähe des Fischereihafens (*geöffnet 15. Juni - 15. Aug. tgl. 10 - 18 Uhr, übrige Zeit Di - So 11 - 17 Uhr, Mi bis 19 Uhr; Eintritt frei; www.blekingemuseum.se*). Eingerichtet ist das Museum im „Grevagården" (Grafenhaus), dem 1705 errichteten ehemaligen Wohnhaus des Admirals Graf Hans Wachtmeister. Schöner Barockgarten.

ROUTE: *Weiterreise auf der E22 westwärts ist* **Ronneby**, *28 km*.

Die alte Brunnenstadt **Ronneby [N 56° 12′ 21.9″ E 15° 19′ 51.2″]** (ca. 30.000 Einw.; Touristeninformation, Hotels) ist heute ein Zentrum der Elektronik- und Computerindustrie.

Das alte „Rotneby" erhielt als eine der ersten Siedlungen in Blekinge im Jahre 1387 Stadtrechte verliehen – unterschrieben vom 17-jährigen dänischen König Olof.

PRAKTISCHE HINWEISE – KARLSKRONA

Telefonvorwahl: 04 55
Karlskrona Turistbyrå, Stortorget 2, 371 34 Karlskrona, Tel. 30 34 90.
Feste, Märkte: Laubmarkt, jedes Jahr am Tag vor dem Mittsommerfest.

HOTEL

First Hotel Statt Karlskrona, 107 Zi., *****, Ronnebygatan 37, Tel. 55 550, Fax 16 909, am Bahnhof, Restaurant, Sauna, Garage. www.firsthotels.se. – U. a.

CAMPING

Dragsö Bad och Camping **** [N 56° 10' 24" E 15° 34' 3"], Tel. 15 354; www. dragso.se; Ende Apr. – Anf. Okt.; durchs Zentrum und über Saltö zur Insel Dragsö (Brücke); Fels- und Wiesengelände; ca. 6 ha – 240 Stpl. + Dau.; gute Standardausstattung. Restaurant, Laden, Imbiss, Sauna, Fahrrad- und Bootsverleih, Minigolf, Internetecke. 31 Miethütten. **V & E für Wohnmobile. Quick Stop.**
Skönstaviks Camping **** [N 56° 12' 11.8" E 15° 38' 21.4"], Tel. 23 700, www.skonstavikcamping.se; 1. Mai – 31. Aug.; E22 Ausfahrt Karlskrona Väst, an der Ausfallstraße Richtung Malmö; hügelige Wiesen mit Baumbestand an einer Bucht mit öffentlichem Strandbad; ca. 8 ha – 140 Stpl. + Dau.; Standardausstattung. Laden, Imbiss, Fahrrad- und Bootsverleih, Bootssteg. WLAN. 24 Miethütten. **V & E für Wohnmobile**.

Rast- und Wohnmobil-Stellplätze

Wohnmobil-Stellplatz Karlskrona, Gamla Handelshamnen, nahe der Zufahrtsstraße zur Stadt, am Alten Hafen und bei der Fährstation nach Aspö und noch 200 m zum großen asphaltierten Parkplatz mit Platz für ca. 100 Fahrzeuge (inkl. Pkw). Jederzeit zugänglich. Kostenfrei. Keinerlei Einrichtungen. Zum Stadtzentrum mit Restaurants etc. ca. 200 m. www.karlsrkona.se.
Ein weiterer **Parkplatz** liegt im Westen der Stadt Karlskrona Richtung Saltö am Fisketorget, Kiesgelände mit Platz für ca. 10 Fahrzeuge. Jederzeit zugänglich. Gebührenfrei.

Nach einer wechselvollen Geschichte kam Ronneby Ende des 17. Jh. dann endgültig an Schweden.

Trotz eines verheerenden Brandes im Jahre 1864 sind einige alte Holzhäuser in der ehemaligen **Altstadt Bergslagen** unterhalb der Kirche erhalten geblieben.

Ein Bummel durch die oft noch mit Feldsteinen gepflasterten Gassen, hinauf zur schön gelegenen **Heilig-Kreuz-Kirche** lohnt allemal. Auffallend ist der gewaltige eher an eine Festung als an ein Gotteshaus erinnernde Kirchturm.

Während eines Ansturms schwedischer Truppen im Jahre 1564, wurden nicht nur große Teile der Stadt, sondern auch die Kirche geplündert. Die meisten Kunstwerke im Inneren stammen aus der Zeit der Renaissance, Altar (1652) und Kanzel (1620) dagegen sind im Stil des Barock gearbeitet.

Zu den Sehenswürdigkeiten zählen außerdem das Naturum, das Aquarium und eine Glashütte. Schöne Spazierwege sind im **Brunnsparken** angelegt.

Wer sich für die Frühgeschichte des Landes interessiert, findet östlich von Ronneby und nördlich der E22 eine ganze Reihe eisenzeitlicher **Grabfelder** wie in **Hjortahammar** oder Hjortsberga.

Bei **Björketorp** steht ein über 1.200 Jahre alter, 4 m hoher **Runenstein** mit einer Inschrift, die so gedeutet wurde: „Mächtiger Runen Geheimnisse verberge ich. Heimtückischer Fluch und Tod droht, welcher dieses Denkmal bricht. Ich sage Verderb voraus". Sollte diese Deutung wirklich authentisch sein, weicht diese Inschrift, ein Bannspruch, stark von dem ab, was sonst auf Runensteinen geschrieben steht.

ROUTE: 30 km weiter westlich von Ronneby erreicht man auf der E22 **Karlshamn**.

Die Handels- und Hafenstadt **Karlshamn [N 56° 11' 20.0" E 14° 56' 05.8"]** mit heute annähernd 30.000 Einwohnern erhielt 1644 Stadtrechte.

PRAKTISCHE HINWEISE – RONNEBY

Telefonvorwahl: 04 57
Ronneby Turistbyrå, Kulturcentrum, Kallinge väg 3, 372 39 Ronneby, Tel. 1 76 50.

Feste, Märkte: Tosia bonnadan, ein traditioneller Markt, der jedes Jahr im Juli stattfindet.

HOTEL

Ronneby Brunn Hotell ****, 263 Zi., Tel. 75 000, Fax 15 647, www.ronneby-brunn.se; große Hotelanlage am Südrand der Stadt mit Sport- und Freizeit-einrichtungen, Restaurant, Parkmöglichkeit. – Und andere Hotels.

CAMPING

Bökenäs Camping ***, Torkövägen 52, Listerby, Tel. 30 150, www.bokenas-semesterby.se; 1. Mai – 30. Sept.; an der E22 zwischen Ronneby und Karls-krona und südlich von Listerby gelegen, Abzweig am Kreisverkehr Richtung Kuggeboda/Meer; Wiesengelände an einer Bucht; ca. 6 ha – 180 Stpl. + Dau.; Standardausstattung; Laden, Imbiss; Miethütten.

Rastplatz
Rastplatz am Brunnspark in Ronneby in schöner Parkumgebung mit Toi-letten, Waschbecken, Mülltonnen. Im Sommer Kiosk. Schöne Spazierwege im gepflegten Kurpark. Keinerlei Einschränkungen bzgl. Übernachtungs-verbot. Kostenfrei.

Karlshamn war bis lange nach der Jahrhundertwende einer der am meisten frequentierten schwedischen Auswande-rungshäfen nach Amerika. Im Hamnparken erinnert ein von dem Bildhauer Axel Ols-son geschaffenes Denkmal an die Zeit der Auswanderer. Dargestellt auf dem Denk-mal ist das Paar Karl-Oskar und Kristina, zwei Romanfiguren, die in der Erzählung „Die Emigranten" von Vilhelm Moberg die Hauptrolle spielen.

Wie nahezu alle Küstenstädte hier, war auch Karlshamn in der Zeit der Dänenherr-schaft oft umkämpft, es wurde geplündert und niedergebrannt.

An die Zeit der Dänenherrschaft erin-nert noch das Kastell auf der Insel Frishol-men in der Hafeneinfahrt. Es wurde 1675 erbaut, war mit 242 Kanonen bestückt und bis 1865 in Gebrauch. Im Sommer gibt es eine Fährverbindung vom Hafen zur Insel.

1763 vernichtete ein Großbrand fast die ganze Stadt. Karlshamn konnte also keine historischen Baudenkmäler bewahren.

Als touristische Sehenswürdigkeit gilt **Karlshamns Kulturviertel** an der Drott-ninggatan/Vikelgatan. Hier sind historische Gebäude, Kaufmannshöfe, wie der **Skotts-bergska Gården** in der Drottningsgatan 81, ein alter Tabakladen, ein Druckereimuseum, eine Kunsthalle und das Punschmuseum zu

sehen. *Carlshamns Punsch* war Mitte des 19. Jh. eine beliebte Spezialität.

ROUTE: Weiterreise auf der E22 nach **Sölvesborg**, *29 km.*

Abstecher zum „Lachshaus"

Ein lohnender Abstecher westlich von Karlshamn von der E22 führt nach **Mörrum** zum **„Laxens Hus" [N 56° 11' 32.9" E 14° 44' 50.2"]** am Mörrumsån, einem der be-rühmtesten Lachsflüsse Schwedens. Auf ge-sicherten Holzstegen kann man entlang der imposanten Stromschnellen spazieren. Ein **Museum** zeigt das Leben der Lachse und Informationen der Lachswanderungen etc. **Restaurant** und **Lachsräucherei**.

HAUPTROUTE

Sölvesborg, heute eine Industriestadt mit annähernd 15.000 Einwohnern, liegt an der Westseite einer weit ins Land rei-chenden Bucht. In der Nähe der Stadt fin-det man viele einladende **Sandstrände**, so den von Listerlandet, den von Sandviken oder den bei Hällevik etwas weiter südöst-lich der Stadt.

Mit großen Sehenswürdigkeiten kann Sölvesborg nicht aufwarten. Von der Stadt-burg aus dem 14. Jh. sind nur noch Ruinen erhalten. Für den Interessierten ist sicher

PRAKTISCHE HINWEISE – KARLSHAMN

Telefonvorwahl: 04 54
Karlshamns Turistbyrå, Ronnebygatan 1, 374 81 Karlshamn, Tel. 81 203.

HOTEL

First Hotel Carlshamn, 132 Zi. *****, Varvsgatan 1, Tel. 89 000, Fax 89 150, Restaurant, Garage, Parkplatz. – Und andere Hotels.

CAMPING

Kolleviks Camping * [N 56° 09' 59.4" E 14° 52' 56.1"],** Kolleviksvägen, Tel. 19 280, www.camping.se/k07; Ende Apr. – Mitte Sept.; ca. 5 km südöstl. von Karlshamn, Richtung Kollevik beschildert; Wald- und Wiesengelände am Meer; ca. 2 ha – 110 Stpl.; Standardausstattung. Laden, Imbiss, Bootsverleih, Minigolf. 14 Miethütten. **V & E für Wohnmobil**.
Långasjönäs Camping **,** Tel. 32 06 91, www.camping.se/k05; 1. Mai – Mitte Okt.; ca. 3 km nordöstl. von **Asarum;** Wiesengelände am See; ca. 2 ha – 90 Stpl.; Standardausstattung. Miethüten.

Wohnmobil-Stellplatz
Wohnmobil-Stellplatz Bootshafen Vägga [N 56° 09' 33.2" E 14° 53' 08.7"]: Vägga Fiskehamn, am Gästehafen in Vägga bei Karlshamn. Zu erreichen über die Ausfahrt Nr. 53 (Karlshamn Ö) der E22 und noch 5 km Richtung Vägga Fiskehamn. Platz für 5 Fahrzeuge. **Geöffnet:** Mai bis September. Anmeldung im Hafenbüro. **Gebühr** für Benutzung der Sanitäreinrichtungen mit Dusche, Toiletten, Frischwasser. Stromanschluss extra.

die **St. Nicolai Kirche** sehenswert, ein Backsteinbau, der aus der Hansezeit stammt und das älteste Gebäude der Stadt ist, das alle Wirren der Zeit fast unversehrt überstanden hat.

Besichtigen kann man außerdem das **Sölvesborg Museum**, das in einem 150 Jahre alten Branntweinmagazin eingerichtet ist sowie das **Fischereimuseum** in Hällevik.

Bei schönem Wetter sollte man einen Schiffsausflug zur **Insel Hanö** ins Auge fassen, einer alten Seefahrerinsel mit gerade mal 80 Einwohnern. Auf der höchsten Erhebung (60 m) sieht man einen 16 m hohen Leuchtturm, der mit seinem Leuchtfeuer, dem stärksten Licht der Ostsee, der Schifffahrt in den klippenreichen Gewässern eine wertvolle Hilfe ist.

Schiffe verkehren ab **Nogersund** südöstlich von Sölvesborg zur Insel.

PRAKTISCHE HINWEISE – SÖLVESBORG

Telefonvorwahl: 04 56
Sölvesborg Turistbyrå [N 56° 03' 09.0" E 14° 34' 56.9"], Stadshuset, Repslagaregatan 1, 294 80 Sölvesborg, Tel. 1 00 88, www.solvesborg.se.

HOTELS

Hälleviks Havsbad, 45 Zi. **, Semestervägen 5, Tel. 5 20 10, Fax 5 70 30, geöffnet 1. Juni bis 31. August.
Stadshotellet, 30 Zi. ***, Järnvägsgatan 8, Tel. 1 09 10, Fax 1 53 24. – U. a.

CAMPING

Hälleviks Camping ** [N 56° 03' 59.4" E 14° 37' 22.6"],** Campingvägen 41, Tel. 52 714, www.hallevikscamping.se; Jan. - Dez.; südöstlich von Sölvesborg, von der E22 über die Straße 123 Richtung Nogersund; leicht schräges, langgezogenes Wiesengelände an der Bucht von Hällevik; ca. 4 ha – 140 Stpl. + 100 Dau.; gute Standardausstattung; Laden, Imbiss, Sauna, Fahrradverleih. 23 Miethütten. **V & E für Wohnmobile**.

SÖLVESBORG – HELSINGBORG

Länge der Tour: Rund 310 km, ohne Abstecher.

Strecke: Über die Straße E22 bis **Lyngsjö/Tollarp** – Straße 19 bis **Brösarp** – Straße 9 bis **Simrishamn** – Küstenstraße bis **Ystad** – Straße E65 bis **Malmö** – Straße E22 über **Lund** bis **Hurva** – Straße 23 bis **Bosjökloster** – Straße 17 über **Eslöv** bis **Landskrona** – Straße E6/E20 bis **Helsingborg.**

Empfohlene Reisedauer: Mindestens ein Tag, besser zwei Tage.

Reisehöhepunkte auf dieser Tour: Die **St. Olof-Kirche * – Burg Glimmingehus *** – der **Strand bei Mälarhusen ** – prähistorische Schiffsetzung Ales Stenar ** – Ystads historische Altstadt ** – der Dom ** zu Lund**.

Auch wenn die folgende Reiseetappe von Sölvesborg nach Helsingborg, dem Ausgangs- und Endpunkt der hier beschriebenen Rundreise durch Schweden, an Kilometern relativ kurz ist, sollte im Interesse des Reiseerlebnisses unbedingt mehr als ein Reisetag eingeplant werden.

Diese Route führt durch die schönsten Teile Südwestschwedens, einer alten Kulturlandschaft in der Region **Skåne** (Schonen). Am Wege liegen historische Städte, herrliche Küstenlandschaften und Strände, Burgen, Schlösser und Kirchen, frühgeschichtliche Denkmäler und immer wieder Gasthöfe. Viele von ihnen bieten regionale kulinarische Spezialitäten an, für die Skåne mindestens genauso bekannt ist wie für seine Kulturdenkmäler. Kenner schätzen vor allem die herzhafte Hausmannskost dieser ländlichen und freundlichen Landschaft (siehe auch „Essen und Trinken").

Schonen war lange dänisches Staatsgebiet, bis 1658, dann – nach dem Frieden von Roskilde – fiel Schonen an Schweden. Dänemark hatte damals etwa ein Drittel seines Staatsgebietes verloren. Kein Wunder also, dass man im 17. Jh. in Kopenhagen immer wieder daran arbeitete, die Gebiete zurückzubekommen. Und erstaunlicherweise waren die Schonen dem Ansinnen damals angeblich gar nicht so abgeneigt. Aber der Revanchekrieg 1675 verlief für die dänenfreundlichen „Schnapphähne" ungünstig. Die schwedentreuen „Freischützen" behielten die Oberhand. Schonen blieb endgültig schwedisch, auch wenn manche Dänen angeblich dem schönen Schonen insgeheim noch heute ein wenig nachtrauern.

ROUTE: *Der Verlauf unserer Route führt von Sölvesborg über die Straße E22 zunächst bis* **Kristianstad,** *36 km.*

Kristianstad [N 56° 01' 51.8" E 14° 09' 14.8"] wurde 1614 vom dänischen König Christian IV. als Bollwerk gegen Schweden gegründet und stark befestigt. Nach dem Frieden von Roskilde fiel Kristianstad an Schweden und war im Revanchekrieg 1675 eine strategisch wichtige und feste Bastion der Schweden im Kampf gegen die Dänen.

Im 19. Jh. wichen die Festungswälle breiten Straßen und Alleen. Heute ist Kristianstad eine moderne Industrie- und Garnisonsstadt mit über 72.000 Einwohnern.

Zu den Sehenswürdigkeiten zählen – neben dem Stora Torget, der ehemals als Paradeplatz diente – vor allem die **Dreifaltigkeitskirche**, ein schöner Backsteinbau im Renaissancestil aus dem frühen 17. Jh., dann das **Regional Museum von Skåne [N 56° 01' 53.6" E 14° 09' 18.9"]** im alten Zeughaus und schließlich das **Filmmuseum** in der Östra Storgatan 53, mit Erinnerungen an die erste Zeit des Films, die in Schweden in Kristianstad begann.

ROUTE: *Knapp 10 km südwestlich von Kristianstad verlassen wir die E22 und folgen der Straße 19 weiter südwärts bis* **Brösarp,** *30 km.*

Brösarp ist ein eher dänisch anmutendes Dorf mit gutem **Gasthof Brösarp Gästgiveri [N 55° 43' 30.5" E 14° 06' 13.6"]**. Zwischen Brösarp und dem weiter südlich gelegenen **St. Olof** verkehrt – zumindest im

Sommer – eine **Museumseisenbahn** durch die schöne Hügellandschaft von Österlen.

Rund 10 km westlich von Brösarp liegt **Schloss Christinehof**. Die Straße dorthin führt nördlich an einer Hügelkette vorbei, in der bis ins 19. Jh. Alaun abgebaut wurde, das im Alaunwerk von Andrarum – damals wichtigster Industriezweig in Skåne – verarbeitet wurde.

Christina Piper, eine der vielleicht reichsten Frauen im Schweden des 18. Jh., ließ sich das prächtige Schloss um 1740 errichten. Es beherbergt heute ein Kulturzentrum für Konzerte und Theater. Zu besichtigen gibt es eine **Galerie** und ein **Jagdmuseum**, einen gepflegten Park mit Spazierwegen und ein Wildgehege. Restaurant „Kronhjorten".

ROUTE: *Weiterfahrt ab Brösarp auf der Straße 9 nach* **Simrishamn,** *28 km.*

Auf dem Weg nach Simrishamn können Sie die mittelalterliche **Kirche von Ravlunda [N 55° 42' 24.7" E 14° 09' 03.9"]** mit schönen Malereien in den Gewölben besichtigen, das in der Nähe liegende bronzezeitliche **Hünengrab von Haväng** ansehen oder in **Kivik [N 55° 41' 06.2" E 14° 13' 35.2"]** (*Kiviks Camping* ***, Tel. 0414/70 930, Anf. Apr. – Mitte Okt.) in der Kelterei haltmachen, dem einzigen Weinhaus in Schweden wie es heißt. Bekannt ist das Haus aber für seine Säfte, z. B. aus Johannisbeeren oder Äpfeln und für seinen Apfelwein (Cidre). Kivik, in dem Mitte Juli ein im ganzen Land bekannter Jahrmarkt stattfindet, liegt im größten Obstanbaugebiet Schwedens.

Wer sich für frühgeschichtliche Altertümer interessiert, sollte sich unbedingt das sog. **„Königsgrab"** von Kivik ansehen. In dem riesigen Steingrabhügel aus der Bronzezeit wurden in der Grabkammer seltene Felszeichnungen entdeckt, die den Archäologen Rätsel aufgeben. War der fast dreieinhalbtausend Jahre alte Hügel mit seinem breiten, offenen Gang zwischen den hoch aufgetürmten Steinwällen nun tatsächlich das Grab eines Herrschers? Oder war er etwa Mittelpunkt einer vorgeschichtlichen Handelsstation, die Verbindung bis zum Mittelmeer aufrecht hielt, wie auch schon geäußert wurde?

Weiter südlich des Ortes liegt der **Stenshuvud Nationalpark**. Wanderwege führen vom Parkplatz auf die an der Küste gelegene, fast 100 m aufragende bewaldete Höhe Stenshuvud. Am Fuße des Berges lange, breite Geröll- und Sandstrände.

Die „Lange Runde", ein gut 160 km langer **Wanderweg** durch Südostschonen, führt am Stenshuvud vorbei.

Der Wanderweg – Teil des Skåneleden – kommt aus Ystad, führt über Kåseberga, Sandhammaren, Kyhl, Skillinge, Simrishamn und Kivik immer an der Küste entlang, geht dann landeinwärts nach Brösarp, über Umwegen zum Schloss Christinehof, dann südwestwärts, südlich an Sjöbo vorbei zurück nach Ystad. Entlang des Weges findet man Rast- und Übernachtungsstellen.

ROUTE: Südlich von Kivik verlassen wir die Straße 9 in westlicher Richtung. Nach 8 km erreicht man den Flecken **St. Olof**.

Die sehenswerte **Kirche von St. Olof [N 55° 38′ 12.6″ E 14° 07′ 57.1″]** war bis zur Reformation eine der bedeutendsten Wallfahrtskirchen Schonens.

Um 1200 entstand an einer uralten Opferquelle eine kleine Kapelle, die im 15. Jh. erweitert wurde, um den wachsenden Andrang der Pilger aufnehmen zu können. Diese Erweiterungsbauten im Laufe der Jahrhunderte führten zu einer ungewöhnlichen Raumaufteilung des Gotteshauses.

Verehrt wurde der Heilige Olof, Schutzpatron der Kirche. Im Inneren sind der Hauptaltar – die Kirche hat vier Altäre – mit einem schön geschnitzten Flügelaltar, die Blattmusterfresken im Kreuzgewölbe, die schön bemalten Kirchenbänke und die alten Grabplatten bemerkenswert.

Links vom Hauptaltar sieht man eine Plastik des hl. Olaf. Der Heilige ist auf einem Thron sitzend dargestellt, das Haupt gekrönt, in der Linken eine Art Reichsapfel und in der Rechten die berühmte wundertätige Silberaxt, die die Pilger berührten. Der rechte Fuß des Heiligen ruht triumphierend auf einem Löwen mit gekröntem Menschenhaupt. Zum Ritual der Wallfahrt gehörte auch, dass die Pilger aus der erwähnten heiligen Opferquelle tranken.

Das Värdshuset Österlen im Ort ist für seine Küche bekannt.

Sehenswert in **Fågeltofta**, das nur wenige Kilometer weiter westlich an der Straße 19 liegt, ist der historische **Bondrumsgården**. Der romantische, ausgezeichnet erhaltene Vierkanthof mit seinen niederen, reetgedeckten Fachwerkhäusern, grob gepflastertem Innenhof und Ziehbrunnen, ist einer der ältesten Höfe dieser Art in Skåne.

ROUTE: Der weitere Verlauf unserer Route führt zurück Richtung Küste und über die Straße 9 südwärts nach **Simrishamn**.

Hübsche Fischerdörfer mit malerischen Winkeln sind **Vik** und **Baskemölla** nördlich von Simrishamn.

Simrishamn [N 55° 33′ 29.2″ E 14° 21′ 11.9″], eine bezaubernde, kleine Küstenstadt mit rund 5.000 Einwohnern und einem lebhaften Fischereihafen, hat im Zentrum um die St. Nicolai-Kirche romantische Straßenzüge mit niederen Häuserzeilen an gepflasterten Straßen bewahren können. Die hübschesten dieser Straßenzüge sind Stora Norrgatan und Stora Rådmansgatan hinter der Nicolaikirche.

1123 taucht Simrishamn als *Svimraros* erstmals in den Annalen der Geschichte Schonens auf. Damals war Simrishamn nicht viel mehr als der Hafen der weiter landeinwärts gelegenen reichen Handelsstadt Tumathorp (heute Tommarp).

Wenig später wurde die erste Kirche errichtet und Simrishamn entwickelte sich rasch zu einem wichtigen Fischerei- und Handelshafen. Hochseefischerei und vor allem die industrielle Verarbeitung von Hering und Dorsch sind bis auf den heutigen Tag der wichtigste Wirtschaftszweig von Simrishamn geblieben.

Die Storgatan, die Hauptgeschäftsstraße der Stadt, führt vom Tullhustorget (Touristeninformationsbüro, Parkplätze) am Fischereihafen leicht ansteigend als Fußgängerzone zum **Stortorget**, dem großen Marktplatz am Rathaus. An der Ostseite das Platzes liegt der alte Bergengrensak Hof mit einem schönen alten Garten.

Ein Stück südlich vom Marktplatz findet man das **Österlens Museum [N 55° 33′ 22.9″ E 14° 20′ 51.5″]**, Storgatan 23, das einen Besuch lohnt *(geöffnet 19. Juni - 3. Sept. Mo - Fr 10 - 18 Uhr, Sa 10 14 Uhr; übrige Zeit Mo. Fr 12 - 16 Uhr, Sa 10 - 14 Uhr; www. osterlensmuseum.com)*.

Österlen war lange eine etwas abgelegene wirtschaftlich wenig entwickelte und fast ausschließlich zur See hin orientierte Region im Osten von Skåne. Alte Traditio-

PRAKTISCHE HINWEISE – SIMRISHAMN

Telefonvorwahl: 04 14
Simrishamns Turistbyrå [N 55° 33' 29.2" E 14° 21' 11.9"], Tullhusgatan 2, 81 98 00, Simrishamn, Tel. 1 81 98 00. www.simrishamn.se.

HOTELS

Svea, 60 Zi. ***, Strandvägen 3, Tel. 41 17 20, Fax 1 43 41, www.hotellsvea. se; Restaurant, Parkmöglichkeit. – Und andere Hotels.

CAMPING

Tobisviks Camping * [N 55° 34' 13" E14° 20' 10"]**, Tobisvägen, Tel. 41 27 78, www.camping.se/l14; ganzjährig; Zufahrt ca. 2 km nördl. der Stadt beschildert; Wiesengelände am Meer; ca. 3 ha – 200 Stpl. + 100 Dau.; Standardausstattung; 15 Miethütten. **V & E für Wohnmobile**. Laden und Imbiss ca. 100 m entfernt.

nen und Handwerke konnten sich hier länger halten.

Das Museum vermittelt einen Überblick über die kulturelle Entwicklung in Österlen, über das ländliche Kunsthandwerk anhand von bemalten Bauernmöbeln, Trachten und Trachtenschmuck, wunderschönen Klöppelarbeiten u. ä. Eine separate Abteilung mit schöner Segelschiffmodellsammlung widmet sich der langen Seefahrtgeschichte von Simrishamn.

Westlich vom Stortorget sieht man die **St. Nicolai-Kirche** aufragen. Die Ursprünge dieses mächtigen romanischen Sandsteinbaus, der die Stadtsilhouette prägt, reichen zurück bis in die Mitte des 12. Jh.

Der gewaltige viereckige gotische Turm mit Stufengiebel und Satteldach wurde im 15. Jh. errichtet. Er ist ein weithin sichtbares, berühmtes Seezeichen an der Küste Schonens. Bis 1953 war die Außenfassade der St. Nicolai-Kirche mit einem Kalkputz überzogen. Carl Mills, der namhafte schwedische Bildhauer, setzte sich engagiert dafür ein, dass die Urfassade wieder freigelegt wurde. Vor der Kirche stehen einige Werke von Mills.

St. Nicolai (der heilige Nikolaus von Myra in der Türkei) ist der Schutzpatron der Seefahrer. Und ihm ist die Kirche geweiht. Viele schöne Votivschiffe sind im Kircheninneren zu sehen.

Sehenswert ist das **Autoseum** *[geöffnet 1. Juniwoche, Juli - Aug. tgl. 11 - 17 Uhr, sonst Sa + So 11 - 17 Uhr, www.autoseum.se]*, Fabriksgatan 10. Zu sehen ist die berühmte Autosammlung, die ehemals im Skokloster ausgestellt war und zu den ältesten Motormuseen zählte. Gezeigt werden 45 Oldtimer, 30 Motorräder und drei Flugzeuge.

ROUTE: *Fährt man von Simrishamn unmittelbar an der Küste nach Süden, erreicht man nach rund 10 km* **Brantevik**.

Brantevik [N 55° 31' 02.5" E 14° 20' 48.4"] war um die Wende zum 19. Jh. Heimathafen von 118 Segelschiffen, der größten Fischereiflotte im damaligen Schweden. Im „Hoppets Lokal" sind viele Souvenirs, die die Seeleute von ihren Reisen aus aller Welt mit nach Hause brachten und zahlreiche Schiffsmodelle zu sehen.

Glimmingehus [N 55° 31' 04.1" E 14° 14' 19.9"] *(geöffnet Juni - Aug. tgl. 10 - 18 Uhr, Mai + Sept. 9 - 17 Uhr; Eintritt)* liegt rund 10 km südwestlich von Simrishamn.

Der befestigte, stolze Herrensitz aus der Zeit um 1500 gilt als eine der am besten erhaltenen mittelalterlichen Wehrgüter in Skandinavien.

Man sieht es dem hohen, viereckigen Bau mit Stufengiebeln und zweieinhalb Meter dicken Mauern an, dass sich der dänische Reichsadmiral Jens Holgersen Ulfstand 1499, als er den westfälischen Bildhauer und Baumeister Adam von Düren mit der Bauausführung beauftragte, als Ergebnis in erster Linie eine wehrhafte Burg und erst in zweiter Linie einen wohnlichen Landsitz vorstellte.

Durch das Treppenhaus, in dem am Kamin der keulenschwingende „Wilde Mann" steht, eine Skulptur von Adam von Düren aus dem Jahre 1500, gelangt man in die drei Obergeschosse.

Im ersten Obergeschoss liegt links die sog. **Burgstube**, der Aufenthaltsraum der Soldaten und Wachmannschaften. Rechts liegt die sog. **Wohnstube** und die sog. Kam-

Der befestigte Herrensitz Glimmingehus

mer. Über der Tür zur Kammer sieht man das Wappen des Burgherrn Jens Holgersen Ulfstand.

Im nächsten Stockwerke liegt links der sog. **Große Saal**. Er diente als Festsaal der Burg. Reste der Deckenmalerei sind noch zu sehen. Rechts vom Treppenhaus befindet sich die sog. **Kemenate**, der freundlichste der sonst recht ernst und kalt wirkenden Räumlichkeiten von Glimmingehus. Zu sehen sind zwei Reliefs mit religiösen Motiven und ein achteckiges Medaillon mit dem „Bild des Recken".

Das oberste Stockwerk schließlich war der Schützenboden. Von hier aus war der Wehrgang zugänglich, der um das ganze Gebäude verlief. Später wurden hier 18 Kanonen aufgestellt.

Fahren Sie hinaus nach **Skillinge [N 55° 28' 34.1" E 14° 16' 56.0"]** einem alten Fischerdorf mit einem sehenswerten **Schifffahrtsmuseum**, das an die lange Seefahrertradition des Ortes erinnert. Das **Hafenwirtshaus** am Kai serviert gute Fischgerichte.

Bleiben Sie auf der Weiterfahrt ruhig auf der küstennahen Landstraße Richtung Kåseberga. Man kommt dann durch **Kyhl** mit einem guten Restaurant, das für sein großes Heringsbüfett bekannt ist und im Oktober und November während der feuchtfröhlichen Aalfeste ausgezeichnete Aalgerichte anbietet. Für Kenner gibt es Aal in sieben Versionen.

Über **Borrby** gelangt man zur Küste von **Mälarhusen [N 55° 24' 44.3" E 14° 12' 43.9"]**. Die Straße endet an einem Parkplatz. Hinter einem Dünengürtel erstreckt sich dort ein wunderbarer, weißer, kilometerlanger feiner **Sandstrand**. Das Ufer ist flach.

Später kann man von der küstennahen Straße, die nun mehr nach Westen führt, auf ein schmales, nicht sonderlich markiertes Landsträßchen nach **Backåkra** abzweigen. Die Straße endet an einem ehemaligen Gehöft, das einsam in einer herrlich ruhigen, sanften Hügellandschaft liegt.

Backåkra war von 1957 bis 1961 der **Landsitz von Dag Hammarskjöld**, der zwischen 1953 und seinem tragischen Unfalltod 1961 Generalsekretär der Vereinten Nationen in New York war. Nach dem Tode Hammarskjölds, dem 1961 auch der Friedensnobelpreis verliehen worden war, kam das Anwesen an den Schwedischen Touristenverein, dem es Hammarskjöld in seinem Testament vermacht hatte und der das Gut seitdem als Museum und Gedenkstätte pflegt.

Hammarskjöld hatte in seinem Testament auch bestimmt, dass Backåkra jedes Jahr während zwei Monaten im Sommer Mitgliedern der Schwedischen Akademie als Ferienhaus zur Verfügung stehen soll. In den Räumen sind viele Erinnerungsstücke zu sehen, die Dag Hammarskjöld von seinen Reisen in alle Teile der Welt mitbrachte.

Vom Parkplatz am Ortsrand von **Kåseberga [N 55° 23′ 10.3″ E 14° 03′ 54.9″]** kann man einen schönen Spaziergang (ca. 20 Minuten) auf eine freie, ebene Anhöhe über dem Ort machen. Dort liegt eines der interessantesten Altertümer Skånes, **Ales Stenar**, eine imposante Reihe von 57 uralten Steinmonolithen, die in der Form einer großen Schiffsetzung aufgestellt sind, die größte Schiffsetzung Skandinaviens übrigens.

Die Wissenschaftler sind sich aber noch nicht ganz darüber einig, ob man in dem gewaltigen Steindenkmal hoch über der Küste ein Grabmonument für einen Wikingerfürsten, ein Seezeichen oder gar eine vorgeschichtliche Kultstätte zur Sonnenbeobachtung ähnlich der im englischen Stonehenge vor sich hat.

Die hohe, relativ steil nach Südwesten abfallende Küste bei Kåseberga bietet Drachenfliegern gute Voraussetzungen zur Ausübung ihres Sports. *Campingmöglichkeit* in **Löderups strandbad**, 1. Apr. – 30. Sept., am Meer mit herrliche langem **Sandstrand.**

ROUTE: Von Kåseberga fahren wir nordwärts nach **Löderup** *mit schöner Kirche und dort westwärts über* **Valleberga** *nach* **Ystad**.

Die **Kirche von Valleberga**, ein architektonisch interessanter Bau, ging aus einer frühen Rundkirche hervor, die in den späteren Kirchenbau integriert wurde und deren Struktur man im Chorbereich noch erkennen kann. Die alte Rundkirche von Valleberga ist die einzige ihrer Art in Schonen. Zugänglich nur während der Gottesdienste.

Ystad [N 55° 25′ 41.7″ E 13° 49′ 27.6″] ist eine alte Hafenstadt an der Südküste Schonens mit heute annähernd 25.000 Einwohnern. Kaum eine andere Stadt in Südschweden hat in der Altstadt ihren mittelalterlichen Charakter so gut erhalten können wie Ystad.

Mehrere hundert alte Fachwerkhäuser haben alle Feuersbrünste, Kriege und Belagerungen überstanden. Sie könnten noch heute das Altstadtbild prägen, wären nicht bei vielen das Fachwerk verputzt oder übertüncht und damit nicht mehr sichtbar oder nur noch zu erahnen.

Eine wichtige Rolle spielte der Hafen von Ystad im 19. Jh. während der von Napoleon verhängten Kontinentalsperre. Hier wurden damals Waren umgeschlagen, mit denen die Blockade umgangen wurde.

Ab Ystad verkehren regelmäßig **Autofähren nach Rønne** auf der dänischen Insel Bornholm (Fahrtdauer zweieinhalb Stunden) und nach Swinoujscie in Polen.

Zentrum der historischen Altstadt ist der Stortorget. Mitten auf dem Platz liegt das **Alte Rathaus** aus dem Jahre 1840, das das ursprüngliche Rathaus von 1572 ersetzt.

Schiffsetzung „Ales stenar" bei Kåseberga

Westlich davon erhebt sich am Mattorget die **Marienkirche**. Bis ins 16. Jh. endete hier das Stadtgebiet. Die Kirche ist Ystads ältestes Sakralgebäude

Gehen Sie vom Stortorget durch die Garvaregränd nach Norden, vorbei am schönen Fachwerkgebäude des alten **Apothekerhofes** aus dem 16. Jh. und weiter durch die Klostergatan bis zum **Gråbröderkloster** (Graue Brüder oder Franziskanerkloster) mit der **St. Petri-Kirche**. Die Abtei ist neben dem Kloster von Vadstena die besterhaltene Klosteranlage in Schweden.

Der älteste Teil des Kloster ist das Mittelschiff der St. Petri-Kirche, das aus dem Jahre 1267 stammt. Im Kircheninneren sieht man einen Taufstein aus dem 14. Jh. und etwa 80 Grabsteine und Epitaphe aus der Zeit von 1300 bis Ende des 18. Jh.

Während der Reformationszeit wurde der Klosterbetrieb verboten, die Mönche wanderten ab und das Kloster diente nun als Armenhaus, Hospital, Schnapsbrennerei etc. sehr weltlichen Zwecken. 1909 wurde das Kloster renoviert und beherbergt heute u. a. städtische **Museen**.

Man kann nun zurück bis zum Stortorget gehen und dort ostwärts (links) in die Store Östergatan, Fußgängerzone und Ystads größte Geschäftsstraße, einbiegen und ihr einen Häuserblock weit folgen. Rechts zweigt die Brorgränd ab.

Das Eckhaus dort ist das sog. **Birgittahuset**, ein schöner Steinbau mit Treppengiebeln aus dem 16. Jh. Das Gebäude war früher Teil des Bürgermeisterhofes und diente König Karl XII. bei seinen Aufenthalten in der Stadt als Residenz.

Über die Brorgränd und die Stickgatan gelangt man zum St. Knut-Platz gegenüber dem Fährhafen. Hier liegen das Touristenbüro und das **Kunstmuseum** von Ystad *(geöffnet Mitte Juni - Ende Dez. Di - Fr 10 - 17 Uhr, Sa + So 12 - 16 Uhr, übrige Zeit Sa + So 12 - 16 Uhr)*. Es gilt als eines der größten regionalen Museen in Schweden. Ausgestellt sind Werke von Malern aus Schonen und Dänemark aus dem 19. und 20. Jh., wie z. B. Gerhard Wihlborg, dem ein eigener Raum gewidmet ist. Eine permanente Ausstellung zeigt Leihgaben des Stockholmer Nationalmuseums.

Dem Kunstmuseum angeschlossen ist das **Dragonermuseum** mit einer Waffensammlung.

Das **Museum Charlotte Berlin** ist in einem Bürgerhaus aus dem späten 19. Jh. in der Dammgatan nördlich vom St. Knut-Platz eingerichtet. Die Zimmer des ehemaligen Wohnhauses der Bürgermeisterstochter Charlotte Berlin sind im Stil des etablierten Bürgertums der damaligen Zeit eingerichtet.

PRAKTISCHE HINWEISE – YSTAD

 Telefonvorwahl: 04 11
Ystads Turistbyrå [N 55° 25' 41.7" E 13° 49' 27.6"], Sankt Knuts Torg, 271 42 Ystad, Tel. 57 76 81. www.ystad.se.

HOTELS
 Anno 1793 Sekelgården, 15 Zi. ****, Långgatan 18, Tel. 73 900, 18 997, www.sekelgarden.se; zentral, Parkmöglichkeit.
Ystads Saltsjöbad, 108 Zi. ****, Saltsjöbadsvägen 6, Tel. 13 630, Fax 55 835, www.ystadssaltsjobad.se; komfortables Ferienhotel, östlich vom Hafen, am Strand, Restaurant, Parkmöglichkeit, Sauna, Schwimmbad. Tennis- und Golfplatz nebenan. – U. a.

CAMPING
 Sandskogens Camping ** [N 55° 25' 58" E 13° 51' 54"]**, Tel. 19 270, www.sandskogencamping.se; Ende Apr. – Ende Sept.; ca. 3 km östl. von Ystad, an der Küstenstraße 10; Wald- und Wiesengelände am Meer; ca. 7 ha – 200 Stpl. + 120 Dau.; Standardausstattung; Laden; Fahrradverleih, 32, Miethütten. **V & E für Wohnmobile**.

Rastplatz
Rastplatz Ystad: Parkplatz am Bootshafen von Ystad, ausgestattet mit Toilette und Dusche. Gebührenpflichtig.

Strand von Mälarhusen bei Ystad

Der **Per Hälsas-Hof**, das vielleicht schönste alte Fachwerkensemble in Ystad, wenn nicht ganz Schwedens, liegt im östlichen Teil der Altstadt in der Nähe des Österports Torg fast neben dem neuen Rathaus. Der Hof besteht aus mehreren Gebäuden aus der Zeit vom 17. bis ins 19. Jh. und wurde als Kaufmannshof, als Brauerei, als Ger-

berei, als Schnapsbrennerei u. ä. genutzt.

Für viele Besucher ist Ystad aber viel interessanter als Wirkungsplatz von *Kurt Wallander*, berühmter, etwas melancholischer Polizeikommissar in Henning Mankells Kriminalromanen. Hier finden Sie die Mariagatan, das Hotel, die Pizzeria etc., alles Schauplätze der Romane. Viele von Man-

---

PRAKTISCHE HINWEISE – TRELLEBORG

Telefonvorwahl: 04 10
Trelleborgs Turistbyrå [N 55° 22' 21.5" E 13° 09' 29.5"], Hamngatan 9, 231 42 Trelleborg, Tel. 73 33 20, www.trelleborg.se.

HOTEL
Stadshotellet, 42 Zi. ***, C. B. Friisgatan 3, Tel. 48 500, Fax 4 85 01, www.gtrelleborgstadshotell.se; Restaurant, Garage. – Und andere Hotels.

CAMPING
Dalabadets Camping * [N 55° 21' 50" E 13° 12' 34"],** Tel. 14 905, www.dalabadetscamping.se; 1. Mai – 30. Sept.; östl. Trelleborg zwischen Straße 9 und Meer; Wiesengelände mit Buschwerk; ca. 8 ha – 220 Stpl. + 50 Dau.; Standardausstattung. Laden, Restaurant, Minigolf. 24 Miethütten. **V & E** **für Wohnmobile**.

Wohnmobil-Stellplatz
Wohnmobil-Stellplatz Trelleborg [N 55° 22' 31.0" E 13° 0'7 12.9"]: Västra småbåtshamnen, **Zufahrt** bei der Jet-Tankstelle an der E06 Richtung Malmö am westlichen Ortsrand von Trelleborg, ca. 2,5 km vom Fährhafen entfernt. Ebene, geschotterte Fläche zwischen Straße E06 und Meer und zw. einem Schwanenteich und Kleinboothafen mit Platz für ca. 30 Wohnmobile. **Geöffnet:** Jederzeit zugänglich. **Ausstattung:** Waschbecken, Toilette, Abwasserausguss, Picknickbänke, Abfallcontainer. Infotafeln über Trelleborg und Umgebung. Gebührenfrei.

kells Romanen (es sind bislang 10 Wallander-Krimis erschienen) sind verfilmt worden - in Ystad natürlich, so dass sich hier zwischenzeitlich Schwedens neues Filmzentrum etabliert hat.

Falls Sie auf den Spuren Wallanders durch Ystad spazieren wollen, müssen Sie sich unbedingt vorher im Touristenbüro das kostenlose Faltblatt „Auf den Spuren von Kurt Wallander" besorgen. Es gibt dort auch ausführlichere Literatur über den Kommissar. Im Sommer gibt es abends vier Wallander-Führungen, auch auf Deutsch.

Rund 10 km nördlich von Ystad liegt westlich der Straße 13 **Schloss Sövdeborg**. Es stammt aus dem 16. und 17. Jh. und wurde Mitte des 19. Jh. umfassend restauriert. Die Schlossanlage besteht im wesentlichen aus drei zweigeschossigen Backsteingebäuden und einem viergeschossigen Eckturm.

Prunkstück des Schlosses ist der **Stensal** mit prächtiger Stuckdecke. Nur der Schlosspark ist für Besucher zugänglich. Das Schloss selbst kann nur von Gruppen nach vorheriger Vereinbarung besichtigt werden.

Wenn Sie sich länger in der Gegend aufhalten können, finden Sie nördlich von Ystad eine Reihe gepflegter **Landgasthöfe**, z. B. den in **Stora Herrestad** (besuchenswert ist hier auch das **Heimatmuseum** im alten Gerichtshaus aus dem Jahre 1802) oder den Gasthof **Sventorps Villa** weiter nordöstlich in der Nähe der sehenswerten **Burg Bollerup** mit Wandmalereien aus dem 16. Jh. und einer Kirche mit Rundturm.

ROUTE: Weiterreise nach Malmö entweder über die schnelle E65 oder südlich über die Küstenstraße 9 bis **Trelleborg** *und dort über die E6/E22 nach* **Malmö**. *Auf der südlichen Strecke kommt man bei* **Smygehamn** *an Schwedens südlichstem Punkt* **Smygehuk** *[N 55° 20' 34.6" E 13° 22' 20.7"] vorbei.*

Västre Vemmenhög [N 55° 25' 36.2" E 13° 28' 14.2"] an der Straße 101, rund 20 km westlich von Ystad, ist Kennern der Geschichte des Nils Holgersson von Selma Lagerlöf wahrscheinlich in Erinnerung. Hier war der kleine Nils auf dem Hof seiner Eltern zu Hause und hier in Vemmenhög begann er seine abenteuerliche Reise mit den Wildgänsen durch ganz Schweden.

Trelleborg [N 55° 22' 21.5" E 13° 09' 29.5"] (ca. 36.000 Einw.) ist Schwedens südlichste Hafenstadt und wichtiger Fährhafen mit Verbindungen nach Travemünde, Rostock und Sassnitz. Zu den Sehenswürdigkeiten der Stadt zählen das **Stadtmuseum** (Heimatkunde, Archäologie) und die **Axe-Ebbe-Kunsthalle** mit Werken des Bildhauers Ebbe, der bis 1941 in Trelleborg tätig war.

Ein kurzer Besuch lohnt in der **Burg Trelleborgen**, Västra Vallgatan, einer rekonstruierten Ringburg aus der Wikingerzeit, www.trelleborg.se/trelleborgen.

Von Trelleborg lohnt ein Abstecher nach Höllviken (ca. 16 km) zum **Wikingermuseum Foteviken**, Museivägen 24 **[N 55° 39.21" E 12° 57' 15.08"]** *(geöffnet Mai - Sept. tgl. 10 - 16 Uhr, www.foteviken.se)*, ein Nachbau einer Wikingersiedlung aus 1134 n.Chr.. Es wird als das einzige originalgetreu rekonstruierte Wikingerdorf Europas bezeichnet.

Schloss Svaneholm [N 55° 29' 56.7" E 13° 28' 46.6"] liegt nördlich der E65, unweit westlich von **Skurup** *(Turistinformation, Stora Torggatan 4, Tel. 0411-53 60 58, www.skurup.se)*. Das Schloss aus dem 16. Jh. zählt zu den bemerkenswertesten Renaissancebauwerken in Südschweden. Bis 1816 war Svaneholm im Besitz von Rutger Macklean, der die Flurbereinigung in Schweden einführte. Im Schloss ist über vier Stockwerke das **Svaneholms Slotts Museum** eingerichtet *(geöffnet Mai - Aug. Di - So 11 - 17 Uhr, im Juli tgl.; Apr. + Sept. Mi - So 11 - 16 Uhr, Okt. Sa + So 11 - 16 Uhr)*. Außerdem befindet sich im Schloss ein renommiertes **Restaurant**.

Auf dem Wege nach Malmö kann man von der E65 über Landstraßen einen Umweg nach Norden machen und das rund 15 km östlich von Malmö gelegene **Schloss Torup** besuchen. Dieser befestigte Landsitz mit dicken Mauern, Gräben und Türmen aus dem 16. Jh. kann im Sommer auf Führungen besichtigt werden *(Führungen nur 1. Mai - 24. Juni sonntags um 13, 14 und 15 Uhr)*. Kunstsammlung in der Empfangshalle. Schöner **Schlosspark** (ganzjährig zugänglich).

Zwischen Torup und **Bara** liegt das **Statarmuseet**, das **Tagelöhnermuseum**, das Einblick in das Leben der Landarbeiter früherer Tage gibt *(geöffnet Juni - Mitte Dez. Di - Fr 10 - 15 Uhr, Sa 11 - 16 Uhr, So 11 - 16 Uhr; www.statarmuseet.com)*. Landarbeiterwohnung, Stallungen, Garten, Café.

Malmö, Schwedens drittgrößte Stadt mit weit über 258.000 Einwohnern, ist die unumstritten Metropole Schonens. Die betriebsame Hafen- und Industriestadt ist – seit die Pläne, eine Brücke von Malmö über den Öresund nach Dänemark zu schlagen, im Jahr 2000 verwirklicht wurden – noch enger an das europäische Wirtschaftsleben angebunden.

Malmö lag schon immer etwas näher am Geschehen des europäischen Festlandes. Der Handel, mindestens seit der Hansezeit ein blühendes Gewerbe in der Stadt, brachte viele Impulse fremder Länder nach Malmö. Es konnte nicht ausbleiben, dass Malmö heute einen weltoffeneren, kosmopolitischeren Eindruck beim Besucher hinterlässt als die meisten anderen schwedischen Städte.

Deutlich macht sich eine solche Vielfalt z. B. auch bei Restaurants der Stadt. Schonische Spezialitätenlokale findet man ebenso wie Restaurants mit internationaler Küche, neben griechischen, italienischen, chinesischen u. a. Lokalen.

Malmö taucht schon im 12. Jh. in alten Kirchenchroniken auf und hatte sich aufgrund seines schon damals wichtigen Hafens das Privileg einer dänischen Reichsstadt erworben. Lange rivalisierten Malmö und Kopenhagen um die Bedeutung ihrer Häfen. Unter dem Dänenkönig Christian III. wurde Mitte des 16. Jh. Schloss Malmöhus errichtet.

Nach dem Frieden von Roskilde kam Malmö an Schweden. Allerdings versuchten die Dänen noch zweimal – 1677 und 1709 – die Hafenstadt zurückzuerobern. Vergeblich allerdings, wie man weiß.

Großen Ruhm errang damals der schwedische Graf Magnus Stenbock, der die nach den verlorenen Schlachten in Russland desolate schwedische Armee siegreich gegen die übermächtigen Dänen führte.

Später war Malmö mehrfach Konferenzort von Verhandlungen, die für die skandinavische Geschichte von Bedeutung sein sollten. So trafen sich hier 1914 die drei skandinavischen Monarchen, um die Weichen für ein enge Zusammenarbeit aller nordischen Länder zu stellen.

Sehenswertes findet man im alten Stadtzentrum, das – ähnlich wie in Göteborg – von Kanälen eingefasst ist.

Wer sich länger in Malmö aufhalten kann und viele Museen und Einrichtungen besichtigen will, sollte sich im Touristenbüro über die **MalmöCard** informieren. Man kann sie für eine Dauer von ein, zwei oder drei Tage erwerben. Sie gilt für zwei Erwachsene und zwei Kinder. Mit der Karte erhält man freie Fahrt mit den Stadtbussen, freies Parken, im Sommer eine Stadtrundfahrt, freien Eintritt ins Schloss Malmöhus und in diverse Museen u.a.

Einer der zentralen Plätze in der Innenstadt ist der große Marktplatz **Stortorget** mit dem Reiterdenkmal König Karls X., der Schonen von den Dänen zurückgewann, und dem **Renaissance-Rathaus** von 1546. Restaurant „Rådhuskällaren".

Den Platz umgeben noch einige weitere Bauwerke, deren Ursprünge im 16. Jh. und 17. Jh. liegen. So wurde z. B. die **Apoteket Lejonet**, Stortorget 8, Malmös älteste Apotheke, schon 1571 gegründet. Das heutige Gebäude, ein reich dekorierter Renaissancebau, stammt allerdings aus späterer Zeit:

Im **Jörgen Kock's Gård**, einem repräsentativen roten Backsteinbau mit eindrucksvollem Treppengiebel aus dem 16. Jh., ist das Restaurant „Årstiderna" zu finden.

Die **Sankt Petri-Kirche**, östlich vom Rathaus, stammt aus dem 14. Jh. und ist sehr wahrscheinlich das älteste aus jener Zeit erhaltene Bauwerk der Stadt. Sehr schön restaurierte **mittelalterliche Deckenmalereien** im Gewölbe der **Krämarkapelle**. Das in der Manier Lübecker Backsteingotik aufgeführte Gotteshaus war das Zentrum des mittelalterlichen Malmö, das damals von einer rund 1.600 m langen und 5 m hohen Stadtmauer umgeben war.

An die Südwestecke des Stortorget schließt der Kleine Marktplatz **Lilla Torget** an. Ihn umgeben einige hübsche alte Stadthäuser aus dem 16. Jh. So ist z. B. im **Hedmanska Gården**, einem Fachwerkbau und alter Kaufmannshof aus dem 16. Jh., heute das Zentrum *Form und Design* eingerichtet.

Bummeln Sie durch die **Saluhallen**, die einladende Markthalle, mit ihrem reichhaltigen, appetitlichen Angebot. Auch hier finden Sie Cafés und Restaurants.

Und in der Umgebung des Lilla Torget finden Sie jede Menge netter Cafés, Bars und Restaurants.

Man kann vom Lilla Torget durch die **Skomakaregatan** (Fußgängerzone, ele-

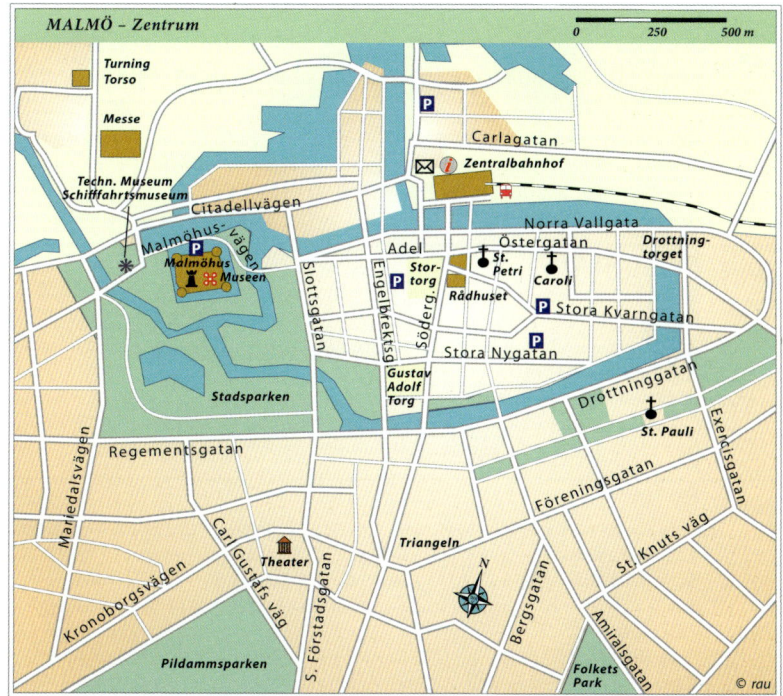

gante Boutiquen, Kunsthandwerk, Mode, Antiquitäten, Secondhand etc.) nach Osten gehen und gelangt zur **Södergatan**, ebenfalls Fußgängerzone.

Die Södergatan, Malmös wichtigste Einkaufs- und Geschäftsstraße, verbindet den Stortorget mit dem **Gustav Adolfs Torg**, dem größten Platz der Stadt. Der Platz ist übrigens nicht nach Gustav II. Adolf, Schwedens Herrscher im Dreißigjährigen Krieg, sondern nach dem späteren Gustav IV. Adolf benannt, der in Schonen sehr beliebt war.

In der Södergatan liegen einige historische Stadthäuser, wie das **Flensburgska Huset** im Stil niederländischer Renaissance aus dem Jahre 1590.

Nicht verzichten sollte man auf einem Besuch im **Malmöhus [N 55° 36' 19.3" E 12° 59' 10.0"],** Malmöhusvägen *(geöffnet 1. Mai - 31. Aug. tgl. 10 - 16 Uhr, 1. Sept. - 31. Mai tgl. 12 - 16 Uhr; Eintritt; www.malmo.se/museer).* Parkplatz.

Innerhalb der Festungsanlage und in ihrer unmittelbaren Umgebung findet man eine ganze Reihe sehr interessanter Museen. **Malmöhus**, die große Wasserburg westlich des alten Stadtkerns, wurde auf den Mauern

einer Festung aus der Mitte des 15. Jh. zwischen 1536 und 1542 errichtet. Nachdem Skåne schwedisch geworden war, erweiterte man die Befestigungsanlagen, Bastionen und Verteidigungseinrichtungen. Mitte des 19. Jh. dann wurden die Mauern abgetragen, Malmöhus wurde Staatsgefängnis.

Seit 1932 beherbergt die Festung, die inmitten eines weiten Parkgeländes liegt, das **Malmö Museum** mit Abteilungen über Stadtgeschichte, Kulturgeschichte, Kunst und Kunsthandwerk sowie Naturgeschichte.

Darüber hinaus gibt es einen **Rittersaal,** ein großes **Kunstmuseum** (eine der größten Sammlungen skandinavischer Gegenwartskunst), ein **Aquarium** und ein **Tropikarium** zu sehen.

Im **Kommandanthuset**, dem ehemaligen Haus des Burgkommandanten, das am Malmöhusvägen außerhalb der eigentlichen Festungsanlage liegt, ist eine Ausstellung über die Militärgeschichte und im Fotografins Rum eine Fotosammlung zu besichtigen.

Ebenfalls am Malmöhusvägen findet man unweit westlich des Malmöhuset das

225

PRAKTISCHE HINWEISE – MALMÖ

Telefonvorwahl: 0 40
Malmö Turist & Kongress AB [N 55° 36' 32.9"   E 12° 59' 56.0"], Central Station, Skeppsbron, 211 20 Malmö, Tel. 34 12 00, www.malmo.se.

Öresundzüge vom Hauptbahnhof Malmö zum Kopenhagen Airport und Hauptbahnhof Kopenhagen fahren rund um die Uhr. Die Fahrt dauert ca. 20 Minuten zum Flughafen und 35 Minuten ins Kopenhagener Zentrum. Ermäßigung mit der MalmöCard. Tel. 0771/77 77 77. www.skanetrafiken.com.

RESTAURANTS

Översten, Regementsgatan 52A, Tel. 98 06 50, im 26. Stockwerk eines Hochhauses, prächtiger Stadtblick, teuer.
Pers Krog, Limhamnsvägen 2, zählt zu den besten Lokalen der Stadt, Fischspezialitäten, teuer.
Rådhuskälleren, Stortorget, gutbürgerliches Lokal.
Einfach und nicht allzu teuer, aber gut isst man im **Centralen** im Zentralbahnhof. – Und viele andere Restaurants!

HOTELS

Rica Partner Hotel Noble House, 128 Zi. ****, Gustav Adolfstorg 47, Tel. 66 43 000, Fax 66 43 050, www.rica.se; zentral, Restaurant, Garage.
Scandic Kramer, 119 Zi. *****, Stortorget 7, Tel. 69 35 400, Fax 69 35 411, www.scandic-hotels.se; zentral, Bahnhofsnähe, Restaurant, Sauna, Garage, Parkplatz.
Rica Hotel Malmö, 80 Zi. *****, Stortorget 15, Tel. 66 09 550, Fax 66 09 559, www.rica.se; zentral, Bahnhofsnähe, Sauna, Parkplatz. – Und andere Hotels.

CAMPING

Malmö Camping & Feriecenter ** [N 55° 34' 17.5"   E 12° 54' 23.4"],** Strandgatan 101, Tel. 34 51 65, www.malmocamping.se; Jan. - Dez.; ca. 5 km südwestl. des Stadtzentrums von Malmö, im Stadtteil Limhamn; weitläufiges, meist ebenes Wiesengelände mit Laubbaumgruppen, beim öffentl. Strandbad; ca. 9 ha – 700 Stpl. + 100 Dau.; Standardausstattung. Restaurant, Imbiss, Minigolf, Sauna. WLAN. 40 Miethütten. **V & E für Wohnmobile**.

Technik- und Seefahrtmuseum. Sehr interessante Ausstellungen neuer und alter Autos, von Straßenbahnen, Fähren, U-Boot, Technikexperimente u. v. m.

Gleich neben dem Museums liegt die **Fischerhütte**. Vormittags wird hier noch heute frischer Fisch verkauft.

In der Zeit zwischen Ende Mai und Ende September verkehrt samstags und sonntags vom Banérskajen beim Technik- und Seefahrtmuseum eine **Veteranenstraßenbahn** durch den Schlosspark bis zur Stadtbibliothek und wieder zurück.

Südlich hinter dem Malmöhus liegt an einem Kanal im Schlosspark die **Schlossmühle**, die sog. „Holländermühle" aus dem Jahre 1815. Im Sommer kann man sie besichtigen.

Eine moderne Attraktion unserer Tage stellt das Hochhaus **Turning Torso [N 55° 36' 46.8"   E 12° 58' 35.7"]** dar. Es liegt nordwestlich der Innenstadt Ecke Västra Varvsgatan und Lilla Varvsgatan im alten Westhafen ganz in der Nähe der Messehallen. Das ehemalige Werft- und Industriegelände soll schrittweise in einen modernen Stadtteil verwandelt werden. Ein erster Schritt dahin ist der Turning Torso genannte „Wolkenkratzer", ein Werk des spanischen Architekten Santiago Calatravas. Das 190 m hohe Gebäude, Schwedens höchstes bislang, beeindruckt den Betrachter vor allem durch seine ziemlich spektakuläre Form. Die Gebäudeecken streben nicht senkrecht, sondern winden sich in einer Drehung nach oben. Ein recht ungewöhnlicher Anblick.

Bei längerem Aufenthalt lohnt im Sommer für die ganze Familie ein Besuch im **Koggenmuseum** unweit nördlich der Innenstadt am Skeppsborn 10 *(geöffnet tgl. 11 - 16 Uhr, im Winterhalbjahr Mo geschlossen; Eintritt; www.medeltidsskeppen.se)*. Zu sehen sind zwei originalgetreu nachgebaute Hansekoggen, so wie sie im 14. Jh. den Warenhandel auf der Ostsee aufrecht erhielten.

Abkürzende Routenalternative

Unter Verzicht auf die weiter hinten beschriebenen Sehenswürdigkeiten, wie den Dom in Lund, kann man die Reise abkürzen und über die **Öresundbrücke** (die Fahrt über die Brücke ist nicht gerade billig, dafür – besonders bei etwas stärkerem Wind und mit einem Wohnmobil – ein Erlebnis für sich!) hinüber nach **Tårnby** (südlich von Kopenhagen) in **Dänemark** fahren. Die Strecke ist insgesamt 15,4 km lang und führt auf 8 km Länge über die weltweit längste Schrägseilbrücke für Straßen- und Bahnverkehr.

Umweg über Lund

ROUTE: *Das nur 56 km nordwestlich von Malmö gelegene* **Helsingborg** *ist über die autobahnähnlich ausgebaute Straße E6/ E20 rasch zu erreichen.*

Der Weg unserer Route – besonders den an Kirchenbaukunst Interessierten zu empfehlen – führt aber von Malmö über die E22 zunächst gut 30 km nach Nordosten bis Lund.

Wer sich für Puppen begeistern kann, sollte ca. 15 km nördlich von Malmö nach **Åkarp** abzweigen und dort im Möllevägen 4 **Charlotte Weibulls Folklivs-Center** besuchen *(geöffnet Di, Mi, Fr 10 - 16 Uhr, Do bis 17 Uhr; www.charlotte-weibull.se)*. Puppen, Trachten, Wandbehänge, Webtechniken u.a. Café.

Lund [N 55° 42' 02.5" E 13° 11' 29.9"] ist eines der historischen Zentren, ein Mittelpunkt des Kirchen- und Universitätslebens in Schweden.

Seit 1974 bildet Lund zusammen mit Dalby, Genarp, Södra Sandby und Bevberöd eine Großgemeinde mit rund 85.000 Einwohnern.

Sven Gabelbart, der dänische Wikingerkönig, Herrscher über Dänemark und

Malmös Turning Torso

England, soll Lund ausgangs des ersten nachchristlichen Jahrtausends an der Stelle eines alten Thingplatzes gegründet haben. Somit wäre Lund Schonens älteste Stadt.

1145 wurde der romanische Dom eingeweiht und Lund zum ersten Erzbistum in Skandinavien erhoben. Der Einfluss der Erzbischöfe von Lund reichte weit über Schweden hinaus, nach Dänemark (das auf Betreiben des Dänenkönigs Erichs des Immergrauen dem Erzbistum Hamburg-Bremen entzogen worden war), nach Norwegen, Schweden-Finnland, Island und bis nach Grönland. Lund entwickelte sich zu einem wichtigen Zentrum des katholischen Geisteslebens.

1668 konnte die Universität ihren Betrieb aufnehmen. Seitdem hat die Stadt ihre landesweit bekannte Position auf dem Gebiet der Forschung und Lehre immer weiter ausgebaut.

Zu den kulturhistorisch größten Sehenswürdigkeiten der Stadt Lund zählt zweifellos ihr **Dom**. 1104 wurde auf Veranlassung von Erzbischof Asker und König Niels der Grundstein zu dem romanischen Bau gelegt. Als erster Baumeister ist der aus Italien stammende Donatus erwähnt. Es entstand eine dreischiffige Kreuzkirche, deren ältester Teil die **Krypta** unter dem Ostteil des Kirchenbaus ist.

Sehr schön ist die Außenansicht der halbrunden **Altarapsis**, die den imposanten Sandsteinbau im Osten abschließt.

1145 konnte der Kirchenbau von Erzbischof Eskil eingeweiht werden. St. Laurentius und die Jungfrau Maria sind die Schutzpatrone des Doms.

Kaum hundert Jahre nach der Einweihung wurde der Dom durch einen Brand schwer beschädigt. Den Wiederaufbau übertrug man dem westfälischen Baumeister Adam von Düren, von dem auch einige Skulpturen im Kircheninneren stammen.

Als Mitte des 16. Jh. die Reformation in Dänemark Wirkung zeigte, begann das Erzbistum in Lund seine politische Unterstützung und einen Großteil seines Einflusses zu verlieren. Der kurz vor der Weihe stehende Erzbischof wurde im August 1538 unversehens abgesetzt, die Kirchen des Erzbistums geschlossen. Aus dem Dom zu Lund wurde eine einfache Pfarrkirche. Nach dem Frieden von Roskilde kam das Bistum an Schweden.

Ende des 19. Jh. und noch einmal um 1960 wurde der Dom umfassend restauriert.

Man betritt das Kircheninnere durch das **Westportal**. Es ist mit 24 Bronzereliefs geschmückt, die in den vier oberen Reihen Szenen aus dem Alten Testament, in der fünften Reihe Motive aus dem Neuen Testament und in der untersten Reihe Symbole der Erde (Elefant, links), des Wassers (Wal), der Luft (Adler) und des Feuers (Drache, rechts) zeigt. Die Bronzetür ist eine Arbeit des Bildhauers Dyfverman aus dem Jahre 1889.

Innen sieht man links vom Eingang die berühmte **astronomische Uhr** „Horologium Mirabile Lundense". Sie wurde 1380 gebaut, war aber nach den Wirren der Reformation lange demoliert und demontiert. Zu Beginn des 20. Jahrhunderts entdeckte man Reste des Wunderwerks und dem dänischen Turmuhrmacher Julius Bertram-Larsen gelang es, das prächtige Kunstwerk zu rekonstruieren.

Zwei Ritter ganz oben zeigen die Stunden an. Jeweils zur vollen Stunde kreuzen sie ihre Schwerter. Um zwölf (sonntags um 13 Uhr) und um 15 Uhr intonieren zwei Herolde mit Trompeten zwischen den beiden astronomischen Kreisen eine Melodie. Eine Tür öffnet sich dort in der Mitte und die heiligen drei Könige verneigen sich vor der heiligen Familie.

Der obere Kreis der astronomischen Uhr zeigt die Zeit in 24 Stunden, Sonnenauf- und Untergang, Mondstand und Sternkreiszeichen u. v. a. an. Die untere Kreistafel ist ein überaus kompliziertes Kalendarium.

Im Mittelschiff links sieht man die **Kanzel**. Sie ist eine Arbeit im Renaissancestil eines Bildhauers aus Frankfurt an der Oder, der das Kunstwerk aus Sandstein, Alabaster, schwarzem und weißem Marmor ausgangs des 16. Jh. schuf. Auf den Reliefs sind Szenen aus dem Leben Jesu dargestellt (Anbetung der Hirten, Abendmahl, Kreuzigung, Auferstehung u. a.).

Im nördlichen (linken) Querschiff sieht man in der Mitte ein Taufbecken aus dem 13. Jh. aus Kalkstein aus Gotland, den Sarkophag des Erzbischofs Andreas Sunesson und daneben eine schöne Madonnenplastik aus dem 15. Jh.

Im südlichen (rechten) Querschiff findet man eines der kostbarsten Stücke des Kirchenschatzes, einen **siebenarmigen Leuchter** aus Bronze. Am Fuß des Leuchters sieht man die Erkennungssymbole der vier Evangelisten Markus (Löwe), Matthäus (Mensch), Johannes (Adler) und Lukas (Ochse).

Das Relief an der Südwand, das die Schutzpatrone des Doms darstellt, stammt von Adam von Düren.

Sehenswert ist das gotische, reichgeschnitzte **Chorgestühl**. Zwischen den Stuhlreihen steht eine schlanke Metallsäule auf der eine Figur des Märtyrers und Schutzpatrons des Doms, des hl. Laurentius, zu sehen ist.

Der als **Flügelaltar** ausgebildete Altaraufsatz stammt aus dem 14. Jh. In der Mitte sieht man Christus und Maria die umgeben sind von 40 Heiligen. Die Halbkuppel über dem Altar schließlich ist geschmückt mit einem monumentalen Mosaik, das Christus als strahlenden, segnenden Erlöser am Jüngsten Gericht darstellt. Das Mosaik, nach venezianischer Manier aus Glas und bunten Steinen gefertigt, ist eine Arbeit des dänischen Künstlers Joakim Skovsgaar aus der Zeit von 1925 bis 1927.

Der älteste Teil des Doms ist das **Gewölbe der Krypta**, das auf kurzen Säulen ruht. Ungewöhnlich ist die Säule mit dem Relief des Riesen Finn, der die Säule umarmt. Die Legende erzählt, dass der Riese Finn an dieser Stelle ein Kirche zu Ehren des hl. Laurentius errichtet habe. Laurentius hatte 258 den Feuertod auf einem Rost erlitten.

In der Krypta gibt es außerdem etwa 30 Grabsteine, Grabmonumente und den Sarkophag des Erzbischofs Birger Gunnarson. Der Sarkophag ist eine Arbeit von Adam von Düren.

Hinter dem Dom am Kraftstorg 1 findet man (im gleichen Gebäude) das **Dommuseum** (sakrale Kunstgegenstände) und das **Historische Museum von Lund** (Skulpturen aus dem Altertum u. v. a).

Nördlich des Doms liegt am Rande des hübschen Parks Lundagård das rote Backsteingebäude des **Kungshuset**, das Mitte des 16. Jh. als Residenz für König Fredrik II. von Dänemark erbaut worden ist. Später diente das Kungshuset als Universitätsgebäude.

Gehen Sie durch die Adelgatan, eine der hübschesten Straßen in Lund, vom Park Lundagård ein Stück nach Osten. Sie kommen dann zum **Freilichtmuseum Kulturen**, eines der schönsten, gewiss aber eines der ungewöhnlichsten Freilichtmuseen des Landes, denn es ist ein Viertel mitten in der Stadt um den Tegnérsplatsen, bestehend aus über 30 historischen Gebäuden, Höfen, Pfarr- und Stadthäusern (geöffnet 15. Apr. - 30 Sept. tgl. 11 - 17 Uhr; Winterhalbjahr Di - So 12 - 16 Uhr; Eintritt; www.kulturen.com).

In vielen der Gebäude sind sehenswerte (teils wechselnde) Ausstellungen zu sehen, darunter das **Volkskunstmuseum** mit Glas-, Porzellan, Silber- und Textilsammlungen.

Einen Besuch lohnen schließlich der morgendliche Markt auf dem Mårtenstorget, sowie die **Konsthallen,** ebenfalls am Mårtenstorget, das Kunstmuseum von Lund, das sich in erster Linie mit Gegenwartskunst befasst.

Eine ungewöhnliche Ausstellung für Kunstenthusiasten bietet das **Skissernas Museum** (geöffnet Di - So. 12 - 17 Uhr, Mi bis 21 Uhr; www.adk.lu.se) in der Finngatan 2, ein gutes Stück nördlich des Doms. Zu sehen sind hier Skizzen, Entwürfe und Modelle, die als Vorlagen für Großobjekte öffentlicher Kunstwerke und Monumente dienten.

ROUTE: Wir verlassen Lund auf der E22 in nordöstlicher Richtung bis zum Abzweig der Straße 23 nach Hässleholm. Ihr folgen wir ca. 8 km und biegen beim Golfplatz ab zum **Schloss Bosjökloster**.

Schloss Bosjökloster [N 55° 53' 12.4" E 13° 31' 19.6"] ist auch bekannt als das „Weiße Schloss am Ringsjön".

Im Jahre 1080 wurde hier vom Benediktinerorden ein Nonnenkloster gegründet. Damals lag das Kloster *Bosie* noch auf einer Insel, woher auch der Name Bosie Ö (Insel Bos) rührt. Einige hundert Jahre später allerdings sank der Wasserspiegel des Sees und das Klostergut lag nun auf einer mit dem Festland verbundenen Halbinsel.

Das prosperierende Klosterleben fand 1536 ein Ende, als in Dänemark die Reformation einkehrte und Bosjökloster von der Protestantischen Kirche konfisziert wurde. Das letzte katholische Kirchenoberhaupt im Kloster war der Erzbischof von Lund, Torben Bille, der hier seinen Lebensabend verbringen konnte und 1552 im Kloster starb.

Sehenswert ist die romanische **Klosterkirche** aus dem 12. Jh. Sie ist der Jungfrau Maria und dem hl. Nikolaus geweiht. Zu den Kunstdenkmälern in der Kirche zählen der wunderschöne Flügelaltar mit dem Motiv der Kreuzabnahme, der um 1515 von einem deutschen oder niederländischen Meister gearbeitete wurde und das Triumphkreuz aus dem 15. Jh. im Schiff.

Der **Stensaal** stammt aus der Zeit, als das Anwesen als Schloss genutzt wurde. Dort werden wechselnde Kunstausstellungen gezeigt. Das Anwesen von Bosjökloster ist noch heute im Besitz der Adelsfamilie Bonde af Björnö.

In einem Gebäudeteil des ehemaligen Klosters ist das Restaurant „Klostermuren" eingerichtet.

Beim Kloster liegt ein hübscher Rosen- und ein Kräutergarten. Außerdem gibt es einen schönen Park mit einer 1.000-jährigen Eiche.

ROUTE: *Der weitere Verlauf unserer Route führt südwärts nach* **Eslöv** *und dort über die Straße 17 Richtung* **Landskrona**.

Etwa 6 km westlich von Eslöv passiert man **Schloss Trollenäs [N 55° 51' 43.0" E 13° 14' 23.0"]**. Das Gut Näs war bis ins 14. Jh. Sitz des alten schonischen Adelsgeschlechts der Thotts. Nachdem Schonen an Schweden gefallen war, kam das Anwesen 1682 an die Familie Trolle. Im 18. Jh. erhielt das Schloss dann offiziell den Namen Trollenäs.

Die Parkanlagen sind ganzjährig zugänglich. Das Schloss selbst kann nur auf Führungen zwischen Ende Juni und Anfang August besichtigt werden.

Landskrona [N 55° 52' 09.9" E 12° 49' 43.9"] an der Küste des Öresund ist bekannt für seinen tiefen natürliche Hafen.

Erik von Pommern erkannte diesen Vorteil und ließ 1413 bei dem alten Fischerstädtchen Södra Säby eine Stadt namens Landskrona gründen. Der Hafen, damals und bis 1658 dänisch, sollte ein Handelszentrum in Schonen werden, das den mächtigen hanseatischen Verbindungen im Ostseeraum endlich Paroli bieten sollte.

Später im 17. Jh., als Landskrona schwedisch geworden war – am 7. März 1658 wurden Karl X. Gustav von den Bürgern feierlich die Stadtschlüssel übergeben, als der „Befreier Schonens" mit Pomp und unter Salutschüssen in Landskrona einzog – hatte man wieder große Pläne mit der Stadt. Universitätsstadt und Bischofsitz sollte sie werden. Die mittelalterliche Wasserburg wurde abgerissen und zu einer der größten Festungen im Norden ausgebaut.

Man veränderte selbst das Stadtbild, riss auf einen Beschluss des schwedischen Reichstags von 1747 hin die alten Straßenzeilen ab und baute neu im französisch-klassizistischen Stil. U. a. wurde der Baumeister und Stadtarchitekt Carl Hårlemans mit der Stadtsanierung beauftragt.

Neben den Stadtbauten aus dem 18. und 19. Jh. am Rathausplatz mit dem Rathaus von 1884, der Adolf Fredriks-Kaserne aus der Zeit um 1755 und dem historischen Baudenkmal des Zeughauses am Kasernplan ist es die Zitadelle, die zu den Sehenswürdigkeiten der Stadt zählen.

Mit dem Bau der **Zitadelle von Landskrona** wurde 1549 unter dem Dänenkönig Christian III. begonnen. Bis in die Mitte des 17. Jh. war die Festung mit ihren Wällen, Gräben, Sperrmauern, Bastionen und dem Schlossgebäude fast ohne Unterbrechung in dänischer Hand. Später dienten die Gemäuer bis in die Zeit nach der Jahrhundertwende als Arbeitslager, Frauengefängnis und zwischen 1945 und 1952 als Aufnahmelager für Kriegsflüchtlinge. Die gesamte Anlage wurde in den 70er Jahren umfassend restauriert. Besichtigen kann man die drei Geschosse des Hauptflügels.

Einen Besuch lohnt das **Landskrona Museum** *(geöffnet tgl. 12 - 17 Uhr; Eintritt frei)*, das in der Adolf Fredriks-Kaserne am Rathausplatz eingerichtet ist. Man sieht Frühgeschichtliches, Volkskundliches und Kunsthistorisches aus Schonen, darunter authentische Werkstatt- und Ladeneinrichtungen.

Großer Raum wird den Arbeiten des schwedischen Flugpioniers Enoch Thulin eingeräumt. Thulin gründete 1914 ein Flugzeugwerk und konstruierte 15 Flugzeuge. Am 14. Mai 1919 stürzte er noch in jungen Jahren bei Flugversuchen tödlich ab.

Südwestlich des Rathausplatzes liegt in der Nähe des Stadshuset (Rathaus) das **Haijska Huset** am Selma Lagerlöfs väg. Der Bau stammt aus der Mitte des 18. Jh. und diente zwischen 1871 und 1915 als Mädchenschule.

In dieser Schule arbeitete die spätere Schriftstellerin und Nobelpreisträgerin Selma Lagerlöf von 1885 bis 1897 als Lehrerin. In jenen Jahren begann sie hier in Landskrona an ihrem Erstlingswerk „Gösta Berling" zu arbeiten.

Selma Lagerlöf schreibt in ihrer frühen Zeit in Landskrona über die hiesige Strandpromenade: „Ach mein schöner Freund, wenn ich nur Romane schreiben könnte, dann würdest Du der Schauplatz für wunderbare Episoden". 1897, als sich erste literarische Erfolge einstellen, verlässt Selma Lagerlöf den Schuldienst und zieht nach Fa-

PRAKTISCHE HINWEISE – LANDSKRONA

Telefonvorwahl: 04 18
Landskrona-Vens Turistbyrå [N 55° 52′ 09.9″ E 12° 49′ 43.9″], Storgatan 36, 261 31 Landskrona, Tel. 47 30 00, www.tourism.landskrona.se.

HOTEL

Öresund, 135 Zi. ***, Kungsgatan 15, Tel. 47 40 00, Fax 47 40 10, www.hoteloresund.se; zentral, Restaurant, Sauna, Fitnesseinrichtungen, Parkmöglichkeit. – U. a.

CAMPING

Borstahusens Camping * [N 55° 54′ 06.4″ E 12° 48′ 25.1″],** Campingvägen, Tel. 10 837, www.borstahusenscamping.se; Ende Apr. – Mitte Sept.; ca. 2 km nördl. Landskrona, E6 Abfahrt Landskrona Nord Richtung Borstahusen; Wiesengelände am Öresund; ca. 56 ha – 200 Stpl. + 200 Dau.; Standardausstattung; Laden, Imbiss, Restaurant, Sauna; Fahrradverleih, Internetecke. 15 Miethütten. **V & E** für Wohnmobile.

lun (siehe auch unter: „Populäre Schweden, große Namen" weiter vorne im Buch).

Ganz in der Nähe des Fährhafens liegt zwischen Kungsgatan und Storgatan die **Sofia Albertina Kirche**, das älteste Gotteshaus der Stadt. Sie wurde 1754 errichtet, nach der Schwester König Gustav III. benannt und ersetzt die alte Johanneskirche aus dem 15. Jh., deren Grundmauern im Park in der Nähe noch zu sehen sind. Schöne Glasmalereien von Martin Emond.

Ausflug zur Insel Ven

Ven [N 55° 52′ 05.6″ E 12° 49′ 26.1″], die kleine Insel vor der schwedischen Küste mitten im Öresund, auf der Höhe etwa zwischen Landskrona und Helsingborg gelegen, war die Insel des großen Astronomen **Tycho Brahe**. Der aus Dänemark stammende Brahe lebte zwischen 1546 und 1601, studierte u. a. in Deutschland und führte in der zweiten Hälfte des 16. Jh. seine aufsehenerregende Sternwarte „Stjärneborg" auf seinem Schloss Uranieborg auf der Insel Ven.

Brahe hatte Ven 1576 vom dänischen König Fredrik II. zum Lehen erhalten und residierte auf der Insel fürstlich und recht selbstherrlich. 21 Jahre betrieb er hier seine astronomische Schule und machte mit den von ihm konstruierten Instrumenten und durch seine Beobachtungen mit bloßem Auge – das Fernrohr wurde erst später erfunden – spektakuläre Entdeckungen. Fürsten und Könige gingen bei Brahe ein und aus.

Später verlor der Wissenschaftler die Gunst der dänischen Könige und begab sich an den Hof nach Prag, wo er Hofastronom Kaiser Rudolfs II. wurde. 1601 starb Brahe in Prag. Er ist in der dortigen Teyn-Kirche beigesetzt.

Aus den Forschungsergebnissen Brahes erarbeitete Johannes Kepler (1571 – 1630) – der in Prag Gehilfe Brahes war – seine Erkenntnisse über die Bewegung der Planeten.

Brahes Observatorium **Stjärneborg** ist rekonstruiert worden. Außerdem erinnert das kleine **Tycho Brahe Museum** an die Arbeiten des großen Wissenschaftlers. Die einst von den Inselbewohnern zerstörte Uranieborg – offenbar hatte Brahe auf Ven wenig Freunde – konnte – zusammen mit der historischen Sternwarte – restauriert und 1994 wieder der Öffentlichkeit zugänglich gemacht werden.

Fähren nach Bäckviken auf der Insel Ven verkehren ganzjährig ab Landskrona und im Sommer auch ab Råå, Fahrzeit ca. 25 Minuten. Autos können von Besuchern auf die kaum 5 km lange Insel mit 332 Einwohnern nicht mitgebracht werden. Es gibt Fahrradverleihs in Bäckviken, Norreborg und Kyrkbacken.

ROUTE: *Etwa 25 km weiter nördlich liegt* **Helsingborg [N 56° 02′ 27.3″ E 12° 41′ 47.1″],** *Ausgangspunkt der hier beschriebenen Reise quer durch Schweden. Eingehende Beschreibung von Helsingborg siehe Tour 1 (Helsingborg – Göteborg).*

DIE INSELN ÖLAND UND GOTLAND

INSEL ÖLAND

Länge der Tour: Rund 250 km.

Strecke: Von Kalmar über die **Ölandbrücke** bis **Färjestaden** – Straße 136 nordwärts über **Borgholm** bis **Byxelkrok** mit Abstechern an die Ostküste – Straße 136 südwärts bis **Grönhögen** – Landstraße an der Ostküste über **Stenåsa** und **Gårdby** zurück bis zur Sundbrücke.

Empfohlene Reisedauer: Mindestens ein Tag, besser zwei oder mehr Tage.

Reisehöhepunkte auf dieser Tour: Die langen **Sandstrände** von Öland ** – die **Alvarsteppe** ** – die typischen **Windmühlen** * bei Störlinge oder Lerkaka – **Schloss Soliden** ** – die **Burgruine von Borgholm** * – die **Fluchtburg von Eketorp** **.

Seit 1972 ist die Insel Öland fest mit seinem Hinterland verbunden. Die etwas mehr als 6 km lange **Ölandsbron [N 56° 40' 21.5" E 16° 25' 40.9"]**, eine der längsten Brücken in Europa, führt auf 153 Pfeilern in einem eleganten Schwung von Kalmar auf die Insel. Die Brücke ist 13 m breit. Ihr höchster Punkt liegt rund 40 m über dem Wasserspiegel des Kalmarsund.

Dicht unter der Küste Südostschwedens liegt die zweitgrößte Insel und zugleich kleinste Provinz Schwedens – **Öland**. Das „schmale Öland" misst knapp 140 km in der Länge und 16 km in der Breite und wäre kaum einer eingehenden Erwähnung wert, würde die Insel nicht mit einer erstaunlichen Fauna und Flora und – für die meisten Besucher viel wichtiger – mit schönen **langen Sandstränden** aufwarten.

Die Landfläche der Insel beläuft sich auf rund 1.345 qkm. Etwa 25.000 Menschen leben ständig auf Öland. Landwirtschaft mit Schwerpunkten auf Getreide- und Zuckerrübenanbau, sowie Viehwirtschaft und die Erzeugung von Milchprodukten sind – neben dem Tourismus – die wichtigsten Erwerbszweige. Trotz einer mehr als 300 km langen Küste spielt die Fischerei eine völlig untergeordnete Rolle.

Jeder Botaniker hat seine Freude an **Ölands Flora**. Sie ist voller Raritäten. Hier finden sich sowohl sibirische wie auch südeuropäische und sogar alpine Pflanzen, die, erstaunlich genug, die Eiszeit und die darauffolgende Wärmeperiode überlebt haben. Das *Öländische Sonnenröschen* findet man nirgends sonst auf der Welt und das *Weiße Veilchen*, der *Krainer Hahnenfuß* und die gemeine *Kugelblume* sind Raritäten, die man woanders vergeblich sucht.

Zu einer gewissen Popularität haben es die **Orchideen** auf Öland gebracht. Nicht weniger als 30 Arten blühen auf der Insel, darunter der *Frauenschuh*, *Spitzorchis*, *Knabenkraut* und *Saleporchis*, um nur einige zu nennen.

Die **Kalksteinsteppe Stora Alvaret**, diese sonderbare, ebene, so gut wie baumlose Heide- und Steppenlandschaft, die sich über 40 km im Süden der Insel erstreckt, ist nicht nur Verbreitungsgebiet des geschützten *Großen Windröschens* und der *Frühlingskuhschelle*, sondern auch der Lebensraum einer bunten **Vogelwelt**.

Informationen über die „große, öde Steppe" gibt es in **Möckelmossen**.

Nicht umsonst hat sich an der Südspitze der Insel eine der bedeutendsten **Vogelwarten** Nordeuropas (kleines Museum über das Vogelschutzgebiet) niedergelassen. Der *Kiebitz* ist ebenso zu beobachten wie der *Goldregenpfeifer*, der *Kranich* ebenso wie der *Säbelschnäbler*. In der Store Alvaret balzen die *Kampfläufer* und an den Tümpeln halten sich *Rotschenkel*, *Austernfischer* und *Uferschnepfen* auf. Bei diesen lustigen Namen sei dem geneigten Leser in Erinnerung gerufen, dass die Rede von Vögeln ist und nicht etwa von sonnenhungrigen Badegästen, die in der Ferienzeit gerne die Insel bevölkern.

Doch das Wahrzeichen der Insel wurde weder eine seltene Orchidee noch ein rarer Vogel, sondern es wurden die **Windmühlen**, die die bäuerliche Kultur Ölands symbolisieren. Einst standen über 2.000 dieser Bockmühlen auf den windigen Ebenen der Insel, heute sind noch ein paar hundert erhalten.

Ein gänzlich anderes Bild als die karge, baumlose Kalksteinsteppe Stora Alvaret bietet die **Landschaft Mittelölands** am Kalmarsund, etwa zwischen Borgholm und der Ölandbrücke. Hier dehnen sich über 6.000 Hektar schöne **Laub- und Nadelwälder**.

Ölands Windmühlen, ein Wahrzeichen

Im **Nordteil Ölands** dagegen findet man an der Westseite der Insel **Felsküsten**, während die Ostküste Landzungen und **flache Buchten** aufweist. Bei **Böda** erstreckt sich einer der schönsten **Sandstrände** der Insel.

Öland ist eine **alte Kulturlandschaft**. Bei **Resmo [N 56° 32' 16.7" E 16° 26' 46.1"]** im Südwesten der Insel wurden 4.000 Jahre alte **Ganggräber (15)** entdeckt. Andere Funde deuten auf eisenzeitliche Siedlungen hin. Und zahlreiche **Runensteine** erinnern an die Wikingerzeit. Der größte Runenstein Ölands ist beinahe 3 m hoch und trägt Inschriften aus dem 11. Jh.

Eindrucksvoll sind die Reste frühgeschichtlicher Festungswälle, z. B. die der **Fluchtburgen** in **Gråborg (12)** fast im Zentrum von Öland oder der von **Triberga borg** nahe der Südostküste.

Von ganz besonderem Interesse aber und einen Besuch unbedingt wert ist das wunderbar rekonstruierte, von einer Ringmauer umgebene Dorf **Eketorp (18)** aus dem 4. nachchristlichen Jahrhundert. Es liegt weit im Süden der Insel.

Im Mittelalter war Öland schon dicht besiedelt. In jener Zeit wurden viele der Kirchen der Insel aufgrund der häufigen Überfälle durch Seeräuber stark befestigt, die Kirchtürme zu Wehrtürmen umgebaut.

Eines der schönsten Beispiele **Öländischer Kirchenbaukunst** stellt die **Kirche von Gärdslösa (7) [N 56° 47' 04.7" E 16° 44' 15.6"]** südöstlich von Borgholm auf der Ostseite der Insel dar. Der Bau stammt zu Teilen aus dem frühen 12. Jh. und ist somit eines der ältesten Gotteshäuser auf Öland.

Schon Ende des 12. Jh. wurde der Turm mit einer Etage versehen, die speziell Bogenschützen in Verteidigungsfällen zur

südöstlich davon **Kapelludden**, Ruine der St. Birgitta-Kapelle.

5 – Borgholm Burgruine (s. Beschreibung).

 – Schloss Solliden [N 56° 52' 00.3" E 16° 38' 23.8"], königliche Sommerresidenz, erbaut 1903 – 1906 von Königin Victoria, jetzt im Besitz von König Carl Gustav.

6 – Störlinge kvarnar [N 56° 48' 19.8" E 16° 44' 28.0"], 7 Windmühlen, Ölands längste Windmühlenreihe.

7 – Gärdslösa kyrka [N 56° 47' 04.7" E 16° 44' 15.6"], älteste mittelalterliche Kirche Ölands (siehe Beschreibung).

8 – Karums alvar, Gräberfeld mit Schiffsgrab „Arche Noah".

9 – Himmelsberga Hembygdsmuseum, Heimatmuseum, typische Ölandhöfe.

10 – Ismantorps borg, Fluchtburg aus der Zeit der Völkerwanderung mit 88 Hausfundamenten, vermutlich vorgeschichtliche Kultstätte.

11 – Lerkaka kvarnar, Windmühlenreihe, daneben großer Runenstein.

12 – Gråborg, Ölands größte Fluchtburg mit elliptischem Grundriss, 210 x 165 m, und einem mittelalterlichen Torgewölbe. In der Nähe Ruine der St. Knut-Kapelle.

13 – Björnhovda kvarnar, „Königin der Mühlen", größte Stumpfmühle des Landes.

14 – Resmo kyrka, 12. Jh., romanische Fresken im Chor.

15 – Mysinge hög, bronzezeitlicher Grabhügel auf einem Landrücken, schöne Aussicht über die Alvarsteppe.

 – Gånggifterna, Steinkammergräber aus der jüngeren Steinzeit, die einzigen dieser Art in Ostschweden.

16 – Gettlinge gravfält, Gräberfeld aus der Eisenzeit mit großem Schiffsgrab.

17 – „Kronan", Fundstelle des Schiffswracks (s. u. Kalmar).

18 – Eketorps borg [N 56° 17' 10.0" E 16° 27' 43.3"], Fluchtburg mit Ringmauer 5. Jh.

19 – Karl X's mur, Steinmauer quer über die Insel, um 1650 als Abzäunung eines Damwildgeheges angelegt.

20 – Ölands södra udde [N 56° 11' 40.6" E 16° 24' 03.7"], Ölands südlichster Punkt mit dem 42 m hohen Leuchtturm „Långe Jan", erbaut 1784/85, Ottenbys Vogelwarte und Zugvogelmuseum.

21 – Möckelmossen, Informationen über die Stora Alvaret Steppe

22 – Skäftekärr, Eisenzeithof

1 – Hornsjön, einziger Binnensee der Insel, 3 km lang.

2 – Källa Gamla kyrka, Wehrkirche, 13. Jh.

3 – Föra kyrka, Wehrturm 12. Jh., außerhalb das Martinus-Kreuz 15. Jh.

4 – Egby kyrka [N 56° 52' 27.0" E 16° 49' 20.0"], kleinste Kirche der Insel, Chor u. Altar 12. Jh.

Die Schlossruine Borgholm

Verfügung stand. Überfälle durch Wikingerstämme aus dem Baltikum waren im Mittelalter eine ständige Plage auf Öland.

Im 13. Jh. wurde das Gewölbe des Querschiffes angefügt. Sehr schön sind die **Portale** dort an der Nord- und Südseite. Als Architekt wird *Håkon Tanna* erwähnt, der auch viele Kirchen auf Gotland errichtet. Die Verbindungsbögen zwischen Längs- und Querschiff ruhen auf Pfeilern mit schönen Basen und Kapitellen, die ebenfalls von Tanna stammen. Die Kirche, 1957 und 1958 umfassend restauriert, weist sowohl romanische wie auch gotische Stilelemente auf.

Bei den Restaurierungsarbeiten wurden die alten **Wandmalereien**, die vornehmlich aus dem 16. Jh. stammen, 1781 aber übertüncht worden waren, wieder entdeckt. Die Motive im Chorraum befassen sich mit Szenen aus dem Alten Testament. An der Nordseite sieht man die Motive „Samson tötet den Löwen", „die Flucht des Absalom", „Kain erschlägt Abel", „Opferung Isaaks"; an der Nordseite sind zu erkennen „David und Goliath", „Bathsheba im Bade" sowie Texte. Der Meister dieser Wandmalereien ist unbekannt, wird aber unter den Künstlern, die in Kalmar tätig waren, vermutet.

Neben dem Altar ist die **Kanzel** aus dem Jahre 1666 bemerkenswert. Auf acht Tafeln sieht man Christus und sieben Apostel. Das Taufbecken aus Öland-Kalkstein

wurde 1670 gestiftet.

Im Westteil der Kirche hängt ein schönes Modell des 1679 vor Öland gesunkenen Schiffes *Nyckel*. Fälschlicherweise wird dieses Modell oft als Votivschiff der historischen *„Kalmare Nyckel"* angesehen. Sie war das erste schwedische Auswandererschiff mit dem 1637/38 die ersten Kolonisten von Schweden nach Amerika fuhren.

Wichtigste und stärkste Befestigungsanlage auf Öland aber war seit dem 12. Jh. die **Burg von Borgholm (5) [N 56° 52' 10.9" E 16° 38' 54.3"]** hoch über der dichtbewaldeten Westküste des Kalmarsunds und unweit südlich der gleichnamigen (und übrigens einzigen) Stadt der Insel Borgholm gelegen *(geöffnet Mai - Aug. tgl. 10 - 18 Uhr, Apr. + Sept. tgl. 10 - 16 Uhr; Eintritt; www.borgholmsslott.se).* Im 14. Jh. wohnten die Herzöge von Öland kurze Zeit auf Borgholm. Dann, 1361, wurde die Burg vom Dänenkönig Waldemar Atterdag erobert.

Borgholm war bis ins 15. Jh. immer wieder umkämpft, von fremden Mächten begehrt. Schließlich bildete die Festung bis in die Mitte des 17. Jh. den südlichen Vorposten des schwedischen Königreiches.

Erst Gustav Vasa gelang es, Öland und damit auch Borgholm wieder der schwedischen Krone einzuverleiben. König Johan III., Sohn und Nachfolger Gustav Vasas, ließ die Burg dann im 16. Jh. von den Architek-

Öland, Reste prähistorischer Schiffsetzungen auf der Alvarsteppe

ten Johan Baptista und Dominicus Pahr zu einem prächtigen Renaissanceschloss mit Bastionen, stolzen Rundtürmen und Giebeln umbauen und die Gemächer und Säle prächtig ausstatten. Die Prunkgemächer des Königs lagen im Westflügel.

1651 residierte König Karl X. Gustav auf Borgholm und beorderte den berühmten Nikodemus Tessin d. Ä. mit neuerlichen Umbauten. Nun wurden Stilelemente des Barock eingefügt und der uralte, mächtige, runde Kernturm im Schlosshof, der die Urzelle der ganzen Schlossanlage war, abgerissen.

Mit dem Ende der schwedischen Großmachtzeit begann auch Schloss Borgholm zu verfallen. Nach turbulenten Jahren als Fabrikgebäude brannte das Schloss im Jahre 1806 bis auf die Mauern nieder. Seither gilt Borgholm mit seinen vielen leeren Fensterhöhlen und den dachlosen, runden Ecktürmen als eine der imposantesten Schlossruinen in Schweden. In der Burgruine ist ein kleines Museum eingerichtet.

Unweit südlich von Schloss Borgholm liegt **Schloss Solliden (5) [N 56° 52' 00.3" E 16° 38' 23.8"]**, die Sommerresidenz der schwedischen Königsfamilie. Zwischen 1903 und 1906 ließ sich Königin Victoria die weiße Sommerresidenz im Stil italienischer Renaissancepaläste erbauen. Der

Öffentlichkeit sind nur die gepflegten Parkanlagen und Gärten zu gewissen Zeiten zugänglich.

Nur wenige Kilometer weiter südlich der Kirche von **Gärdslösa** liegt des sehenswerte **Himmelsberga Heimatmuseum (9),** *geöffnet Anfang Mai - Ende Aug. 10 - 18 Uhr; Eintritt.* Das Museum besteht im wesentlichen aus für Öland typischen, nach der altertümlichen Bautradition errichteten Bauernhöfen. Durch ein festes Tor betritt man einen Innenhof. Dort liegen links der Norrgården (Nordhof) und der Mangården (Herrenhof), deren Wirtschaftsgebäude wieder einen eigenen Innenhof umgeben und auf der rechten Seite vom Eingang der Karl-Olsgården. Auch die Gebäude dieses Gehöfts stammen, wie die anderen Höfe des Museums, aus dem 18. Jh.

Zu sehen sind im Himmelsberga Museum außerdem sog. Altenteilhäuschen, Scheunen, Stallungen, typische Öland-Windmühlen, eine Schmiede und andere kleinere Gebäude.

Eketorps borg (18) [N 56° 17' 10.0" E 16° 27' 43.3"], die vielleicht inte-ressanteste Sehenswürdigkeit ganz Ölands, liegt fast am Südende der Insel an der Querverbindung von Grönhögen nach Gräsgård *(geöffnet 1. Mai - 3. Sept. tgl. 9 - 18 Uhr; Eintritt; www.eketorp.se).*

Die Anfänge der historischen Flucht-burg und Siedlung gehen zurück ins 4. nachchristliche Jahrhundert. Damals wur-de hier ein schützender Ringwall von 57 m Durchmesser angelegt, der aber sehr wahr-scheinlich nur während feindlicher Über-fälle von den Bauern mit ihren Nutztieren aufgesucht wurde.

Aber schon hundert Jahre später ent-stand ein wesentlich größeres Ringmau-er-Rund mit einem Durchmesser von 80 m. Nun wurden die Häuser innerhalb der Mauer, etwa 50 an der Zahl, die sich eng mit dem Rücken zur Wehrmauer gruppier-ten, ständig bewohnt. Später, während der Wikingerzeit, wurde Eketorp weiter befes-tigt und ausgebaut, die Bebauung inner-halb der Schutzmauer geändert. Im 13. Jh. schließlich wurde Eketorp endgültig auf-gegeben.

Eketorp, über das Carl von Linné auf seiner Reise durch Öland 1741 notiert: „Eketorps borg, mit ihren erodierten und eingestürzten Mauern war ohne Zweifel ein Zufluchtsort für die Einwohner, bevor Pulver und Blei erfunden waren", wurde zwischen 1964 und 1973 wissenschaftlich erforscht. 1978 konnte man damit beginnen, die imposante Ringmauer zu rekonstruieren, später wurden viele der strohgedeckten Wohnhäuser, Speicher und Stallungen ge-nau nach den Forschungsergebnissen der Archäologen nachgebaut. Weitere Rekon-struktionen folgten. Heute ist Eketorp ein seltenes und überaus eindrucksvolles Zeug-nis früher Siedlungs- und Lebensweisen.

Außerdem gibt es ein sehenswertes **Museum** in dem viele der Grabungsfunde ausgestellt sind und Hintergründe der Sied-lungsgeschichte dokumentiert werden.

PRAKTISCHE HINWEISE – INSEL ÖLAND

Telefonvorwahl: 04 85
Turistbyrå Träffpunkt Öland [N 56° 39' 55.5" E 16° 28' 59.5"], Brofästet, 386 21 Färjestaden, Tel. 56 06 00**.** www.olandsturist.se.

HOTELS

Borgholm
Guntorps Herrgård, 21 Zi. ***, Guntorpsgatan, Tel. 13 000, Fax 1 33 19, Res-taurant, Schwimmbad, Parkmöglichkeit.
Halltorps Gästgiveri, 36 Zi. ****, Högsrum, Tel. 85 000, Fax 8 50 01, Restau-rant, Sauna, Parkmöglichkeit. – Und andere Hotels.

Färjestaden
Hotel Skansen, 33 Zi. ****, Tingshusgatan 1, Tel. 3 05 30, Fax 3 48 04, Res-taurant, Parkmöglichkeit.

CAMPING

(Die Orte sind in Nord-Süd-Reihenfolge aufgelistet!)
Böda bei Byxelkrok
Krono Camping Böda Sand ** [N 57° 16' 28" E 17° 2' 54"],** Tel. 22 200, www.kronocampingoland.se; Anf. Apr. – Anf. Sept.; an der Ostküste im Nordteil der Insel, ca. 5 km nördl. Böda; weitläufiges sandiges Wald- und Wiesengelände am Meer; ca. 30 ha – 1.200 Stpl. + 150 Dau.; Komfortaus-stattung; Restaurant, Laden, Imbiss, Fahrrad- und Bootsverleih, Minigolf, Tennis, Sauna, WLAN, Freizeitangebote, Reitstall; 134 Miethütten. **V & E** für Wohnmobile.

Löttorp
Sonjas Camping *** [N 57° 10' 44" E 17° 2' 15"],** John Emils gata 43, Tel. 23 212, www.sonjacamping.oland.com; Ende Apr. - Anf. Okt.; auf der Straße 136 nordwärts bis zum beschilderten Abzweig 2 km nördlich von Högby; Wiesengelände; 10 ha - 300 Stpl. + Dau.; Standardausstattung. Restaurant, Laden, Schwimmbad, Fahrradverleih, Sauna, Tennis. 32 Miethütten. **V & E** für Wohnmobile.
Sandbybadets Camping **,** Sandby sjögata 41, Tel. 20 322, www.sandby-badetscamping.se; 1. Mai – 15. Sept.; im Nordteil der Insel an der Ostküste,

ca. 1 km nördl. von **Högby**; Wiesengelände mit lichtem Baumbestand; ca. 4 ha – 230 Stpl.; Standardausstattung; Laden, Imbiss; Tennis. Fahrradverleih. 15 Miethütten. Zum Sandstrand ca. 300 m.

Köpingsvik

Grönhags Camping **** [N 56° 52' 47" E 16° 42' 59"], Tel. 72 116; 1. Mai – 31. Aug.; ca. 4 km nordöstl. von Borgholm; Wiesengelände am Kalmarsund; ca. 4 ha – 300 Stpl.; Standardausstattung; Laden, Imbiss, Sauna, Interneteecke. **V & E für Wohnmobile**.

Klintegårdens Camping **** [N 56° 53' 9" E 16° 43' 30"], Tel. 72 240, www.klintegarden.com; 1. Mai – 15. Sept.; ca. 5 km nordöstl. von Borgholm; Wiesengelände am Kalmarsund, Sandstrand; ca. 2 ha – 110 Stpl. + Dau.; Standardausstattung; Restaurant, Imbiss, Tennis, Fahrradverleih. 21 Miethütten.

Klinta Camping **** [N 56° 53' 2" E 16° 43' 26"], Klinta bodars väg 20, Tel. 72 156, www.klintacamping.se; 1. Apr. – Ende Sept.; ca. 5 km nordöstl. von Borgholm; Wiesengelände am Kalmarsund, Sandstrand; ca. 8 ha – 330 Stpl. + 65 Dau.; Standardausstattung; Laden, Imbiss; 24 Miethütten. **V & E für Wohnmobile**.

Borgholm

Ekerums Camping ***** [N 56° 47' 37" E 16° 34' 0"], Ekerum, Tel. 56 47 00, www.ekerum.nu; Anf. Apr. – Mitte Okt.; 20 km nördlich der Sundbrücke beschilderter Abzweig von der Straße 136, ausgedehntes Wiesengelände an der Bucht von Ekerum am Kalmarsund; ca. 15 ha – 500 Stpl. + Dau.; gute Standardausstattung; Laden, Restaurant; Schwimmbad, Sauna, Fahrradverleih. Freizeiteinrichtungen. 146 Miethütten; Sandstrand. **V & E für Wohnmobile. Quick Stop**.

Kapelluddens Camping **** [N 56° 52' 58" E 16° 39' 26"], Sandgatan 27, Tel. 56 07 70; Mitte Apr. – Anf. Okt.; nördlich der Stadt am Kalmarsund; Wald- und Wiesengelände, Sandstrand; ca. 10 ha – 430 Stpl. + Dau.; Standardausstattung; Imbiss, Kiosk, Schwimmbad, Sauna, Internetecke. 22 Miethütten. **V & E für Wohnmobile**.

Färjestaden

Eriksöre Camping *** [N 56° 37' 1" E 16° 26' 55"], Eriksöre, Tel. 39 450, www.eriksore.com; Mitte Apr. – 1. Okt., knapp 8 km südl. der Ölandbrücke, ausgedehntes Wiesengelände am Kalmarsund, teils lichter Baumbestand; ca. 15 ha - 340 Stpl. + Dau.; Standardausstattung. Restaurant, Laden, Imbiss, Fahrradverleih. Internetecke; 72 Miethütten. Breiter Sandstrand. **V & E für Wohnmobile. Quick Stop**.

Krono Camping Saxnäs **** [N 56° 41' 14" E 16° 28' 54"], Saxnäs, Tel. 35 700, www.kronocampingoland.se; Mitte Apr. – Ende Sept.; nördl. der Ölandbrücke, Nähe Ölands Tierpark; Wiesengelände, durch Bäume unterteilt; ca. 12 ha – 400 Stpl. + 150 Dau.; gute Standardausstattung; Restaurant, Imbiss, Laden, Schwimmbad, Fahrrad- und Bootsverleih, Bootssteg, WLAN.; Fahrradverleih; Sandstrand; 35 Miethütten. **V & E für Wohnmobile**.

Möllstorps Camping **** [N 56° 39' 48" E 16° 28' 32"], Tel. 39 388, www.mollstorps-camping.se; Mitte Apr. – 30. Sept.; südl. der Ölandbrücke; sandiges Wiesengelände am Kalmarsund, teils Baumbestand; ca. 14 ha – 300 Stpl. + 200 Dau.; Standardausstattung; Laden, Restaurant, Internetecke; Sandstrand; 15 Miethütten. **V & E für Wohnmobile. Quick Stop**.

INSEL GOTLAND

Länge der Tour: Rund 230 km.

Strecke: Mit der Autofähre von Oskarshamn oder Nynäshamn nach **Visby**.

Rundfahrt Süd: – Straße 140 über **Tofta** und **Klintehamn** bis **Burgsvik** – Landstraßen bis **Hoburgen** und zurück über **Hamra** bis **Öja** – Straße 142 bis **Grötlingbo** – Landstraßen über **Burs** und **När** bis **Ljugarn** – *Alternativroute: Straße 142 bis Lojsta* – *Landstraßen über Etelhem bis Garde* – *Straße 144 bis Ljugarn* – Landstraße über **Gammelgarn** bis **Katthammarsvik** – Straße 146 bis **Ala** – Straße 143 über **Romakloster** bis **Visby.**

Rundfahrt Nord: Von Visby über die Straße 143 über **Follingbo** bis **Roma Kyrkby** – Landstraßen über **Dalhem** und **Hörsne** bis **Gothem** – Straße 146 bis **Slite** – Straße 148 über **Lärbro** bis **Bunge** – nach Fårösund und mit der Fähre auf die **Insel Fårö** und Rundfahrt über **Lunghammars** zurück zur Fähre – Straße 148 über **Bunge**, **Lärbro** und **Othem** bis **Tingstäde** – Landstraße über **Stenkyrka** bis **Lickershamn** – Straße 149 bis zur **Lummelundagrottarna** – Landstraße bis **Bro** – Straße 148 bis **Visby**.

Empfohlene Reisedauer: Mindestens zwei, besser drei ganze Tage.

Reisehöhepunkte auf dieser Tour: Das mittelalterliche **Stadtbild von Visby** ** – das Museum **Gotlands Fornsal** ** in Visby – die schönen **Strände von Tofta** ** – die Kalkklippe **„Der Alte der Hoburg"** – die **Kirche von Grötlingbo**, „Südgotlands Kathedrale" ** – das **Freilichtmuseum Bunge** *** – die Raukar-Formation **„Jungfrun"** – der einsame, steinige **Strand** ** und die **Raukar von Lunghammars** *** auf der **Insel Fårö** ** – die **Lummelundagrotte** *.

Anreise

Autofähren verkehren ganzjährig von **Oskarshamn** und **Nynäshamn** nach Visby. Es gibt Tag- und Nachtverbindungen. Die Fahrzeit beträgt tags viereinhalb bzw. fünf Stunden und nachts rund sechs Stunden. Außerdem gibt es im Sommer von Mitte Juni bis Mitte August Verbindungen mit **Hochgeschwindigkeitsfähren**, die auch Autos befördern. Die Fahrzeit mit den Schnellfähren verkürzt sich ganz erheblich. Von Oskarshamn nach Visby ist

man dann nur noch knapp zweieinhalb Stunden unterwegs. www.destinationgotland.se.

Flugverbindungen mit *Skyways* bestehen zwischen Stockholm und Visby mehrmals täglich.

Gotland, größte Insel in der Ostsee

Die Insel Gotland liegt rund 90 km östlich des schwedischen Festlandes, etwa auf Höhe der Stadt Västervik. Die Insel hat eine Ausdehnung von annähernd 120

CAMPING – NYNÄSHAMN (ca. 26 km südlich von Stockholm)

Nickstabadets Camping **** [N 58° 54' 29.37" E 17° 56' 18.93"], Nickstabadsvägen 17, Tel. 08 520-127 80, www.nickstabadet.se; 1. Apr. – 31. Okt.; am südwestlichen Stadtrand; zweigeteilter Platz, ein kleiner Platzteil (hügelige Wiese) oberhalb des Rezeptionsgebäudes mit **Jugendherberge** und des großen Parkplatzes, sowie eine große, leicht geneigte Wiese, uneben, von hohen Laubbäumen und Mischwald umgeben, bis an das öffentliche **Strandbad** reichend (Liegewiese, Sandstrand, Wasserrutsche). Ca. 100 Stpl., davon 10 befestigte (Kies) und geebnete Stellplätze für Wohnmobile. Standardausstattung, Kiosk, Sauna, Miethütten; **V & E** **für Wohnmobile.** Minigolfplatz im unteren Platzteil.

Tour 22: INSEL GOTLAND

0   25   50 km

km in Nord-Süd-Richtung und von knapp 50 km in Ost-West-Richtung an der breitesten Stelle. Die relativ flache Insel – die höchste Erhebung erreicht kaum 70 m über dem Meer – bedeckt eine Fläche von annähernd 3.200 qkm.

Auf Gotland leben ungefähr 58.000 Menschen. Fast die Hälfte davon, nämlich annähernd 22.000 Gotländer, wohnen in Visby.

Das Klima auf der größten Insel in der Ostsee ist ausgesprochen mild und die Tage – berücksichtigt man die nördliche Lage – sind sonnenreicher als in vergleichbaren Breiten Skandinaviens. Die berühmte Rosenpracht von Visby beispielsweise – und warum sollte man den Erzählungen nicht glauben – blüht angeblich noch Ende November.

Die überwiegend aus Kalk- und Sandstein bestehende Insel hat eine überaus interessante Küste, teils mit steilen Felsufern, teils auch mit flachen Sand- oder Kiesstränden.

Fast schon ein Wahrzeichen für Gotlands Küsten sind die eigenwillig geformten Steinsäulen und Felsformationen, die **Raukar.**

Früher war Gotland eine seenreiche Insel. Aber viele der Gewässer wurden trockengelegt, andere wandelten sich im Laufe der Zeit zu Mooren. Heute sind diese Feuchtgebiete die Heimat einer Vielzahl selten gewordener Blumen und Pflanzen, vor allem von Orchideenarten. Und wild lebende Pferde, eine kleine, stämmige, widerstandsfähige Ponyrasse soll es auf Gotland auch noch geben.

Aber was wäre eine nordische Insel ohne Wikingersaga? Und Gotland mit seiner langen, wechselvollen und oft turbulenten Geschichte enttäuscht auch hier nicht. So liest man in der Guta Saga aus dem 13. Jahrhundert, wie Gotland entstand: „Gotland fand zuerst der Mann, der Tjelvar hieß. Da war Gotland so verzaubert, dass es des Tags untersank und des Nachts oben war. Aber der Mann brachte Feuer an Land und seitdem sinkt es nicht mehr".

Gotland wurde von den Stürmen der **Geschichte** keineswegs verschont, wie man aufgrund seiner abgeschiedenen Lage mitten im Meer vielleicht meinen könnte. Immer wieder war die Insel, besonders im Mittelalter, ein begehrtes Streitobjekt der Mächtigen.

Vor ungefähr 7.000 Jahren kamen während der Steinzeit die ersten Siedler auf die Insel. Etwa 400 Grabhügel und fast 350 Schiffsetzungen beweisen, dass Gotland in der Bronzezeit schon sehr dicht besiedelt war.

Ob es zur Zeit der Völkerwanderung oder zur Wikingerzeit war, Gotland stand im Mittelpunkt. Von Gotland aus folgten die Nordmänner mit ihren Drachenbooten den russischen Flüssen bis ins Schwarze und ins Kaspische Meer, ja sie erreichten Byzanz und Bagdad und – man höre und staune – diesmal schlugen sie sich nicht die Köpfe ein, sondern trieben Handel. Gotland wurde ein richtiggehendes Handelszentrum in der damals bekannten westlichen Welt. Zahlreiche Funde von Gold- und Silbermünzen beweisen dies. Aus Gräbern wurden eine Menge römischer Gegenstände, Münzen, Gläser etc. geborgen, die auf einen regen Warenaustausch mit den germanischen und gallischen Provinzen hinweisen.

Es folgten geruhsamere Zeiten, in denen Gotland sich zu einer wohlhabenden Bauernrepublik entwickelte. Die Landmänner sollten für lange Zeit eine maßgebliche Rolle auf der Insel spielen.

Auch sie begannen zu handeln, wurden Kaufleute und nannten ihren Staat „Die gotländische Küste". Das Bauernland wurde reich und mächtig. Kunst und Wohlstand drückten sich vor allem in den Kirchenbauten aus, an denen Gotland so reich ist, und in den prächtigen Gutshöfen der „Fahrmänner". Visby und Västergarn wurden wichtige Häfen.

Aber es kommt zu bürgerkriegsähnlichen Auseinandersetzungen zwischen den Handel treibenden Bauern und den in Visby immer reicher werdenden fremden Handelshäusern. 1288 wurde den gotländischen Bauern vom Schwedenkönig Magnus Ladulås ein Frieden diktiert, der ihre Position schwächte. Und als dann der Däne Waldemar Atterdag 1361 Gotland besetzte, war das Ende des selbständigen Bauernstaates gekommen.

Bei dem regen Handel, der von der Insel ausging, konnte es nicht ausbleiben, dass die Kaufleute der **Hanse**, die damals den Ostseeraum kontrollierten, sich in Visby niederließen und bald ein entscheidendes Wort auf Gotland mitsprachen. Visby wurde zum „Stolz der Hanse". Noch heute erinnern manche Straßenzeilen in der Altstadt von Visby mehr an Lübeck oder Lüneburg als an eine schwedische Stadt. Zu den schönsten Kaufmannshäusern aus der Hansezeit zählt heute noch das Burmeistershaus mitten in Visby.

Politisch war Gotland vom 15. bis ins 17. Jh. ein Spielball zwischen dem Deutschen Orden, dem Unionskönig Erik von Pommern, der Hanse, den Dänen und den Vasakönigen. 1679 kam Gotland endgültig zum Königreich Schweden.

Die Rivalität zwischen den großen Ostseehandelsstädten Reval, Riga, Danzig, Lübeck und Visby und die immer stärker werdende Ausrichtung der Handelswege nach Westen führte schließlich dazu, dass Gotland zunehmend an Bedeutung als Handelsplatz verlor.

Visby auf Gotland

Erst Mitte des 19. Jahrhunderts wurde Gotland wieder interessant, diesmal aber militärstrategisch. Während des Krimkrieges war in Fårösund eine Basis der französisch-britischen Flotte eingerichtet. Die Insel Gotska sandön weiter nördlich und Teile der benachbarten Insel Fårö sowie Teile der Nordküste waren lange militärisches Sperrgebiet.

Später wurde Gotland Ziel friedlicherer Zeitgenossen. In Visby ließen sich gerne Künstler und Dichter nieder. Vielleicht waren sie es, die Gotland mit seiner „Stadt der Rosen und Ruinen", wie Visby auch genannt wird, den Weg als Sommerreiseziel ebneten. Heute ist Gotland eine vielbesuchte Ferieninsel mit jährlich über einer halben Million Besuchern.

Aus der Sicht des Feriengastes könnte man Gotland auch als „Fahrradinsel" bezeichnen. Es gibt überall gepflegte und markierte Fahrradwege und zahlreiche Fahrradverleihs, vor allem in Visby, aber auch auf vielen der Campingplätze. Es werden Pauschalarrangements angeboten, die Fahrrad, Unterkunft und Verpflegung beinhalten.

Übrigens: Gotland ist keineswegs nur im Sommer ein lohnendes Reiseziel. Kenner schätzen die Zeit des Frühsommers im Juni zur Orchideenblüte, vor der Zeit der schwedischen Schulferien die gewöhnlich von Mitte Juni bis Mitte August dauern, und dann vor allem wieder die Zeit von Mitte August bis weit in den September hinein. Manches kann dann auf dem Lande zwar schon geschlossen sein, auch die Tage werden merklich kürzer, aber die Temperaturen können immer noch angenehme Werte erreichen, die Luft ist klarer als im Sommer und Gotland ist dann fast „touristenleer".

Die Campingsituation auf Gotland ist vor allem in der Nebensaison (Zeit etwa vor dem 15. Juni und nach dem 30. Juli) insofern etwas unbefriedigend, als zwar die meisten Plätze formal geöffnet sind, defacto aber einen sehr eingeschränkten Service bieten. Die Rezeptionen sind dann in aller Regel nur sporadisch – wenn überhaupt – besetzt. Nicht selten ist nur jemand über langwierige Telefonanrufe zu erreichen und muss umständlich kontaktiert und herbeigerufen werden. Die Sanitäranlagen sind aber oft nur über Eingangscodes zugänglich, oder Duschen funktionieren nur mit Wertmarken. Folglich können bei nicht besetzter Anmeldung die Sanitäranlagen nicht benutzt werden. Von einer Beaufsichtigung des Platzes (Sicherheitsaspekt) kann in dieser Zeit keine Rede sein. Die Plätze sind sich denn mehr oder weniger selbst überlassen.

Visby [N 57° 38′ 11.9″ E 18° 17′ 09.5″] (ca. 22.000 Einw.), Gotlands Hauptstadt, liegt an der Westküste der Insel. Wenn man von der wechselvollen Vergangenheit Gotlands hört – und die Geschichte Gotlands ist vornehmlich auch die Geschichte ihres wichtigsten Hafens Visby – ist man etwas überrascht, freudig überrascht, dass im alten Stadtkern noch so viel Bausubstanz und Atmosphäre einer hanseatisch geprägten Handelsstadt bewahrt werden konnte. Sicher hatte die zwischen dem 13. und 14. Jh. errichtete mächtige **Stadtmauer**, die Visby mit Ausnahme der Hafenseite heute noch umgibt, ihr Teil dazu beigetragen. Die etwa 3,5 km lange Mauer ist noch vollständig erhalten, teilweise bis zu 12 m hoch und die allermeisten der einst 44 Wehrtürme stehen noch.

Viele Geschichten und Legenden ranken sich um die alte Stadtmauer. So kann man in einer Stadtbeschreibung des gotländischen Verkehrsvereins lesen: „Als 1361 der dänische König Waldemar Atterdag Gotland eroberte, verliebte sich eine Jungfrau in ihn und verriet Visby. Zur Strafe für diesen Verrat mauerte man sie in den Turm ein, der nach ihr Jungfrauenturm heißt".

Ein schöner Spazierweg führt rund um die Stadtmauer.

Visbys größte Sehenswürdigkeit ist im Grunde das **Gesamtbild der mittelalterlichen Innenstadt.**

Entdecken Sie die Altstadt auf einem Spaziergang, der immer wieder an einem malerischen Winkel, einer Kirche oder einem Stadttor vorbeiführen wird. Auf gepflasterten Straßen und über Treppenwege schlendert man durch die engen Gassen, die oft so eng sind, dass sich angeblich die Bürger der Stadt früher darüber geeinigt haben sollen, an welchen Wochentagen wer die Fensterläden öffnen durfte. Ausreichend **Parkmöglichkeiten** findet man an der östlichen Stadtmauer **[N 57° 38' 18.2" E 18° 17' 59.9"]**.

Am besten beginnt man einen Rundgang am Donnersplats mit dem historischen **Burmeisterka Huset** an der Ecke zur Strandgatan, das sich um 1650 der Lübecker Kaufmann Hans Burmeister erbauen ließ.

Gehen Sie anschließend ein Stück die Strandgatan hinunter. Hier sind noch viele Fassaden ehemals großer Handelshäuser erhalten, u. a. die Alte Apotheke.

Unbedingt einen Besuch wert ist das **Museum „Gotlands Fornsal"** in der Strandgatan 14 *(geöffnet 15. Mai - 15. Sept. tgl. 10 - 17 Uhr; übrige Zeit Di - So 12 - 16 Uhr; Eintritt; www.lansmuseetgotland.se).*

Gotlands Historisches Museum zeigt auf vier Etagen archäologische und kunsthistorische Funde sowie Gegenstände von der Frühzeit bis in die Zeit des 18. und 19. Jh. Aus jener Epoche stammen z. B. Musikinstrumente, Trachten und Ausstellungen über die einst mächtigen Zünfte von Visby. Die Exponate des Museums reichen von Beigaben aus prähistorischen Gräbern, über Bildsteine aus der Wikingerzeit und mittelalterliche Kirchenkunst bis hin zu Anschauungsmaterial über die lange Seefahrts- und Handelstradition der Insel.

Zu den kunsthistorisch wertvollsten Sammlungsstücken zählen die **Bildsteine aus der Wikingerzeit**. Die ältesten dieser Steine mit kunstvoll herausgearbeiteten geometrischen Schmuckmotiven, Tiergestalten, Kriegern, Seefahrern etc. stammen aus dem fünften nachchristlichen Jahrhundert.

Eine andere umfangreiche Abteilung befasst sich mit **prähistorischen Gräberfunden** aus der Steinzeit und aus der Bronzezeit.

Breiten Raum nehmen **Sammlungen aus der Wikingerzeit** ein. **Bäuerliche Kunst** und Kultur sowie mittelalterliche **Kirchenkunst** (Triumphkreuze, Taufbecken, Madonnenbildnisse, eine Orgel, Glasfenster u. a.) sind weitere Schwerpunkte des sehenswerten Museums.

Am Donnersplats in Visby

Wikinger in Schweden

Während **Wikinger**, die „Männer aus der Bucht" (eine der vielen Deutungen des Wortes Wikinger) aus Dänemark und Norwegen sich auf ihren Erkundungs- und Eroberungszügen nach Südwesten und nach Westen über Grönland bis nach Amerika wandten, lag der Aktionsraum der Wikinger aus Schweden – ausgehend von Gamla Uppsala und dem Gebiet des Mälarsees – im Ostsee- raum, im Baltikum und entlang der Flüsse Russlands bis hinab zum Schwarzen Meer und zum Kaspischen Meer.

Wikinger eroberten im 8. Jh. Teile von Irland und England, segelten schon Jahrhunderte vor Kolumbus nach Amerika, belagerten 855 mit 700 Schiffen Paris, plünderten Städte an der französischen Westküste und tauchten in Lis- sabon und am Rhein auf.

Weniger bekannt ist aber, dass Nord- männer aus dem südostskandinavi- schen Raum um das Jahr 820 schon am Ladoga See nordöstlich von Leningrad und in Holmgård oder Nygård (Nowgo- rod) siedelten und über die Flüsse Düna, Memel, Dnjepr, Wolga u. a. nach Russ- land vordrangen und dort um Känugård (Kiew) ihr **Waräger-Reich** gründeten.

Anders als die dänischen und norwe- gischen Wikinger, bei deren Entdeckun- gen offenbar Raub und Plünderungen im Vordergrund standen, taten sich die Nordmänner aus Swealand und Göta- land eher durch Handel und Wandel hervor. Zwar versuchte man verschie- dentlich das reiche Miklagård (Byzanz/ Konstantinopel/Istanbul) am Goldenen Horn zu erobern. Aber nach mehreren vergeblichen Anstrengungen besann man sich diplomatisch eines Besseren und schloss lieber Handelsabkommen. Bekannt ist auch, dass sich die byzan- tinischen Kaiser ihre Leibwachen und Palastgarden aus Wikingern zusammen- stellten.

Durch die Aufzeichnungen eines Mönchs namens Nestor, der im 11. Jh. eine sehr genaue Chronik über die Wikinger aus dem Warägerreich erstellte, weiß man sehr genau über ihre Aktionen, Lebensweise und Kultur bescheid.

Die großen Gründergestalten im russischen Raum waren die Wikingerfürs- ten **Rurik, Askold** und **Dyr**. In der Nestorchronik heißt es: „Rurik gelangte zum Ilmensee, wo er am Wolchow eine Stadt baute, die Holmgård genannt wurde. Das Land ringsum verteilte er an seine Gefährten. Es waren aber zwei Männer bei ihm, Askold und Dyr, die nicht seiner Sippe angehörten, aber Edelleute waren. Rurik hatte ihnen weder Dörfer noch Städte gegeben, deshalb baten sie ihn, mit ihren Männern nach Miklagård zu gehen ...".

Rurik stammte aus dem führenden Clan der Rods (Ruderleute). Das Wort Rods wandelte sich im Laufe der Zeit zu Rus. Und die Oberschicht in *Rus-Land* war zu Beginn des 11. Jh. als *Rusen* bekannt. Selbst noch zu Beginn unseres Jahrhunderts führte die Zarendynastie der Romanows ihre Ursprünge auf Ru- rik zurück.

Visbys gut erhaltene Stadtmauer

Erst Ende Oktober 2006 wurde im Süden Gotlands ein sensationeller **Silberschatz aus der Wikingerzeit** entdeckt, nicht der erste übrigens. Der rund 3 kg schwere Schatz, der vornehmlich aus über 1.200 arabischen Silbermünzen besteht, stammt aus der Zeit um 950 n. Chr. Heute ist er im Fornsal zu bewundern.

Falls Sie sich weiter mit der Wikingerzeit auf Gotland beshäftigen wollen, sollten Sie den **Kapitelhusgården** besuchen, St. Drottensgatan 8, unweit des zentralen Stortorget besuchen *(geöffnet Ende Juni - Mitte Aug. Mo - Sa 11 - 17 Uhr).*

Gehen Sie weiter, z. B. durch die etwas ansteigende Hästgatan vom Donnersplats hinauf in die Oberstadt um den St. Hans Platz. Hier findet man die Ruinen der Kirchen **St. Pers** und **St. Hans**. Von den 93 Kirchen Gotlands stehen 17 in Visby. Die meisten sind allerdings nur noch efeuüberwucherte Ruinen. Die vielleicht schönste und romantischste Kirchenruine Visbys, die **St. Nicolai-Kirche**, liegt in der Nähe des Nordtores ein gutes Stück nördlich der Domkirche St. Maria.

Sehenswert sind schließlich die ursprünglich romanische **St. Katarina-Kirche** am Stortorget und die mittelalterliche **Sankta Maria Domkyrka** aus dem 12. und 13. Jh. mit ihren drei, die Stadtsilhouette beherrschenden Türmen. Mitte Juli finden im Dom abendliche Sommerkonzerte statt.

Und Kunstliebhaber sollten sich einen Besuch **Gotlands Konstmuseet** (wechselnde Ausstellungen aus nahezu allen Kunstepochen) in der St. Hansgatan 21 nicht entgehen lassen *(geöffnet 15. Mai - 14. Sept. tgl. 10 - 17 Uhr, übrige Zeit Di - So 12 - 16 Uhr; Eintritt).*

Zu den vielfältigen Sommerveranstaltungen gehören im August besonders die sog. **„Mittelalterwoche"** (www.medeletidsveckan.se) im August, wenn die Gassen voll sind mit Spielleuten, Rittern, Gauklern, Feuerschluckern, Händlern und Handwerkern und das **Volkstanz- und Musikantenfestival**, eine internationale Festveranstaltung u.a. mit traditionellem Tanz in der Adelsgatan. Anfang Oktober findet das **Stadtfest Wisbydagen** mit vielfältigem, kulturellem Programm mit Musik, Märkten, Stadtrundgängen u.v.a.m. statt.

Wer sich für Oldtimer, alte Fahrzeuge, Motorräder, Motoren etc. interessiert, dem bieten sich zwei Museen an:

Visby Automobilmuseum, Skogsholm, Straße 148, ca. 5 km nördlich von Visby *(geöffnet Juli 10 - 17 Uhr, Aug. 13 - 17 Uhr; Eintritt; www.harlevi.com).*

Vibble Automobilmuseum und Go-Kart-Bahn, Kneippbygatan 8, ca. 4 km südwestl. von Visby *(geöffnet Ende Juni - Mitte Aug. 11 - 20 Uhr; Eintritt; www.bilmuseum. se).*

PRAKTISCHE HINWEISE – VISBY

Telefonvorwahl: 04 98
Visby Turistbyrå [N 57° 38' 11.9" E 18° 17' 09.5"], Skeppsbron 4 - 6, 621 25 Visby, Tel. 20 17 00. www.gotland.info.

Feste, Folklore: Sommerkonzerte im Juli;
Mittelalterwoche mit Ritterspielen im August, Gotlands größtes und turbulentestes Fest.
Volkstanz- und Musikantenfestival. Int. Festveranstaltung u.a. mit traditionellem Tanz auf der Adelsgatan in Visby, Mitte August.
Wisbydagen - Stadtfest, Anf. Oktober mit vielfältigem Programm mit Musik, Märkte, Stadtrundgänge u.v.a.

RESTAURANTS

Zu den bekannten **Restaurants** in Visby zählen – neben den Hotelrestaurants– der **Munk Källaren** in der Lilla Torggränd 2, das **Värdshuset** im historischen **Lindgården** in der Strandgatan 26, der **Clementis Kro**, Strandgatan, mit seinem rustikal mittelalterlichen Ambiente oder das Promilokal **Burmester**, Tage Cervins Gata 2, mit vorzüglicher Küche. – U. al

HOTELS

Hotell Gute & Breda Blick, 28 Zi. ***, Mellangtan 29, Tel. 20 22 60, Fax 20 22 62. www.hotellgute.se.
Best Western Strand Hotel. 120 Zi. ****, Strandgatan 34, Tel. 25 88 00, Fax 25 88 11. www.strandhotel.se.
Medeltidshotellet i Visby, 50 Zi. *****, Norra Kyrkogatan 3, Tel. 20 12 60, Fax 20 12 70, www.medeltidshotellet.se; komfortables Haus, zählt zu den besten Adressen am Ort, gepflegtes, teures Restaurant, in Gebäude aus dem 14. Jh., Parkmöglichkeit. – Und andere Hotels.

CAMPING

Norderstrands Camping *,** Tel. 21 21 57, www.norderstrandscamping.se; 1. Juni – 31. Aug.; ca. 1,5 km nördl. Visby, Zufahrt Richtung Flughafen und Straße 149; ausgedehntes, langgestrecktes Wiesengelände, teils mit hohen Laubbäumen, durch die Strandstraße und einen Promenadenweg vom Meer getrennt; ca. 6 ha – 120 Stpl.; einfache Standardausstattung; in Vor- und Nachsaison nur sporadische Aufsicht, Rezeption nur über Telefon zu erreichen. **V & E für Wohnmobile**. Miethütten. In Gehnähe zur Altstadt von Visby, mit entsprechendem Gästeansturm in der Hochsaison.
 Snäcks Camping * [N57° 40' 27" E 18° 20' 25"],** Tel. 21 17 50, www.camping.se/i06; Mitte Mai – Mitte Sept.; ca. 6 km nördl. Visby, Zufahrt von der Straße 149; 3 breite, lange, zum Meer ausgerichtete Geländestufen im lichten Waldgelände, unten am Meer ebene Campingwiese mit Hütten; ca. 6 ha – 170 Stpl.; Standardausstattung. Laden, Imbiss, Strandbar. Von einigen Stellplätzen herrlicher Meerblick.
Camping Fritidsanläggningen Kneippbyn ** [N 57° 36' 30" E 18° 14' 47"],** Kneippbyn 15, Tel. 25 10 50, www.kneippbyn.se; Mitte Mai – Ende Aug.; ca. 4 km südl. Visby **beim Freizeitpark und Wasserparadies**. Campingplatzgäste erhalten ermäßigten Eintritt. 20 ha - 320 Stpl.; gute Standardausstattung. Restaurant, Imbiss, Laden, Sauna, Tennis. 198 Miethütten. **V & E für Wohnmobile**.

Wohnmobil-Stellplatz

Parkplatz „Träffpunkt Gotland", Färjeleden, am südwestlichen Ortsrand von Visby, ca. 200 m von der Versorgungsstation für Wohnmobile entfernt. Aufenthaltszeit 6 Stunden, gebührenfrei.

Ver- und Entsorgungsstation (Beschilderung ‚Latrintömning‘) für Busse, Wohnmobile, Caravans, an der Umgehungsstraße Färjeleden im Südwesten von Visby gegenüber der Q8-Tankstelle und Zementwerk. Mit Frischwasserschlauch und Abwasserschlauch. Gebührenfrei.

GOTLANDRUNDFAHRT

Süd-Gotland

ROUTE: Von Visby über die Straße 140 südwärts. Nach etwa 3 km Abzweig westwärts zur Küste.

Rund 3 km südlich von Visby kann man hinaus nach **Fridhem** an die Küste fahren und von der 46 m hohen **Klippe Högklint [N 57° 35′ 57.9″ E 18° 12′ 09.5″]** einen schönen Blick zurück nach Visby genießen.

In Fridhem hatte Prinzessin Eugénie, die einzige Tochter König Oscars I., eine Sommervilla. Dort pflegte sie einen in den damaligen Gesellschaftskreisen geschätzten literarischen und musikalischen Salon. Die Villa wurde 1861 errichtet und gehört heute einer gemeinnützigen Vereinigung.

Südlich von Visby liegt der **Freizeitpark Kneippbyn**, Vergnügungspark und Wasserparadies mit „Villa Kunterbunt“ (aus den Pippi-Langstrumpf-Filmen) mit 6 beheizten Pools und Wasserrutschen und vielen Attraktionen (Campingmöglichkeit).

In der Nähe des Hofes Vibble führt eine Allee, selten genug auf Gotland, auf den mittelalterlichen **Gutshof Nygård** zu. Der Hof gehörte Mitte des 15. Jh. dem dänischen Ritter Ivar Axelsson Tott, einer politisch schillernden Figur. Axelsson war unumschränkter Herrscher auf Gotland, reicher Kaufmann mit eigenen Schiffen und Besitzungen in Finnland und im Baltikum.

*ROUTE: Weiterfahrt auf der Straße 140 über **Tofta** und **Klintehamn** bis **Burgsvik**.*

Weiter südlich kommt man durch **Tofta**. Beachtung verdient die **Kirche von Tofta**. Sie stammt aus dem 13. Jh. und ist eine der 92 mittelalterlichen Gotteshäuser, die auf Gotland erhalten sind. Nicht alle sind für Besucher geöffnet.

Tofta mit seinem weiten **Strand** – viele sagen, der Strand sei der schönste auf Gotland – hat sich zu einem wichtigen Sommerferienort entwickelt.

Hier findet man Freizeiteinrichtungen, Tennisplätze, weiter südlich die Golfanlage Kronholmen, Hotels, Campingplätze sowie das **Wikingerdorf „Vikingabyn“**, ein Freizeit und Themenpark, in dem sich im Sommer Seeräuber und Wikingerkrieger tummeln, Handwerker alte Berufe zeigen etc. Mitte Juni Wikingerfestival *(geöffnet Ende Juni - Mitte Aug. tgl. 11 - 17 Uhr; Eintritt; www.bikingabyn.se).*

Auf der Weiterfahrt über die Küstenstraße 140 nach Süden kann man – wenn auch

PRAKTISCHE HINWEISE – TOFTA UND KLINTEHAMN

Telefonvorwahl: 04 98

HOTEL

Tofta Strandpensionat, 96 Zi. ***, Solbacksvägen, Tel. 29 70 60, Fax 26 50 09, Restaurant, Parkmöglichkeit. – Und andere Hotels.

CAMPING

Tofta Bad Camping *** [N 57° 29′ 06.8″ E 18° 07′ 56.0″], Tel. 29 71 02, www.toftabad.nu; Ende Mai – Ende Aug.; ca. 20 km südl. Visby; ausgedehntes Gras-, Sand- und Waldgelände, auch Dünen, am Meer, und große, schattenlose Wiese zwischen Straße 140 und Waldgürtel; ca. 30 ha – 350 Stpl. + Dau.; Standardausstattung; Restaurant, Laden, Imbiss, Schwimmbad, Tennis. **V & E** für Wohnmobile.
 Warfsholms Camping & Pensionat *** [N 57° 23′ 43″ E 18° 11′ 30″], Klinte Varvsholm 612, Tel. 24 00 10, www.warfsholm.se; 1. Jun. – 31. Aug.; ca. 1,5 km nördlich von Klintehamn; 1 ha - 30 Stpl.; Baumwiese bei einem kleinen Landhotel; einfache Standardausstattung.

mit etwas Mühe – östlich der Straße den See Paviken erkennen. Hier soll vor rund 1.000 Jahren der erste große Wikingerhafen auf Gotland gewesen sein.

Eine Verlandung der Küstengewässer macht hier mehreren Ortschaften stark zu schaffen, verhinderte ihren Aufschwung. So ging es Västergarn und so ging es Fröjel, die zur Wikingerzeit rege Hafenorte waren.

Klintehamn war lange ein wichtiger Handelshafen. Die Familie des Kaufmanns Jacob Nicklas Donner kontrollierte hier im 18. Jh. das Handelsgeschäft. Der Donnersche Handelshof am Hafen dient heute als kommunales Gebäude.

Von Klintehamn aus kann man im Sommer mit Ausflugsbooten zur südwestlich vorgelagerten **Insel Stora Karlsö** gelangen. Das kahle Eiland ist Natur- und Vogelschutzgebiet. An der steilen Felsküste nisten und brüten viele Seevogelarten. Man kann die Insel nur im Rahmen einer naturkundlichen Führung besuchen.

Nördlich von Fröjel kann man direkt an der Straße 140 die **Reste einer Schiffssetzung** sehen [N 57° 20′ 53.0″ E 18° 11′ 33.7″].

Wenige Kilometer östlich von **Fröjel** (Touristeninformation im Sommer) liegt bei **Vallhagar [N 57° 20′ 11.6″ E 18° 11′ 29.2″]** (knapp 3 km Schotterstraße) der **Rest des größten eisenzeitlichen Dorfes auf Gotland**.

Auf einer ausgedehnten, von dichten Wäldern umgebene Heidefläche lagen in der Bronzezeit fünf oder sechs Gehöfte. Von ihnen sind heute allerdings nur noch bescheidene Fundamentsfragmente zu erahnen. Ein markierter Fußweg führt durch das Schutzgebiet zu den einzelnen Stellen, an denen Tafeln Informationen geben, auch in deutscher Sprache.

Und ganz in der Nähe wurde ein riesiges **Grabfeld** aus jener Zeit entdeckt.

Über **Silte** (interessante Kirche aus dem 13. Jh., wahrscheinlich hervorgegangen aus einer Stabkirche), **Hablingbo [N 57° 11′ 06.8″ E 18° 14′ 49.8″]** (sehenswerte Kirche aus dem 14. Jh. mit schönen Portalen) und vorbei an **Näs**, einer Gemeinde, in der früher die Zunft der „kutbussar", der Robbenjäger zu Hause war, gelangt man nach **Burgsvik** am Südrand der weit ins Land schneidenden Bucht Burgsvik.

Auf dem Weg sieht man bei Näsudden einen großen **Windpark** (Ausstellung, im Sommer geöffnet). Auf Gotland, das in Sachen Energie und Entwicklung neuer Energiesysteme, wie Wärmerückgewinnung, geothermische Wärme, Biogas u. ä., eine Spitzenposition einnimmt, ist Windenergie (ca. 100 Windkraftwerke) die größte erneuerbare Energiequelle.

Burgsvik ist Hafen und Fischerort und Zentrum der Verarbeitung des in der Nähe gebrochenen Sandsteins. Vor allem Schleifsteine werden heute produziert.

Viele Kirchen Südgotlands sind aus „Burgsviksstein" gebaut und aus den Steinmetzwerkstätten von Burgsvik kamen vor allem im Mittelalter schöne Taufsteine, die ins ganze Baltikum versandt wurden.

*ROUTE: Abstecher von Burgsvik auf Landstraßen nach Süden über **Vamlingbo** und **Sundre** bis zum **Kap Hoburgen**.*

Nicht weit südlich von Burgsvik tauchen unweit der Straße 142 die typischen **Windmühlen von Gotland** auf. Sie unterscheiden sich von denen auf Öland. Auf einem runden, gedrungenen Steinbau sitzt ein drehbares Satteldach aus Holz. Mittels eines riesigen, schräg nach unten laufenden Baumes mit einem Rad am unteren

CAMPING – BURGSVIK

Burgsvik Camping [N 57° 01′ 55.5″ E 18° 15′ 25.5″], Valarvägen, Tel. 49 78 88, www.burgsvikcamping.se; 1. Mai - 15. Sept.; Zufahrt in Burgsvik Richtung Hafen, beschildert; gepflegter, überschaubarer Rasenplatz am Waldrand, mit nummerierten Stellplätzen; 2 ha – 40 Stpl.; einfache Standardausstattung. Laden, Fahrradverleih.

Fidenäs Camping ** [N 57° 05′ 38.3″ E 18° 18′ 12.4″], Väg 140, Tel. 48 39 10, www.camping.se/i09; 15. Mai – 15. Sept.; beschildert Zufahrt von der Straße 142 beim Ort **Fide**, ca. 5 km nördlich von Burgsvik; einfache Campinggelegenheit am See; Grasgelände; ca. 2 ha – 50 Stpl. + Dau.; sehr einfache Standardausstattung. Miethütten.

Ende, konnte die Mühle in den Wind gedreht werden.

Kurz darauf erreicht man den **Bottarvegården [N 56° 59′ 29.2″ E 18° 14′ 46.7″]**, ein Kultur- und Ausstellungszentrum samt Touristeninformation, Café und Handwerksshop in einem alten Bauernhof (*geöffnet Mitte Mai - Ende Juni sowie Mitte Aug. - Mitte Sept. 12 - 16 Uhr, Ende Juni - Mitte Aug 11 - 17 Uhr; Eintritt, Führungen; www. bottarve.se*).

Die Landschaft weiter südlich ist weniger bewaldet, eher steppenartig und der Alvarsteppe auf Öland vergleichbar. Weiter landeinwärts findet man Schilf- und Moorgebiete mit einer bunten Vogelwelt.

Die außen eher unscheinbare **Kirche von Vamlingbo** überrascht den Besucher im Inneren an der Nordwand mit einem bemerkenswerten Wandgemälde mit einem Motiv aus der Legende des hl. Laurentius „St. Michael wägt die Seele Kaiser Heinrichs".

Über die **Kirche von Sundre [N 56° 56′ 08.0″ E 18° 10′ 55.9″]** erzählt man sich eine Geschichte, die sich um zwei Mühlsteine dreht, die in der Kirchenmauer eingelassen sind. Unter den Klippen der Küste von Hoburg spielte ein Meerungeheuer mit zwei riesigen, roten Edelsteinen, die irgendwann zerbrachen. Ein Bauer konnte die Steine an sich bringen und ließ sie in die Außenwand der Kirche von Sundre einmauern. Von dort aus sollten Sie den Seefahrern funkelnd den Weg weisen.

Die genau gleiche Geschichte erzählt man sich übrigens auch über den Mariendom in Visby. Und man erfährt weiter, dass der Dänenkönig Waldemar Atterdag bei seiner Eroberung von Gotland 1361 auch die Kirche von Sundre plünderte, die Edelsteine raubte und durch Mühlsteine ersetzen ließ. Ob Atterdag die Edelsteine allerdings wirklich nach Visby brachte verliert sich im Nebel der Legenden.

Besonders hier am Südende der Insel bei **Hoburgen [N 56° 55′ 22.9″ E 18° 07′ 53.0″]** findet man viele dieser von Wind und Wellen bizarr geformten Kalkklippen, die **„Raukar"**, eine Eigenart Gotlands. Eine dieser Raukar-Klippen hier heißt „Der Alte der Hoburg", ein Stein gewordener Märchenriese.

ROUTE: *Auf dem Weg nach Norden halten wir uns etwa 5 km nördlich von* **Sundre** *an der Straßengabelung rechts und zweigen kurz darauf abermals rechts auf eine schmale Straße ab, der hinaus nach* **Holmhällar** *führt.*

An der herrlichen Küstenpartie von **Holmhällar [N 56° 56′ 09.0″ E 18° 17′ 15.3″]** (*Pension Holmhällar*) mit Raukar lohnt ein Spaziergang. Holmhällar vorgelagert ist eine kleine Insel (Naturschutzgebiet). Vor dieser Insel soll einst in einem Sturm die schwedische Kriegskasse verlorengegangen sein. Den Beweis dafür sieht man in einem großen Silbermünzenfund aus dem 17. Jh.

ROUTE: *Weiterreise über* **Hamra, Öja, Fide** (*alle Orte haben bemerkenswerte Kirchen*) *und* **Fidenäs** *bis* **Grötlingbo** (*Straße 142*).

In Fidenäs halten wir uns an der Straßengabelung rechts Richtung Hemse und erreichen nach 4 km den Abzweig nach Südosten zum Museumshof **Kattlundsgården [N 57° 06′ 56.2″ E 18° 19′ 40.1″]**, einem vollständig erhaltenen Gutshof aus dem frühen 14. Jh. (*geöffnet Mitte Mai - Ende Aug. tgl. 11 - 17 Uhr; Eintritt*). Sehenswert ist der Museums-Bauernhof deshalb, weil er in seiner Gesamtheit, Denkmalschützer würden sagen als Ensemble, seit dem Mittelal-

Raukar „Jungfrun" bei Lickershamn

Die „Kathedrale Südgotlands",
die Kirche von Grötlingbo

ter erhalten blieb. Östlich des Hofes landete am 22. April 1808 ein russisches Geschwader mit der Absicht, Gotland zu besetzen. Der Alptraum für die Gotländer währte aber nicht einmal 4 Wochen. Am 18. Mai segelten die letzten russischen Truppen von Slite wieder ab.

Die **Kirche von Grötlingbo [N 57° 07′ 59.0″ E 18° 20′ 49.4″]**, die „Kathedrale Südgotlands", gilt als eines der bemerkenswertesten Beispiel gotländischer Kirchenbaukunst. Der mächtige, dreischiffige gotische Kirchenbau wurde um 1350 von dem auf Gotland arbeitenden Baumeister mit Namen Egypticus errichtet. Beachtung verdienen der Chorbogen und das Triumphkreuz, das Taufbecken des Steinmetzmeisters Sigraf aus dem 12. Jh. und die Kanzel, die mit Porträts von Luther und Melanchthon geschmückt ist. Die Kanzel war eine Stiftung der Familie Rosencrantz im Jahre 1548 an den Mariendom in Visby.

ROUTE: Zur Weiterreise ab Grötlingbo wären zwei **Alternativen** *vorzuschlagen – einmal der Weg ab* **Burs** *über* **När** *nach* **Ljugarn**, *zum anderen der Weg weiter landeinwärts über* **Lojsta** *und das Waldgebiet der* **Lojstahaid** *und weiter über* **Etelhem** *und* **Garde** *nach* **Ljugarn**.

Die **Lojstahaid** ist die letzte große zusammenhängende Waldheide auf Gotland, die früher weite Teile der Insel bedeckte. Dieses kaum besiedelte Waldgebiet war einstmals der Lebensraum der sog. „Skogsruss" oder „Waldrussen", den wild lebenden Gotland-Ponys.

Und natürlich findet man in **Lojsta** eine sehenswerte Kirche. Sie stammt aus dem 13. Jh., hat schöne Glasfenster und über dem Triumphbogen eine Darstellung, die von dem Kirchenbaumeister Egypticus stammt und Christus als Weltenherrscher mit den Heiligen Petrus und Paulus, Michael und Margareta zeigt.

Auf der Festwiese des Ortes sieht man die Rekonstruktion eines sog. Riesengrab-Hauses aus der Eisenzeit, mit einem langen bis auf den Boden reichenden, schilfgedeckten Satteldach.

Auch die **Kirche von Garda** verdient Erwähnung wegen ihrer auf Gotland seltenen russisch-byzantinischen Wandmalereien.

Und in der **Kirche von Alskog** mit ihrem gotischen Chor ist das Triumphkreuz aus dem späten 12. Jh. erwähnenswert.

ROUTE: Unsere **Hauptroute** *führt ab Grötlingbo nordostwärts und über* **Rone, Burs, När** *und* **Lau** *nach* **Ljugarn.**

Beachtung verdient die **Kirche von Rone**, der man nachsagt, sie sei die klassische Gotlandskirche schlechthin. Ihr hoher, spitzer Turm „Lang Jakå" ist weithin sichtbar. Besonders eindrucksvoll aber sind die Portale sowie die Gewölbe- und Glasmalereien aus dem 13. Jh.

Keine 3 km sind es von der Kirche von Rone hinaus zum Fischerdorf **Ronehamn**.

Hier findet man am südlichen Ortsrand **Ronehamns Camping [N 57° 10′ 19.3″ E 18° 29′ 07.1″]**, eine Mischung aus **Wohnmobil-Stellplatz** und Campingplatz, Tel. 04 98 48 29 52. Wiese am Meeresstrand neben dem öffentlichen Kinderspielplatz und Picknickplatz. Geöffnet 15. Mai bis 31. August.

Etwa auf halbem Wege von Rone nach Burs kann man in **Vanges** im Sommer das **Vanges Gutshofmuseum** besichtigen *(geöffnet Mitte Juni - Ende Aug. Di - So 12 - 17 Uhr; Eintritt; www.burs.nu/vanges).*

Sehenswert ist die **Kirche von Burs [N 57° 14′ 34.0″ E 18° 30′ 55.8″]** mit ihrem gotischen Chor und den Steinmetzarbeiten von Egypticus. Das Motiv des Gleichnisses mit den „törichten und weisen Jungfrauen" sieht man an den Kapitellen des Portals und am Altaraufsatz. Besonders hervorzuheben aber ist der **Chorsitz** aus Kalkstein rechts des Altars.

Auf der Weiterfahrt nach Ljugarn sollte man unbedingt den Weg über die küstennahe Straße wählen, da man sonst nicht an den etwa 5 km südlich von Ljugarn gelegenen **prähistorischen Grabfeldern von Ollajvs [N 57° 19' 49.5" E 18° 39' 26.5"]** vorbeikommt.

Ljugarn mit seinem schönen **Kies- und Sandstrand** ist einer der Badeorte an der Ostküste Gotlands.

Von Ljugarn kommend geht die Fahrt nordostwärts durch dichte Waldgebiete nach **Gammelgarn** (Kirche mit Motiven zur Schöpfungsgeschichte, Adam und Eva, Kain und Abel, Arche Noah am Portal, schöner Altarschrein)

Weiter nordöstlich ragt ein Landvorsprung nach Osten. An der flachen Küste dort lief im Ersten Weltkrieg während eines Gefechts mit russischen Schiffen der deutsche Minenkreuzer „Albatros" auf Grund. Die bei dem Gefecht gefallenen Soldaten der „Albatros" sind auf dem Friedhof der **Kirche von Östergarn** beigesetzt.

Die Küste von **Katthammarsvik** ist sehr einladend. Aus der großen Zeit des Handels auf Gotland ist der **Katthammargård** aus dem 18. Jh. erhalten geblieben.

Sollte Ihnen der Sinn nach leckerem Räucherhering stehen, die **Katthammarsviks Rökeri** ist da eine erste Adresse. Im Sommer jeden Tag von 10 bis 23 Uhr geöffnet.

Der Fischereihafen **Herrvik** ist einer der größten auf der Insel.

Die Bucht Sandviken südlich von Östergarn ist eine beliebte Sommerfrische.

*ROUTE: Weiterfahrt von Katthammarsvik westwärts über **Kräklingbo** (Kirche aus dem frühen 13. Jh. mit romanischen Wandmalereien) bis zur Straße 143, der wir über **Romakloster** bis nach Visby folgen. Alternativ dazu kann man ab Kräglingbo weiter nach Norden über Gothem nach Slite fahren (siehe „Nord-Gotland").*

3 km östlich von Kräklingbo bietet sich Gelegenheit von der Hauptstraße auf einen Waldweg nach Süden abzuzweigen. Nach etwa 4 km gelangt man auf einen Waldparkplatz. Von dort führt ein beschilderter Weg hinauf auf den fast 60 m hohen **Torsburgen** (Donarsburg), einer der höchsten Erhebungen auf Gotland. Vom Aussichtsturm dort oben kann man den größten Waldbereich Gotlands übersehen, in dem einst hunderte von wilden Ponys, die Gotland Russ, lebten. Die Flanken an der Nord-, Ost- und West-

Steinig und abgeschieden, die Westküste der Insel Fårö

Historisches Gehöft im sehenswerten Freilichtmuseum von Bunge

seite der Erhebung sind steile Felswände, die heute vom Wald überwuchert sind, in früherer Zeit aber eine Insel im Ancylus-See bildeten. Nach Süden hin war die Erhebung durch eine mächtige Kalksteinmauer geschützt. Fragmente davon sind noch erhalten. Der Guta Saga nach wohnte in den Höhlen des Berges Gott Donar.

*ROUTE: Rund 15 km weiter nordwestlich passiert man auf der Straße 143 **Romakloster** und gleich darauf den Ort **Roma**.*

Unweit östlich von Roma liegt der **Roma Kungsgård,** ein traditionsreiches, ehemals königliches Gehöft *(geöffnet Anf. Juni - Ende Aug. 10 - 18 Uhr; Eintritt; www.romakungsgard.se)*. Heute sind hier verschiedene Kunsthandwerksstätten zu finden (z. B. Glasbläserei, Kunstschmiede, Holzhandwerk). Darüber hinaus gibt es ein Info-Zentrum, ein Gästecafé, einen Fabrikverkauf, Souvenirläden, einen Kloster- bzw. Kräutergarten u. ä. Mitte August großer Wikingermarkt mit mittelalterlichem Festmahl.

Unmittelbar hinter dem Anwesen sieht man die Ruinen der Marienkirche des **Romaklosters.** Romakloster war eine Gründung des Zisterzienserordens aus der Mitte des 12. Jh. Die Abtei hatte reiche Güter, nicht nur auf Gotland, sondern auch im Baltikum. Um 1620 wurde das Kloster aufgelöst, das Anwesen wurde vom Staat einverleibt und das Kloster verfiel. Die Ruinen

dienen im Sommer als Kulisse eines Freilichttheaters.

Beachtung verdient die **Kirche von Roma** mit einer schönen barocken Kanzel, die der Gouverneur von Gotland, Johan Diedrik Grönhagen, 1737 der Kirche gestiftet hat.

Von den Anhöhen zwischen Follingbo und Visby hat man einen weiten Blick nach Osten.

Nord-Gotland

*ROUTE: Von Visby zunächst über die Straße 143 südostwärts über **Follingbo** nach **Roma** (siehe oben) und dort ostwärts auf Landstraßen über **Dalhem** bis **Gothem** an der Straße 146.*

Die dreischiffige **Kirche von Dalhem**, eines der stattlichsten Sakralbauwerke auf Gotland, stammt aus dem 13. und 14. Jh. Sie weist prächtige **Portale**, wunderschöne **Glasfenster** und Reste der originalen Wandmalerei (Kreuzabnahme u. a.) aus dem 14. Jh. auf.

Um 1900 wurde der Kirchenraum restauriert. Dabei wurden neue Wandmalereien angebracht, darunter das Motiv „Die Predigt des hl. Ansgar in Birka".

Im Sommer ist in Dalhem eine nostalgische, dampfbetriebene **Museumseisenbahn** in Betrieb *(Anf. Juli - Anf. Aug. Mi, Do, Sa + So 11.15 - 15.30 Uhr; www.gotlandstaget.se)*.

Bauernstube, Freilichtmuseum Bunge

Weiter über **Hörsne** ostwärts nach **Gothem** mit einer **Kirche** aus dem 13. Jh., die einen Besuch lohnt. Vor allem die Wandmalereien im Inneren verdienen Beachtung. Die Szenen aus dem Leben Christi sind so gemalt, als wären sie auf einem Wandteppich angebracht. Kunstsachverständige gehen davon aus, dass die Wandgemälde, die so festlich und feudal wirken und so ungewöhnlich für die gotländische Kirchenmalerei sind, von einem weitgereisten gotländischen Künstler stammen, der sehr lange in Frankreich oder in Deutschland gearbeitet haben mag. Das schön geschnitzte Chorgestühl stammt aus dem 14. Jh.

Auf einer kleinen Nebenstraße kann man eine kurze Strecke nach Süden fahren und dann zu Fuß weiter zum zwischen Straße und Küste im Wald verborgen liegenden **See Storsund** gehen.

Das versteckte Gewässer mit viel Schilf und Röhricht ist ein Platz für Naturfreunde. Hier gibt es eine seltene Vogelwelt und eine interessante Flora. So findet der Kenner eine große Anzahl von Orchideenarten, von denen das milde Klima auf der Insel etwa 35 verschiedene Arten gedeihen lässt. Und bitte daran denken: Tiere nicht stören und keinesfalls Pflanzen welcher Art auch immer mitnehmen, sonst könnte die Absicht der Naturschützer, den Zugang zum See zu sperren, früher als gedacht verwirklicht werden.

4 km nördlich von Gothem erstreckt sich in der Bucht Vitviken ein sehr schöner **Sandstrand**.

Die Straße nach Slite führt an der schönen Küste mit Stränden und an alten Gehöften bei **Tjälder** und **Vike** vorbei.

Diese Gegend Gotlands ist legendenreicher Boden. Etwas nördlich von **Tjälder** kann man einem 2 km langen Waldweg nach Westen folgen und kommt schließlich zu einer der größten und am besten erhaltenen **Schiffsetzungen** auf Gotland mit Namen **„Tjelvars Grab"**, schön im Wald gelegen.

Dieses „Schiff" aus Stein ist immerhin 16 m lang und 4 m breit. Unweit davon entfernt liegt ein bronzezeitlicher Grabhügel.

Tjelvar, nach dem die Schiffsetzung benannt ist, gilt laut Guta Saga als Urvater aller Gotländer. Er, sein Sohn Havde und dessen Frau Vitstjärna (Weißer Stern) sollen die ersten Menschen auf Gotland gewesen sein. Havde und Vitstjärna hatten drei Söhne und es heißt in der Saga: „Gute soll Gotland besitzen, Graip soll der zweite heißen und Gunfjaun der dritte".

Im Frühsommer gedeihen auf dem Waldboden hier wilde Orchideen.

Das historische **Slite** war Ende des 14. Jh. der gar nicht geheime Schlupfwinkel der berüchtigten „Vitalienbrüder". Diese seeräubernde Gesellschaft mecklenburgischer Kaperfahrer verdiente ihr Vermögen

CAMPING BEI SLITE

Åminne Camping * [N 57° 36′ 51″ E 18° 45′ 24″]**, Tel. 0498-34 011, www.aminnefritid.se; Ende Apr. - Enf. Sept.; rund 10 km südlich Slite; Wald- und Dünengelände an der Ostküste; ca. 2 ha – 80 Stpl.; Standardausstattung. Restaurant, Laden, Schwimmbad, Fahrradverleih, Sauna; 16 Miethütten.
Slite Camping * [N 57° 42′ 6″ E 18° 48′ 3″]**, Tel. 04 98-22 08 10, www.camping.se/i14; 15. Mai - 15. Sept.; am Südrand von Slite gelegen, einfach ausgestattetes Gelände in schöner Lage an der Ostküste; 6 ha - ca. 100 Stpl. + Dau..

u. a. damit, dass sie das von den Truppen der dänischen Königin Margarete belagerte Stockholm mit Lebensmitteln und Waren versorgte. Heute ist Slite Gotlands wichtigster Industrieort und der größte Hafen an der Ostküste.

ROUTE: Weiterfahrt auf der Straße 146 nordwärts bis **Lärbro**. *Dort auf der Straße 148 nach Nordosten über* **Bunge** *nach* **Fårösund**. *Hier nehmen wir eine der laufend verkehrenden* **Fähren** *(Fahrtdauer rund 20 Min.) zur nahen* **Insel Fårö**.

Lärbro mit seiner sehenswerten Kirche aus dem 13. Jh., mit schönen Portalen und Fresken, ist das alte Zentrum Nordgotlands. Noch in der Bronzezeit war der Ort eine Hafenstadt an einem Sund, der die Bucht Kappelshamnsviken im Norden mit der südlichen Bucht Vägumeviken verband. Östlich der Stadt liegen mehrere bronzezeitliche Hügelgräber und über dreihundert Schiffsetzungen. Beachten Sie beim Aufsuchen der Monumente evtl. markierte Sperrbezirke!

Naturfreunde finden in den Feuchtgebieten von **Träskmyr** nördlich von Lärbro seltene Orchideen- und Vogelarten.

Mein Tipp! Unbedingt einen Besuch lohnt das sehr sehenswerte **Freilichtmuseum Bunge** *(geöffnet Juni - Aug. tgl. 10 - 16 Uhr, im Juli tgl. bis 18 Uhr; Eintritt; www.bungemuseet.se)*, unmittelbar an der Hauptstraße gelegen, Café, Souvenirs, Parkplatz.

Hier sind annähernd 50 historische Gebäude aus dem 17. bis 19. Jh. zu sehen, darunter Gehöfte, teils strohgedeckt, Fachwerkhäuser, einfache Katen, noble, hübsch eingerichtete Bauernstuben, Stallungen, Werkstätten, Windmühlen, Sägemühle, ein Kalkofen etc.

Von besonderem Interesse sind die Bildsteine auf dem Gelände, von denen einer als einer der schönsten seiner Art auf Gotland gilt. Abgebildet sind auf dem über 1.300 Jahre alten Stein Bildmotive mit Szenen aus Sagen und Legenden der Wikingerzeit. Vielleicht sind aber auch tatsächliche Ereignisse dargestellt.

Insel Fårö

Ein Teil des nördlichen Gotland, darunter die gesamte Küste östlich von Slite bis Fårösund, Teile der im Nordosten angrenzenden **Insel Fårö** (Schafsinsel) und

Einsam und verlassen – die Fischerhütten von Helgumannen, Insel Fårö

Raukar von Langhammars, Insel Fårö

die weiter nördlich in der Ostsee gelegene **Insel Gotska sandön** waren lange Zeit militärisches Sperrgebiet und für Ausländer ohne behördliche Genehmigung nicht zugänglich. Seit 1997 ist das anders. Auch ausländische Besucher können ohne Beschränkungen auf die Insel Fårö fahren.

Einer der namhaftesten Söhne der Insel ist Ingmar Bergmann, Schwedens großer Film- und Theaterregisseur, der auf Fårö das Licht der Welt erblickte.

Am besten wendet man sich im Städtchen Fårö nach Westen und macht eine Rundfahrt im Uhrzeigersinn. Groß verfahren kann man sich nicht. Es gibt so gut wie keine Alternative zu der relativ schmalen westlichen Küstenstraße.

Richtig beeindruckend ist die fast menschenleere **Küste Digerhuvud** an der Westseite von Fårö mit schier endlos lang erscheinenden Kiesstränden. Auch

die verlassenen, wind- und wettergegerbten Holzhütten des winzigen **Fischerdorfes Helgumannen,** das einsam und verlassen in einer überaus nüchtern-kargen Umgebung und völlig abgeschieden am steinigen Strand im Nordwesten der Insel liegt, hinterlassen einen starken Eindruck.

Und die größten **Raukar** Gotlands, bizarre, hoch aufragende Kalksteinformationen, findet man bei **Langhammars** im Nordteil der Insel. Schöne einsame **Sandstrände** dagegen liegen an der Ostseite von Fårö bei **Sudersand.**

*ROUTE: Vom Fähranleger in Fårösund auf der Straße 148 zurück bis **Rude**. Hier machen wir einen kleinen Umweg nordwestwärts nach **Bläse**.*

Das Kalkbrennen war im Norden der Insel Gotland lange Zeit ein wichtiger Indus-

---

CAMPING – INSEL FÅRÖ

Solhaga Camping **, Tel. 0498/22 41 43, www.solhagacamping.org; 1. Juni – 31. Aug.; an der Straße nach Fårö/Sudersand gelegen, Wiesegelände, 600 m zum Strand; einfache Standardausstattung. Miethütten.

Sudersands Camping **, Tel. 0498/22 36 72, www.sudersand.se; 1. Mai – 30. Sept.; außerhalb von Sudersand gelegen, ebene Wiese; ca. 2 ha – 40 Stpl.; Standardausstattung. Imbiss, Laden, Tennis, Fahrradverleih. Miethütten.

 V & E **für Wohnmobile.**

Strandskogens Camping Sudersand ***, Strandskogen, Tel. 0498/22 36 72, www.strandskogen.org; Mitte Mai – Mitte Sept.; am Ortsrand von Sudersand, Wiesengelände; ca. 2,5 ha – 50 Stpl.; Standardausstattung. Miethütten.

triezweig. Ende des 19. Jh. waren über 100 Öfen in Betrieb. Wichtige Standorte waren Slite und vor allem Bläse.

Das **Kalkbruksmuseum** *(geöffnet 1. Mai - 31. Aug. Mo - Fr 10 - 17 Uhr, Sa + So 12 - 17 Uhr; Eintritt; www.blasekalbruksmuseum. se)* in **Bläse** befasst sich mit dem Thema der Kalbrennerei in besonderer Weise. Auf dem 1983 stillgelegten Werksgelände, das schon von weitem durch seine dicken runden Schlote auffällt, ist nicht nur zu sehen, wie hier Jahrhunderte lang Kalk gebrannt wurde, sondern Ausstellungen geben auch Einblick in das Leben und das Alltagsmilieu der Arbeiter und ihrer Familien. Im Sommer Rundfahrten mit der alten Lorenbahn.

ROUTE: *Von Bläse fährt man südwärts am Ostufer der Bucht Kappelshamnsviken entlang nach Kappelshamn. Dort stößt man auf die Straße 149, der wir westwärts nach* **Lickershamn** *folgen.*

Umweg über Tingstäde

Alternativ dazu kann man weiter südwärts auf der Straße 148 und über **Othem** (sehenswerte Kirche mit bemerkenswerten Wandmalereien) und **Tingstäde** weiterreisen.

Tingstäde liegt an der Nordwestseite des Sees Tingstädeträsk. In der Mitte des kleinen, seichten Gewässers wurden Reste einer uralten Pfahlbausiedlung gefunden.

Dr. Bengt G. Söderberg schreibt in seinem Büchlein „Streifzüge durch die Geschichte Gotlands" über Tingstäde: „Der Name Tingstäde sagt uns, dass hier ein Thingplatz gewesen ist. Der Ort mit seinen vier zusammenstoßenden Wegen und der Seefestung muss seit alters her ein wichtiges Zentrum gewesen sein. Die Kirche war eine von den drei Asylkirchen, wo ein Totschläger einen vierzigtägigen Frieden genießen durfte."

Dieser **Thingplatz** war ein mittelalterliches Zentrum gotländischer Administration und Gerichtsbarkeit. Einzelheiten waren in dem alten Gesetzbuch Gotlands dem „Guta Lag" festgehalten, das nach mündlicher Überlieferung im 13. Jh. aufgezeichnet wurde. Es war gemacht für eine Klasse von mächtigen, freien Bauern, die nur durch einige Steuern an die schwedische Krone gebunden waren.

Dr. Söderberg schreibt weiter: „Das Thing ist die juristische und administrative Einheit des altnordischen Gemeinwesens und es lebte hier länger als anderswo".

Der Vorsitzende des Things, der Landesrichter, repräsentierte die höchste Obrigkeit der Insel. Die Richterwürde war erblich. Deshalb war sie wohl auch mit einigen bedeutenden Gutshöfen fest verknüpft.

Feste Thingorte hatte man anscheinend nicht, mit Ausnahme von Tingstäde. Das Thing wurde wenn nicht in Tingstäde dann auf einem Richterhof abgehalten.

Die **Kirche von Tingstäde** ist eine ungewöhnlich einheitliche romanische Anlage aus dem Anfang des 13. Jh., mit einem prachtvollen Turmportal im Westen. Die Treppengiebelpforte auf dem Friedhof war einst der Torweg des mittelalterlichen Pfarrhofs.

HAUPTROUTE

Lickershamn ist nach Likkair dem Weisen benannt, der aus Stenkyrka (südlich von Lickershamn gelegen) stammte und laut Guta Saga die erste Kirche in Visby baute.

Ein Spazierweg entlang der Steilküste bei Lickerhamn führt zur größten Raukar-Formation der Insel der **„Jungfrun"** (Jungfrau), die knapp 15 m hoch aufragt.

ROUTE: *Zurück zur Straße 149 und über* **Lummelunda** *nach* **Visby**.

Die Kirche von Lummelunda stammt aus dem 14. Jh. und weist einen gotischen Chor sowie Wandmalereien aus dem 15. Jh. auf.

Etwas weiter südlich liegen an der Küste die **Höhlen Lummelundagrotten** *(geöffnet Ende Juni - Mitte Aug. 9 - 18 Uhr, sonst 10 - 15 Uhr, im Winter 12 - 14 Uhr; Eintritt; 30-minütige Führungen; www.lummelundagrottan. se)*. Wenn Sie die Tropfsteinhöhle besuchen möchten, nehmen Sie ein wärmendes Kleidungsstück mit. In der Höhle ist es kühl und nie wärmer als 8° C.

Wer sich für die Kirchengeschichte Gotlands interessiert, sollte auf dem Weg zurück nach Visby unbedingt einen Umweg landeinwärts über **Bro** mit seiner im Mittelalter berühmten **Wallfahrtskirche** machen. Verehrt wurde eine Reliquie des Heiligen Kreuzes. Ähnlich wie in St. Olof in Schonen, entstand auch diese Kirche in der Nähe einer heidnischen Opferquelle.

PRAKTISCHE UND NÜTZLICHE INFORMATIONEN VON A BIS Z

ANSCHRIFTEN

Behinderten Service
De Handikappades Riksförbund DHR, Storforsplan 44, SE-12321 Farsta, Tel. 08-685 80 00, Fax 08-645 64 41. E-Mail: info@dhr.se; www.dhr.se.

Schwedens Einrichtungen für Behinderte in öffentlichen Einrichtungen und Verkehrsmitteln gelten als richtungsweisend und vorbildlich.

Camping
SCR Sveriges Campingvärdars Riksförbund, Mässans Gata10, SE-40222 Göteborg, Tel. 031- 35 56 000, Fax 031- 35 56 003. E-Mail: info@scr.se, www.scr.se.

Fremdenverkehrsämter
VisitSweden GmbH, Michaelisstr. 22, 20459 Hamburg, Tel. 040-32 55 0, www.visitsweden.com, E-Mail: info@swetourism.de. Schweden-Info: Tel. 069/22 22 34 96.
Visit Sweden, Stortorget 2-4, SE-83130 Östersund, Fax +46- 63-12 81 37. www.visitsweden.com.

Wandern, Gebirgshütten, Fjällstationen, Gästehäuser
STF Svenska Turistföreningen, Box 17525, 10462 Stockholm, Tel. 08-46 32 100, E-Mail: info@stfturist.se, www.svenskaturistforeningen.se.

SVIF Sveriges Vandrarhem Förening, Box 1112, SE-40523 Göteborg, Tel. 08- 55 09 80 25. E-Mail: info@svif.se, www.svif.se

Konsularische Vertretungen
Schwedische Botschaft, Rauchstr. 1, 10787 Berlin, Tel. 030-50 50 0, www.nordischebotschaften.org. E-Mail: info@nordischebotschaften.org.
Deutsche Botschaft, Skarpögatan 9, SE-11527 Stockholm, Tel. 08-67 01 500, Fax 08-67 01 572, www.stockholm.diplo.de.
Österreichische Botschaft, Kommendörsgatan 35/V, S-11458 Stockholm, Tel. 08-665 17 70. www.bmeia.gv.at.
Schweizerische Botschaft, Valhallavägen 64, S-10041 Stockholm, Tel. 08-676 79 00. www.eda.admin.ch/stockholm.

Kanufahren
Svenska Kanotförbundet, Idrottens Hus, Rosvalla, 61162 Nyköping, Tel. 01 55- 20 90 80, Fax 01 55- 20 90 81. www.kanot.com.

Radfahren
Svenska Cykelsällskapet, Torneågatan 10, S-16479 Kista, Tel. 08-751 62 04, Fax 08-75 11 935. www.svenska-cykelsallskapet.se.

Schiffahrtslinien
Scandlines Deutschland GmbH, Hochhaus am Fährhafen, 18119 Rostock-Warne-

Mittsommerfest. Foto: Hans Nelsäter, www.imagebank.sweden.se

Lucia, die „Lichtkönigin". Foto: T. Buckman, www.imagebank.sweden.se

münde, Tel. 01 805-11 66 88. E-Mail: buchung@ scandlines.de, www.scandlines.de.

Stena Line, Schwedenkai 1, 24103 Kiel, Tel. 01805-91 66 66, Fax 0431-90 92 00. E-Mail info.de@stenaline.com, www.stenaline.de.

TT-Line GmbH & Co. KG, Zum Hafenplatz 1, 23570 Lübeck-Travemünde, Tel 04502- 801-81, Fax 04502- 801-407, E-Mail: info@ttline.com; www.ttLine.de.

Bornholm Faergen, Rønne (Bornholm), Tel. +45-70 23 15 15, www.bornholmerfaergen.dk.

Destination Gotland, Korsgatan 2, 62123 Visby, Tel. 0771- 22 33 00, Fax 0498-20 13 90, E-Mail: bokningen@destinationgotland.se. www.destinationgotland.se.

Polferries, Kolobrzeg, Tel. 08010-031 71, E-Mail: info@polferries.pl, www.polferries.

BRAUCHTUM UND FESTE

Eine alte schwedische Symbolfigur, deren Geschichte weit vor die Zeit der Christianisierung Schwedens zurückreicht, ist der weihnachtliche **Julbock**. Schon in vorchristlicher Zeit hatte der „Bock Thors" große Bedeutung bei uralten Mittwinterfesten.

Früher war es Brauch, dass die Bauern einen aus Stroh gemachten Bock von Hof zu Hof schickten, um sich gegenseitig ein gutes Jahr und reiche Ernte zu wünschen.

Von größerer symbolischer Bedeutung dabei ist weniger die Gestalt des Bockes, als vielmehr das Stroh an sich. In heidnischer Zeit war es das Sinnbild für Fruchtbarkeit und es erinnerte an eine gute Ernte.

Die Altvordern sahen in ihrer naturbezogenen Glaubensvorstellung darin den Kreislauf von Leben und Tod. In den langen Winternächten, wenn böse Geister spukten und das grüne Frühjahr noch fern war, griff man auf solche Sinnbilder zurück, um die Geister zu besänftigen und ein fruchtbares Jahr herbeizubeschwören.

Nach der Christianisierung hat man zwar den Brauch beibehalten – wenn der Julbock heute auch nicht mehr von Haus zu Haus geschickt wird, sondern seinen Platz unter dem Weihnachtsbaum hat – die Symbolik des Strohs allerdings wurde umfunktioniert. Nun erinnerte es an das Stroh in der Krippe.

Und wenn die Bauern in der Heidenzeit am Vorabend der Wintersonnenwende auf Stroh schliefen, um die frisch mit Leinen bezogenen Betten für die Toten freizuhalten, an deren nächtliche Rückkehr man glaubte, schliefen später die Getauften an diesem Abend auf dem Boden um Buße zu tun.

Dieser Brauch ist längst ausgestorben. Heute wird nur noch symbolisch etwas Stroh ins Haus geholt, mit dem man den Weihnachtsfrieden ins Haus zu bringen glaubt. (Zusammengestellt nach Unterlagen des Svenska Instit.)

Das **Luciafest** ist ein vorweihnachtlicher Brauch. Es wird am 13. Dezember gefeiert.

Weiß gekleidete Mädchen begleiten während eines Umzugs singend die mit einer Lichterkrone geschmückte *Lucia*, die von einem Mädchen dargestellt wird.

Mittsommer – Die kurzen Sommer mit ihren noch kürzeren Nächten werden von den Menschen in ganz Skandinavien voll ausgekostet. Die Leute erwecken beim Besucher in jener Zeit einen seltsam aufgekratzten, überaktiven Eindruck, sind euphorisch, ja ausgelassen.

Man glaubt bei ihnen eine innere Unruhe zu verspüren, die sich dann vehement bei den Festen zur Mittsommernacht entlädt.

Die Schweden feiern ihr wichtigstes Fest, das Mittsommerfest, ein ganzes Wochenende lang (gewöhnlich das vorletzte Wochenende im Juni) und natürlich die Mittsommernacht hindurch. Dabei wird – wenn in der alten Tradition gefeiert wird – ein begrünter, geschmückter Mittsommerbaum aufgestellt, man trägt Trachten und immer wird viel gesungen, gezecht, gelacht und getanzt. Und als Fremder kann man nur staunen, wenn erneut eine Gruppe mittsommernachtserfüllter wackerer Schweden einem den Schlaf raubt, wie lustig und fidel der sonst eher auf geziemende Distanz bedachte Schwede sein kann.

Und denken Sie daran: Am Wochenende, das dem 21. Juni folgt, ist ab Freitag 13.00 Uhr Geschäftsschluss. Alle Geschäfte, Museen, Touristenbüros, die meisten touristischen Einrichtungen und Attraktionen, kleinere Tankstellen etc. sind dann bis inkl. Sonntag geschlossen!

Eine der klassischen Folklorelandschaften Schwedens ist vor allem Dalarna. Dort werden im Sommer, z. B. in Bingsjö, Sunansjö, Lindesnäs oder Rommehed, große Musikantentreffen abgehalten. Eine der großen Volkstanzveranstaltungen ist z. B. in Gränna die „Gränna-Polka".

Vasalauf – Jedes Jahr am ersten Sonntag im März nehmen mehr als 10.000 enthusiastische Skiläufer am traditionellen, weltweit bekannten Skilanglauf **„Vasa Loppet"** teil.

Der Vasalauf, ein Skiwettlauf über 85 km, führt von Sälen nach Mora in Dalarna. Gustav Vasa, der spätere König, machte sich 1521 auf dieser Strecke auf nach Norwegen, um den Truppen des dänischen Königs zu entkommen.

CAMPING

Im ganzen Land stehen annähernd 700 Campingplätze zur Verfügung, die offiziell registriert sind und vom Schwedischen Amt für Tourismus überprüft werden.

Die meisten Campinganlagen sind von 1. Mai bis 1. September geöffnet. Eine ganze Reihe von Plätzen, vor allem in touristischen Ballungsgebieten oder an beliebten Küstenstrichen sind aber auch ganzjährig geöffnet.

Mit geöffneten Läden, Restaurants, Schwimmbädern, Tennisplätzen, Tanzböden u. ä. auf Campingplätzen kann aber nur in der Hochsaison etwa zwischen Ende Juni und Anfang August gerechnet werden.

CEE-Stecker für den Stromanschluss an Wohnwagen/-mobilen sind in Schweden noch nicht sehr verbreitet. Nehmen Sie ein Kupplungsstück mit unseren Schutzkontakt-Steckern (Schuko) mit!

Zwingend vorgeschrieben sind geschlossene Abwasserbehälter am Caravan oder Wohnmobil. Das Unterstellen von offenen Behältnissen ist nicht gestattet!

Auf den meisten Plätzen findet man Campinghütten.

Übrigens: Zur Mittsommernacht und am darauffolgenden Wochenende geht es rund in Schweden, auch auf Campingplätzen. Die Übernachtungspreise werden an diesen Tagen oft erheblich angehoben!

Öffentliche Strandbäder und Campingplätze bilden in vielen schwedischen Gemeinden eine Einheit, sind also nicht getrennt oder abgegrenzt. Der Zugang zum Strand führt für die Tagesgäste dann nicht selten durch das Campinggelände.

Seit einiger Zeit bieten einige Campingplätze Inhabern der Campingkort den sog. **„Quick Stop"** an. Darunter sind einfacher ausgestattete (nur selten mit Stromanschluss) und im Preis etwa um ein Drittel ermäßigte Stellplätze für Wohnmobile zu verstehen.

Auf Quick-Stop-Stellplätzen darf man nur eine Nacht bleiben, darf nicht vor 21 Uhr ankommen, nicht nach 9 Uhr abreisen und kein Vorzelt aufstellen. Quick-Stop-Stellplätze befinden sich meistens nicht direkt auf, sondern auf einer an den eigentlichen Campingplatz angrenzenden Fläche.

Fast alle Campingplatzverwaltungen verlangen vom Gast bei der Anmeldung die Vorlage der **Camping Card Scandinavia!** Am besten fordert man die Camping Card mindestens drei Wochen vor Reiseantritt beim Schwedischen Campingverband an:

SCR Sveriges Campingvärdars Riksvörbund, Mässans Gata10, SE-40222 Göteborg, Tel. 031- 35 56 000, Fax 031- 35 56 003. E-Mail: info@scr.se, www.scr.se, www. camping.se.

Noch einfacher ist es, sich die Campingkarte auf dem ersten schwedischen Campingplatz, den man ansteuert, zu kaufen.

Die Camping Card selbst ist kostenlos. Aber die Werkmarke, die die Campingkarte erst gültig macht, kostet und zwar rund SEK 100 (ca. 11 Euro).

Der Campingausweis CCI Camping Carnet International hilft in Schweden nicht weiter!

Eine Vorbildfunktion erfüllt etwa ein Drittel aller schwedischer Campingplätze in Bezug auf ihre **Behindertenfreundlichkeit**. Etwa 150 Plätze sind mit speziellen Toilettenanlagen ausgestattet, bei 200 weiteren sind zumindest behindertengerechte Zugänge zu den Einrichtungen vorhanden.

Klassifizierung von Campingplätzen

Campingplätze in Schweden werden offiziell klassifiziert. Sie sind in fünf durch Sternchensymbole gekennzeichnete **Kategorien** eingeteilt.

Basis der Klassifizierung sind bestimmte Grundanforderungen, die von Vertretern der Caravan-Clubs, des Touristenrates, der Touristendelegation und des Reichsverbandes der schwedischen Campingplatzbetreiber festgesetzt worden sind.

Ein Fünfsterneplatz z. B. muss 50% seiner Stellplätze mit mindestens 100 qm bemessen, es sollen getrennte Bereiche für Zelte, Wohnwagen und Wohnmobile vorhanden sein, mindestens 20 Stellplätze müssen über Frischwasser- und Abwasseranschluss verfügen und es müssen ein Restaurant mit Wein- und Bierausschank sowie ein beheiztes Schwimmbad vorhanden sein.

Hinweis über Angaben zu Campingplätzen

Bei der Beschreibung der in diesem Reiseführer aufgelisteten Campingplätze folgen dem **Platznamen** die offizielle Sternchen-Klassifizierung, dann **Telefonnummer**, **Webadresse**, **Öffnungszeit** und Lokalisierung oder **Zufahrt**.

Bei der Beschaffenheit des **Geländes** wird die Form angegeben, die überwiegt, z. B. Wiesengelände. Die **Größe** des Platzgeländes wird in Hektar (ha), die Aufnahmekapazität in **Stellplätzen** (Stpl.) vermerkt. Die Angabe **Miethütten** deutet auf das Vorhandensein (ggf. mit Anzahl) von mietbaren Campinghütten hin (siehe auch weiter unten).

Es wird versucht, die Platzeinrichtungen, so wie sie beim Besuch vorgefunden wurden, in etwa zu charakterisieren, wobei Zustand und Pflege der Gebäude und Installationen auch von Bedeutung waren. Die Übergänge zwischen den drei als grobe Anhaltspunkte geschaffenen Kategorien sind fließend.

Mindestausstattung: Einfacher Platz mit bescheidenen, veralteten oder vernachlässigten Einrichtungen, die außer WC's, Kaltwasserwaschbecken und evtl. Kaltduschen keine oder völlig unzeitgemäße Einrichtungen für Hygiene und Körperpflege aufweisen.

Standardausstattung, mit den Varianten einfache oder gute Standardausstattung: Der Durchschnittscampingplatz mit WC's, Kaltwasserwaschbecken und Duschkabinen in den Waschräumen, evtl. einige davon mit Warmwasser, weiter mit Kochgelegenheit, Geschirrspül- und Wäschewaschbecken teils mit Warmwasser. Ordentlicher Gesamteindruck. Einige Stromanschlüsse für Caravans bzw. Wohnmobile sind vorhanden.

Komfortausstattung, mit der Variante gehobene Komfortausstattung: Außer ausreichend WC's, Waschbecken mit Warmwasser und Warmduschen in zeitgemäßen, gepflegten Sanitäranlagen, werden auch Geschirr- und Wäschewaschbecken mit Warmwasser, Waschmaschine und Trockner, Küche und Aufenthaltsraum, Chemikalausgüsse für Campingtoiletten und Stromanschlüsse für Caravans in ausreichender Zahl erwartet. Das Terrain soll durch Wege erschlossen sein und im Gelände verteilte Müllbehälter und Wasserzapfstellen, sowie Restaurant, Einkaufsmöglichkeit und möglichst Freizeit- oder Sporteinrichtungen aufweisen.

Das einmalige Übernachten im Wohnmobil oder Caravan auf öffentlichen Rast- oder Parkplätzen wird zwar noch toleriert, sollte aber schon aus Umweltgründen wirklich nur im Notfall praktiziert werden, wenn absolut keine Alternative zur Verfügung steht!

Die Natur im hohen Norden reagiert sehr empfindlich auf Verwüstungen, Störungen oder Verschmutzungen. Regenerierungsprozesse gehen dort – wenn überhaupt – klimabedingt um ein Vielfaches langsamer vonstatten als in südlicheren Breiten.

Beachten Sie unbedingt, dass schon bei der geringsten Brandgefahr offene Feuer im Gelände strikt verboten sind! Machen Sie niemals auf Felsen, in den Schären z. B., Feuer. Die Gefahr, dass die Steine springen und Splitter wie Geschosse Verletzungen verursachen, ist sehr groß und unberechenbar!

Campinghütten

Beliebt und sehr verbreitet auf skandinavischen Campingplätzen, also auch auf denen in Schweden, sind **Campinghütten**. Wer mit dem Pkw, mit dem Motorrad oder mit dem Fahrrad unterwegs ist, findet in Campinghütten eine bestens geeignete, rustikale und relativ preiswerte Übernachtungsmöglichkeit, der sich auch Zeltler bei Schlechtwetterperioden sicher gerne bedienen.

Campinghütten sind zweckmäßig eingerichtet und in aller Regel in Blockhüttenmanier errichtet. Vorhanden sind Stockbetten für 2 bis 6 Personen, Sitzecke und Kochgelegenheit oder kleine Küche. Oft ist eine kleine überdachte Veranda vorgebaut. Bettwäsche ist mitzubringen, kann aber gelegentlich auch geliehen werden. Saubermachen muss man selbst. Einfachere Campinghütten haben keine eigenen Sanitäreinrichtungen, man bedient sich dann der Einrichtungen des Campingplatzes.

Info im Internet: www.camping.se

EINREISEBESTIMMUNGEN

Persönliche Dokumente

Staatsangehörige der Bundesrepublik Deutschland benötigen zur Einreise als Tourist lediglich einen gültigen Personalausweis oder Reisepass. Für Kinder unter 16 Jahren wird ein Kinderausweis oder der Eintrag im Pass der Eltern verlangt. Ohne weitere Formalitäten ist der vorläufige Aufenthalt auf drei Monate beschränkt.

Einreise mit dem Auto

Gültiger nationaler Führerschein und Kraftfahrzeugschein sind ausreichend.

Die Internationale „grüne" Versicherungskarte ist nicht zwingend vorgeschrieben, ihre Mitführung wird aber empfohlen. Das Nationalitätskennzeichen „D", „A" „CH" etc. muss am Auto angebracht sein.

Haustiere

Seit geraumer Zeit sind die Einfuhrbestimmungen für Haustiere, die aus einem EU-Land nach Schweden gebracht werden, vereinfacht. Z. B. ist nun keine schriftliche, gebührenpflichtig Extragenehmigung mehr notwendig. Auch in Schweden gilt nun der EU-Tierpass, allerdings mit Zusatzbestimmungen!

Notwendig sind u.a.: ID-Microchip oder Tätowierung, Impfung gegen Tollwut, Antikörpertest frühestens 120 Tage und spätestens 365 Tage nach der letzten Tollwutimpfung, Entwurmung auf Zwergbandwurm durch einen Tierarzt.

Änderungen dieser Vorschriften sind durchaus möglich. Rechtzeitiges Informieren nach dem neuesten Stand ist also dringend anzuraten, z. B. beim *Statens Jordbruksverk*, S-55182 Jönköping, Tel. 0046-36-15 50 00, Fax 0046-36-19 05 46. www.sjv. se. Die Webseite bietet Infos auch in deutscher Sprache!

Zollbestimmungen (unvollständiger Auszug)

Schweden ist Mitglied der Europäischen Union. Demnach dürfen Reisende aus EU-Ländern abgabenfrei folgendes einführen: Privatpersonen dürfen 800 Zigaretten, 400 Zigarillos, 200 Zigarren, 550 Gramm Rauchtabak einführen. Zusätzlich zu den erwähnten Tabakwaren: 10 Liter Spirituosen (über 22 Vol.%), 90 Liter Wein und 110 Liter Bier.

Für Reisende aus Nicht-EU-Ländern gelten andere Freimengen. www.tullverket.se.

ESSEN UND TRINKEN

Essen und trinken kann in Schweden zum Erlebnis werden. Aber, und das muss deutlich gesagt werden, es ist in aller Regel ein sehr teures Erlebnis, wenn man etwas mehr als einen einfachen Imbiss oder ein schnelles Tellergericht erwartet.

Wahr ist auch, dass einige Lokale der gehobenen Klasse in jüngster Zeit schließen mussten, weil die Gäste die Preise nicht mehr bezahlen konnten oder wollten und ausblieben. Rechnungen über 40 Euro und mehr für zwei sehr einfache Gerichte ohne

Auch auf kulinarischem Gebiet hat Schweden einiges zu bieten

Vorspeisen und ohne Nachtisch und zwei Glas Bier in einem ganz gewöhnlichen Lokal sind leider keine Ausnahmen.

Von einer „schwedischen Küche" kann man eigentlich nicht sprechen, wie man etwa von der französischen oder der italienischen Küche spricht. Vielmehr sind es die lokalen Spezialitäten, vor allem aus Schonen (Skåne) und Südschweden und die *Husmanskost* (Hausmannskost), die den Reiz der schwedischen Kochkunst ausmachen. Oft sind Fische und Schalentiere die Basis der Gerichte.

Es heißt, dass man in Schweden nirgends so gut und so gerne isst wie in Skåne. Die „Skåningar" haben ihre eigene Flagge, eine harmonische Mischung der dänischen und der schwedischen Farben – gelbes Kreuz auf rotem Grund – sie haben ihren eigenen Aquavit und sie machen kalte Büfetts, die ein Augen- und Gaumenschmaus sind.

Darüber hinaus haben viele der Gasthäuser, von denen viele im 17. und 18. Jahrhundert auf königlichen Befehl eingerichtet wurden, je nach Jahreszeit ihre Spezialitäten, wie den gegorenen Fisch „Surströmming", eine mehr als herzhaft duftende Fischspezialität für unerschrockene Genießer.

Im Spätsommer z. B. gibt es Aal, auf die verschiedensten Arten köstlich zubereitet. Da gibt es Aalsuppe, gekochten Aal mit Reis und Curry, Räucheraal oder – als besondere Spezialität – wacholdergeräucherten „Luad-Aal".

Zum Aal trinkt man gerne Bier und natürlich ein Gläschen Aquavit oder Schnaps, der bei keinem guten Essen fehlen darf. In fröhlicher Runde lässt man den „schwedischen Landwein" oft mit dem Spruch hochleben: „Ein Hoch dem Norrland, ein Hoch dem Swealand und ein Hoch dem Kartoffelland, das uns den Branntwein schenkt."

Auch im Frühling gibt es in guten Gaststätten Spezialitäten, die einem das Wasser im Munde zusammenlaufen lassen, z. B. frischen Lachs mit Dill und neuen Kartoffeln.

Dazu findet man in den Lokalen bestimmt einen leichten Wein von Rhein oder Mosel, denn die Schonen wissen was gut ist.

Mitte August ist die Zeit der Krebse, die in verschiedenen köstlichen Varianten zubereitet werden. Wundern Sie sich nicht, wenn Sie um diese Jahreszeit ein Lokal betreten und an den Tischen Gäste mit lustigen Hütchen auf dem Kopf und Lätzchen um den Hals in ausgelassener Fröhlichkeit ihre Krebsgerichte verzehren sehen. Natürlich fehlen auch hier Bier und ein gut gefülltes Glas Schnaps nicht.

Im Spätsommer endlich wird der Gast mit Waldbeeren und Pilzgerichten verwöhnt und der Herbst schließlich ist die Zeit köstlicher Gänsebraten.

In vielen Restaurants findet man auf den Speisekarten im ganzen Lande besondere **Tagesmenüs (dagens rätt)** zu einem günstigen Preis unter 10 Euro. Dazu gehört ein warmes Hauptgericht mit Brot und Butter, Salat, ein alkoholfreies Getränk und Kaffee.

Eines der Hauptgerichte könnte z. B. sein „får i kål" (Lamm mit Kohlgemüse), „ärter med fläsk" (Erbsensuppe mit Schweinefleisch) oder etwa „rimmat fläsk med rotmos" (Speck mit Wurzelgemüse), um nur einige zu nennen.

Sehr beliebt sind „köttbullar" (kleine Fleischklöße) oder „stekt sill" (gebratener Hering). Und frisch und knusprig zubereitet können „potatisbollar med lingon", also Kartoffelküchlein mit Preiselbeerkompott ein Hochgenuss sein.

Und natürlich findet man in guten Gasthäusern das weltberühmte **Smörgåsbord**, ein Meer aus Delikatessen. 30 verschiedene Gerichte und mehr sind keine Ausnahme, darunter sind z. B. geschmorter Rotkohl, Spanferkel und Mandelpudding schonische Spezialitäten.

Schwelgereien am schwedischen Büfett

Ein Smörgåsbord will mit einer überlegten „Kampftaktik" angegangen werden, um nicht schon nach den ersten Fischgerichten ausgeschaltet zu sein. Der beste Start ist, wie könnte es anders sein, ein nicht zu kleines Gläschen Aquavit. Der gibt Mut zum Ungewöhnlichen am schwedischen Büfett.

Vielleicht versuchen wir es zuerst mit etwas Hering, oder lieber mit Aal? Nein, dann doch lieber Lachs. Aber dieser Hering, süß-sauer nach Hausfrauenart soll so köstlich schmecken, und erst der herb nach Glasmeisters Art zubereitete. Vielleicht danach noch etwas Hering natur, salzig, nur mit etwas saurer Sahne und Schnittlauch? Die Qual der Wahl beruhigt ein Aquavit.

Und mit einem frischen Teller bewaffnet werfen wir uns erneut den schwedischen Versuchungen in die Arme – den kulinarischen.

Das dürfte Strömming sein, ein kleiner gegorener Ostseehering, der besonders in Schonen delikat serviert wird, wegen seiner „sensationellen Duftnote" aber für Nichteingeweihte gewöhnungsbedürftig ist. Hummer, Krabben, ein Meer von Salaten,

Fasan, Rebhuhn, geräuchertes Rentierfleisch. Eine Orgie für die Augen. Nicht in Schweden, sondern in Schwaben gibt es ein geflügeltes Wort, das mir hier wieder einfällt: „Ach, wenn doch nur Buckel auch Bauch wäre". Mit diesen Gedanken erkämpfen wir uns die Sektion der Schinken, Sülze und Leberwürste.

In der Ferne leuchtet das Ziel, der Käseberg. Geschafft! Von wegen. Ein Tisch-Ausläufer verlockt mit warmen Gerichten. Nehmen wir lieber die Fleischbällchen mit Preiselbeeren und Salzgurke oder lieber von diesen saftigen Schweinerippchen? Oder doch lieber Spanferkel? Oh, Lammfleisch in Dillsauce gibt es auch – und hier, mit Pflaumen gespickter Schweinebraten, und dort ....

In aller Regel ist es der Geldbeutel der dafür sorgt, dass man nicht jeden Tag am Büfett kämpfen muss.

Unterwegs wird man eher ein Café oder eine Bar frequentieren. Keine Sorge, es ist nicht schon wieder die Rede von Aquavit. Aber als „Bar" sind in Schweden oft Selbstbedienungsrestaurants gekennzeichnet, die allerdings keine Schanklizenz haben, wenigstens nicht in der Regel.

Und wenn Sie Kaffeedurst bekommen, dann gehen Sie nicht in ein „Café", was ja naheliegend wäre, denn dort gibt es Öl, meist Leicht-Öl. Nein, Sie sind nicht in einer Tankstelle. „Öl", man spricht es auch genauso aus, ist in Schweden Bier. Kaffee gibt es in der Konditorei. Ist doch ganz einfach, oder?

Wenn Sie einmal zum Essen eingeladen werden und man sagt: „Kommen Sie doch so gegen 18 Uhr zum 'middag'", dann heißt das nicht, dass Ihre Gastgeber Langschläfer sind. Als „middag" wird gewöhnlich das Abendessen bezeichnet. Mittagessen ist eher der „lunch" und das Frühstück ist die „frukost".

Alkoholische Getränke sind in Schweden in lizenzierten staatlichen Monopolgeschäften, den „Systembolaget", zu bekommen. Alkohol wird dort nur an Personen über 20 Jahren abgegeben. Systembolaget-Verkaufsstellen sind grundsätzlich nur an Werktagen Montag bis Freitag geöffnet, gewöhnlich zwischen 9 Uhr und 18 Uhr, samstags 10 - 15 Uhr. www.systembolaget.se.

Bier unter 3,5 vol. % bekommt man in Supermärkten und Lebensmittelgeschäften

FEIERTAGE

Neben den Kirchenfesten **Dreikönigs-fest** (6. Januar), **Ostern** (Karfreitag, Oster-sonntag und Ostermontag), **Himmelfahrt**, **Pfingsten** (Pfingstsonntag), **Allerheiligen** sowie **Weihnachten** (Heiligabend, erster und zweiter Weihnachtsfeiertag) und **Sil-vester** (31. Dezember) gelten in Schweden auch als Feiertage der **Neujahrstag** (1. Ja-nuar), der **Maifeiertag** (1. Mai), **National-feiertag** (6. Juni, anstatt Pfingstmontag, seit 2006 geändert) und der **Mittsom-mertag.**

Keine offiziellen Feiertage und auch nicht arbeitsfrei, aber von vielen Schwe-den nicht minder gerne gefeiert werden die **Walpurgisnacht** am 30. April (man feiert den Einzug des Frühlings und die Rückkehr des Lichts), der **„Flaggentag"** und der **Mittsommerabend** vor dem Mitt-sommertag und das **Lichterfest** zu Ehren der Heiligen Lucia, der Lichtkönigin, am 13. Dezember (viele festliche Lichterprozessi-onen im Lande).

Das größte Sommerfest für jeden Schwe-den ist **Mittsommer**, die Mittsommernacht. Dann ist wirklich alles was irgendwie noch laufen kann unterwegs, draußen im Freien, am Meer. Das Mittsommerfest wird immer an dem Wochenende gefeiert, das dem Mittsommertag am nächsten liegt. Vor al-lem in Dalarna wird Mittsommer noch mit viel Folklore, Tanz um den Maibaum, Musik und Gesang begangen.

FREIZEITAKTIVITÄTEN

Angeln

Ohne besondere Lizenz kann mit einfa-chen Handgeräten in folgenden Gewässern geangelt werden: An den Küsten Norrlands, an der schwedischen Westküste, mit Ein-schränkungen an der Süd- und Südostküste, sowie in den großen Seen Vänern, Vättern, Hjälmaren und Mälaren. In allen anderen Gewässern, die der Allgemeinheit zugänglich und nicht privat sind, ist Angeln nur mit der *Fiskekort* erlaubt, einem Angel-schein, der als Tages-, Wochen- oder Saison-karte gekauft werden kann. Man erhält die Karten in Touristenbüros. Erkundigen Sie sich am besten vor Ort nach den regiona-len Angelbedingungen! (Einschränkungen, Mindestmaße, Schutzzonen etc.)

Erste Hauptsaison fürs Angeln in Süd-schweden ist von Mai bis Juni. Beste Fang-zeit für Meeresforellen sind August und September, beste Lachszeit ist von Ende August bis Anfang September. Lachsforel-len, die, wie es heißt, vor allem an den Küs-ten gut beißen, können mit Ausnahme der Hochsommermonate, das ganze Jahr über geangelt werden. Im Hochsommer ist im hohen Norden die beste Fangzeit für Saib-ling und Äsche. Sehr beliebt in Schweden ist das winterliche Eisangeln, bei dem vor allem auch Hechte beißen.

An der schwedischen West- und Süd-westküste werden Hochseeangeltouren an-geboten. Dorsch, Lengfisch und Hundshai werden dabei in erster Linie gefangen.

Radfahren

Fahrradfahren ist auch in Schweden eine überaus beliebte Freizeitbeschäftigung. Ent-sprechend umfangreich ist das Angebot so-wohl an Radwegen wie auch an Radverleihs, Radwan-derkarten, Radwan-derführern etc. Sehr viele Campingplätze zum Beispiel, aber auch so manches Hotel bieten ihren Gästen Mieträder an. Außerdem kann man bei vie-len Touristeninformationsbüros, gelegent-lich auch bei Sportgeschäften Fahrräder gegen Gebühr leihen.

Gut geeignet zur Planung von Radtou-ren sind die „blauen" und „grünen" Karten, die vom Schwedischen Landesvermes-sungsamt herausgegeben werden und im Buch- und Fachhandel bezogen werden können.

Eine Herausforderung für jeden Radfan ist der **„Sverigeleden",** ein ausgeschilder-ter Radfernweg, der von Süd nach Nord durch ganz Schweden führt. Ebenfalls für Mehrtagestouren gut ist der „Cykelspåret", der an der Küste Südschwedens von Ystad nach Happaranda führt. Außerdem gibt es noch mindestens zwanzig weitere markier-te Radwanderwege in Schweden.

Wandern

Wandern in Schweden ist im Sommer wie im Winter eine weitere erlebnisrei-che Möglichkeit, Ferien zu gestalten. Die Spanne der Anforderungen reicht dabei vom leichten Wanderweg bis zur Wildnis-wanderung, die Erfahrung, Kondition und gute Kenntnisse im Umgang mit Karte und Kompass voraussetzt.

Einer der bekanntesten und meistbe-gangenen Fernwanderwege ist der schon fast legendäre **Kungsleden**, der Königs-weg, von Abisko im Norden nach Hema-van im Süden.

Der annähernd 500 km lange Wanderweg ist durchweg gut markiert und präpariert. Die Anforderungen an einen trainierten Wanderer halten sich in Grenzen. Schwierige Wasserläufe sind überbrückt, durch Sumpfgebiete führen Bretterstege und über größere Seen gibt es Fährdienste oder es stehen Ruderboote zur Verfügung.

Höchster Punkt des Kungsleden ist der Tjäktja Pass mit 1.150 m.

Entlang des Fernwanderweges findet man auf den Abschnitten zwischen Abisko und Kvikkjokk und dann wieder zwischen Ammarnäs und Hemavan im Abstand zwischen 8 und 21 km Berg- und Schutzhütten, die teilweise bewirtschaftet sind, teils lediglich Kochgelegenheit, Geschirr und Betten zur Verfügung stellen. Keine Hütten findet man auf dem Zwischenstück von Kvikkjokk nach Ammarnäs, das durch den Pieljakaise Nationalpark und durch das Vindelfjäll Naturreservat führt.

Als beste Zeit den Weg zu begehen werden vom Schwedischen Touring Club die Wochen von Anfang August bis Anfang September genannt. Die Wege sind dann am trockensten und die Stechmücken am wenigsten lästig. Auf keinen Fall sollte man an eine Tour vor Anfang Juli denken. Skitouren unternimmt man in den Bergen am besten von Mitte März bis Anfang Mai.

Aber auch in Mittel- und Südschweden findet man ausreichend Möglichkeit, auf markierten Wegen zu wandern. Da gibt es in Schonen den 220 km langen **Skåneleden**, bei Oskarshamn führt entlang der Ostküste durch Wiesen- und Weideland der 160 km lange **Ostkustleden**.

Einer der längsten Wanderwege verläuft südlich von Stockholm. Es ist der 500 km lange und in 38 Tagesetappen eingeteilte **Sörmlandsleden**.

In Dalsland kann man auf dem **Pilgrimsleden** auf den Spuren früherer Pilger wandern, die einst nach Nidaros (Trondheim) in Norwegen gingen. Und in Dalarna ist vor allem der insgesamt 340 km lange **Siljansleden** beliebt, der das Gebiet um den Siljansee erschließt.

Als **empfehlenswerte Wanderkarten** gelten auch hier die Gebirgskarten bzw. die blauen und grünen Karten des Schwedischen Landvermessungsamts, erhältlich im Fachhandel.

Auskünfte über die schwedischen Fernwanderwege (Vandringsleder) sind zu erhalten bei: Svenska Turistföreningen (STF), Box 25, S-101 20 Stockholm, Tel. 08-46 32 100, Fax 08-67 81 958. www.meravsverige.nu.

HOTELS UND ANDERE UNTERKÜNFTE

Zumindest in größeren Städten, Ferien- und Wintersportgebieten findet man Hotels verschiedener Preis- und Ausstattungskategorien.

Leider sind Hotels in Schweden nicht in offizielle, durch Sternchen gekennzeichnete Kategorien eingeteilt, die eine erste Zuordnung in Preis-Leistungs-Klassen erleichtern würde.

Man findet privat geführt Hotels, was bei der überwiegenden Zahl zutrifft, ebenso wie Häuser, die einer Hotelkette angehören.

In aller Regel kann man im ganzen Land mit sauberen, gepflegten und gut geführten Unterkünften mit ordentlichem Service rechnen. Zwischenzeitlich bieten so gut wie alle Hotels Nichtraucherzimmer an.

Allerdings sind Hotelunterkünfte in Schweden nicht eben billig. Sonderraten werden – meist in Stadthotels – an Wochenenden oder im Juli und in den ersten Augustwochen angeboten.

Außerdem bieten verschiedene Hotelketten in der Zeit des Hochsommers Ermäßigungen in Form von **Hotelschecks,** *Paketen* oder sog. *Hotelpässen* an, die einem gewissen Betrag entsprechen und bei Einlösung im Hotel einen ermäßigten Zimmerpreis bewirken. Hotelschecks teils im Land, teils ausschließlich im Ausland bei Reisebüros, Reiseveranstaltern oder gewissen Verkaufsstellen erworben werden.

Das **Verzeichnis „Hotels in Schweden"** kann von der Schweden-Werbung für Reisen und Touristik GmbH in Hamburg bezogen werden.

Bei der Auswahl der in diesem Reiseführer aufgelisteten Hotels wurde u. a Wert darauf gelegt, dass das Haus ganzjährig geöffnet ist, mindestens 10 Gästezimmer hat und möglichst auch ein Restaurant und Parkmöglichkeiten bietet.

Oft schließen sich Hotels Hotelketten an oder werden von solchen übernommen,was zu Namensänderungen auch bei schon lange bestehenden Häusern führen kann!

Um dem Leser eine grobe **Preisorientierung** zu bieten, haben wir fünf Preiskategorien gebildet, die mit **Sternchensymbolen** kategorisiert sind. Diese Sternchensymbole stehen nach der Zimmeranzahl, z. B. 45 Zi. ****.

Es bedeuten:

* = bis SEK 500 (ca. EUR 55,-)

** = SEK 500 – SEK 800 (EUR 55,- – 88,-)

*** = SEK 800 – SEK 1.000 (EUR 88,- – 110,)

**** = SEK 1.000 bis SEK 1.300 (EUR 110,- – 143,-)

***** = über SEK 1.300.

Diese Preiskategorien gelten für Doppelzimmer an Wochentagen und orientieren sich nach den von den Hotels gemeldeten Höchstpreisen der Preispalette des jeweiligen Hauses.

Bitte bedenken Sie, dass sich bis zu Ihrer Reise nach Schweden das Preisgefüge mit ziemlicher Sicherheit nach oben verschoben haben wird. Aber als Groborientierung – und mehr kann diese Preiseinteilungen in diesem Reiseführer nicht sein – sind die Angaben sicher auch dann noch hilfreich!

Folgende Webadresse gibt Informationen über Hotels in Schweden: www.hotelinsweden.com.

Sehr beliebt und für einen Ferienaufenthalt gut geeignet sind **Ferienhäuser**, die in ganz Schweden sehr zahlreich vorhanden sind und in allen möglichen Ausstattungsvarianten gemietet werden können. Ferienhäuser liegen häufig landschaftlich sehr reizvoll, nicht selten recht abgeschieden und fast immer an einem See, einem Fluss oder in Strandnähe. Oft machen die Chalets einen sehr rustikalen Eindruck, Komfort und Innenausstattung sind jedoch in aller Regel von hohem Niveau. Platz ist gewöhnlich für sechs Personen. Man findet ein Wohnzimmer, zwei bis drei Schlafzimmer, eine gut eingerichtete Küche, Dusche und Toilette. Küchengerätschaften, Decken und Kissen sind in der Regel vorhanden. Mitzubringen sind lediglich Bettwäsche und Handtücher.

JEDERMANNSRECHT

Das Jedermannsrecht recht verstanden

Ein sehr tolerantes, großzügiges, traditionsreiches Recht in Schweden, das **„Allemannsrätten"**, erlaubt im Prinzip jedem, auch dem Besucher, öffentlichen Grund und Boden wie Küsten, Strände, Wälder zu betreten, zu durchwandern etc., solange weder Mensch noch Natur gestört oder geschädigt werden.

Leider wird dieses Recht von vielen Touristen – und hier oft von Campern, die wild campen wo es ihnen gerade gefällt – fälschlich als „Freibrief" verstanden und so strapaziert, dass ihr Verhalten das Missfallen und den Protest der Einheimischen provoziert.

Bedauerlicherweise wird dann vom gedankenlosen Feriengast mitunter vergessen, dass solche Freiheiten in erster Linie Verantwortungsbewusstsein von Jedermann (nicht Verbrauch durch Jedermann) voraussetzen. Sonst können Freiräume wie dieses „Recht auf den Gebrauch durch Jedermann" nicht von Bestand sein, zumal in einer Zeit, in der die Natur auch in Schweden durch Umwelteinflüsse geschädigt wird. „Nicht stören, nicht zerstören" lautet die Devise.

Aber nicht übersehen sollte man, dass das Jedermannsrecht für Personen, nicht für Sachen gilt, soll heißen, wo ich zu Fuß hingehen darf, darf ich noch lange nicht mit einem Fahrzeug hinfahren! Das **Terrängkörningslagen** (Gesetz zur Regelung des Fahrens im Gelände), das in ganz Schweden gilt, beinhaltet auch ein generelles Fahrverbot für motorisierte Fahrzeuge abseits befestigter Straßen und Wege. Beachten Sie Verbotsschilder mit den Aufschriften „Ej motorfordon" oder „Enskild väg". Natur, Vegetation, Flora und Fauna danken es Ihnen.

KLIMA UND DURCHSCHNITTSTEMPERATUREN

Die Auswirkungen des warmen Golfstroms im Atlantik beeinflussen selbst noch das Klima Schwedens. Dadurch liegen die Durchschnittstemperaturen im Lande höher, als sie es – gemessen an den Breitengraden und im Vergleich mit anderen Regionen der Nordhalbkugel wie Alaska, Grönland oder Sibirien – ohne Golfstrom wären.

Geprägt wird das Klima von atlantischen Tiefausläufern, die die skandinavische Halbinsel von Westen her überqueren. Die Folge sind häufige Wetterwechsel und Niederschläge.

Die durchschnittlichen Temperaturen betragen im Sommer in Nordschweden ca. 13 Grad Celsius, auf der Höhe Stockholms ca. 18° C und in Südschweden rund 17° C.

Im Winter liegen die Durchschnittswerte im Norden bei –13° C, auf der Höhe Stockholms bei ca. –3° C und in Südschweden bei rund –1° C. Diese Temperatur-Durchschnittswerte sind nur als grobe Orientierungshilfe zu verstehen.

Als beste **Reisezeit** können für das südliche Schweden die Zeit zwischen Ende Mai und Anfang September und im nördlichen Schweden die Monate Ende Juni bis Mitte August angegeben werden.

Zum Wandern eignen sich im Norden allerdings am besten die Wochen von Anfang August bis Mitte September.

Mitternachtssonne

Eine interessante Besonderheit der Regionen nördlich des Polarkreises ist die **Mitternachtssonne** im Sommer bzw. die **Polarnacht** im Winter.

In Nordschweden geht von Mitte Mai bis Mitte Juli die Sonne nicht unter. Selbst im Bereich von Stockholm und im südlichen Schweden ist im Hochsommer bereits gegen 2:30 Uhr Sonnenaufgang. Dafür ist von Dezember bis in den Januar hinein die Sonne in Nordschweden überhaupt nicht zu sehen und in südlichen Landesteilen um den 21. Dezember ist schon gegen 15 Uhr Sonnenuntergang.

In dieser Zeit kann man in folgenden Städten die **Mitternachtssonne beobachten**:

Kebnekaise	23. Mai – 22. Juli
Karesuando	26. Mai – 18. Juli
Kiruna	31. Mai – 14. Juli
Gällivare	01. Juni – 12. Juli
Porjus	09. Juni – 04. Juli
Abisko	12. Juni – 14. Juli

MEDIZINISCHE VERSORGUNG

Akute Erkrankungen, Unfälle oder zahnmedizinische Probleme werden von den **Unfallambulanzen der städtischen Krankenhäuser** (akutmottagningen) betreut. In ländlichen Gegenden erhält man Hilfe beim ärztlichen Dienst (Vårdcentral).

Seit 2004 wird die European Health Insurance Card (EHIC) nach und nach von den gesetzlichen Krankenkassen eingeführt. Sie soll den Auslandskrankenschein ersetzen. Allerdings wird dies von Kasse zu Kasse unterschiedlich gehandhabt. Erkundigen Sie sich also rechtzeitig bei Ihrer Krankenkasse. Die **Behandlungskosten** werden von den Krankenkassen übernommen, sofern ein Auslandskrankenschein (E111) oder die oben erwähnte EHIC vorgelegt werden kann.

Eine private Auslandskrankenversicherung zur Deckung evtl. Kosten ist zu empfehlen.

Medizin erhält man nur in **Apotheken**, meist nur gegen Rezept. Geöffnet sind Apotheken zu den üblichen Geschäftszeiten, also Mo – Fr 10 – 18 Uhr, Sa bis 14 oder 16 Uhr. In größeren Städten findet man auch Apotheken mit 24-Stunden-Service.

MINIWORTSCHATZ
Alltägliches
Auf Wiedersehen! – adjö, hejdå
Damen – damer
danke, bitte – tack, varsågod
Erwachsener – vuxna
geöffnet – öppet
geschlossen – stängt
gestern – igår
Guten Tag!, hallo – Goddag!, hej
Herren – herrar
heute – idag
Ich versehe nicht – Jag förstår inte
ja, nein – ja, nej
Kinder – barn
links –vänster
morgen – i morgon
rechts – höger
übernachten – övernatta
Was kostet das? – Wad kostar det?
zu vermieten – att hyra

Auto und Verkehr
Auto – bil
Bremse – broms
Bushaltestelle – busstopp
langsam fahren – kör långsamt
Ölwechsel – oljebyte
Reifenpanne – punktering
Reifenwechsel – däckbyte
Rollsplitt – grus
Straßenarbeiten – gatuarbete
Tankstelle – bensinställe
Umleitung – omläggning
Vergaser – förgasare
Wohnwagen – husvagn
Zündkerze – tändstift

Essen
Abendessen – middag
Bier – öl, bir
Brot – bröd
Butter – smör
Eier – ägg
Eis – glass

Fisch – fisk
Fleisch – kött
Frühstück – frukost
Gemüse – grönsaker
Huhn – höns
Käse – ost
Kalbfleisch – kalvkött
Kartoffeln – potatis
Lachs – lax
Milch – mjölk
Mittagessen – lunch
Rentierfleisch – renkött
Rindfleisch – oxkött
Salz – salt
Schweinefleisch – griskött
Wasser – vatten
Wein – vin
Wurst – korv
Zucker – socker

Unterwegs

Apotheke – apotek
Arzt – läkare
Bahnhof – järnvägs station
Bucht – vik, viken
Campingplatz – campingplats
Dorf – by
Flughafen – flygplats
Fluss – flod
Gletscher – glaciär
Häuschen – stuga
Hafen – hamn
Hotel – hotell
Insel – ö, holm
Jugendherberge – vandrarhem
Krankenhaus – sjukhus
Landenge – näs
Meer – hav
Meerenge – sund
Miethütte – stugor
Postamt – post
See – sjö
Sennerei – säter
Stadtrundfahrt – stadsrundtur
Sumpf – träsk
Wasserfall – vattnfall
Zimmer – rum
Zug – tåg

Wochentage

Montag – måndag
Dienstag – tisdag
Mittwoch – onsdag
Donnerstag – torsdag
Freitag – fredag
Samstag – lördag
Sonntag – söndag

Zahlen

eins – ett
zwei – två
drei – tre
vier – fyra
fünf – fem
sechs – sex
sieben – sju
acht – åtta
neun – nio
zehn – tio
zwanzig – tjugo
dreißig – trettio
vierzig – fyrtio
fünfzig – femtio
sechzig – sextio
siebzig – sjuttio
achtzig – åttio
neunzig – nittio
hundert – hundra
tausend – tusen

MIT DEM AUTO DURCH SCHWEDEN

Das schwedische Straßennetz ist recht dicht, vor allem in südlichen Provinzen, und fast überall hervorragend in Stand.

Pannenhilfe: Tel. 020-91 29 12 (Assistancekåren), Tel. 087 67 90 00 (Falck)

Verkehrsregeln

Die allgemeinen **Straßenverkehrsregeln** gleichen den in Europa allgemein gültigen. Seit 1967 wird auch in Schweden rechts gefahren. Beachten Sie die Verkehrsregeln und vor allem die Parkverbotsbeschilderungen. Strafmandate für falsches Parken kosten, z. B. in Stockholm, kaum unter umgerechnet EUR 30.-! Ein Halteverbot wird auch durch eine durchgehende gelbe Linie, Parkverbot durch eine gestrichelte oder gezackte gelbe Linie am Fahrbahnrand signalisiert.

Das **Abblendlicht** (Fahrlicht) ist auch am Tage einzuschalten! Nebelschlussleuchten dürfen nicht eingeschaltet werden.

Es besteht **Anschnallpflicht** auf Vorder- und Rücksitzen.

Kindersitze sind für Kinder bis 7. Lebensjahr vorgeschrieben.

Das **Nationalitätskennzeichen** muss am Fahrzeug angebracht sein.

Die **Promillegrenze** ist auf 0,2 festgesetzt. Schon geringfügige Verstöße werden hart geahndet bis hin zur Einziehung der Fahrerlaubnis!

Es ist gestattet, den **Seitenstreifen** zu nutzen, um anderen Verkehrsteilnehmern das Überholen zu erleichtern.

Beachten Sie aufmerksam die **Elchwarn-schilder**. Vor allem in den Morgenstunden und in der Abenddämmerung können Elche und in nördlichen Regionen vor allem auch Rentiere völlig überraschend die Fahrbahn queren. Man hört, dass die Hälfte aller Unfälle in Schweden durch Kollisionen mit Wild passieren.

Ein striktes Fahrverbot gilt im Gelände abseits befestigter Wege!

Die **Höchstgeschwindigkeiten** betragen in Wohngebieten 30 km/h, in geschlossenen Ortschaften 50 km/h, außerhalb geschlossener Ortschaften je nach Beschilderung zwischen 70 und 90 km/h und auf Autobahnen zwischen 90 und 110 km/h. Für Pkw mit gebremstem Anhänger (Wohnwagen) gelten 80 km/h, mit ungebremstem Anhänger 40 km/h Höchstgeschwindigkeit. Für Busse ab 3,5 t gelten 90 km/h.

In Schweden sind zwischen 1. Oktober und 30. April **Spikes** erlaubt.

Vägverket, Röda vägen 1, 781 87 Borlänge, Tel. 0243-75 000. www.vv.se.

Kraftstoffpreise

Bei der Kraftstoffversorgung und den Benzinpreisen gilt, wie bei fast allen anderen Gütern auch: Im Süden reichlich, im hohen Norden dünner gesät und etwas teurer. Dennoch ist es kein Fehler, vor allem bei Reisen in Nordschweden, einen gefüllten Reservekanister mitzuführen. Die meisten Tankstellen akzeptieren Kreditkarten.

An vielen Selbstbedienungstankstellen findet man Tankautomaten, meist mit *Sedel/Konto* bezeichnet, die mit Banknoten (20-Kronen-, 50-Kronen-und 100-Kronen-Scheinen) zu bedienen sind. Diese Zapfsäulen können gewöhnlich auch außerhalb der Öffnungszeiten, an Wochenenden und nachts benutzt werden.

Preise pro Liter:
Normalbenzin – ca. SEK 11,29 / EUR 1,24,
Superbenzin – ca. SEK 12,65 / EUR 1,39,
SuperPlus – ca. SEK 11,38 / EUR 1,25,
Diesel – ca. SEK 13,20 / EUR 1,45.

ÖFFNUNGSZEITEN

Banken:
Montag bis Freitag 09.30 – 15.00 Uhr
Donnerstag bis 17 Uhr.
Samstag und Sonntag geschlossen.
Banken auf den Flughäfen Stockholm-Arlanda Malmö und Göteborg-Landvetter, auf den Hauptbahnhöfen in Stockholm, Göteborg und Malmö sowie in den Häfen von Helsingborg, Ystad und Trelleborg sind täglich und auch länger geöffnet.

Geschäfte:
Montag bis Freitag 09.30 – 18.00 Uhr,
Warenhäuser teilweise bis 20.00 Uhr.
Samstag 09.30 – 14.00 oder 16.00 Uhr.
Sonntag Warenhäuser 12.00 – 16.00 oder 17 Uhr.

Postämter:
Montag bis Freitag 09.00 – 18.00 Uhr.
Samstag 09.00 – 13.00 Uhr.
Sonntag geschlossen.

Tankstellen schließen in ländlichen Gebieten oft schon zwischen 17.00 und 18.00 Uhr.

POST UND TELEFON

Außer den üblichen Postdiensten (aber ohne Fernsprechdienst) bieten viele Postämter auch einen Geldwechseldienst.

Porto für einen Brief oder eine Postkarte innerhalb Europas: SEK 10.

Gewöhnliche Postämter verfügen nicht über öffentliche Fernsprecheinrichtungen.

Ferngespräche führt man von Telefonzellen oder von **Telefonbüros** (*Tele* oder *Telebutiker*) aus.

Vorwahlen:
Für **Schweden: 00 46.**
Für **Deutschland: 00 49,** danach Ortsvorwahl ohne erste Null und Teilnehmernummer wählen.
Für **Österreich: 00 43.**
Für die **Schweiz: 00 41.**

Übrigens – Telefonieren von öffentlichen Fernsprechern ist in aller Regel wesentlich billiger als vom Hotelzimmer aus.

Sehr verbreitet sind **Kartentelefone**. Telefonkarten kann man in den Geschäften der schwedischen Telefongesellschaft, in Hotels, in Geschäften oder an Kiosken kaufen.

Das **mobile Telefonieren** ist in Schweden inzwischen - genau wie bei uns - weit verbreitet. In Südschweden ist der Empfang per Mobilfunknetz überall möglich, entlang der großen Straßen und an der Küste in Nordschweden ebenso, allerdings gibt es in den unbewohnten Gegenden Nordschwedens noch Lücken.

Der Telefonservice **Country Direct** bietet dem Anrufer von Schweden aus Gelegenheit, sog. R-Gespräche mit Teilnehmern in Deutschland zu führen. Für nur eine Gebühreneinheit kann man auf diese Weise von Schweden nach Hause telefonieren. Man wählt die Nummer **020-79 90 49**, erreicht damit eine deutschsprechende Vermittlung und lässt sich zur Teilnehmernummer weiterverbinden. Die Gebühren werden dem Gesprächspartner in Deutschland belastet.

WÄHRUNG UND DEVISEN

Die schwedische Währung ist die *Krona* oder **Schwedische Krone** (SEK). Eine Krone unterteilt sich in 100 *Öre*. Im Umlauf sind Scheine zu 1000, 500, 100, 50 und 10 Kronen, sowie Münzen zu 5 Kronen und 1 Krone und zu 50 und 10 Öre.

Die Ein- und Ausfuhr schwedischer wie ausländischer Währung unterliegt keinerlei Beschränkungen.

SEK 100,- = ca. EUR 10,97
EUR 1,- = ca. SEK 9,11

Kreditkarten sind als Zahlungsmittel in Schweden sehr beliebt und verbreitet und werden deshalb in den meisten Geschäften, Tankstellen, Hotels, Restaurants etc. als Zahlungsmittel akzeptiert.

Gehen Sie mit Ihren Kreditkarten, Kreditkartenbelegen und mit der Nennung Ihrer Kreditkartennummer und der Geheimnummer nicht zu sorglos um, um Missbrauch und späteren unliebsamen Überraschungen auf Ihrem Bankkonto vorzubeugen.

Lassen Sie bei Verlust oder Diebstahl Ihre Kreditkarte sofort sperren!

Hier die **Hotline-Nummer zum Sperren der Karte** (gilt für alle Banken und Kreditkartenunternehmen): **116 116**

Geldautomaten sind in Schweden sehr verbreitet. Sie bieten dem Reisenden die bequemste Art, mit EC-Karten oder Kreditkarten mit Geheimnummer (PIN) rund um die Uhr an Schwedische Kronen zu kommen. Die Bedienung der Automaten ist wirklich einfach. Vielfach kann man das Bedienungsmenü auch in Deutsch wählen. Jede Transaktion an Geldautomaten kostet Gebühren!

WICHTIGE RUFNUMMERN

Notruf für Polizei, Feuerwehr, Unfallrettung: **112**.

Öffentliche Fernsprechzellen sind mit einem Notrufknopf ausgerüstet, den man drückt und die Notrufnummer dann gebührenfrei wählen kann.

Pannendienst, landesweit, 24-Stunden-Bereitschaft: **020 91 29 12** (Assistancekåren), **087 67 90 00** (Falck).

Haftungsausschluss

Alle in diesem Reiseführer gemachten Angaben, sowie Reise- und Sicherheits-hinweise sind nach den aktuell erreichbaren und dem Verlag zugänglichen Informationen mit Sorgfalt und nach bestem Wissen zusammengestellt. Eine Gewähr für die Richtigkeit und die Vollständigkeit der Angaben sowie eine Haftung für eventuell eintretende oder daraus entstehende Schäden kann nicht übernommen werden. Gesetze und Vorschriften können sich jederzeit ändern, ohne dass der Verlag davon erfährt. Die Entscheidung über die Durchführung einer Reise liegt in der Verantwortlichkeit des Lesers.

Verlag und Autor empfehlen, sich rechtzeitig vor Antritt der Reise nach den neuesten reiserelevanten Vorschriften zu erkundigen.

Wichtige, am Anfang zu jeder Tour vermerkte Sehenswürdigkeiten sind ihrer Bedeutung entsprechend mit einem, zwei oder drei Sternchen versehen.

* = sehenswert

** = sehr sehenswert

*** = ein „Muss" auf der Reise

ZEICHENERKLÄRUNG

✪	Hauptstadt	▲	Campingplatz
◉	Etappen-Start-/Endpunkt		Womo-Stellplatz
◉	Orte		V & E Station
✳	Sehenswürdigkeit	♱♰	Kirche, Kathedrale
ⓘ	Touristeninformation		Burg, Kastell
🏛	Museum, Schloss	🏃🏃	Wandermöglichkeit
🏛	Rathaus, öffentl. Gebäude	⌘	archäol. Stätte
🚌	Busbahnhof, Bahnhof	△	Berg, Gipfel
P	Parkplatz		Rast-, Picknickplatz
🅿	Tiefgarage	✖	Grenzübergang
✈ ✈	Flughafen	)(	Pass
✉	Postamt		Strand, Badeküste
✗	Restaurant	∩	Höhle
🏨	Hotel		

━━━━━━ Reiseweg, Route

V & E für Wohnmobile – Einrichtungen für Versorgung mit Trinkwasser sowie Entsorgung für Wohnmobilabwässer sind auf dem Platz vorhanden.

Wegpunkt-Koordinaten sind im Text in eckigen Klammern nach Orten, Campingplatznamen o. ä. wie folgt dargestellt, z. B.: **[N 38° 53′ 53.8″ E 22° 39′ 18.6″]**.

Bei den **Koordinaten** steht „N" für Nord, „E" für Ost und „W" für West. Die erste Zahl danach steht für Breiten- bzw. Längen-Grad, gefolgt von Minuten und Sekunden.

Minuten/Sekunden ändern in Dezimalkoordinaten
Falls Sie Navigationskoordinaten in Ihr Autonavigationsgerät evtl. nur als **Dezimalkoordinaten,** nicht aber im üblichen (und wie auf der Roadbook CD gespeicherten) **Grad/Minuten/Sekunden Format** eingeben können, ist das kein größeres Problem.

Koordinaten lassen sich von Grad/Minuten/Sekunden – so wie bei uns dargestellt – relativ einfach „per Hand" in Dezimalkoordinaten umrechnen und müssen dann gewöhnlich auch von Hand in das Navigationsgerät im Auto eingegeben werden.

Da das Minuten/Sekunden-System in 60er Schritten geht, darf man die Minuten- und Sekunden-Markierungen nicht einfach ignorieren und daraus Dezimalkoordinaten machen, sondern man muss die Daten durch 60 teilen. Umgekehrt ist das auch von Dezimalwerten in Minuten/Sekunden möglich (multiplizieren).

Beispiel:
Grad/Minuten/Sekunden-Format: N 39° 29′ 12.6″ wird so zum Dezimalformat: 29 : 60 = 0,48, 12.6 : 60 = 0,21. Das wieder zusammengesetzte Format zeigt nun die **Dezimalkoordinate: N 39,4821°.**

Oder: E 20° 15′ 34.2″ – entspricht dann E 20,2557° (alle Angaben ohne Gewähr).

REGISTER

MOBIL REISEN

Mobile Touring Highlights

Unterwegs auf den schönsten Reiserouten

Erlebnisreiche Reisen mit
Auto, Motorrad, Caravan oder Reisemobil.

Mobil Reisen: BALTIKUM
Die schönsten Reiserouten kombiniert zu einer erlebnisreichen Tour durch alle drei baltischen Länder - Litauen, Lettland und Estland. Mit einem Abstecher nach Kaliningrad. Reisetipps in Fülle. Plus Vorschläge zu sechs Radtouren.
Mit Wohnmobil-Stellplätzen u. Campingplätzen.
Von Michael Moll, 252 S., zahlr. Farbfotos, Karten und Stadtpläne.
ISBN 978-3-926145-32-1.
GPS-Roadbook-CD mit Navigationskoordinaten verfügbar!

Mobil Reisen: BRETAGNE
Ein individueller Reiseführer mit Routenvorschlägen, ausgesuchten Touren für eine Reise von Nantes bis ans „Ende der Welt", der Finistère an die bretonische Atlantikküste. Historisches, Amüsantes, Kulinarisches und natürlich viele praktische Reisetipps. Jetzt mit noch mehr Wohnmobil-Stellplätzen.
Mit vor Ort erfassten GPS-Koordinaten.
264 S., zahlr. Farbfotos, Karten, Stadtpläne, Hotels, sowie viele Infos und die schönsten Campingplätze.
ISBN 978-3-926145-49-9
GPS-Roadbook-CD mit Navigationskoordinaten verfügbar!

Mobil Reisen: GRIECHENLAND
Aus der Reisepraxis für die Reisepraxis geschrieben. Ein Reisehandbuch mit Routen, Touren und Reisetipps fürs Auto-, Motorrad-, Caravan- oder Reisemobil-Touring. Eine Fülle von Routenvorschlägen führt Sie durch alle Regionen Festlandgriechenlands, von den Badestränden der Chalkidiki-Halbinsel bis in den Süden des Peloponnes und natürlich zu allen archäologischen Stätten.
Mit vor Ort erfassten GPS-Navigationskoordinaten!
264 S., zahlr. Farbfotos; Karten, Stadt- u. Lagepläne, Stadtspaziergänge, Hotels und die schönsten Campingplätze.
ISBN 978-3-926145-36-9
GPS-Roadbook-CD mit Navigationskoordinaten verfügbar!

Mobil Reisen: IRLAND – Mit Nordirland

Der ideale Urlaubsführer für alle, die den Charme der "Grünen Insel" auf eigene Faust entdecken wollen. Ausgesuchte Routenvorschläge fürs Auto-Touring von den südlichen Counties über die imposante Westküste bis hinauf ins abgeschiedene Donegal und durch Nordirland. Ausführlicher Dublin-Teil mit detaillierten Rundgängen. Kultur, Folklore, Tipps zu Pubs, Wandermöglichkeiten.
Mit vor Ort erfassten GPS-Navigationskoordinaten!
336 S., zahlr. Farbfotos, Karten, Stadtpläne, Hotels, viele Infos und die schönsten Campingplätze.
ISBN 978-3-926145-40-6
GPS-Roadbook-CD mit Navigationskoordinaten verfügbar!

Mobil Reisen: KORSIKA

Korsika, „Ile de Beauté", die „Insel der Schönheit" besticht durch ihre wunderbare Berglandschaft und ihre herrliche, oft atemberaubende Küstenszenerie. Eine Herausforderung für alle unternehmungslustigen Wohnmobilisten und Caravaner und ein Eldorado für anspruchsvolle Wandertouren.
Hotels, Restaurants, Campingplätze und Menge Tipps und Infos.
Mit vor Ort erfassten GPS-Koordinaten.
ca. 240 S., zahlr. Farb-Abb., Karten, Stadtpläne.
ISBN 978-3-926145-41-3
GPS-Roadbook-CD mit Navigationskoordinaten verfügbar!

Mobil Reisen: KROATIEN

Istrien, die Dalmatinische Küste und Kroatiens herrliche Adriainseln auf den schönsten Reisewegen erleben. Dieses praktische Reisehandbuch sagt Ihnen, wo's lang geht. Eine Fülle an Reisetipps, Infos zu Hotels und Campings.
240 S., zahlreiche Farb-Fotos, Karten, Stadtpläne, Stadtspaziergänge.
ISBN 978-3-926145-26-0
GPS-Roadbook-CD mit Navigationskoordinaten verfügbar!

Mobil Reisen: LOIRETAL

Die schönsten Reisewege durch das Herz Frankreichs, der Landschaft, in der es sich leben lässt „wie Gott in Frankreich". Nicht umsonst entstanden hier die prächtigsten Schlösser Frankreichs. Aber auch wer weniger das Historische als viel mehr kulinarische Erlebnisse sucht, wird in der Gegend um das Loiretal auf seine Kosten kommen. Und dieser Reiseführer sagt Ihnen wo's lang geht. NEU! Jetzt mit vielen Wohnmobil-Stellplätzen und mit vor Ort erfassten GPS-Navigationskoordinaten!
264 S., zahlr. Farbfotos, Karten, Stadtpläne, Hotels, sowie viele Infos und die schönsten Campingplätze.
ISBN 978-3-926145-38-3.
GPS-Roadbook-CD mit Navigationskoordinaten verfügbar!

Mobil Reisen: NORMANDIE

Nicht nur ein praktisches Touren-Buch mit vielen Tipps, sondern ein Komplett-Reiseführer mit den interessantesten Reiserouten. Lernen Sie die schönsten Gegenden, Küstenlandschaften und Städte auf eigene Faust kennen. Ausgesuchte Touren für Selbstfahrer und Wohnmobil-Urlauber, aber auch für alle, die mit ihrem Pkw oder Motorrad unterwegs sind. Natürlich mit Camping- und Wohnmobil-Stellplätzen.

Von Michael Moll; 240 S., zahlr. Farbfotos, Karten, Stadtpläne, Hotels, sowie viele Reiseinfos.

ISBN 978-3-926145-33-8

GPS-Roadbook-CD mit Navigationskoordinaten verfügbar!

Mobil Reisen: NORWEGEN

Reisewege zum Nordkap

ALLES NEU! Komplett überarbeitet! Aktualisiert!

Neue Touren und zusätzliche Routen! Noch übersichtlicher!

Jetzt mit praktischen „Tourenpaketen" zum Kombinieren, wie z. B. „Südnorwegen", „Gletscher, Fjells und Fjorde" oder „Finnmark und Nordkap". Durchgehend farbig und noch mehr Fotos und Karten!

Verlässliche Kompetenz aus langjähriger Reiseerfahrung.

Jetzt mit vor Ort erfassten GPS-Koordinaten.

372 S., Stadtrundgänge, Wandervorschläge, viele Farbfotos, Karten, Stadtpläne, Hotels, sowie Reise-Infos in Fülle, dazu über 200 Campingplätze und zahlr. Stellplätze. ISBN 978-3-926145-47-5

GPS-Roadbook-CD mit Navigationskoordinaten verfügbar!

Mobil Reisen: RUND UM DIE OSTSEE

Auf überlegt ausgesuchten Routen und Touren die schönsten Gegenden Pommerns und Masurens, sowie wunderschöne baltische Städte wie Vilnius, Riga und Tallinn sowie die russische Perle Sankt Petersburg erleben. Reisen Sie über Finnland, Schweden und die dänische Insel Seeland zurück. Dieser Reiseführer hilft – ob Wohnmobil-Tourer, Caravaner, Autourlauber oder Motorbiker – sowohl bei der Vorbereitung als auch auf der Reise unterwegs. Ein unvergessliches Reiseerlebnis!

360 S., Stadtrundgänge, zahlr. Farb-Abb., Karten, Stadtpläne, Hotels, sowie viele Infos und die schönsten Camping- und Wohnmobil-Stellplätze. ISBN 978-3-926145-34-5

GPS-Roadbook-CD mit Navigationskoordinaten verfügbar!

Mobil Reisen: POLEN

Polen bequem auf eigene Faust kennen lernen. Über die Sudeten und über Schlesien, weiter durch die Karpaten, Zentral- und Ostpolen mit einem ausführlichen Teil über die Hauptstadt Warschau, durch Ermland, die Masurische Seenplatte, durchs Lebuser Land und über Pommern schließlich bis zur Ostseeküste. Alles in bequem nachvollziehbaren Reiserouten beschrieben.

Von Michael Moll, 240 S., viele Farbfotos; Karten, Stadt- u. Lagepläne, Stadtspaziergänge, Hotels und die schönsten Campingplätze.

ISBN 978-3-926145-28-4

Mobil Reisen: PORTUGAL

Gesamt Portugal, vom grünen Norden bis zur sonnigen Algarveküste, vom kargen, ursprünglichen Alto Alentejo bis zu den Seebädern am Atlantik beschreibt dieser Band auf leicht nachvollziehbaren Touren, die einen kompletten Eindruck von diesem überaus interessanten Reiseland vermitteln. Besonders ausführlich die Weinstadt Porto und natürlich Lissabon, eine der schönsten Hauptstädte Europas.
Mit vor Ort erfassten GPS-Koordinaten.
ca. 300 S., zahlr. Farb-Abb., Karten, Stadtpläne, Hotels, sowie viele Infos und die schönsten Campingplätze.
ISBN 978-3-926145-43-7

Mobil Reisen: SARDINIEN

Ein Reiseziel mit ganz unerwarteten Attraktionen – zauberhafte Küstenszenerien, das größte Dünengebiet ganz Italiens, wunderschöne Seegrotten, mystische Nuraghen, geisterhafte alte Minenstädte und einer der spektakulärsten Canyons in Europa.
Dieses Tourenbuch, gespickt mit jeder Menge Reisetipps, führt auf den schönsten Routen und Wohnmobil-Touren durch Sardinien. Mit Wohnmobil-Stellplätzen, Tipps zu Hotels und Restaurants, Campingplätzen. Mit GPS-Navigationskoordinaten!
240 S., zahlr. Farbfotos, Karten, Stadtpläne.
ISBN 978-3-926145-37-6
GPS-Roadbook-CD mit Navigationskoordinaten verfügbar!

Mobil Reisen: SCHOTTLAND

Schottland auf neuen Wegen erleben. Eine variantenreiche Rundreise – von den Borders bis zu den Highlands, von den Western Isles bis zu den Orkneys. Detaillierte Beschreibung von Edinburgh, Glasgow, allen wichtigen Städten, Schlössern und Landschaften.
Außerdem Essen und Trinken, Whisky, Clans, Tartans und Dudelsäcke, Wandern u.v.m.
276 S., zahlr. Farbfotos., Karten, Stadtpläne, Hotels, sowie viele Infos und die schönsten Campingplätze.
ISBN 978-3-926145-46-8

Mobil Reisen: SIZILIEN

Auch ein klassisches Reiseziel lässt sich immer wieder neu entdecken. Dieses neue Tourenbuch schildert kompetent und ausführlich die schönsten Reisewege durch Sizilien.
Mit Wohnmobil-Stellplätzen.
276 S., zahlr. s/w.- u. Farb-Abb., Karten, Stadtpläne, Hotels, sowie viele Infos und die schönsten Campingplätze.
ISBN 978-3-926145-29-1
GPS-Roadbook-CD mit Navigationskoordinaten verfügbar!

Mobil Reisen: SKANDINAVIEN
Reiseziel Nordkap
Die große Tour zum Nordkap in bequem zu kombinierenden Reise-routen. Mit neuen Touren und vielen Streckenvarianten durch alle vier nordischen Länder – Dänemark, Norwegen, Schweden und Finnland. Ausführliche Beschreibung der Hauptstädte. Übersichtlich, informativ, kompetent. Mit vor Ort erfassten GPS-Koordinaten.
348 S., zahlr. Farbfotos, Karten, Stadtpläne, Hotels, sowie viele Infos und die schönsten Campingplätze.
ISBN 978-3-926145-45-1
GPS-Roadbook-CD mit Navigationskoordinaten verfügbar!

Mobil Reisen: SPANIEN NORD
Spaniens Norden von den Stränden der Costa Brava über die Pyrenäen, durch das grüne Galicien mit dem Pilgerziel Santiago de Compostela bis ins Herz Kastiliens mit den Hochburgen von Kunst, Kultur und Ge-schichte wie Salamanca oder Segovia.
Ausführlich: **Der Jakobsweg**. Hotels, Restaurants und die schönsten Campingplätze. Mit vor Ort erfassten GPS-Koordinaten.
ca. 320 S., zahlr. Farb-Fotos; Karten und Stadtpläne.
ISBN 978-3-926145-42-0

Mobil Reisen: SPANIEN – Der Süden
Eine gelungene Mischung aus Kunst, Kultur, Information und Reisetipps. Ein kompletter Reiseführer, der mehr als nur Routen und Touren bietet. Vom Mittelmeer ins Herz Kastiliens, auf den Spuren der Conquistadores, weiße Dörfer, maurische Paläste und der sonnige Süden Andalusiens. PLUS: Madrid City Guide.
304 S., zahlreiche s/w- u. Farb-Fotos, Karten, Stadtpläne, Stadtspazier-gänge, Hotels, Paradores, Campings u. v. m.
ISBN 978-3-926145-25-3

Mobil Reisen: TOSKANA
Wiege der Renaissance, altes Zentrum von Kunst, Kultur und Wissen-schaft und natürlich Eldorado für Weinliebhaber und ein wahres Paradies für kulinarische Entdecker. Ein Autoführer mit bequem zu kombinieren-den Reiserouten durch die gesamte Toskana, mit Elba.
Großer Florenz-Teil sowie alle wichtigen Städte, Landschaften und Se-henswürdigkeiten. Mit GPS-Koordianten.
288 S., zahlr. Farbfotos, Hotels, Restaurants, Camping- u. Reisemobil-Stellplätze, Kartenskizzen, Stadtpläne und viele Infos.
ISBN 978-3-926145-39-0

Mobil Reisen: USA SÜDWEST
Touring America – Die Traumtour durch den Südwesten der Ver-einigten Staaten – Von den Rockies bis LA und San Francisco, vom Yellowstone bis zu den Indianerstätten und vom „Wilden Westen" bis ins Spielerparadies Las Vegas und mehr.
Erleben Sie mit diesem praktischen Touring-Guide für Selbstfahrer die aufregendsten Gegenden Amerikas – ob Sie nun mit dem Mietwagen, zünftig mit dem Motorbike oder mit dem Wohnmobil unterwegs sind. Ein Reiseführer und Tourenbuch – übersichtlich, praktisch, informativ und aus Erfahrung kompetent.
444 S., zahlr. Karten, Stadtpläne, Motels/Hotels, jede Menge Reise-Infos, die schönsten Campingplätze und viele Farbfotos.
ISBN 978-3-926145-35-2
GPS-Roadbook-CD mit Navigationskoordinaten verfügbar!

Weitere Titel sind in Vorbereitung!

Fragen Sie im Buchhandel nach unseren aktuellen Neuerscheinungen.

Oder besuchen Sie uns im Internet:

http://www.rau-verlag.de
http://www.mobil-reisen.eu

WERNER RAU VERLAG, Feldbergstraße 54, D - 70569 Stuttgart
e-mail: info@rau-verlag.de

Mobil Reisen: SCHWEDEN
© Werner Rau, Stuttgart, 1993
Vorliegend: 9. Auflage 2012/2013

GPS-ROADBOOK-CD

SCHWEDEN

Alle Touren dieses Reiseführers können Sie als Roadbook-CD mit GPS-Navigationsdaten beim Verlag erwerben.

Die Navigations-Koordinaten sind im System WGS 84 („World Geodetic System 1984") entsprechend dem Verlauf der in diesem Reiseführer beschriebenen Routen und Touren angelegt. Sie berücksichtigen alle wichtigen Orte, Sehenswürdigkeiten, Campings und andere Points of Interest (POI's).

Unsere „Roadbook-CD" stellt Ihnen vor Ort erfasste Original-Navigationsdaten im **Garmin-Format *.GPD** (garmin database) sowie im **Garmin MapSource *.mps-Format** zur Verfügung.

Darüberhinaus finden Sie auf der „Roadbook-CD" alternative Dateiformate wie **GPX** (global positioning exchange), **GoPal** (GoPal GPS track log (*.trk), **Magellan MapSend, Navigon Mobile Navigator** – ***.rte files, TomTom*.ov2 poi files.**

Zudem sind die Daten im **Microsoft® Excel® Format** abgelegt. Damit können Sie alle Koordinaten **ganz einfach ausdrucken**!

Die tatsächliche Lage der Wegpunkte (Ziele/Zwischenziele) kann von den angegebenen Koordinaten ggf. bis zu ca. 300 m abweichen!

Mit entsprechender Software „MapSource®, City Select Europe"® des Anbieters Garmin® können die Daten im Garmin-Format über einen PC oder über ein Notebook direkt in viele Garmingeräte eingelesen werden.

NEU! Wissen wo's lang geht! Mit den auf der Roadbook-CD abgelegten Dateien im GPX-Format können Sie in Verbindung mit Google Earth® (kostenloser Download) die Reiseroute, sowie alle als Wegpunkt markierten Stationen der Reise schon vorab aus der Vogelperspektive auf Ihrem PC ansehen, oder sich einzelne Abschnitte der Route im Google Earth Routenplaner berechnen lassen. Wie's geht und vieles mehr steht auf der CD.

Für die Richtigkeit der Koordinaten und deren Transformierung in andere Dateiformate kann keine Gewähr übernommen werden! Weitere Details finden Sie auf der jeweiligen CD und auf unserer Webseite www.rau-verlag.de.

Unsere Roadbook-CD's können Sie gegen eine Schutzgebühr von EUR 9,90 nur direkt über den Verlag beziehen!

Bestellungen bitte über unseren Webshop: **www.rau-verlag.de**/onlineshop.

Oder per Post an: Werner Rau Verlag, Feldbergstr. 54, D-70569 Stuttgart, Tel. 0711-687 21 43, Fax 0711-68 22 47, E-Mail: info@rau-verlag.de.

NOTIZEN